裸 K 线操盘技法 2
投资决策篇

崔海军 著

图书在版编目（CIP）数据

裸 K 线操盘技法. 2：投资决策篇 / 崔海军著. —北京：地震出版社，2018.10（2022.2 重印）

ISBN 978-7-5028-4876-7

Ⅰ. ①裸… Ⅱ. ①崔… Ⅲ. ①股票投资–基本知识 Ⅳ. ①F830.91

中国版本图书馆 CIP 数据核字（2017）第 252905 号

地震版　XM5177

裸 K 线操盘技法 2——投资决策篇

崔海军　著
责任编辑：吴桂洪　王凡娥
责任校对：凌樱

出版发行：地震出版社

北京市海淀区民族大学南路 9 号　　　　　邮编：100081
发行部：68423031　68467993　　　　　　传真：88421706
门市部：68467991　　　　　　　　　　　传真：68467991
总编室：68462709　68423029　　　　　　传真：68455221
证券图书事业部：68426052　68470332
http://www.dzpress.com.cn
E-mail：zqbj68426052@163.com

经销：全国各地新华书店
印刷：北京广达印刷有限公司

版（印）次：2018 年 10 月第一版　2022 年 2 月第二次印刷
开本：787×1092　1/16
字数：356 千字
印张：21.75
书号：ISBN 978-7-5028-4876-7/F（5577）
定价：65.00 元

版权所有　翻印必究

（图书出现印装问题，本社负责调换）

目　　录

前　言 ………………………………………………………… 1

第一章　传统理论的另类解读 ………………………… 1
一、道氏理论的误区 ………………………………… 1
二、江恩理论的误区 ………………………………… 3
三、波浪理论的误区 ………………………………… 4
四、技术分析的误区 ………………………………… 5
五、量价时空的相对性 ……………………………… 6

第二章　左侧交易与右侧交易 ………………………… 13
一、左侧交易与右侧交易概述 ……………………… 13
二、裸K线在底部的交易策略 ……………………… 14
三、裸K线在顶部的交易策略 ……………………… 14
四、若干交易指标的再解释 ………………………… 16
五、裸K线操盘技法的适用范围 …………………… 26

第三章　压力与支撑区域的股价表现 ………………… 27
一、压力新解 ………………………………………… 28
二、支撑新解 ………………………………………… 30
三、量能的相对性 …………………………………… 31
四、突破阶段的股价表现 …………………………… 35

五、反弹区域的股价表现 38
六、大盘突破上升的股价表现 40
七、大盘突破失败的股价表现 47
八、大盘反弹上升的股价表现 53
九、大盘反弹失败的股价表现 59

第四章　关键点位的股价表现 65
一、个股的关键点位 65
二、大盘指数的关键日 65
三、逆势行为频次分析 68
四、逆势行为强度分析 70
五、关键点位的股价实战分析 71

第五章　量价关系的相对性 76
一、K线量价的相对性 76
二、K线组合量价的相对性 80
三、形态组合量价的相对性 83

第六章　市场趋势量价的相对性 86
一、上升阶段量价的相对性 86
二、下降阶段量价的相对性 88
三、震荡阶段量价的相对性 91

第七章　分时走势的相对性研究 95
一、分时的左侧与右侧 95
二、压力区域与支撑区域的股价表现 97
三、分时量价关系的相对性 119
四、市场趋势量价的相对性 124

第八章　传统买卖点的另类解读　128
　　一、市场买点与传统理论的结合　128
　　二、突破前期高点买点的解读　129
　　三、放量突破箱体买点的解读　136
　　四、回调不破前低买点的解读　139
　　五、市场卖点与传统理论的结合　145
　　六、反弹不过新高卖点的解读　146
　　七、跌破箱体下沿卖点的解读　150
　　八、跌破趋势支撑线卖点的解读　153

第九章　分时买卖点的再确认　160
　　一、分时图的相对性　160
　　二、分时异动的研究　162
　　三、分时买点与K线图的相互印证　170
　　四、分时卖点与K线图的相互印证　176

第十章　非同步性中的买点　184
　　一、非同步性的行为机构的判断　184
　　二、个股提前大盘同步放量　186
　　三、个股提前大盘止跌　191
　　四、个股提前大盘拉升　193
　　五、个股落后大盘滞涨　197
　　六、个股主升浪买点　201
　　七、超跌反弹买点　204
　　八、个股箱体震荡买点　208

第十一章　非同步性中的卖点　212
　　一、提前大盘缩量　212
　　二、提前大盘止涨　216
　　三、提前大盘下跌　219

四、落后大盘滞跌 221
　　五、主跌浪卖点 225
　　六、急速拉高卖点 228
　　七、箱体震荡卖点 232

第十二章　从量能里发现异动 238
　　一、大盘缩量，个股急剧放量 238
　　二、大盘平量，个股放量 249
　　三、大盘放量，个股急剧放量 255
　　四、大盘缩量，个股急剧缩量 266
　　五、大盘平量，个股缩量 278
　　六、大盘放量，个股缩量 284

第十三章　同步性个股的异动原理 296
　　一、同步性变非同步性 296
　　二、非同步性变同步性 300

第十四章　那些年被股市掩盖的事实 304
　　一、中国股市和欧美股市的区别 304
　　二、股市中被掩盖的事实 306
　　三、被误解的投资理念 309

第十五章　实战案例解析 315
　　一、高控盘庄股案例解析 315
　　二、滚动操作个股案例解析 322
　　三、波段操作个股案例解析 326
　　四、数日操作个股案例解析 332
　　五、无主力个股案例解析 336

前　　言

欢迎阅读本书，《裸K线操盘技法1》出版后，笔者收到许多读者的来信，非常感谢大家提出的投资心得和宝贵建议。很多读者认为《裸K线操盘技法1》一书独特的分析角度是空前的，让人耳目一新、深受启发！不少长期在股票市场打拼的老股民，在阅读《裸K线操盘技法1》后深刻地认识到，通过分析裸K线系统，利用个股与大盘指数的非同步性捕捉交易机会，是一种高效和高含金量的分析方法。

在读者的迫切期待和要求下，笔者执笔写作了《裸K线操盘技法2》一书。本书和《裸K线操盘技法1》都是对裸K线交易系统的研究，但本书更加侧重于投资者最关注的量价决策和买卖策略，内容更加丰富、深入、具体，实例更加具有实战操作性，所介绍的判断方法和技巧更加全面。对于普通投资者而言，《裸K线操盘技法1》是启蒙引导，引人深思；《裸K线操盘技法2》则是实战经典，值得一读。

有这样一个故事，一个国王远行前，交给三个仆人每人一锭银子，并吩咐他们："你们去做生意，等我回来时，再来见我。"国王回来时，第一个仆人说："主人，您交给我的一锭银子，我已赚了10锭。"于是国王奖励了他10座城邑。第二个仆人报告说："主人，您给我的一锭银子，我已赚了5锭。"于是国王奖励了他5座城邑。第三个仆人报告说："主人，您给我的一锭银子，我一直包在手巾里存着，我怕丢失了，一直没有拿出来。"于是国王命令将第三个仆人的那锭银子赏给第一个仆人，并且说："凡是少的，就连他所有的，也要夺过来。凡是多的，还要给他，让他多多益善。"

这就是马太效应，它反映了当今社会中存在的一个普遍现象，即"赢家通吃，强者恒强"。马太效应在股市尤为明显：会上涨的个股依然会上涨，会赚钱的股民也更加会赚钱。所以，买股票就得买会上涨的个股，炒股就得跟着会赚钱、会看盘的高手学习怎么炒。

本书的宗旨是基于以裸K线为基础，将传统技术理论和主力行为学说相结合，在吸取两者优点的同时，批判性地阐述其缺乏标准体系的缺点，开创性地提出裸K线交易系统。其核心是着眼于利用个股与大盘指数的非同步性，及时而高效地把握股价趋势的起承转合，从而捕捉市场中出现的稍纵即逝的机会。

裸K线操盘技法的建立，是笔者长期实战操盘经验与理论研究的总结，同时也是对各种技术流派的凝练和提纯。其核心依据就是利用个股与大盘指数的对比，将主力行为最为明确的强势个股作为交易标的，从而实现资金的高效利用。

本书的主要内容如下：

(1) 通过解读以道氏理论为代表的传统技术分析方法，明确其可以有效衡量股价趋势的优点，指出其缺乏有效衡量标准的缺点。同时对波浪理论、江恩理论等似是而非的论断提出了深刻质疑。

(2) 一旦大盘指数面对压力支撑线或者在关键点位时，此时个股的走势往往是观察主力态度和意愿的最好时机。通过对个股走势的分析，读懂主力的真实意图，明确未来的趋势方向。

(3) 当大盘指数出现具有转折意味的K线或其组合时，通过个股表现出的不同走势，提前发现主力启动的迹象，对趋势走弱的个股提前清仓出局。

(4) 利用在大盘指数处于上涨、震荡整理和下跌过程中的统计分析，捕捉市场中最为强势的个股，对弱于大盘的个股采取卖出的操作。

(5) 解读市场中传统买卖点的弊端，提出存在的问题和解决方案，帮助投资者打破固化的思维定式，开放性地思考问题。

(6) 对个股走势中出现的量能异变，分析市场的主力行为，辨析其未来走势的可能性，是对传统量价关系的进一步丰富和充实。

(7) 按照主力控盘度不同，将最后的篇章放在了对不同类别个股的解析上，以期对不同操盘手法的投资者提供实际帮助。

笔者认为，通过分析研究个股在大盘指数不同时间段内的表现，判断与预测主力的主动性行为，可以有效把握短期的波动方向。主力机构为实现利益最大化，会在盘面上利用各种手法以掩盖自己的操作行为和真实目的，误导投资者的操作。但是，在大盘指数特定的时间段内个股出现的不同特征，就是我们破译主力真实意图的密码，从而判断市场和个股未来的走向。

这里，我们只是简单地论述了裸K线交易系统的内容。本书将在正文部分系统、全面地讲解其核心内容，适合于各种层次的投资者丰富并提升自己的技术分析能力，同时所列的经典技术分析图和通俗易懂的讲解，也能帮助新入市的投资者掌握股市的基本规律，提高股市交易的成功率和收益率。

本着一切为了读者，一切为了读者的投资回报最大化，一切为了读者的投资技能不断提升的原则，笔者和微时代工作室全体成员将为读者提供完备的售后服务、互动交流和一对一的指导，为了更好地服务广大读者和广大投资爱好者，特设立网络交流平台，投资者和热心读者都可以发送电子邮件到 cuihaijun711@163.com，提出自己的建议，发表自己的心得，倾诉自己在投资方面所面临的困难及问题。

尽管笔者竭尽全力，尽量减少本书的错误，但百密未免一疏，书中疏漏之处在所难免，敬请广大读者批评指正，并提出宝贵意见。

股市有风险，投资需谨慎，要想成为市场的弄潮儿，还需要多多学习，希望本书能给读者带来些许启发。最后，感谢您阅读本书，预祝您投资顺利。

第一章 传统理论的另类解读

　　道氏理论、江恩理论、波浪理论可能是在中国技术分析界最流行的经典理论了，现在在中国自创的所谓秘籍、理论、流派多源自其中，但均未形成独树一帜的经典。这些理论已有上百年的历史，其具有代表性的著作《道氏理论》《江恩理论实践循环周期》《艾略特波浪理论》等依然被广大技术分析爱好者奉为经典，细心捧读。但其理论的精髓却往往被人轻视，其所存在的误区往往也被人忽略。

一、道氏理论的误区

　　在技术分析领域，道氏理论是所有市场技术分析(包括江恩理论、波浪理论)的鼻祖，道氏理论流行了几十年，从查尔斯·道创立道氏理论到威廉姆·彼得·汉密尔顿和罗伯特·雷亚继承了道氏理论，并在其基础上加以组织和归纳，形成了今天我们所见到的理论。

　　但往往让人忽略的是，这一理论的创始者查尔斯·道声称，其理论并不是用于预测股市，甚至不是用于指导投资者，而是一种反映市场总体趋势的晴雨表。大多数人将道氏理论当作一种技术分析手段——这是非常遗憾的一种观点。其实，道氏理论的最伟大之处在于其宝贵的哲学思想，这是它全部的精髓。

　　道氏理论并不是可以脱离经济基本条件与市场现况的一种全方位的严格技术理论，而是一种提升投机者或投资者知识的配备或工具。换言之，它是根据价格模式的研究推测未来价格行为的一种方法。

　　信号太迟，是道氏理论产生以来信奉者不断受到批评的主要原因，但遗憾的是，结果经常如此，并因此受到拒不相信其判定的人士的嘲讽(尤其是在熊市早期)。

　　有时也会有这样十分不节制的评论，"道氏理论是一个极为可靠的系统，因为它在每一个主要趋势中使交易者错过前三分之一阶段和后三分之一阶段,有的时候也没有任何中间的三分之一的阶段"。

或者干脆就给出一个典型实例:1942年一轮主要牛市以工业指数92.92开始而以1946年212.50结束,总共涨了119.58点,但一个严格的道氏理论家不等到工业指数涨到125.88是不会买入的,也一定要等到价格跌至191.04时才会抛出,因此盈利最多也不过65个点或者不超过总数的一半,这一典型事例无可辩驳。

但通常对这一异议的回答就是:"去找出那么一个交易者,他在92.92(或距这一水平5个点以内)首次买进,然后在整轮牛市中一直数年持有100%的头寸,最终在212.50时卖出(或距这一水平5个点以内)",读者可以试一试。实际上,你会发现,甚至很难找出一个人,干得像道氏理论那样出色。

因此富有经验、细心的道氏理论分析家并不否认这一点,他们认为,在一个长期趋势中,有些短暂性的措施所导致的损失是极小的。他们相信只要对股市稍有经历的人都会有所听闻。但人们从未意识到那是完全简单的、技术性的,并非根据什么,只是股市本身的行为(通常用指数来表达),而不是基本分析人士所依靠的商业统计材料,如图1-1所示。

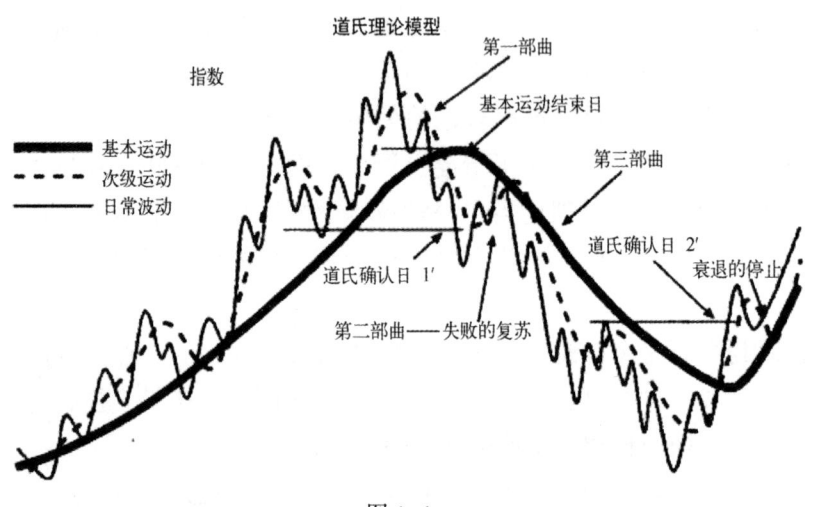

图1-1

二、江恩理论的误区

江恩理论是投资大师威廉·江恩通过对数学、几何学、宗教、天文学的综合运用建立的独特分析方法和测市理论，结合自己在股票和期货市场上的骄人成绩和宝贵经验提出的，包括江恩时间法则、江恩价格法则和江恩线等。

江恩理论的基础在于股票、期货市场里也存在着宇宙中的自然规则，市场的价格运行趋势不是杂乱的，而是可通过数学方法预测的。其实质就是在看似无序的市场中建立严格的交易秩序，用以发现价格何时会发生回调和将回调到什么价位，如图1-2所示。

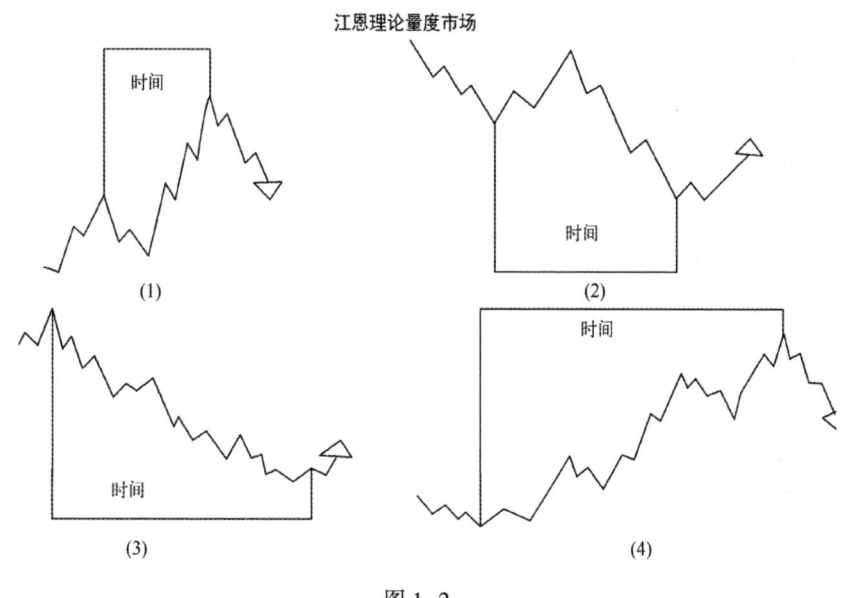

图1-2

一直以来，江恩理论都是以晦涩难懂、高深莫测的形象出现在投资者面前。在江恩晚年，他非常坚定、执着地企图发现市场的所有规律，甚至走到了玄学的底部，并且片面地认为市场的所有运动都是完美和谐的，犯下了主观主义的错误。

但是市场同时存在着许多不和谐运动，人类的能力相对于宇宙的浩渺是微小的，许多事情是人类所无能为力的。切记，追求完美是最终走向投资成功的大敌。

三、波浪理论的误区

美国证券分析家拉尔夫·纳尔逊·艾略特利用道琼斯工业指数平均作为研究工具，发现不断变化的股价结构性形态反映了自然和谐之美。他提出了一系列权威性的演绎法则用来解释市场的行为，并特别强调波动原理的预测价值，这就是久负盛名的艾略特波浪理论，如图1-3所示。

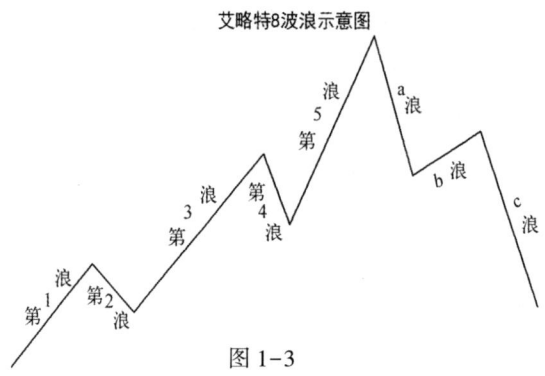

图1-3

当我们每天翻开证券报，都可以发现波浪理论家中既有唱多的，也有唱平的，还有唱空的，而即使对于截然相反的结论，波浪理论家居然也都宣称自己的分析正确而有效。

换言之，在证券市场趋势的任何形态、比例和时间上，同时提出上涨、平盘和下跌的不同预测，居然都可以奇妙地符合波浪理论家的所有游戏规则，因此，波浪理论是永远不可证伪的假科学。

更可笑的是，艾略特波浪理论家美国人霍雷斯"真人"也在1989年所发表的波浪理论报告中赫然供认，艾略特波浪理论其实源于老子的《道德经》！

世界上永远没有完美的理论可以囊括市场的所有可能性，市场的很多规律是不可确定的，也是不可认识的。比如日内的杂波，但很多的投资者往往沉迷于对日内杂波规律的捕捉和对专家意图的无端猜测，使自己陷入雕虫小技不可自拔的深渊而最终毁灭。

人类永远不可能完全认识自然规律，只能在特定的时空环境中认识局部的自然规律，但其他部分是投资者永远无法完全认识、在实战中也无能无力的。勇敢地承认自己的渺小，承认自己在某些时候的无能无力，把握能够认识的行情和机会，而不去勉强做自己认识不到和把握不到的市场机会，赚自己力所能及的钱。

尊重趋势，永远不要去猜测趋势，但人们往往喜欢去预测市场，推测底部，判断顶部，这让我们陷于频繁交易、过度交易的误区。

切记，技术分析只是一种概率分析，永远不可能达到必胜，它只是为我们提供了较好的入场点和出场点的依据。

四、技术分析的误区

一百多年前，当查尔斯·道创立道氏理论时，只是将其作为衡量经济的晴雨表，并用经验主义的方式总结了股价的三种趋势，而现在，道氏理论却被赋予预测股市和指导投资的功能，这本身就违背了其设计的初衷和应有的规律。

股市的变化是经济发展、公司价值和投机心理的三重混合反应，人们很难从中直接找到三者之间施力的大小，无法知道施力对于价格波动的影响，无法知道三者所施加给股价的力的大小和方向。在无法预测主动方动作的情况下，单独预测被动方的下一步动作，显然是刻舟求剑的做法。

技术分析作为每个投资者都易于读懂的东西，比基本面分析、价值分析等其他复杂高深的工具要方便得多，而且将市场的核心要素——价格推送到每个投资者面前，自然迎合了大众的行为习惯和思维方式。

当谎言重复千遍时，谎言即将成为事实；当众口千篇一律时，能铄金也能削骨；当所有的技术理论大师挑出复杂的图表谆谆教导时，人们只能尝试相信；当所有人都相信时，图表的语言就能自我实现。

技术分析的有用性只是针对主力而言的，在主力雄厚的资金面前，技术分析往往是无效的，它只是主力操纵市场的工具，却是普通投资者生存的依据。普通投资者日日关注的图表和价格仅仅是主力制造的一个曲线游戏，只是主力诱骗市场的鱼饵。

前已述及，无论是道氏理论还是江恩理论，或是波浪理论等其他理论，都是以股市走势现象来推测，往往不是找原因，而是只就原因找结果的一种做法。因此技术分析的滞后性其实有其宝贵的实用价值：既然无法捕捉"鱼头"和"鱼尾"，那么就只吃"鱼身"。但遗憾的是，绝大多数交易者在使用技术分析时，看重的却是它的"超前性"，而忽视了它的"取中性"，因此亏损累累。

股市往往掺杂了太多的人为因素，考虑到人们看到股价形态之后的心理反应，以及随之对价格所产生的再作用力，用基本面分析研究价格走势的方向，再用技术分析来验证自我判断的准确性和趋势发展的程度，将是最合理的分析手段。

因此当我们谈到技术分析时，要警惕先入为主的态度。要运用多种分析方法进行综合性分析，从不同角度和思路去考虑问题；不要试图预测未来趋势，我们分析的结果只是趋势发展的可能性而非必然性；不要试图追求完美，切记，技术分析只是经验之谈，不可能精确，所以它向于艺术，而非科学，不可能一成不变。

承认自己不可能破解市场密码，多一点时间和空间上的宽容，你将会获得更加圆满。

五、量价时空的相对性

在《裸K线操盘技法1》一书中，提到了"量价时空"，并对它们的定义和影响因素作了简单的介绍，在这里再着重介绍一下它们的相对性。

任何物体都有衡量的标准，而不同的标准就会产生不同的结果，放量与缩量，高价与低价，时间长与短，空间大与小等等，都是相对的概念，都必须结合个股的历史走势来判断。

1."量价时空"概述

一个完整的技术分析交易系统包括"量价时空"四个方面，"量"指股票买卖成交量；"价"指股票的价格；"时"指时间周期循环和时机转折点；"空"指股票运行上涨的空间或下跌空间。

（1）量能。

量能作为资本市场最有价值的信息，包括成交量、某一时间周期内的成交量和均量等。而其中最关键的是成交量密集区、量能异动区等。成交量密集区作为多空双方交战最激烈的地方，是最值得采集信息的地方。量能异动区作为市场中主力操盘阶段的转折点，对判断行情的走势至关重要。

（2）价格。

价格作为市场趋势中最核心的要素，一方面是指盘口所显示的即时价格，另一方面是指与之关联的比价关系，即根据基本面因素如市盈率、市净率等和同行业的股票价格相比较。同时在技术分析领域,价格的高低还和投资者所操作的市场周期因素有关。

(3)时间。

时间是指时间周期和时段,不同的投资者有着不同的时间周期,激进型或稳健型的操作周期也不同。这就诞生出市场温度和涨跌速度两个概念。市场温度是指某一时间周期内的成交量;涨跌速度是指某一时间周期内的涨跌幅度。

(4)空间。

空间的大小,主要指相对于压力与支撑的空间、依靠基本面可想象的涨跌空间,也是我们理论上获利预期的幅度。一切操作都要有预期的获利空间,否则,操作就失去了意义。

2. K线的量价时空

K线走势图作为首先呈现在我们面前的图表,承载着大量的信息,对于某一时间的蜡烛图,其核心的四大因素,也由于投资者对操作周期的不同选择,而得出不同的结果。

如图1-4所示,在这波幅度为20%的反弹阶段中,图中方框处个股位于

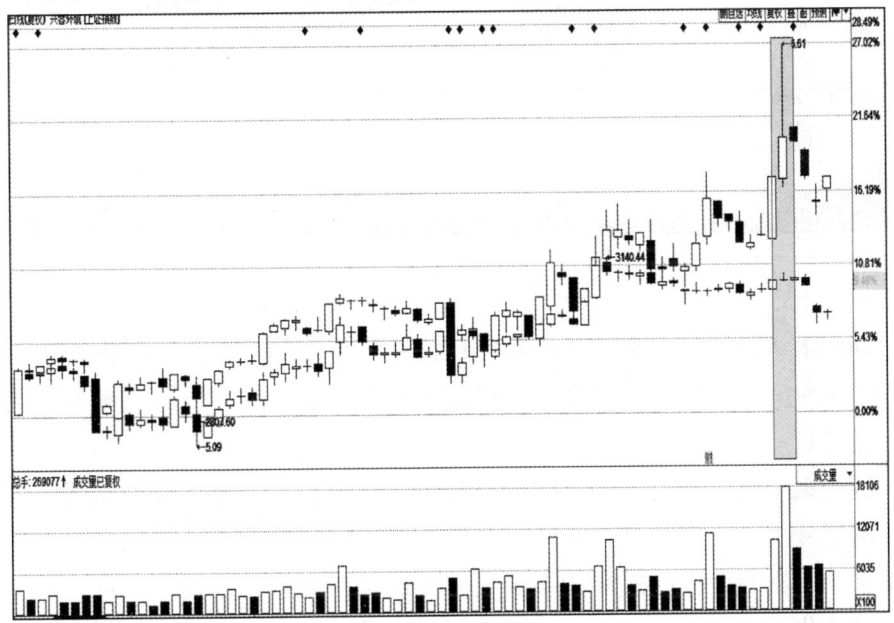

图1-4

短线高位,量能位于短线巨量。主力操作属于长线趋势性个股,从近期来看,首先需要面对的是上方的巨量上影线的阳线所带来的压力,需要整固筹码,上涨空间有限。

如图1-5所示,从中线的角度去看这只个股,我们可以看到该股正处于大型圆弧底的颈线位处,存在一定的获利盘和前期套牢盘的抛压也是可以理解的。该股逐渐放量突破前期高点,正处于颈线位的休整阶段,价格处于中线的次低位。如果回调完毕突破前高后,由于距离前方的筹码密集区较远,大概也有15%~20%的获利区间。

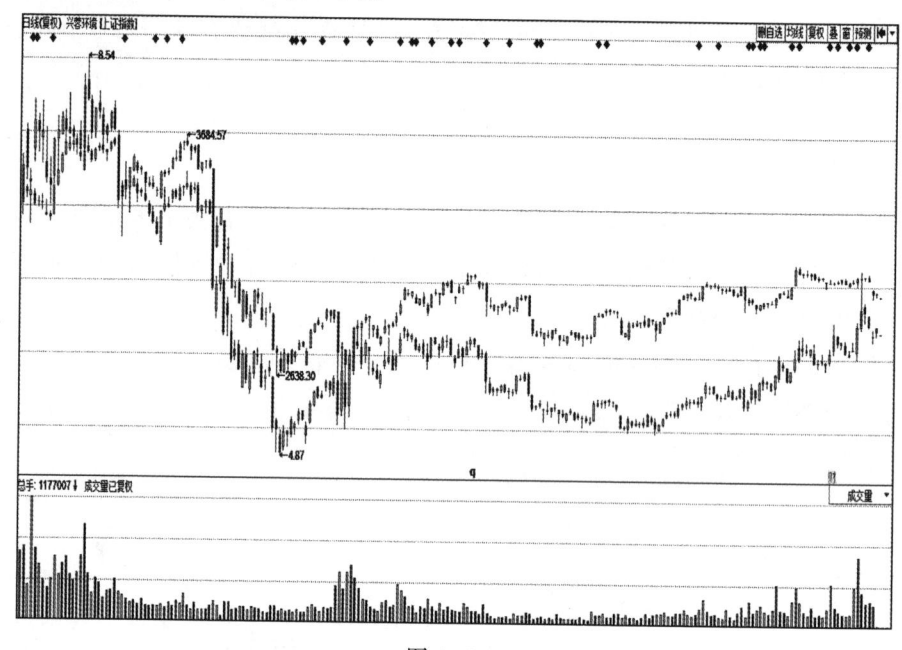

图1-5

如图1-6所示,该股位于底部区域,量能的放大程度依然有很大的空间。由于整理时间相对较长,但涨幅有限,未来的上涨空间巨大,长线投资者可以坚定持有。

同一只个股,运用不同周期的操盘角度去分析,得出不同的结果。通过量价时空分析个股,首先需要确认的是操作的时间属性,我们不可能去对一个习惯今天进明天出的投资者大谈近几年的价格走势、公司基本面变化、经济宏观变化等;也不可能对一个持股数年的投资者,对日内价格走势侃侃而谈,这样的结果只可能是不欢而散。

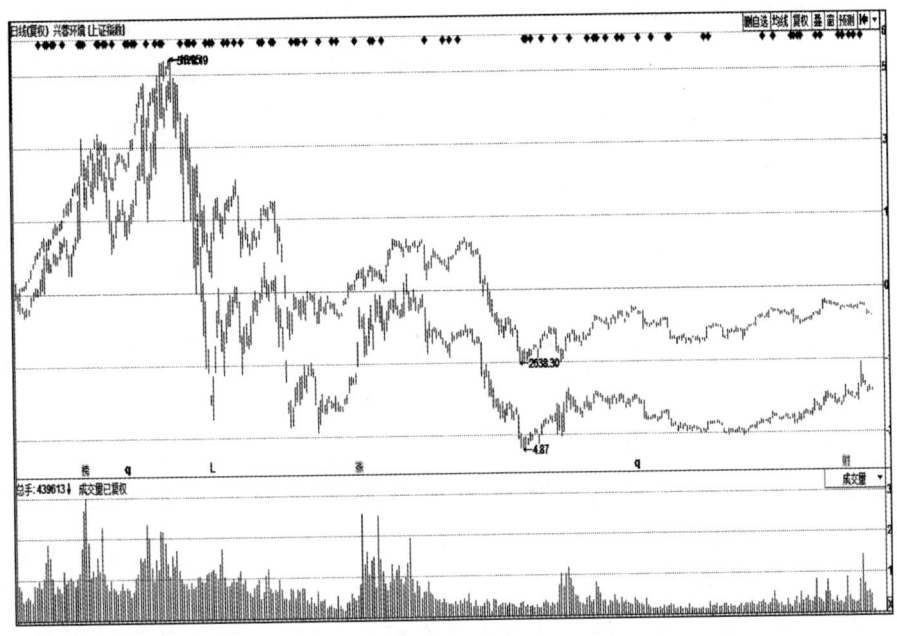

图 1-6

3. 分时的量价时空

分时图作为指数或个股走势最小周期的连线所组成的图形，其在计算机上所呈现的是当天的走势及相关的技术参数。由于分时走势的图形及参数都是随着价格的走势呈现出不同的变化，那怎样才能让这种变化得到合理的把控呢？

(1) 针对价格的纠偏。

我们在《裸 K 线操盘技法 1》一书中提到了坐标的分类(涨停板坐标、普通坐标、对数坐标、百分比坐标)，针对振幅较大的个股在分析时，宜采用涨停板坐标，对于振幅相对较小的个股，可以采用普通坐标。在这里，我们再推出一种方法，即利用多日分时走势图进行定位。短线或超短线交易爱好者如果单纯地利用日内分时图来分析，是很难准确定位个股在短期波动的位置的。

(2) 针对量能的纠偏。

在观察分时走势图中，我们往往会被下方高高低低的量柱所误导。分时图中的放量可能只是针对当天的走势，也可能是针对个股短期的走势，还可能是针对中长期走势的放量。有时候当日分时图的剧烈放量，如果当日K线上是缩量的，那么这次放量的意义就相对弱一些。虽然个股在分时图中呈现的是缩量下跌的走势，但如果当日K线走势图量能放出天量，那么我们对当日的走势也应该谨慎对待。

采用多日分时走势图的方法，我们可以准确判断出短周期内个股量能放大或缩量的空间，往往急剧的量能变化可能会让市场发生趋势性的改变。

(3) 针对时间的纠偏。

许多投资者往往能够利用特定交易时间内的走势分析，准确判断出大盘指数的走势，或者个股当日的主力意图。

开盘、收盘、盘中休息前后，是交易日内分析主力操盘步骤和散户交易倾向最好的交易时段。同时，长时间的横盘、急涨急跌等，也可以透露出市场趋势的微妙变化。

(4) 针对空间的偏差。

当日的高低点、颈线位、开盘收盘价等都会对当日的走势起到压力或支撑的作用。由于我国暂时无法进行T+0交易（特殊情况除外），我们无法在当日内完成买卖交易的闭环，因此我们需要判断出一定时间内的压力或支撑，多日分时走势图和K线图都可以帮我们做到这一点。

如图1-7所示，如果单看当日的走势图，我们可以看到，在10点以前低开高走，量能和均价线都能有效跟上，后期走势基本和大盘同步，连续数波拉升未能突破前高点，尾盘稍有放量，收带上下影线的小阳线。

再来看一下K线图和多日分时走势图，如图1-8所示，这是该股近期内的K线走势图，图1-9即为图1-8中方框处的多日分时走势图。从两幅图可以看出，个股无论是振幅还是量能都是相对较小的，因此就排除了当日放量出货的可能。同时恰好回调到前期的高点的支撑位，量能的萎缩和价格波动的呆滞，都表明个股下行空间有限。

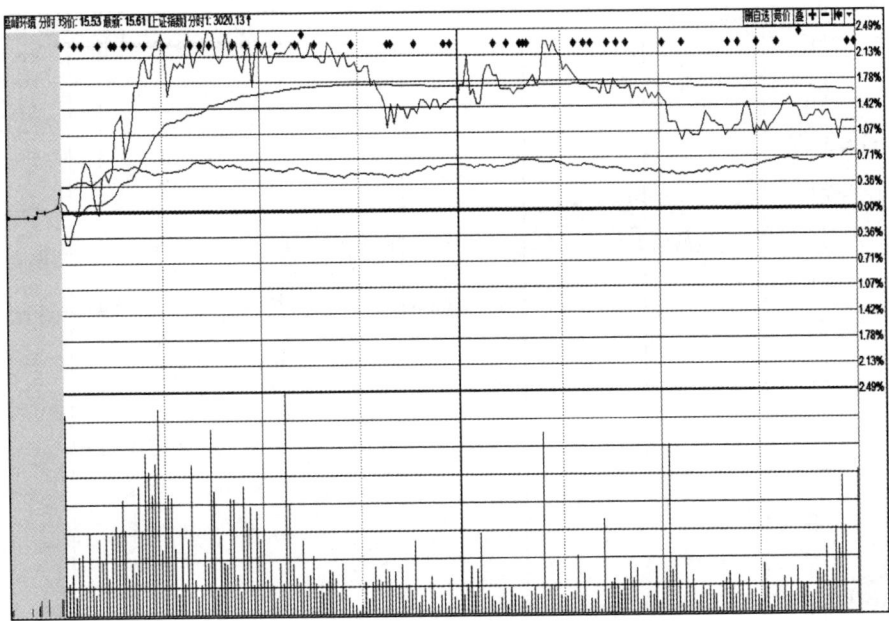

图 1-7

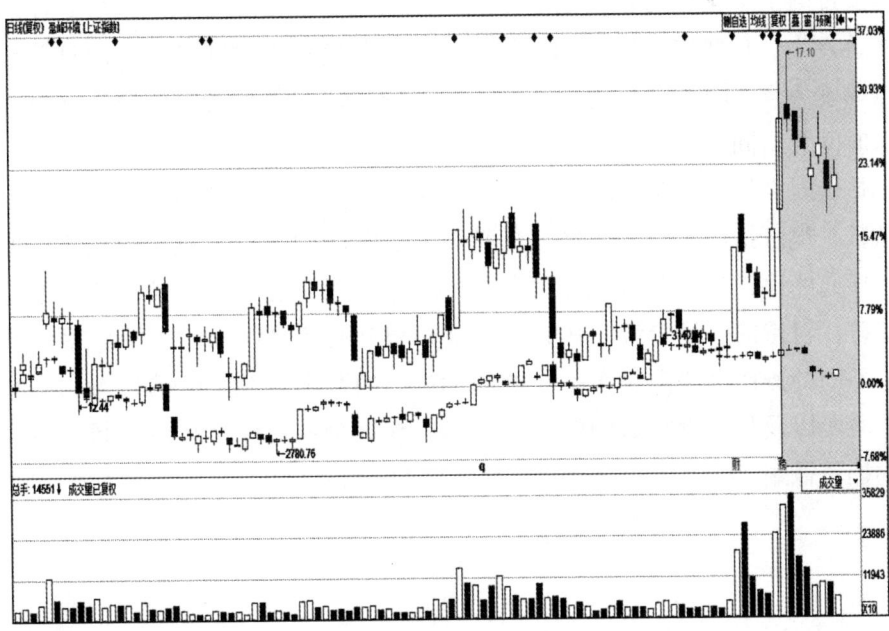

图 1-8

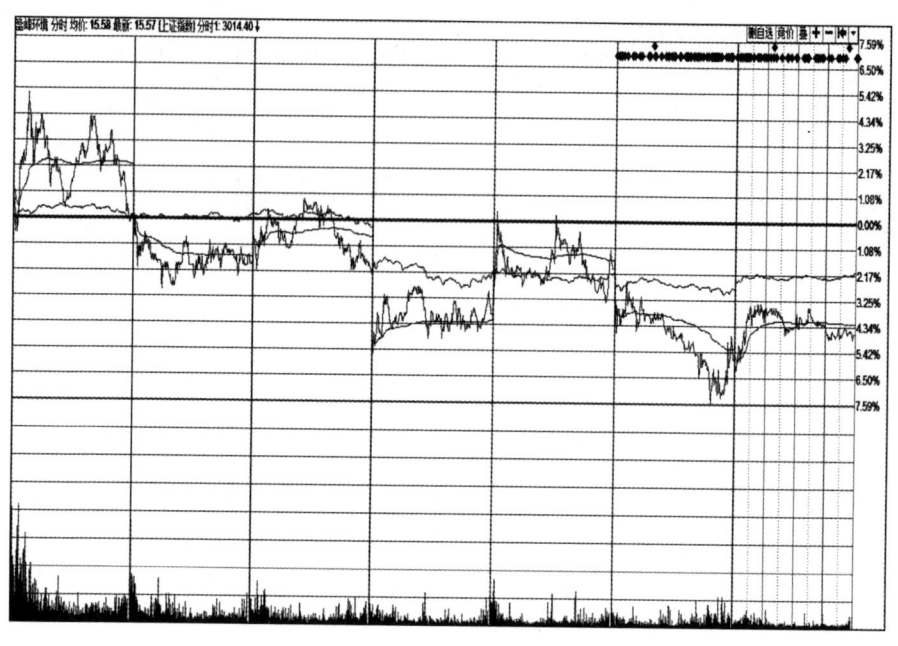

图1-9

通过图1-8可以看出，该股虽然前期有两个涨停板，但回调后总体涨幅在20%左右，价格依然处于相对低位。由于前期盘整时间较长，而且距离其高点幅度大且时间长，根据"横有多长、竖有多长"的原理，该股仍会有一段上涨时间和空间。

量价时空作为市场最核心的要素，由于横向（与大盘指数、行业指数、概念指数、地区指数等）和纵向（与个股历史走势）的比较，往往会得出不同的结果，横向的比较我们在《裸K线操盘技法1》一书中已有具体的阐述，这里不再赘言。对待同一种走势，其分析结果归根结底还是由个股的操作手法决定的，不同的操作手法需要在不同的周期内，判断出个股所处的位置、主力的操作阶段以及与大盘指数的配合情况等，根据个人的性格脾性，制订适合自己的操作计划。

第二章　左侧交易与右侧交易

左侧交易与右侧交易是市场中两种截然相反的交易策略，每当股价上涨或下跌时，选择何种交易，成为投资者询问自己的问题。

一、左侧交易与右侧交易概述

如图2-1所示，在市场上涨末期，以顶部为界，凡在"顶部"尚未形成的左侧高抛或者做空，属左侧交易，而在"顶部"回落后的杀跌，属右侧交易。两者同为出手，但前者叫"高抛或者做空"，后者叫"杀跌"，含义大不一样。

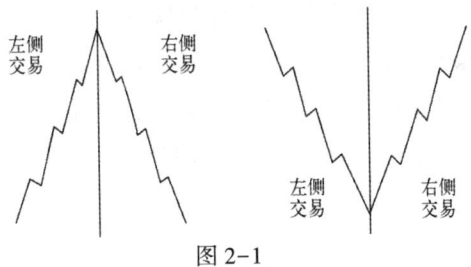

图 2-1

在市场下跌末期，以市场底部为界，凡在"底部"左侧就低吸者做多，属左侧交易，而在见底回升后的追涨，属右侧交易。两者同为买进操作，但前者叫"低吸"，后者叫"追涨"，含义也大不一样。

在实践过程中我们发现，中国大多数股民都是采取右侧交易法则，即当他们看到股价创出新高时才明白行情开始了，才开始去追股票，但是往往追到阶段高点，尤其是在面对短期波动的时候，这就是股市中为什么只有少数人赚钱的根本原因。

左侧交易者投资制胜在一个确定的牛市市场，逢回调买进应是毫无争议的举动，可为什么大多数人却做不到，无疑，这是意识不到位的缘故。因为，回调和反转本身就是因人而异的判断，左侧交易往往带有太多的预测和主观的成分。

二、裸 K 线在底部的交易策略

逢低买入，逢高卖出，这是股评家最喜欢说的话，但是真正做到的又有几个人，大多数人的思维方式是"高位时贪婪，低位时恐惧"。因此我们在操作时，盲目地追涨杀跌，冲动地高抛低吸，都是不可取的，我们应该淡化对于顶部和底部的判断。

裸 K 线交易更加适合运用于个股分析，其依据在于把市场气氛和个股走势相结合，把大盘指数和个股走势叠加分析，从而当市场处于上涨过程中，放弃滞涨的个股，追逐提前大盘启动的个股，当大盘处于下跌过程中，放弃提前或者跟随大盘下跌的个股，追逐逆势上涨的个股(当然暴跌除外)。

由于不同的操作手法需要在不同的周期内进行分析，因此在这里仅以日 K 线为例，简单说明一下个股在底部的买入策略。

当市场处于底部尚在下跌或有止跌迹象时，我们关注一下，提前大盘启动的个股，这包括：提前大盘止跌、提前大盘放量、提前大盘上涨。

如图 2-2 所示，该股在大盘指数下跌过程中，提前大盘止跌于 26.83 元，而且还有一波为期一周的反弹，后期随大盘回调，但没有跌破前期低点，后期虽然个股价格处于横盘整理区，但该区域活跃的筹码属性也为后期的上涨提供了很好的支撑。

三、裸 K 线在顶部的交易策略

任何盲目的摸顶抄底的行为，都是使我们"死亡"的快速通道，因为没有人知道顶在哪里，底在哪里。即使对于个股走势具有很大话语权的所谓的主力机构，也不能完全推断出市场的顶和底，因为任何系统性的或非系统性的因素都会影响个股的走势。

因此，把大盘走势作为我们判断个股走势的依据，一方面避免了选择市场中走势最疯狂的个股，另一方面规避了市场中最消极的个股。

当市场处于高位或即将见顶时，我们要及时从滞涨的个股中抽身，具体可以分为三种表现形式：提前大盘见顶、提前大盘放量、提前大盘杀跌。

还是同一只个股，如图 2-3 所示，该股提前大盘创出了 51.48 元的高点，

第二章 左侧交易与右侧交易

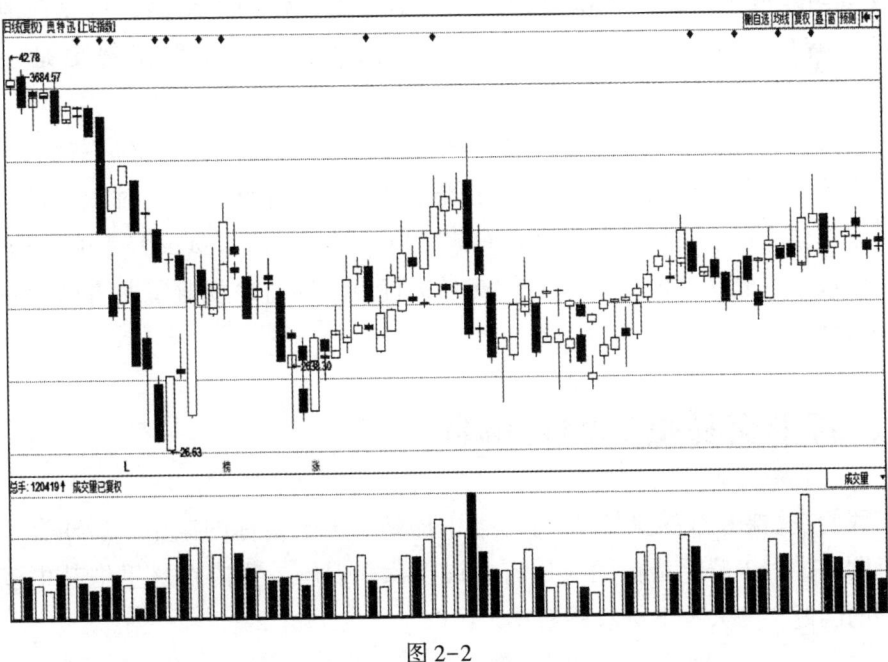

图 2-2

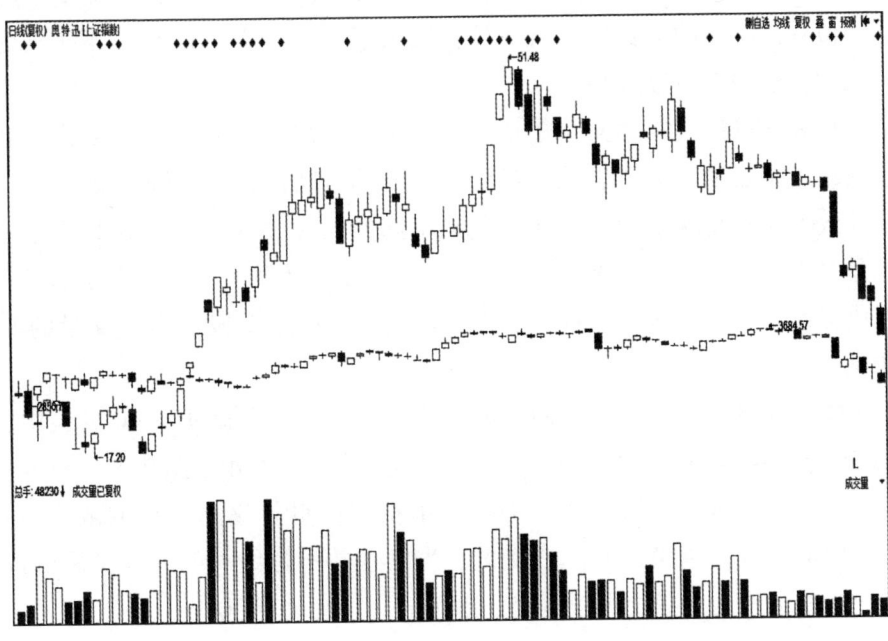

图 2-3

连续双阴线放量杀跌，再次反弹，无法随大盘反弹创出新高，可见该股走势已经疲软。后期大盘走势转为下跌，出货完毕的个股走势更是一泻千里。

在大盘指数下跌末期，买入强势个股，对于大盘指数而言是左侧交易，对于个股而言是右侧交易；同样在上涨末期，卖出滞涨个股，对于大盘指数而言是左侧交易，对于个股而言是右侧交易。因此，裸K线交易策略的创立，正是吸收了左侧交易的优点和右侧交易的优点，同时也规避了两者的盲目性和随机性。

四、若干交易指标的再解释

我们在《裸K线操盘技法1》一书中提到了若干指标的应用，后期有多位读者朋友，对于若干指标的应用有些许迷惑和误解，我们在这里把其中多次提到的问题，为大家继续答疑解惑。

（1）虚拟成交量的交易时间表现

虚拟成交量的算法，是先算出当天已成交时间段的每分钟成交量，然后将这个值乘以全天的分钟数，有的软件加入了前几个交易日的每分钟成交量作为调和，预测更为接近些。

虚拟成交量最大的意义在于估算的作用，能在成交量图上直接观察出全天是放量还是缩量。但由于从开盘到截止日的时间内，每分钟成交量并不相同，导致不同时间观察的虚拟成交量是不同的。一般意义上，由于早上看盘时间是多空双方争夺最激烈的时间，每分钟成交量很大，因此从总体上看，虚拟成交量是不断缩量的量柱。当然，后期也会由于个股盘中成交量的变化而变化。

可能这样说比较抽象，我们来看五幅图，分别为早盘9点40分、10点、11点30分、14点30分及收盘后的虚拟成交量图（图2-4至图2-8）。

对比一下五幅图，我们可以看出，虚拟成交量是逐渐缩小的成交量柱，离收盘时间越近，越接近实际成交量。当然这并不是绝对的，开盘后的成交量越小，每分钟内的成交量就越小，虚拟成交量变化就越小。

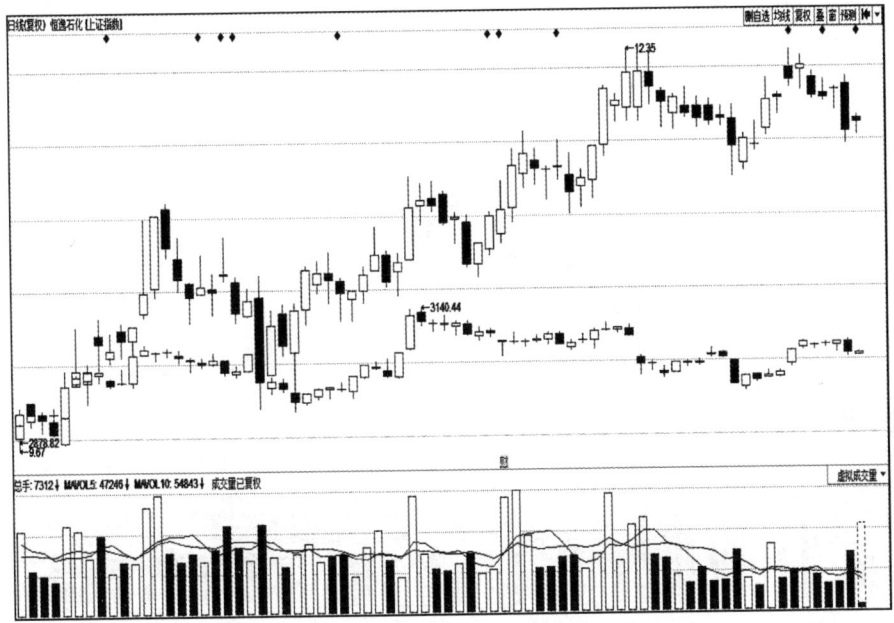

图 2-4　早盘 9 点 40 分的虚拟成交量

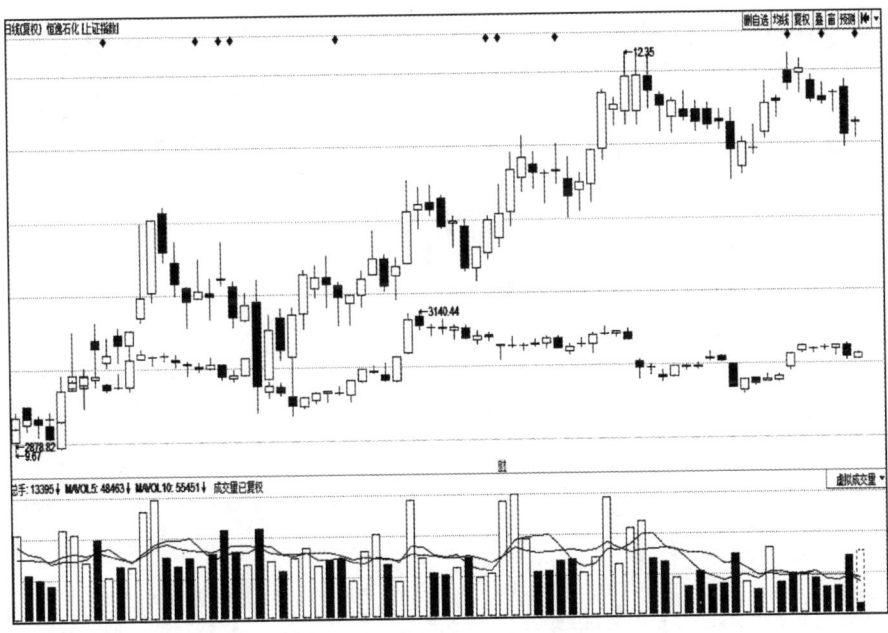

图 2-5　早盘 10 点的虚拟成交量

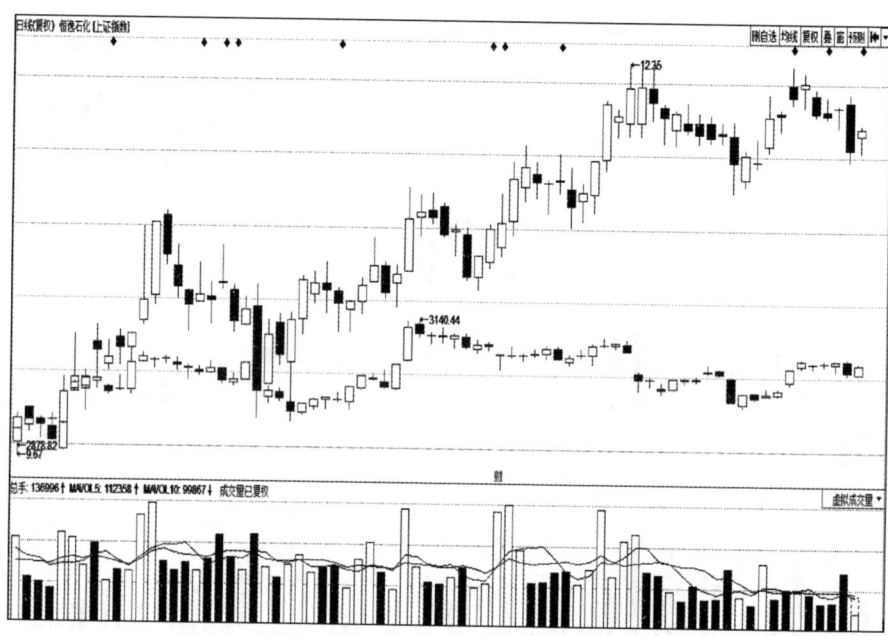

图 2-6　早盘 11 点 30 分的虚拟成交量

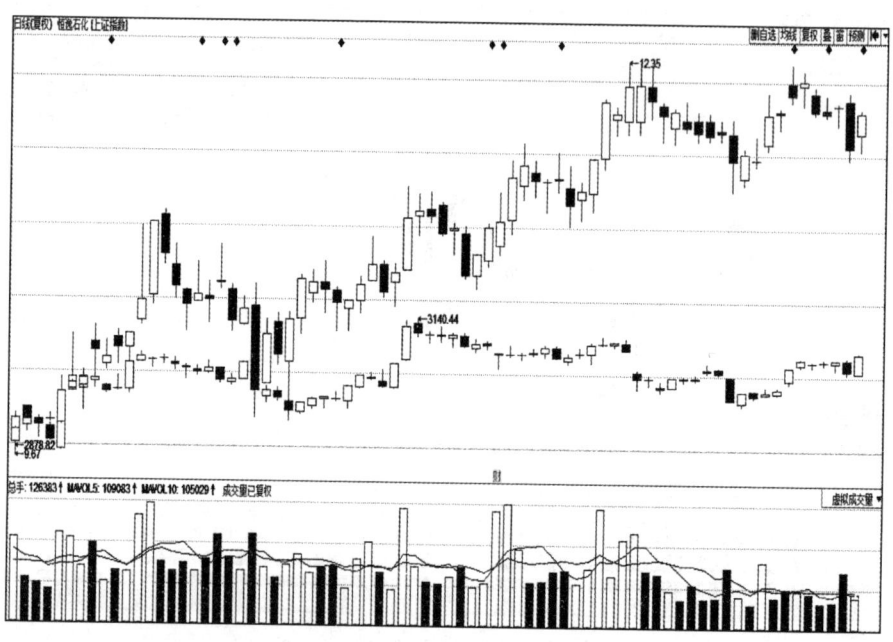

图 2-7　早盘 14 点 30 分的虚拟成交量

第二章 左侧交易与右侧交易

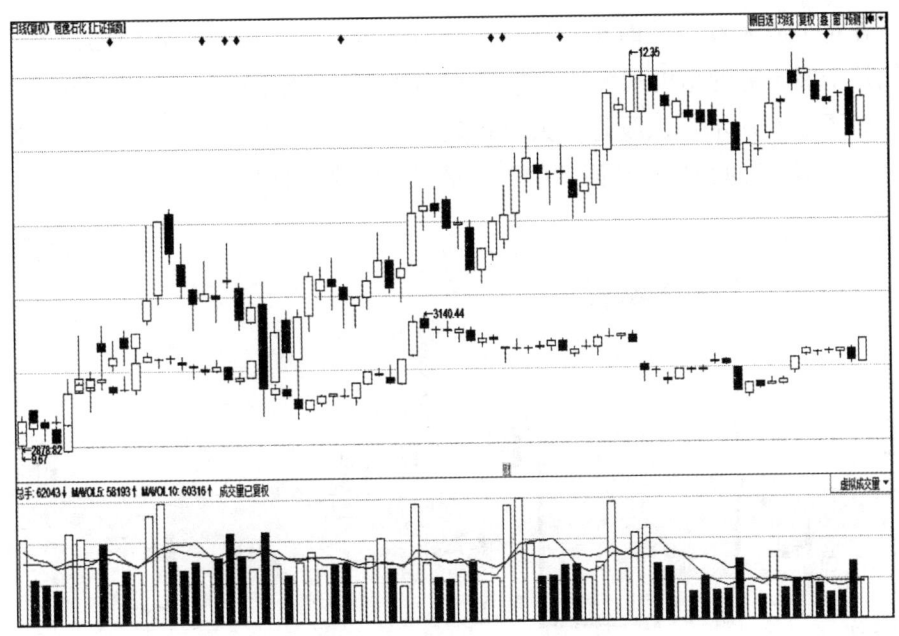

图2-8 收盘后的虚拟成交量

以10点为标准,对于不同的个股,虚拟成交量也是不同的。对比个股历史走势的成交量,不同的个股,虚拟成交量越小,后期放量的可能性自然就越大。由于量能是价格走势的推动作用,因此我们可以大致推算出价格可能发生较大变化的个股。如果当天的走势是上行趋势,那么该股涨幅可能就更加可观一些;如果当天的走势是回调走势,那么该股的跌幅可能就相对更大一些;如果个股位于止跌趋势中,那么该股止跌反弹的力度更大一些;如果个股位于止涨下跌的转变中,那么该股后期的下跌幅度可能较大。

根据多年的操盘经验,如果10点的虚拟成交量低于近期的平均成交量,那么后续价格走势的波动可能更大一些。当然,这并不是放诸四海而皆准的真理,也存在着全天量能一直保持缩量或放量的走势。

不同的时间,我们可以通过自选股中的个股对比,在上升趋势和止跌反弹趋势中,我们选择相对虚拟成交量更小的个股,来博取未来可能更大股价波动的价差。在下跌趋势和止涨回落中,如果该股的虚拟成交量相对更大,则回落的可能性和幅度可能会更大。

(2) 个股 K 线的统计。

在对个股 K 线及分时进行区间统计时，可以从大盘指数走势的角度，也可以从个股走势的角度来统计。在选择区间时，根据不同的需要进行选择。

如图 2-9 所示，该股是以大盘指数走势为标准的，区间选择上以大盘指数创出 3140 点的交易日和回调的收盘最低点的交易日为标准。

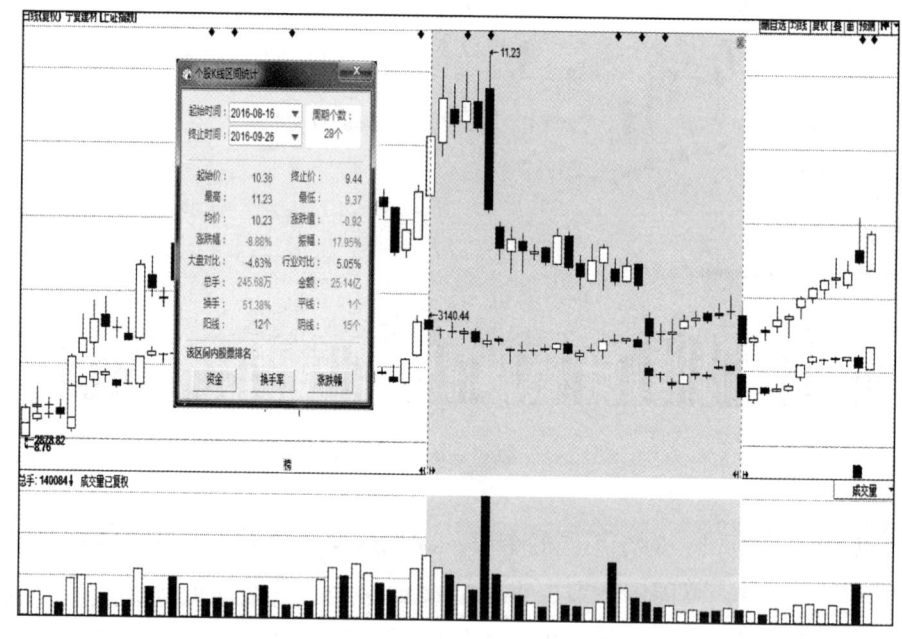

图 2-9

如图 2-10 所示，该图是以个股创出收盘价追高后的次日到收盘最低点的交易日为区间标准的。我们可以根据不同的需要来采用不同的标准，对于和大盘走势同步的个股，或者和大盘指数同时达到高低点的个股，我们可以采用大盘指数为标准。对于特立独行的个股，我们可以采用以个股走势为标准。

同时，在选择区间时，要因时而异，因势而异，对于稳健性的个股，可以适当放宽区间的尺度标准；对于活跃性的个股，可以适当收缩区间的尺度标准。后面在案例解析时，针对不同的操盘手法，都会有不同的解读，在这里，我们就不多做介绍了。

(3) 叠加功能的应用。

在《裸 K 线操盘技法 1》一书中，我们介绍了通过大盘指数和个股走势来

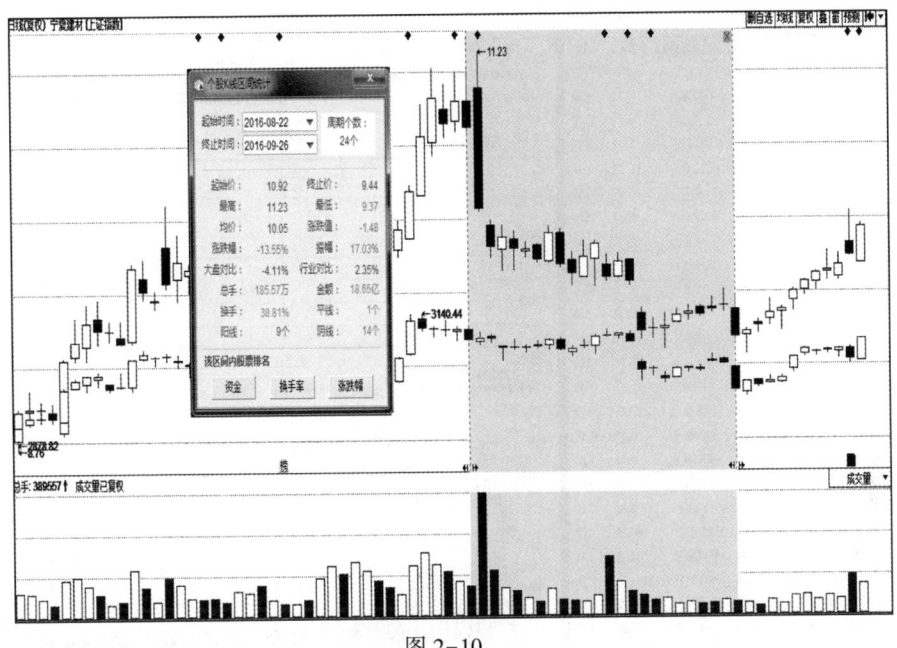

图 2-10

叠加分析个股走势的延续性和强度。对于不同的个股,我们可以叠加不同的大盘指数。上证所的个股可以叠加上证指数,深交所的个股可以叠加深证成指,中小板可以叠加中小板指数,创业板可以叠加创业板指数。同时,不同的个股属于不同的概念、行业和地区,同样可以相互叠加,从而判断出同一概念、同一行业和同一地区个股的相对强度。

以多氟多(002407)为例,该股从概念上属于锂电池、新能源汽车、新能源板块;从行业划分上属于氟化工、化学制品;从地区上属于河南板块。

2016年10月18日,深证成指以涨幅为1.37%的阳线报收,从行业指数来看,化学制品涨幅为1.82%;从概念板块来看,锂电池涨幅为2.62%;从地区板块来看,河南地区涨幅为1.59%。由于当日消息面有"新能源申报指南发布,动力电池需求将激增"的利好消息,说明当日多氟多6.83%的涨幅的驱动力主要是锂电池板块。

无论从图2-11中当日锂电池板块中个股的涨跌幅对比,还是从图2-12中个股与锂电池板块的对比,我们都发现,该股虽然当日涨幅近7%,但其并不是该板块的龙头股,而且过往的走势中明显弱于概念板块。因此,该股并不在我们的选择之列。

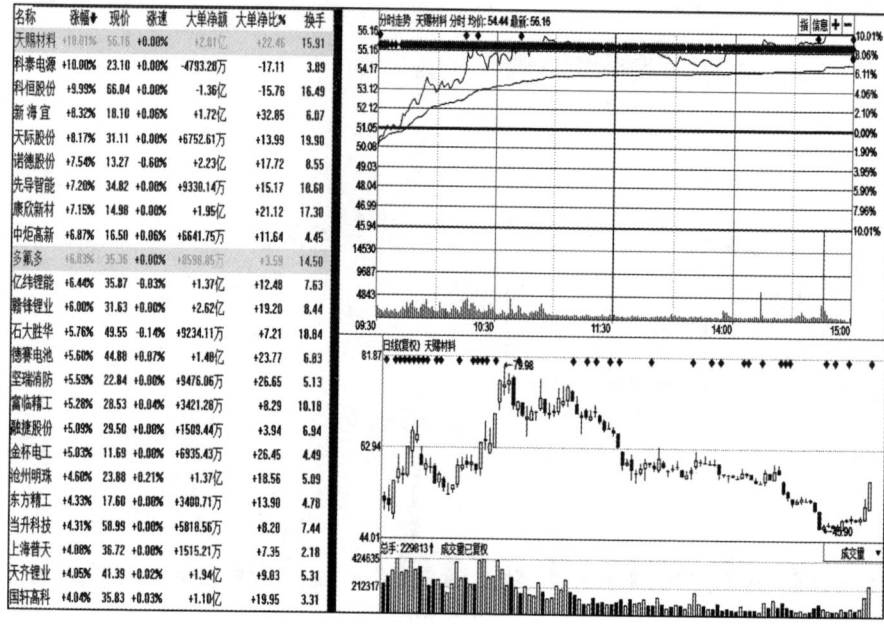

图 2-11

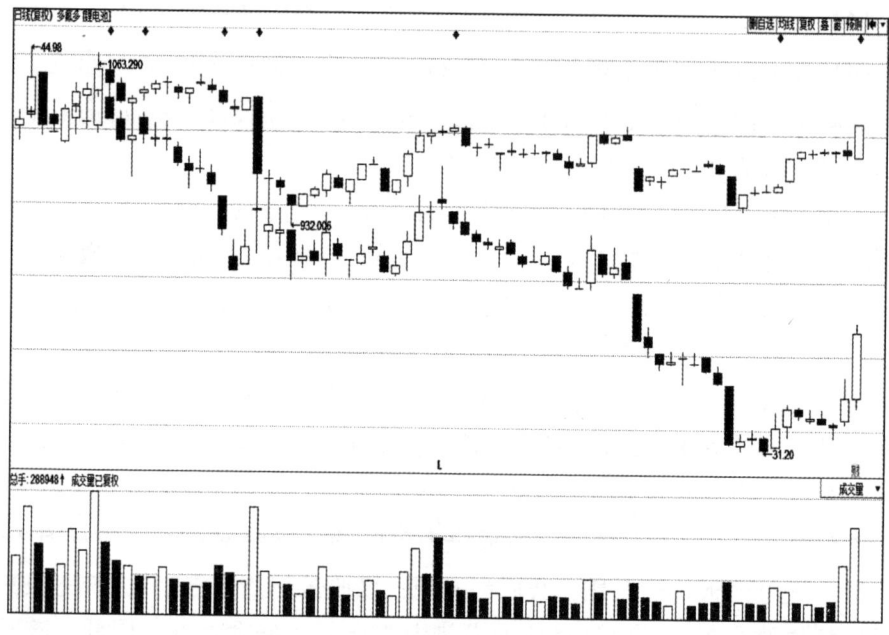

图 2-12

如图2-13所示,这是天齐锂业某一天的分时走势图,图中叠加了大盘指数走势图和赣锋锂业分时走势图,在14点之前,两只个股走势基本一致,都弱于大盘指数。由于下午利好消息的公布,赣锋锂业率先拉升,天齐锂业同步跟上,由此我们可以判断出赣锋锂业是锂电池的龙头,而天齐锂业尾盘虽有反弹,但还是跟随性质的个股。

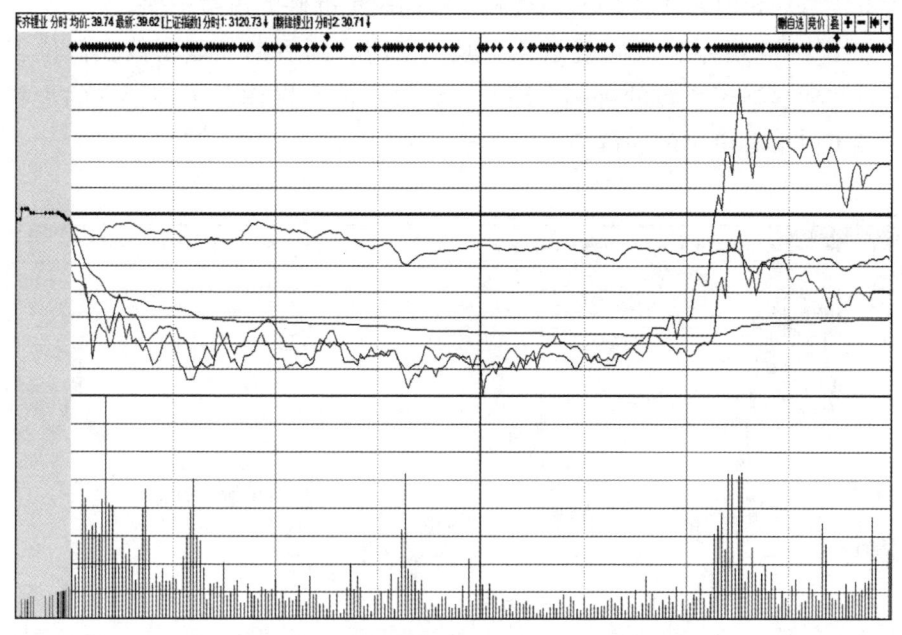

图2-13

叠加功能的利用,更加直观地体现了个股走势在所有个股中的强弱属性判断,如果走势强于大盘指数,则代表在所有个股中,该股是相对强势的,反之则是相对弱势的。同时更加明确了个股在板块中的地位,是拉动板块的上涨,还是滞后板块的上涨。最后,有效分辨出板块中的龙头个股及跟随性质的个股。

(4)历史走势的对比。

在裸K线交易系统中,经常会用到通过历史走势来判断个股与大盘的强弱关系,通过多日分时走势来捕捉个股趋势领先大盘指数的转折点,但是我们往往忽视了这一点,我们可以通过对比历史走势,来判断个股的走势风格。

有的个股在大盘指数呈强势时，涨幅远远高于大盘，而当大盘指数呈弱势时，跌幅也远远大于大盘。当大盘横盘时，个股的涨跌区间也远远高于大盘的震荡区间，这就是所谓的活跃股；有的个股，不管大盘指数呈强势还是弱势，都呈现慢牛的走势，这就是所谓的长庄股；也有的个股，无论大盘指数涨还是跌，都弱于大盘，这就是所谓的弱势股，等等。在操作个股之前，对个股走势风格有基本的判断，有利于我们制定准确的风险把控。

如图2-14所示，该股就是长庄股。我们看到后期大盘指数在低位震荡时，走势明显强于大盘的涨幅。因此，如果我们在操作前了解了它的走势风格，就可以抱有更多的期待。

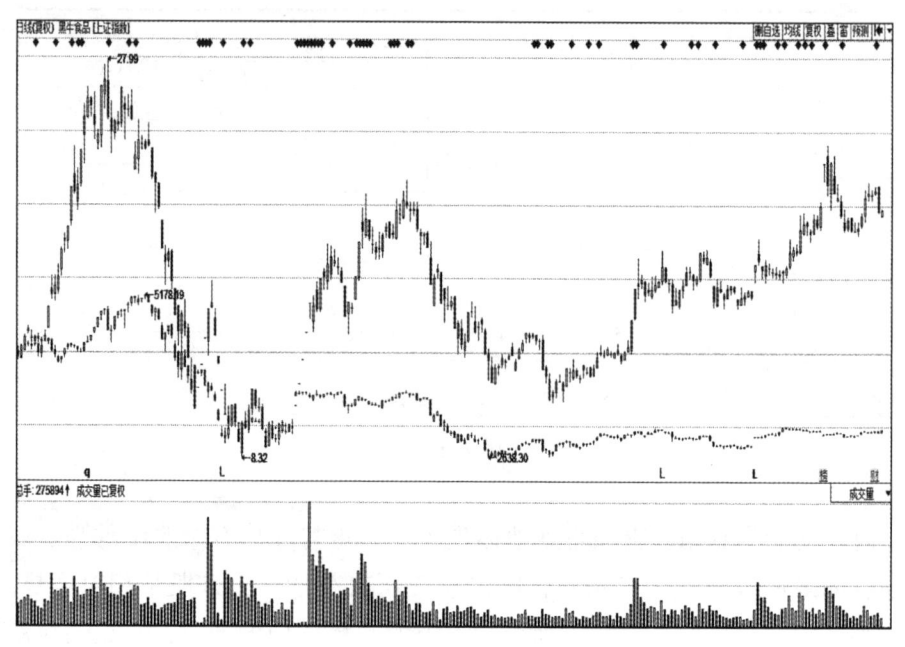

图2-14

如图2-15所示，该股就是弱势股。在大盘指数上涨，个股走势明显弱于大盘，而大盘由涨转跌时，更是一泻千里，这也是我们所应该规避的个股。

如图2-16所示，该股无论大盘指数是涨是跌，都是延续上涨的趋势。这才是我们操作股票的首选。

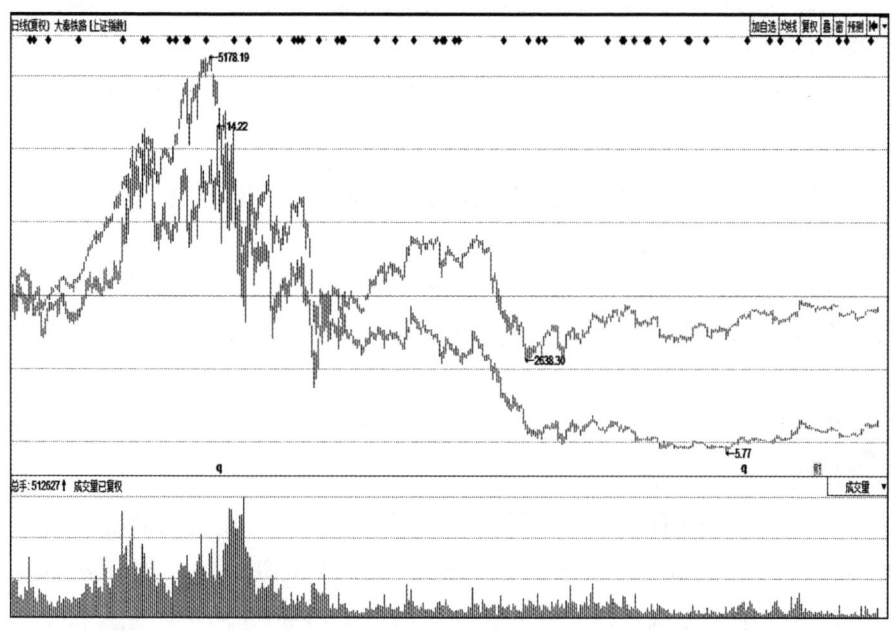

图 2-15

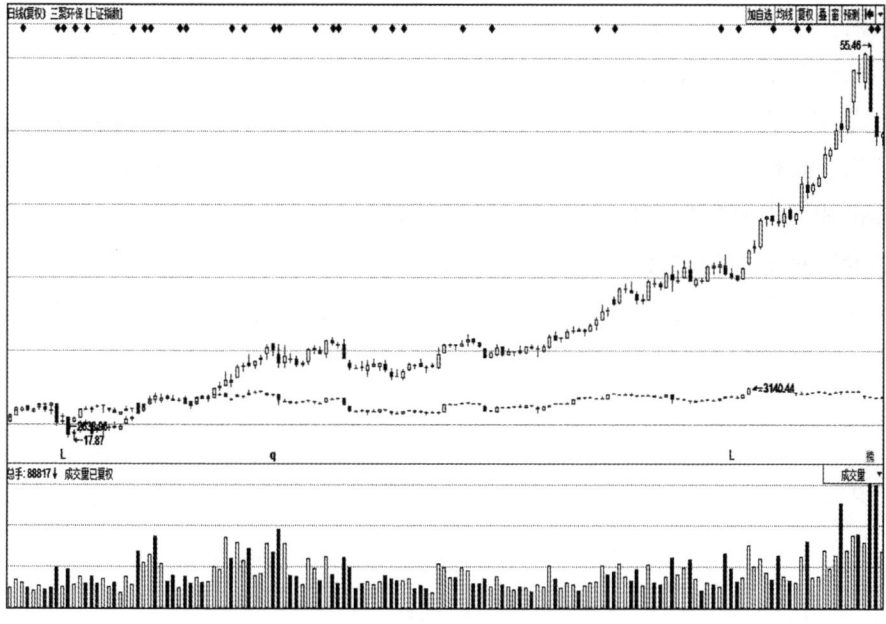

图 2-16

当然，强势或弱势都是相对的，都是在一定时间区间所表现出来的，其适用性往往也是在一定时间内的。强势可以变弱，弱势也可以变强，长牛同样可以变成懒熊，未来的每一天都是不一样的，这句话同样适用于股市。

五、裸K线操盘技法的适用范围

任何事物都有适用范围，同样，裸K线操盘技法也有适用范围。股票市场参与人数和机构的多样性，造成了各种不同的操盘手法。有的偏好长线控盘，有的擅长波段操作，有的钟情于两三日的短线操作。任何的战法、绝招、秘籍等都有特定的操作模式，不可能适用于任何市场环境，也不可能适用于任何操作模式。

游资的操纵，带有太多的主观性，任何技术分析，在其面前都不值一提，裸K线战法也不免俗。游资接力操作也是一群人的狂欢，大部分人的没落，也不适合该战法。极端行情的暴涨暴跌，如由于熔断机制所导致的千股涨停、千股跌停，这在资本市场中，应该属于不可抗力。由于重组、增发、资产购买等引发的连续涨停；由于重组失败、产品被查、污染环境等引发的暴跌，我相信，即使是机构投资者，也不能都幸免于难。以上种种，可能还有更多，都不是裸K线战法的研究范围，自然也就不在适用范围中了。

裸K线操盘技法适用于单一主力控盘个股的走势，以及不同机构下的混庄结构。其核心在于利用市场走势和大盘的非同步性捕捉交易机会，它是庄家理论和技术分析理论的有机结合，既考虑了主力控盘的可能性，又考虑了技术分析对于市场趋势的判断；既结合了中国的国情，又借鉴了西方传统的经典理论，是传统技术分析理论的有效补充，也是传统技术分析理论的发扬光大。

第三章　压力与支撑区域的股价表现

压力支撑是道氏理论中最常见的词之一，不管是刚入门的股市"小白"，还是摸爬滚打过的老手，言必称压力支撑，但两者之间并不是孤立的，它们之间有着必然的联系。

当市场上的股价达到某一水平位置时，似乎产生了一条对股价起压制作用，影响股价继续上涨的抵抗线，我们称之为压力线或是压力位。

当市场上的股价达到某一水平位置时，似乎产生了一条对股价起支撑作用，影响股价继续下跌的抵抗线，我们称之为支撑线。

好比一个人爬山与滑雪，爬山时会遇到障碍，影响向上的速度；滑雪时也会遇到阻力，以致滑不下去，股市中便演化成压力与支撑。

压力线和支撑线主要是从人的心理因素方面考虑的，两者的相互转化也是从心理角度方面考虑的。压力线和支撑线之所以能起压制和支撑作用，很大程度是由于心理因素方面的原因，这就是压力线和支撑线在理论上的依据。当然，心理因素并不是唯一依据，还可以找到其他依据，如历史会重复等，但心理因素是主要的理论依据。

一个市场无外乎三种人：多头、空头和旁观。旁观的又可分为持股的和持币的。假设股价在一个支撑区域停留了一段后开始向上移动。在此支撑区买入股票的多头们会很肯定地认为自己对了，并对自己没有多买入些而感到后悔。在支撑区卖出股票的空头们这时也认识到自己弄错了，他们希望股价再跌回他们的卖出区域时，将他们原来卖出的股票补回来。而旁观者中的持股者的心情和多头相似，持币者的心情同空头相似。无论是这四种人中的哪一种，都有买入股票成为多头的愿望。

正是由于这四种人决定要在下一个买入的时机买入，所以才使股价稍一回落就会受到大家的关心，他们会或早或晚地进入股市买入股票，这就使得价格还未下降到原来的支撑位时，上述四个新的买进大军又将价格推上去。在该支撑区发生的交易越多，说明越多的股票投资者在这个支撑区有切身利益，这个支撑区就越重要。

我们再假设股价在一个支撑位获得支撑后，停留了一段时间开始向下移动，而不是像前面假设的那样是向上移动。对于上升，由于每次回落都有更多的买入，因而产生新的支撑；而对于下降，跌破了该支撑，情况就截然相反。在该支撑区买入的多头都意识到自己错了，而没有买入的或卖出的空头都意识到自己对了。无论是多头还是空头，他们都有抛出股票逃离目前市场的想法。一旦股价有些回升，尚未到达原来的支撑位，就会有一批股票抛压出来，再次将股价压低。

以上的分析过程对于压力线也同样适用，只不过结论正好相反。

这些分析的附带结果是压力和支撑地位的相互转化。如上所述，一个支撑如果被跌破，那么这个支撑将成为压力，同理一个压力被突破，这个压力将成为支撑。这说明压力和支撑的角色不是一成不变的，而是可能改变的，条件是它被有效的足够强大的股价变动突破。

一、压力新解

什么地方会产生压力呢？

高低点、筹码成交密集区、平台整理区、跳空缺口等都可以形成压力，但是如果在这个区域内主力开始主动性操作行为，这个压力区就不仅仅是价格上的压力，还包括心理上的压力。主力主动性操作行为必然伴随着逆势行为的产生，或逆大势上涨而下跌，或逆大势下跌而上涨，或上涨下跌领先大盘。

下面我们先看一个例子：

如图3-1所示，我们看到该股反弹还没遇到前期的高点压力位就开始下跌，可见前期压力作用非常明显，前期高点正好是收敛三角形的上边，相对于当时大盘指数的反弹节奏，该股高点却在不断降低，说明市场主力借助市场的反弹正在出掉剩余的筹码。即便后期反弹，主力也不会让那些在前期高位买入的投资者有全身而退的机会。此时，我们应该放弃该股突破前期高点的可能性，微亏出局在这里也是一种很好的结果。

如图3-2所示，该股在后期两次回调到前期头肩底颈线位处止跌，除了这一点，你还发现了什么？

第三章 压力与支撑区域的股价表现

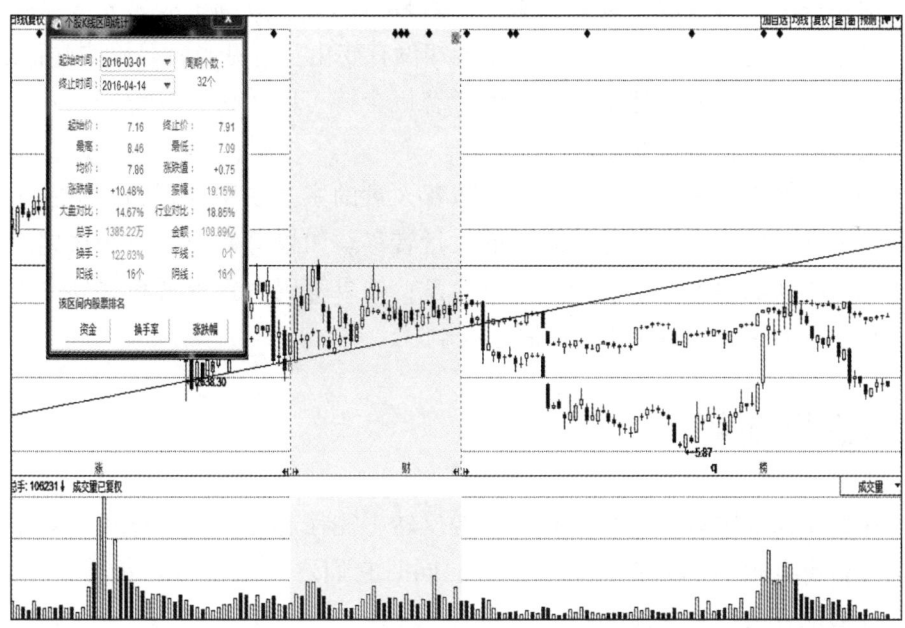

图 3-1

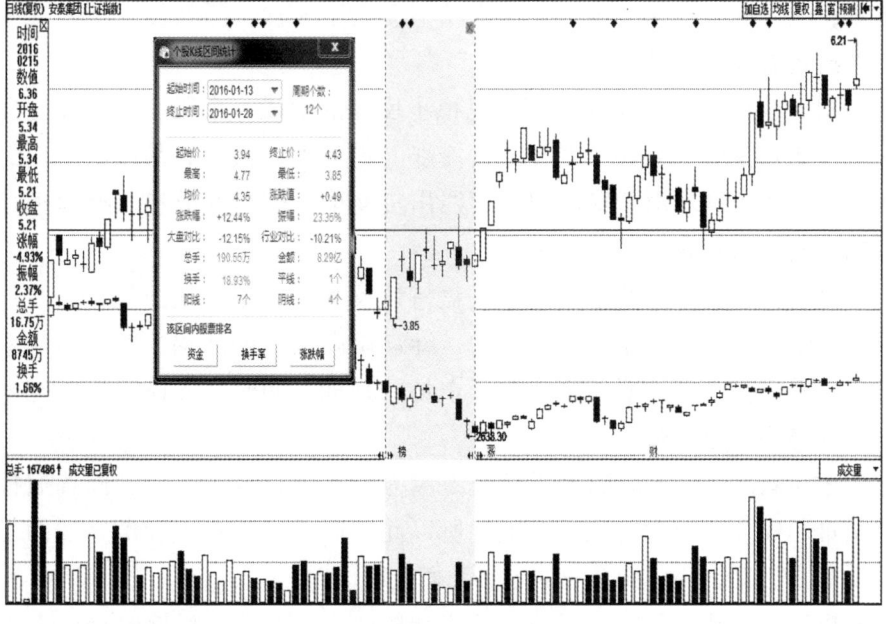

图 3-2

对比一下当时个股与大盘指数的涨跌幅，你可以看到个股领先大盘指数24个点，个股逆大盘下跌而上涨，量能却没有变化，可见当时筹码非常稳定。后期回调，市场主力自然不会让投资者有机会持有同等价位的筹码，其压力转为支撑的作用，其根源还是来自于此。

因此，如果在某个压力区域，伴随着大量的主力主动性行为，不管是上涨还是下跌，期间必然伴随着筹码的大量转移。如果筹码由主力转移到投资者手中，那么压力来自于投资者的解套盘；如果筹码由投资者转移到主力手中，那么压力主要来自于主力的底仓成本。

二、支撑新解

压力支撑区域对于趋势的延续或者反转，往往起着重要的作用，对于它们的分析也有很大的相似性和一致性，同时它们之间也是可以相互转化的，那么什么地方会产生支撑呢？

高低点、筹码密集区、平台整理区、跳空缺口等都可以形成支撑，同时如果个股在这些区域内，出现了个股和大盘走势不一致的现象，逆大盘上涨而下跌，逆大盘下跌而上涨，上涨下跌幅度大于大盘，那么此区域的支撑作用必然会更加显而易见。

如图3-3所示，在大盘指数向上稳步反弹的阶段，个股率先跌破上涨趋势和涨停板开盘价两条支撑线，放量滞涨的走势也让人提心吊胆，后期的走势实在是不堪入目。由于该股属于短线出货完毕，被套的散户短期内很难有解套的机会，除非有大资金介入。

在这里，我们关注的是个股在大盘持续反弹过程中，提前见顶，并且提前下跌。个股本可以利用市场的反弹，继续拉高股价的涨幅，但主力却率先开启下跌模式，这也说明了主力对于市场的预期。同时，支撑线的跌破也说明个股的趋势已经开始逆转。

由于在此区间，个股的筹码已经由主力转移到投资者手中，而普通投资者是很难形成统一的意志和行动的，所以此区域的压力对于股价后期的走势可以说非常明显，从后期个股的走势我们也可以看出。

支撑位的跌破伴随着市场主力的主动性行为，必然对后期的操作有不可忽视的影响，在后期的操作中我们也要重视起来。

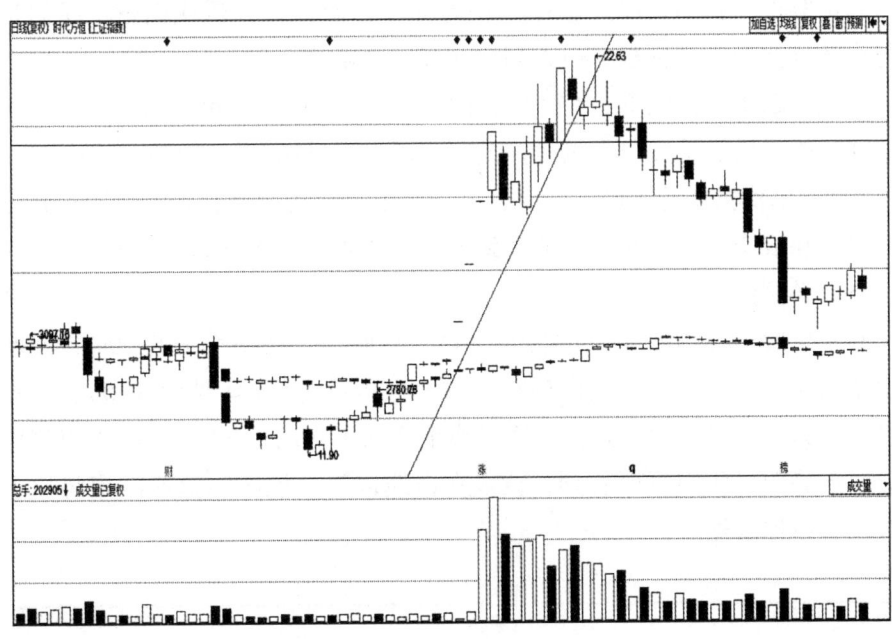

图 3-3

三、量能的相对性

相对于均线、形态、指标等，我们始终认为成交量是分析股价走势的最重要的因素。压力支撑区间的量能分析不仅是判断能否突破压力或者跌破支撑区间的关键因素，而且结合股价的走势，我们还可以分析出市场主力的操盘风格，但我们首先需要厘清的是量能相对性。

量能的研究，必须基于此时的市场氛围和该股的历史走势。大盘指数的走势和量能在一定程度上体现当时的市场氛围，同时，主力的操作手法不同，决定了个股的历史走势，也在一定程度上决定了量能是否匹配个股的走势。

1. 大盘指数的量价制约

衡量一件事情或事物，必须有一个标准，而且这个标准是会变的，从而使这件事情或事物具有了相对性，也就具有了条件性、制约性和特殊性。观察量能时也要具有相对性的思维方式，从而避免人们思想上的僵化和片面性。

分析股价，我们是以大盘指数作为标准，同样，分析成交量，我们是以大盘指数成交量作为标准，但人们往往容易忽略这一点。

(1)大盘的放量上涨，必然带动个股的上涨，这时，市场对于个股是正影响。在分析个股股价和成交量时，我们要考虑到市场对于个股的积极影响。

(2)如果价格逆势下跌，这时，市场对于个股的影响就是负影响。在分析个股股价和成交量时，我们要考虑到市场对个股的负面影响。

下面举例说明一下：

对于个股走势图的 A 点（见图 3-4），该股当日换手率为 6.10%，是昨日换手率 2.98%的两倍多。我们再看一下大盘指数走势图（见图 3-5），大盘指数换手率为 1.41%，更是达到了昨日换手率 0.81%的 1.74 倍。从 A 点当天大盘分时走势图，我们可以看到，黄线在白线以下，说明小盘股的走势比上证指数走势更加惨烈。

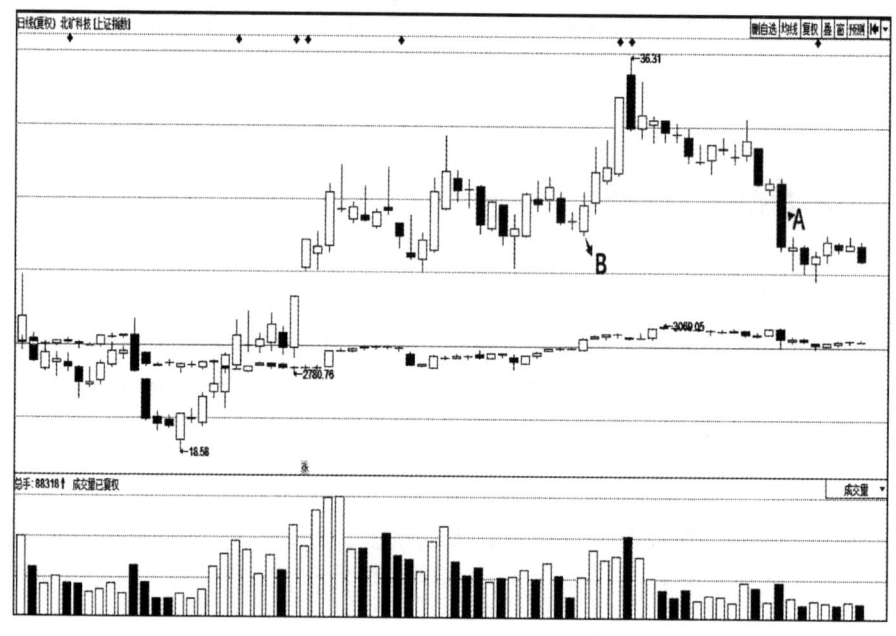

图 3-4

结合各方面因素，我们分析出市场放量暴跌带动了个股的放量下跌，因此个股当天的放量下跌当在情理之中。同时我们可以看到，在这种市场气氛中，个股主力并没有做出抵挡性的动作，再加上个股处于下跌趋势中，我们

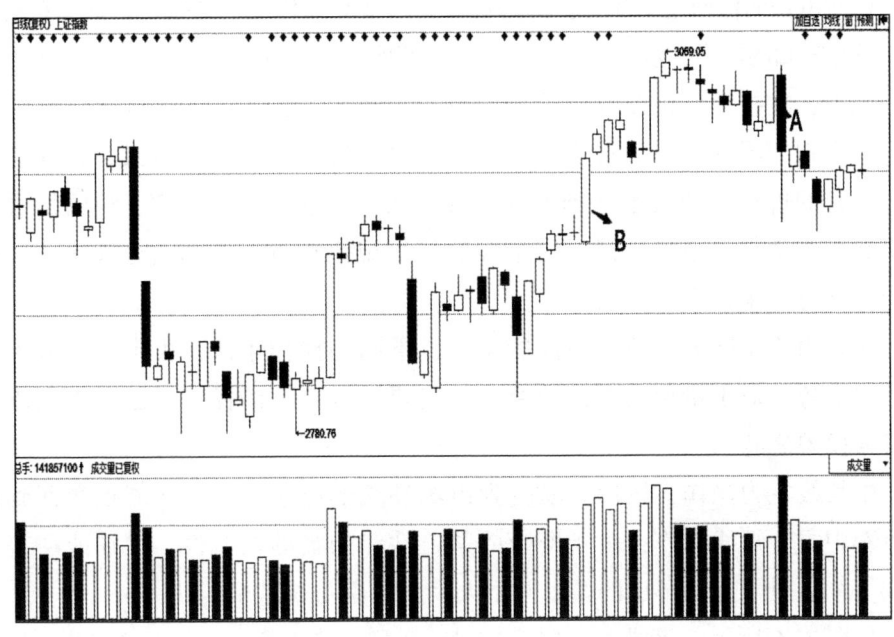

图 3-5

不应该对这只个股抱任何幻想。

对于 B 点,大盘指数放量上涨,而个股却缩量小阳,我们可以判断出,个股主力并没有借助市场气氛抛掉筹码,而且也证明市场筹码相对稳定,没有出现投资者抢筹的现象。

结合当时个股正处于上升趋势中,在 B 点当日,持币者可以大胆买入,持股者也可以放心持有。

因此,量能的研究需要结合当时的大盘指数的量价关系,同时还要结合此时个股所属行业或概念板块在大盘走势中的作用。例如,在一波以大盘股带动的大盘指数上涨趋势中,如果个股是小盘股,那么大盘的走势对于个股的影响就小得多。如果在一波以资源类板块带动大盘上涨,那么大盘的走势对于新兴互联网行业的影响也会减弱很多。

2. 历史走势的量价制约

任何物体都有相对性和绝对性之说,简单来说,相对性是有参照物的,而绝对性是没有参照物的。

任何事物的任何运动演变，都是各方面因素共同作用的结果。因此，在科学上，只有未知的因素，没有偶然的现象。所谓偶然，不过是出乎意料的必然而已。

同理，在技术分析领域，任何走势的演变，都有其内生的因素，都会有可知或未知的因素。对待技术分析，我们要保持科学的思维方式，即建立在走势本身的价和量的关系基础上的思维方式。孤立地、片面地、狭隘地看待价格和成交量都是不可取的，将个股的走势规律和市场氛围结合起来，和历史走势结合起来，方为可取之道。

正是由于不同的个股、不同的主力、不同的操作手法，决定了个股不同的历史走势。对于量价关系的研究，一定要结合主力的操作手法，否则难免有盲人摸象之感。

中长线主力操作，虽然容易受到市场环境的影响，但往往能很快回到操盘节奏中去。短线操作，由于资金的紧迫性和操盘的投机性，往往能逆势上涨或下跌，对于市场环境的要求并不大，只要不是暴跌暴涨就行。

如图3-6所示，该股A日吸筹拉升，B日涨停出货，C日继续出货，D日大盘暴跌，主力清盘而出，这是一个很完美的操作。短线操盘往往受市场的影响很小，一旦发现市场暴跌的苗头，便会第一时间逃之夭夭。

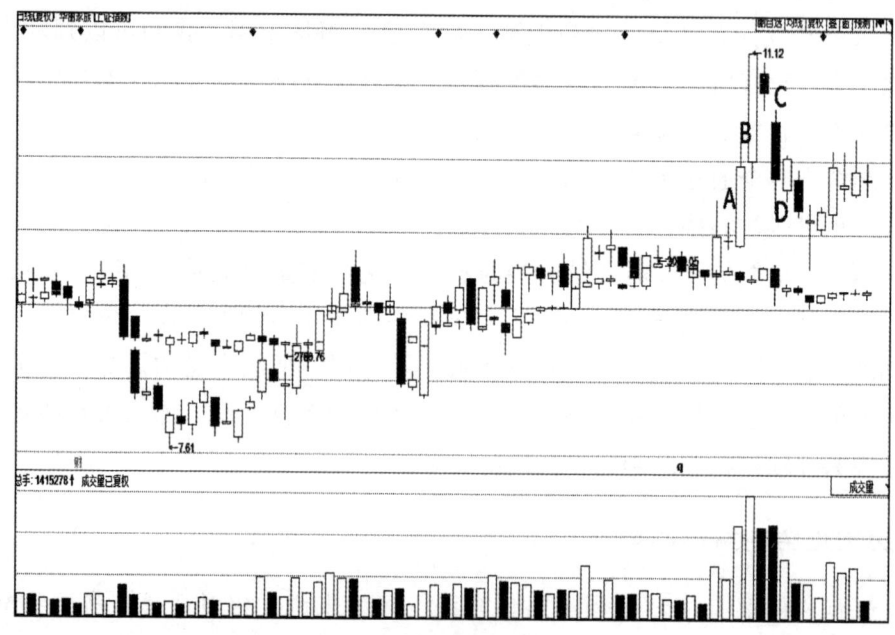

图3-6

如图 3-7 所示，该股在 A 区缩量下跌，考虑到市场指数暴跌所带来的个股的影响，更加证明了筹码的稳定性。在 B 区放量上涨，由于市场依然延续暴跌的趋势，B 区虽放量但不过分，同样也派出了拉升出货的可能性。因此，持有该股的中长线投资者依然可以放心，回调甚至可以加仓。

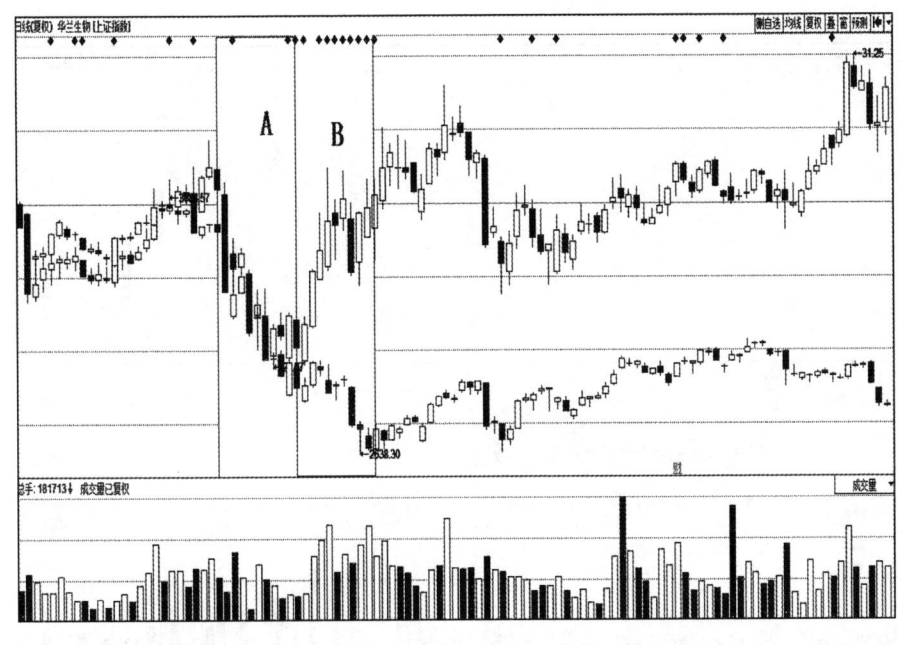

图 3-7

大盘指数的走势和个股的历史走势，分别从时间和空间的角度去分析量能的合理性，才能相对准确地判断个股量价的匹配度，进而才能对当前走势的风险性作出准确的评估，对未来的各种可能性作了合理的安排，做到进退有度。

四、突破阶段的股价表现

当股价走势来到前期压力区域时，市场主力会以什么样的姿态去面对呢？是投机性一跃而过，还是扎扎实实地稳步突破，或者连触碰的勇气都没有，又或者拖泥带水、勉勉强强？

如图 3-8 所示，该股在面对前期压力区域时，在初步试探后，借大盘下跌之势大阴线洗盘，仅用六个交易日便开始急速拉升，跳空缺口的方式突破上方压力线，虽然看似风驰电掣一般，但缺乏筹码巩固的过程，投机性的拉升只能说明走势来如风、去如电，但我们抱着短线的思路操作一把也未尝不可。

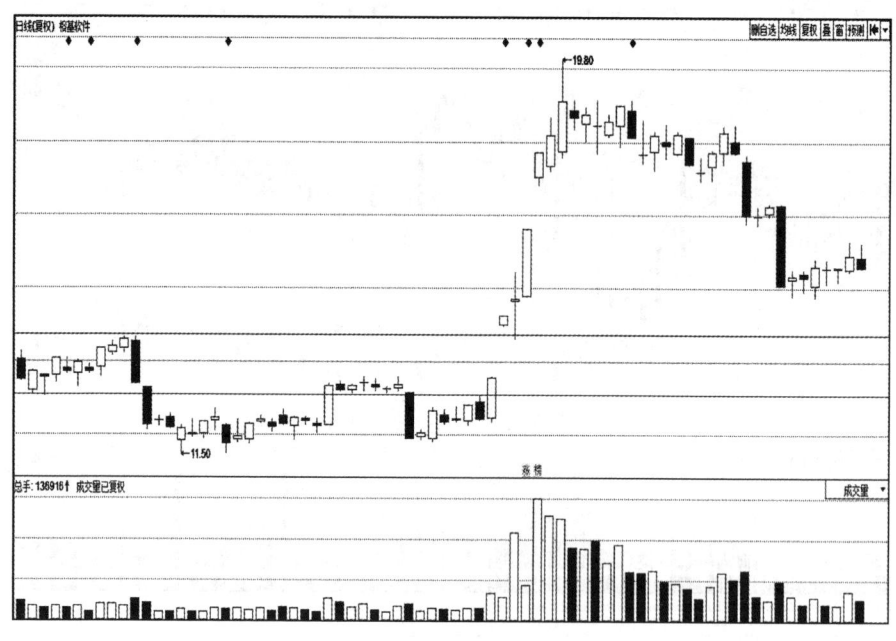

图 3-8

如图 3-9 所示，我们可以看到该股在前期下跌反弹过程中的区域，构成了上升过程中的压力区域。在这个筹码可能比较活跃的区域内，走势相当稳健，量价配合理想，即使盘中有急速拉升或者杀跌，尾盘都能回到开盘价附近，充分证明了市场中筹码的稳定性。虽然由于市场气氛改变导致个股被迫回调，但止跌后我们依然可以从容买入。

如图 3-10 所示，该股可能让人大跌眼镜了，和前两者相比，就像临上战场的士兵一样，犹豫不决、优柔寡断、进三步退两步，如果遇到大灾大难，便丢盔弃甲。此种股票即使突破，也不应该纳入我们的自选股。

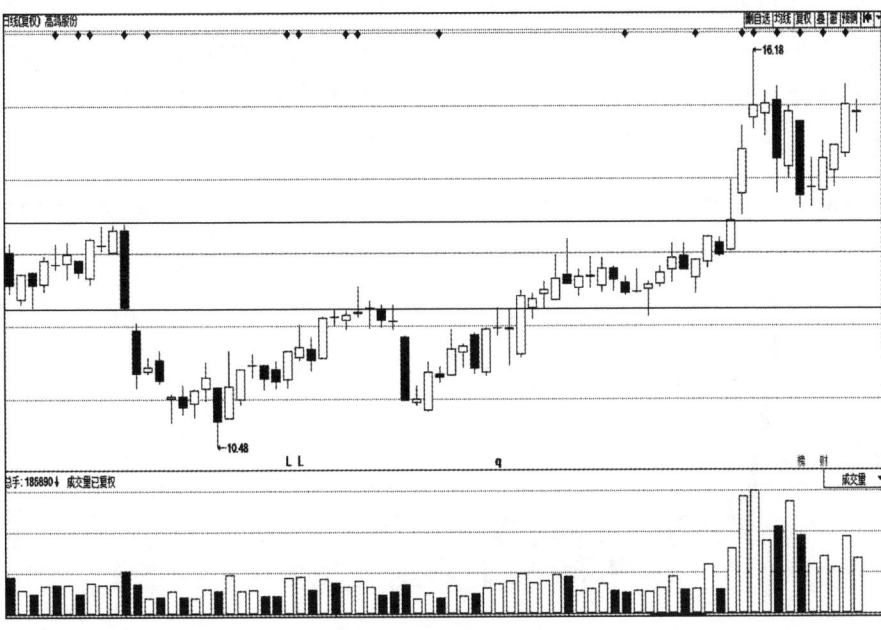

图 3-9

图 3-10

图 3-10 中这只股票好歹还能突破上方压力线,但图 3-11 所示的股票就更不堪一击,连触碰上方压力线的勇气都没有,后期也仅仅是用上影线尝试一下,很快便如秋天的落叶,黯然飘落了。其原因还是由于该股属于短线出货完毕,走势就像无人看管的孩子一般,没着落。

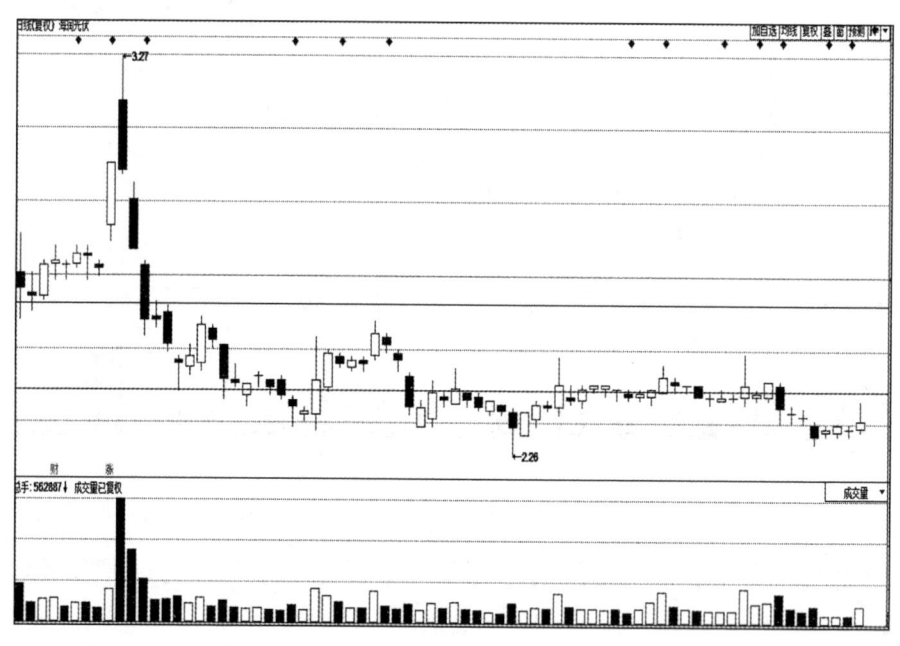

图 3-11

我们在分析突破时,把过多的研究重点放在了突破后的走势上,但是在压力区域的股价表现往往更能表现出主力的态度,它们的表现往往是个股未来走势的预兆。步履依然稳健有序的我们可以长线持有,短线爆发力强的要见好就收,连触碰的勇气都没有的,让我们仅存的一点幻想也荡然无存。

对于突破阶段的研究,其核心目的还是选取走势更为强势的个股,对于相对高位的假突破,在准确判断的前提下,也能做到及时收手。

五、反弹区域的股价表现

当股价回调到支撑区域,是受到支撑作用继续向上,还是跌破后进入下跌趋势呢?我们总是喜欢在受到支撑时买入,又或者在跌破支撑后卖出。但

第三章
压力与支撑区域的股价表现

股价在支撑区域的量价表现往往让人忽略，此时的股价表现，却决定了未来市场的走向和趋势的力度！

前期低点、筹码密集区、缺口等作为支撑作用存在于市场趋势中，投资者主要是受到成本影响和心理影响。但同样的市场环境，不同的个股，却表现出不同的支撑作用。

如图 3-12 所示直线处，大盘指数构筑三重底的底部结构后，展开了一波为期 20% 的反弹。但同时个股在第二次下探时跌破了新低，虽然后续跟随大盘反弹，但竟连个股颈线位都没有突破，这种弱势个股我们还是回避为好。

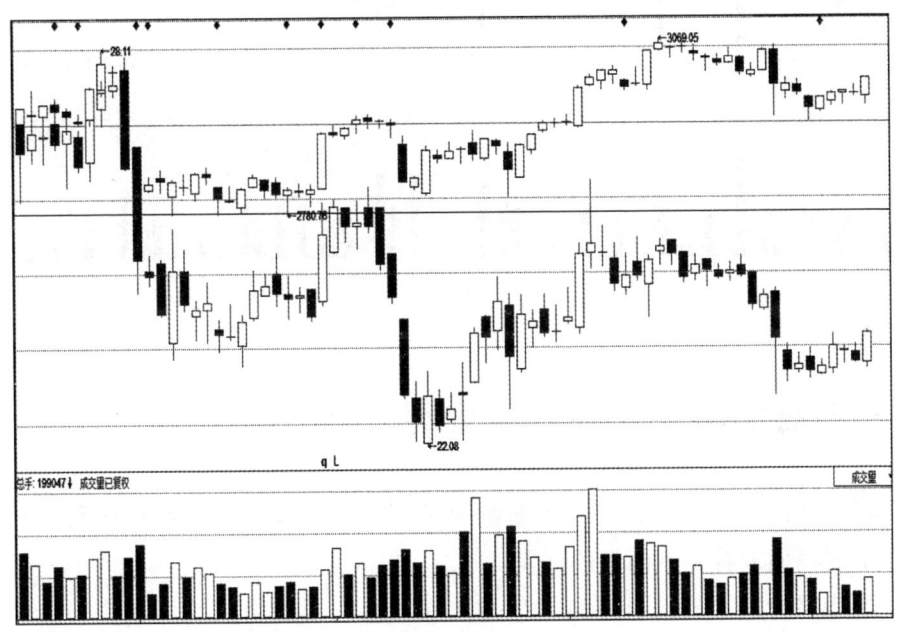

图 3-12

如图 3-13 所示，该股在大盘构筑三重底过程中，底部明显抬高，阳线放量，阴线缩量，吸筹拉升迹象明显，后期走势明显强于大盘。

当股价跌到支撑区域时，由于市场环境和个股操盘计划不同，走势也是千差万别，即便在同样的市场环境中，个股的反弹走势也有强弱之分。

反弹常出现在底部整理和回调结束后的阶段，较之突破看似更为弱势一些，但如果我们在操作时，准确选择了反弹力度较强的个股，在主升浪来临之后，获得的收益往往更多一些，在下跌阶段的反弹中，也能做到及时离场。

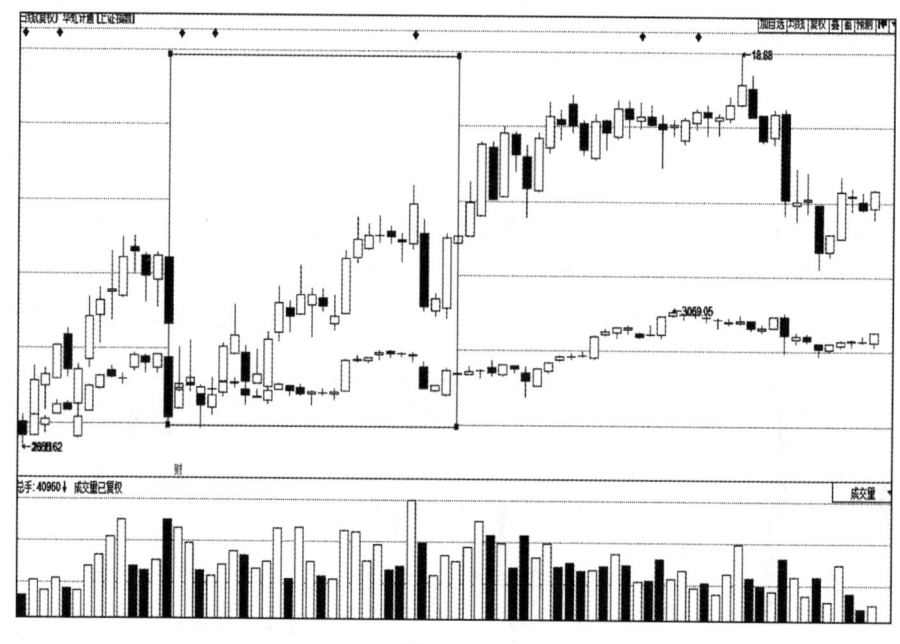

图 3-13

六、大盘突破上升的股价表现

我们经常谈到放量突破或者缩量突破压力区,很少谈到顺势还是逆势通过,下面我们来看一下两者的区别。

顺势突破是指个股走势和大盘指数同一时间段内突破前期压力位,时间最好不要超过三天。顺势突破更多的是借助市场的气氛,虽然不能完全说明市场中主力意愿不强或资金实力不强,但对未来的走势判断还是有待商榷的。

在同步突破压力位的情况下,可分为放量突破和缩量突破。如果考虑到大盘如何突破的情况,可以分为以下四种情况。

1. 大盘放量突破,个股同步放量突破

大盘放量突破压力位时,个股的表现,如图 3-14 所示。

如图 3-15 所示,该股在大盘放量突破前期高点过程中,也同步放量突破,是一种良性状态,后期逆大盘回调强势巨量拉升,突破高点后吸引人气派发筹码。

第三章
压力与支撑区域的股价表现

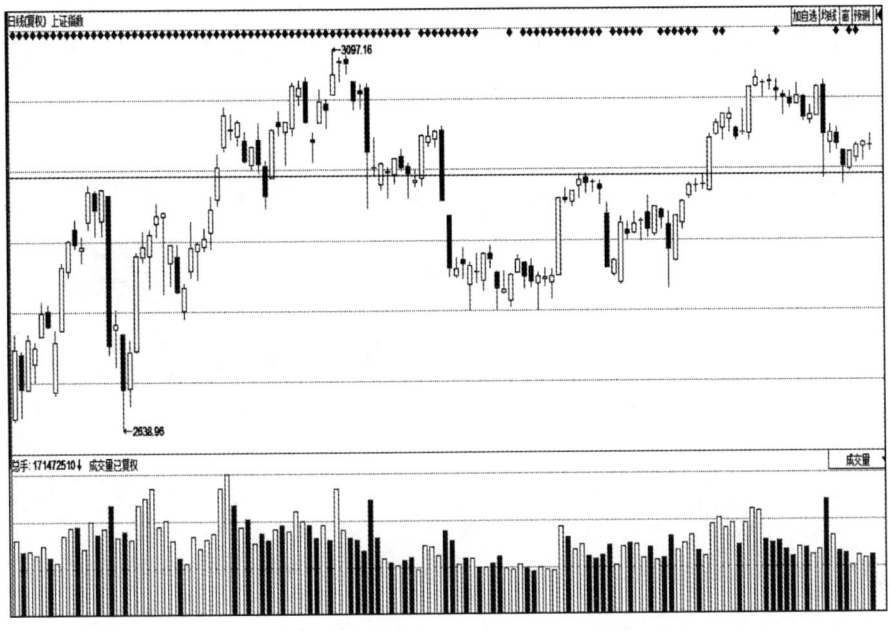

图 3-14

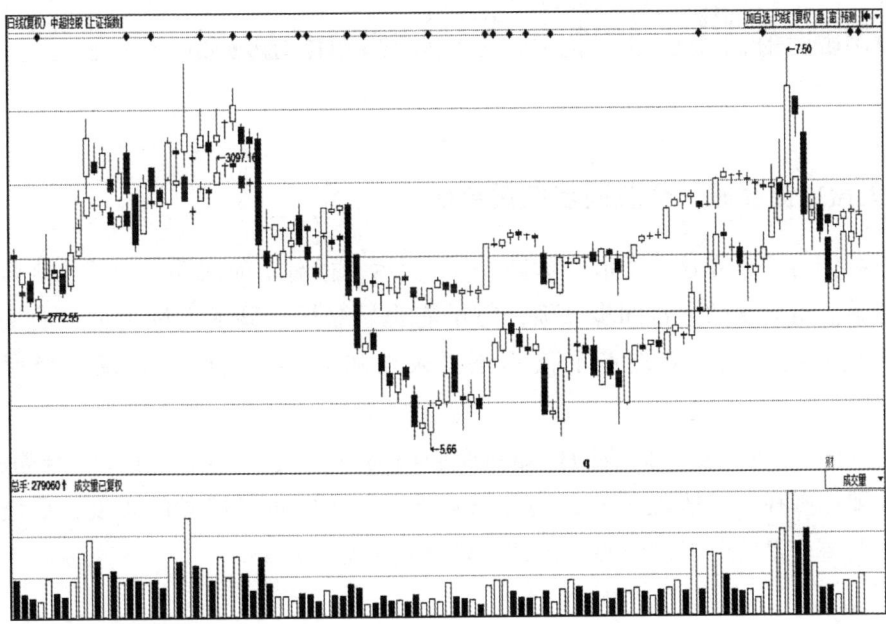

图 3-15

如图 3-16 所示，该股同样放量突破前期高点，无奈上涨幅度已超过两倍，筹码高位密集，放量突破不是诱多之举。后期再次缩量冲顶，构成三重顶反转形态。

图 3-16

2. 大盘放量突破，个股同步缩量突破

我们再来看看这只个股，如图 3-17 所示，相对于前面那只个股，走势明显滞重。虽然跟随大盘同步突破，但量能明显缩量，显示上涨乏力，后期提前大盘开始回调，突破点不仅不是买入点和加仓点，反而是调仓换股的机会。

如图 3-18 所示，该股同样缩量突破前高点，但股价依然延续上涨趋势。其主要原因在于该股经过底部的放量吸筹后，达到相对控盘的程度，后续拉升只需要少量筹码控制节奏，因此呈现缩量上涨的走势。

第三章
压力与支撑区域的股价表现

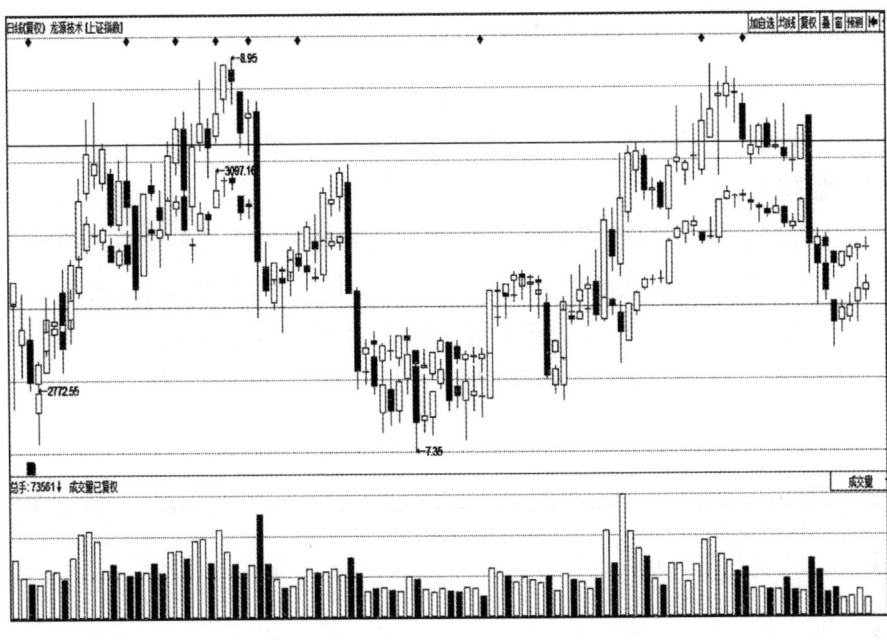

图 3-17

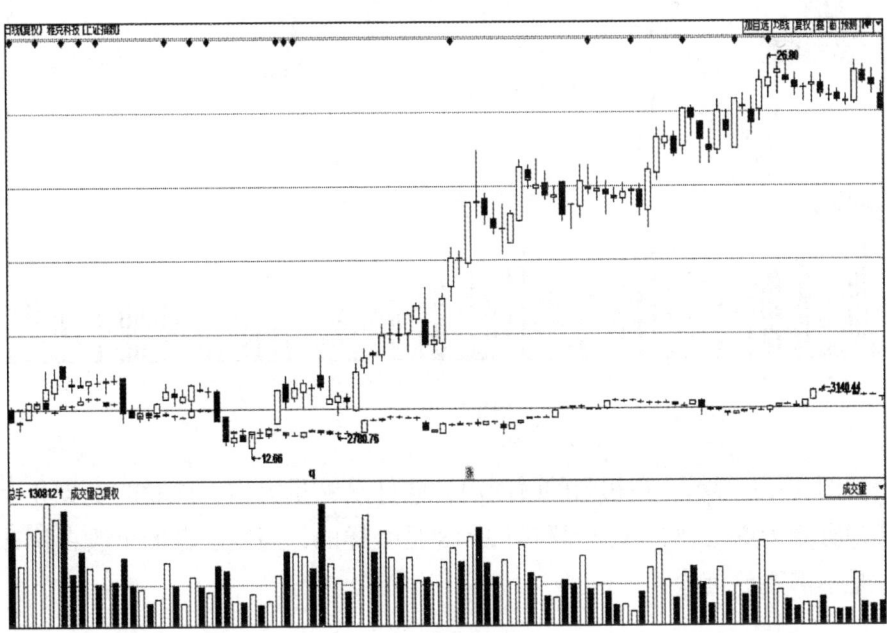

图 3-18

3. 大盘缩量突破，个股同步缩量突破

如图 3-19 所示，大盘指数在方框处，缩量突破前期高点（直线处），走势明显缺少后劲，无论是上涨的高度还是回调幅度，都无一例外地显示这一波反弹行情走到了尾声。

对比大盘指数走势图（见图 3-19）和个股走势图（见图 3-20），两者走势基本一致，量能延续指数的缩量突破模式，这种类型的个股属于《裸 K 线操盘技法 1》一书中的同步类个股。作为资金量相对有限的投资者，在操作中还是以有鲜明个性、独树一帜的个股操作为好。

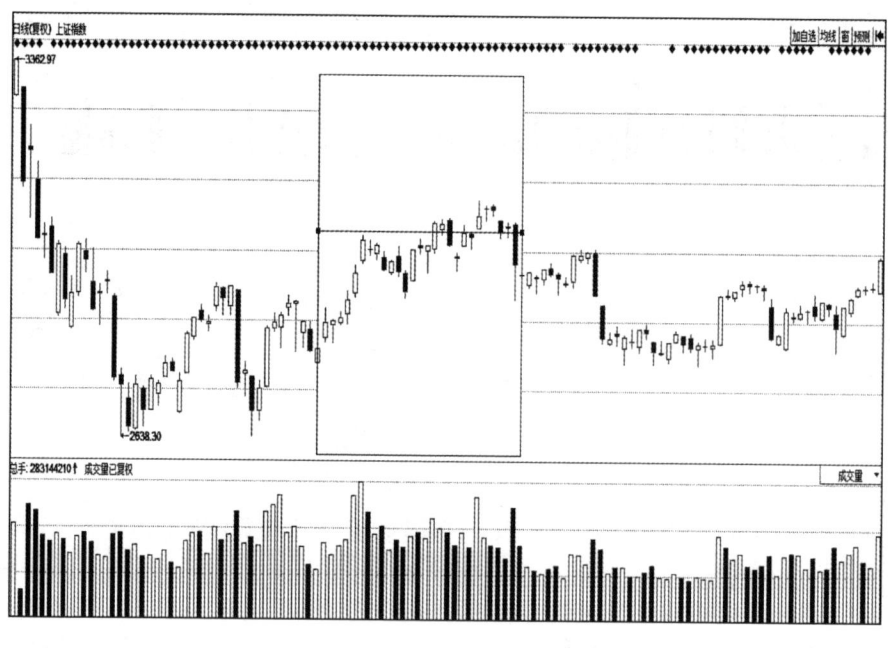

图 3-19

如图 3-21 所示，在相同的时间内，同样是缩量突破，该股的走势和上述个股却有着天壤之别，其原理和图 3-18 是一样的，高度控盘的个股在拉升过程中是不需要放量的。

第三章
压力与支撑区域的股价表现

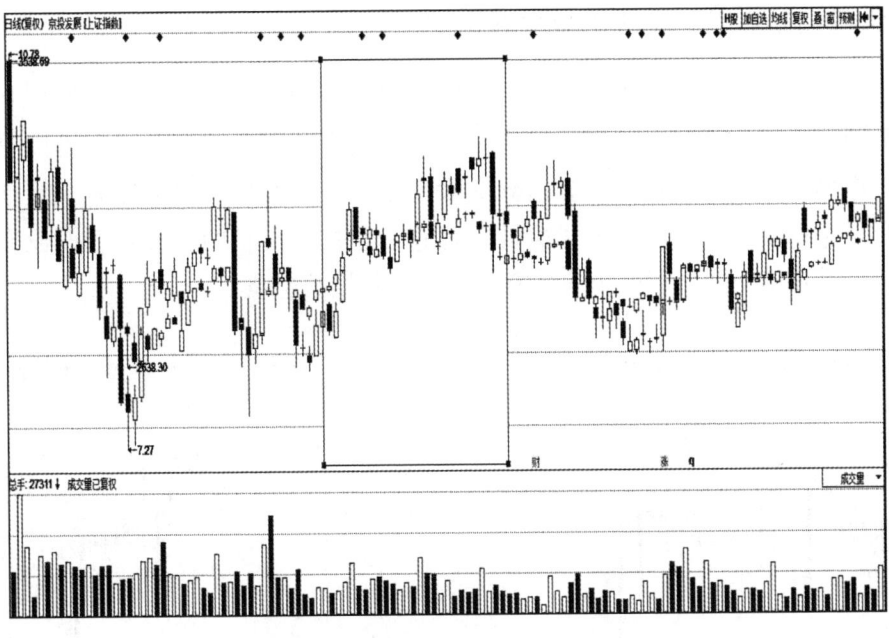

图 3-20

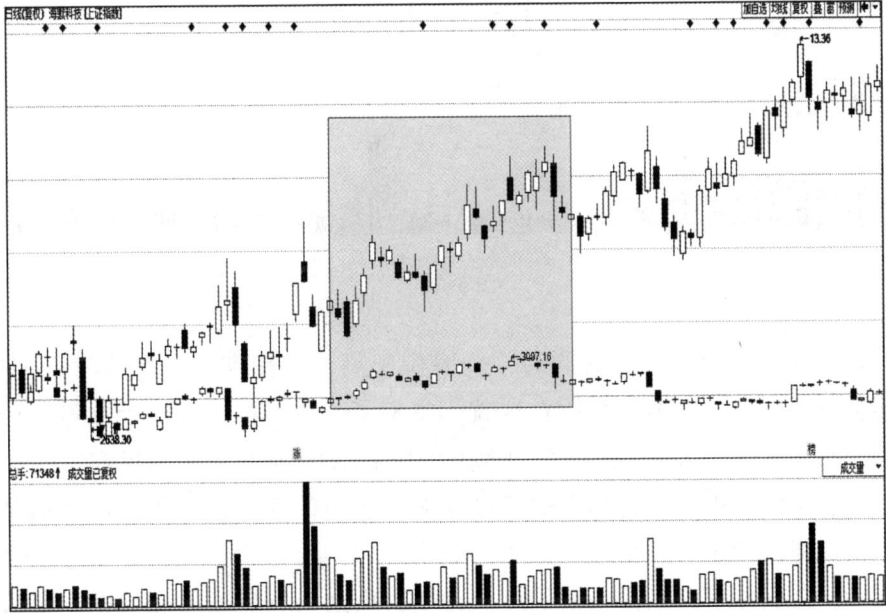

图 3-21

4. 大盘缩量突破，个股同步放量突破

同样的时间，发生了不一样的故事。如图3-22所示，为什么该股能在大盘见顶迹象逐渐明显时，放量稳步上涨呢？结合前面的走势，我们可以分析出，市场主力未能预料到大盘指数的大幅下跌，没有做到提前减仓，后期随着市场企稳反弹，个股走出了边低位补仓、边拉升出货的过程，后期没有突破前期高点及个股疲弱的走势也充分验证了我们的论断。

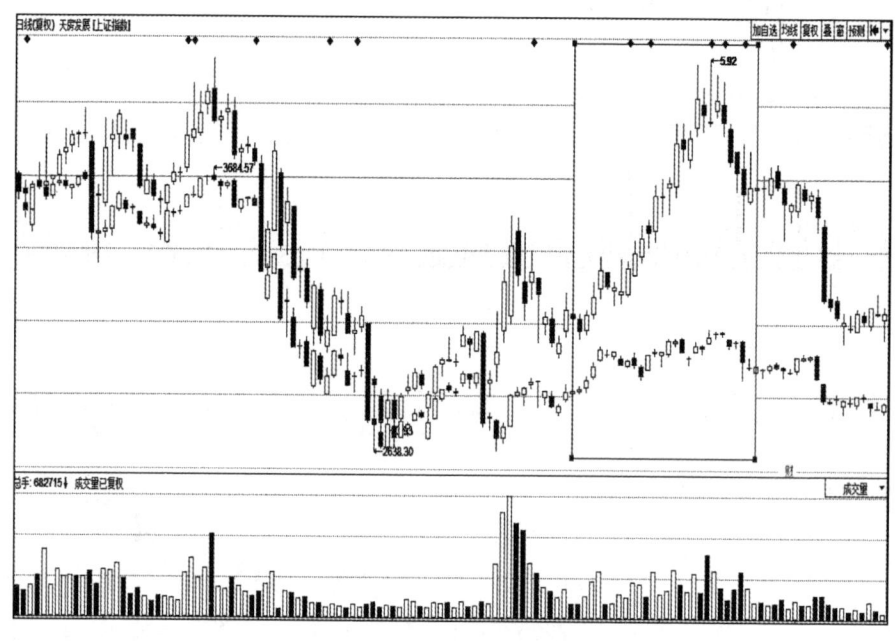

图3-22

如果在大盘缩量突破的同时，个股位于高位震荡期间，顺势放量突破，可能会有假突破的可能，我们在这就不举例了。我们再来看一个放量突破的案例，与图3-22不同的是，这只股票选择的是急速放量突破的形式。

对于个股分析，我们并不赞成过度揣测主力的意图，但我们需要清楚的是个股走势的操作手法和运行阶段。如图3-23所示，从当时的经济形势和宏观环境，市场并不存在大牛市的可能，主力借助市场反弹展开为期一个月的短线行情可能是最好的选择。

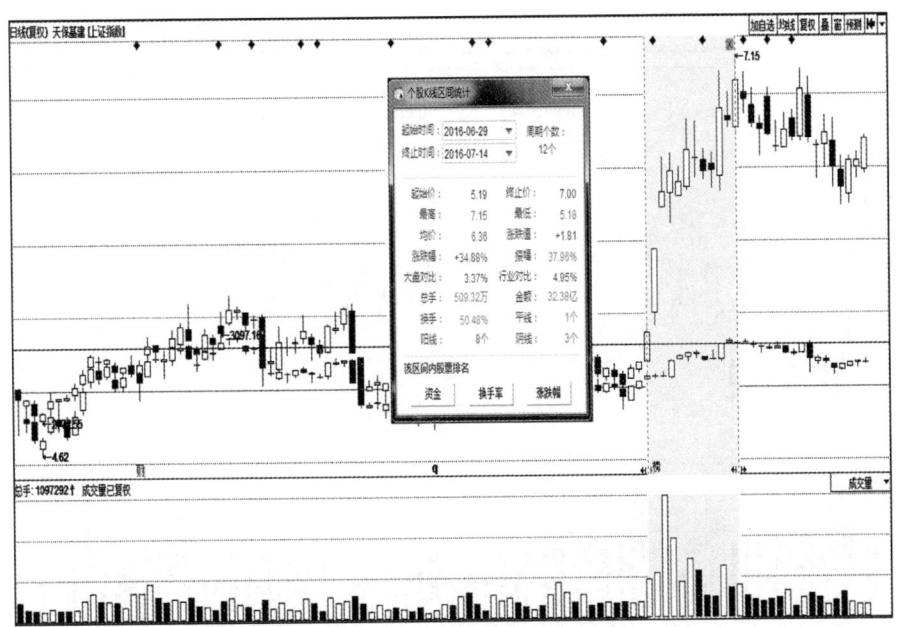

图 3-23

无论是大盘指数放量突破还是缩量,与之相呼应的是,无论个股的量能如何变化,都存在着上涨或下跌的可能。在股市中,凡事没有绝对的可能,我们需要做的是厘清市场氛围,也就是大盘指数的走势,对于个股所带来的影响,评估个股未来的诸多可能性,同时,如何最大限度地规避市场的风险,赚取稳定的收益。

七、大盘突破失败的股价表现

相对于顺势突破,逆势突破带有更多的主动性,主力敢于在市场没有给出突破信号时率先作出表率,必有其不可告人的目的。是敢作敢为、有万夫不当之勇,还是拿大旗做虎皮、逞匹夫之勇呢?具体问题,还需要具体分析。

在分析之前,我们先来看当时的大盘指数情况。

如图 3-24 所示,大盘突破前高点失败,趋势由上涨转为下跌,同样由放量(B点)和缩量(A点)两种形式,结合个股突破的量能情况,可以分为以下四种情况:

图 3-24

1. 大盘放量下跌，个股逆势放量突破

大盘或者个股高位放量杀跌，是大幅下跌的凶兆，即使后续拉升，持续时间也不会太长。如果此时个股能够逆势拉升，并且放出天量，我们也仔细分析未来走势的可能性，可能是带领大盘反转的龙头股，也可能是回光返照，接下来就一泻千里了。

如图 3-25 所示，该股在大盘放量杀跌的当天逆势涨停，虽然后续走势没有一飞冲天，上海自贸区概念股在该股的带领下，对于大盘的企稳也是起到了巨大的作用。在市场弱势的状态，强势股的启动和拉升对于市场的投资人气起到了聚拢作用。如果连强势股都不敢行动了，市场怎么会有明显的改观呢？

同样，如图 3-26 所示，该股逆势涨停，次日以倒转锤头的 K 线形态收盘，把追涨的投资者牢牢地套在高位，后续除非有资金再次介入，否则后续能否解套就看自己的造化了。和上只股票相比，同样在压力面前，有人能从容面对，有人却只能投机取巧。

第三章
压力与支撑区域的股价表现

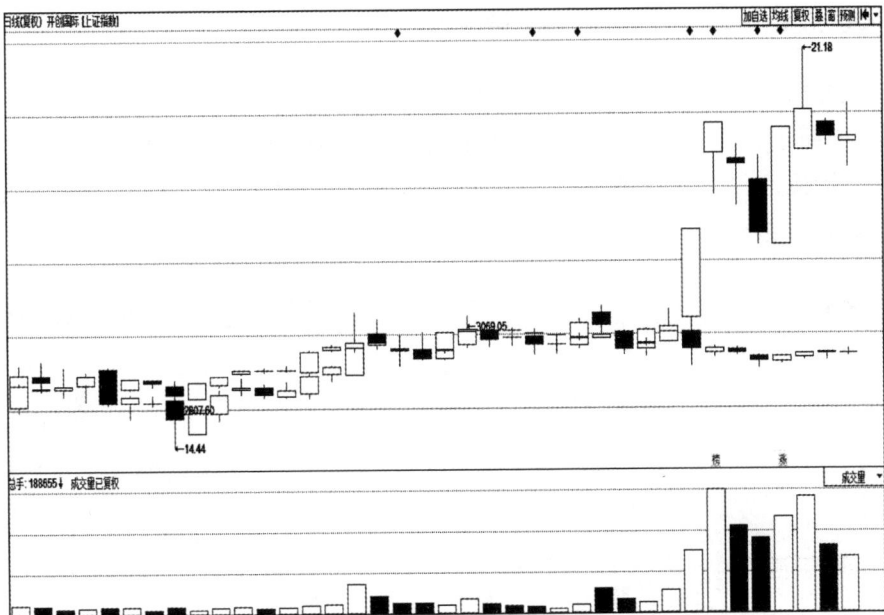

图 3-25

图 3-26

2. 大盘放量下跌，个股逆势缩量突破

此种情况多出现在绩优蓝筹股上面，这种股票常年保持高业绩增长。如图 3-27 所示，即便大盘指数受到非市场经济影响，短期内出现回调，该股依然能够很快回归上升通道，虽然短期内暴利的可能性不大，但在熊市中往往让投资者跑赢大市。

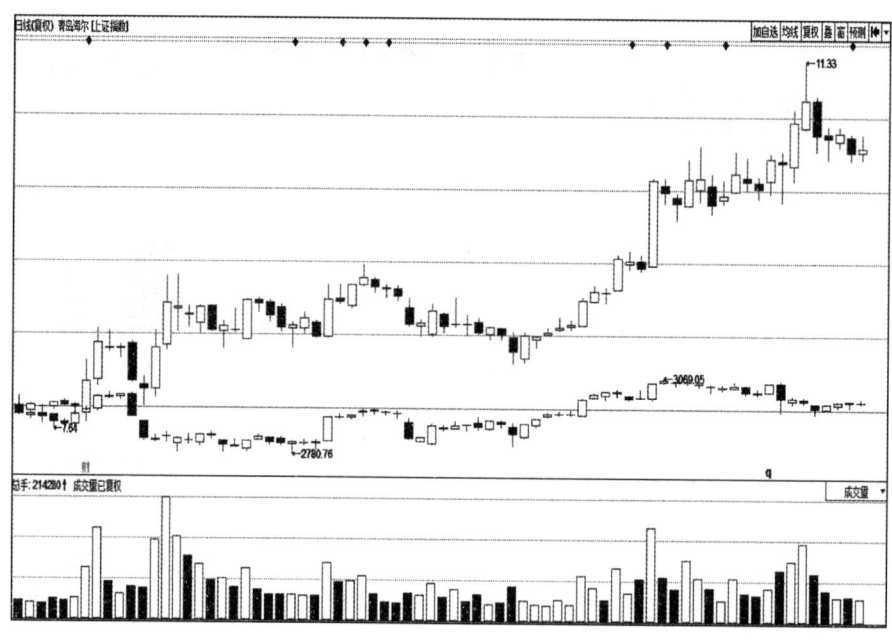

图 3-27

3. 大盘缩量下跌，个股逆势放量突破

如图 3-28 所示，虽然大盘指数处于高位回调阶段，但该股逆大盘放量拉升，借助市场暴跌完成双阴洗盘，获颈线位支撑强势拉升。格外让人注意的是，该股虽然有所放量，但量能并没有太过异常。

后期大盘急剧放量杀跌，该股借势盘中近乎跌停的走势强势洗盘。大盘暴跌当日个股走势固然值得仔细斟酌，暴跌后数日内的走势更具有洞察真相的作用。该股随后形成小型的塔型底结构，接着是连续两个涨停板。

如图 3-29 所示，该股在大盘缩量下跌之际，完成短线最后的放量出货

第三章
压力与支撑区域的股价表现

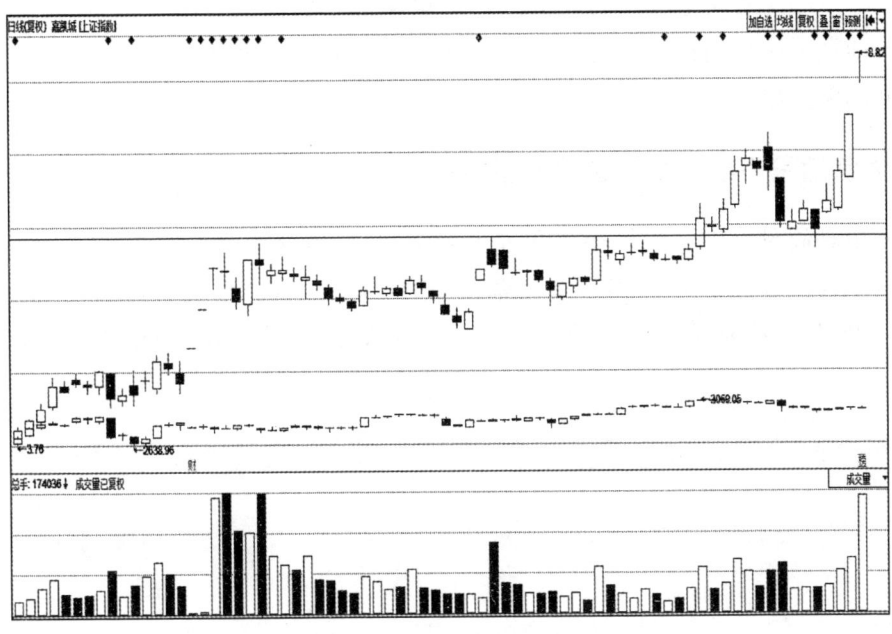

图 3-28

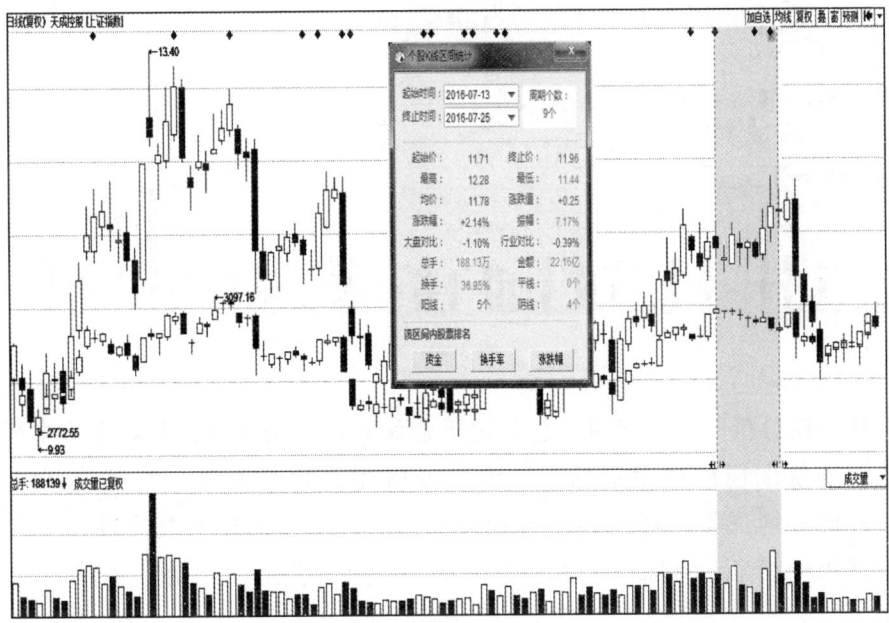

图 3-29

行情，重心也有所上移，后面的四连阴也印证了前面诱多出货的目的。该股由于前期采用滚动操作的方式拉升，在高位时筹码已经所剩不多，余货用于后期的砸盘出货。

4. 大盘缩量下跌，个股逆势缩量突破

相对放量突破，缩量突破更是长线主力的操盘策略。如图 3-30 所示，该股后期的连续放量，固然有大盘暴跌的影响，但如果股价放量滞涨、筹码从低位转移到高位、频繁出现振幅过大的走势，我们就需要提高警惕了。

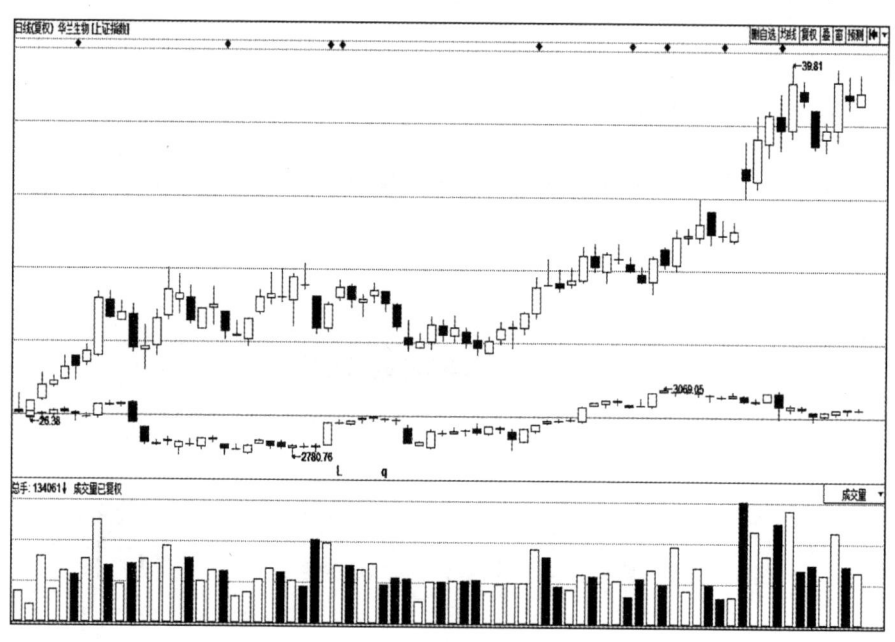

图 3-30

我们在分析压力突破时，总是过于强调放量还是缩量，而对于其中最重要的市场氛围往往视而不见，是顺势突破还是逆势突破，往往有天壤之别！同时在考虑了市场氛围的基础上，判断放量和缩量的真实性。通过准确、清晰的分析，判断压力位的突破到底是行情的开始，还是行情的结束。

八、大盘反弹上升的股价表现

前面我们分析了大盘指数在到达支撑位时，个股的不同表现。市场中的强势个股往往会表现出底部抬高的迹象，提前开启上涨模式，而弱势个股可能连前高点都无法突破。

当大盘受到支撑作用开始反弹时，又可分为缩量反弹和放量反弹，个股同样有放量和缩量一说，因此也就构成了以下四种情况。

1. 大盘缩量反弹，个股同步缩量反弹

我们来看大盘指数走势图（见图3-31），该股在前期的支撑位弱势反弹，在两个交易周后再次跌到支撑位，才开始了下跌过程中一波为期20%的反弹。

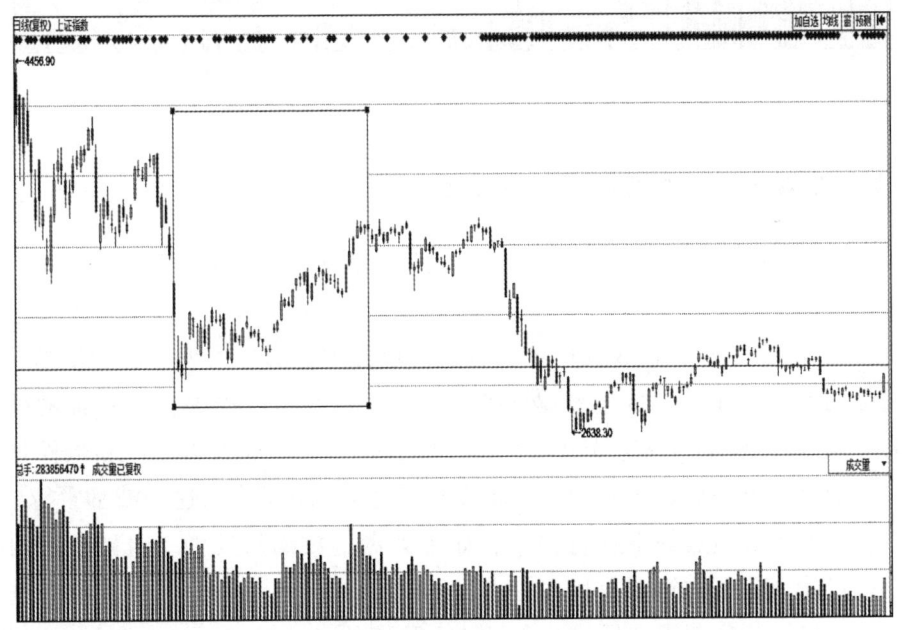

图 3-31

通过图3-32可以看出，该股和大盘走势基本同步，量能的走势和大盘量能也类同，因此我们没有任何理由把该股放在自选股中。

我们在做股票投资时，尽量规避同步性的个股，只有通过市场非同步性，才可以体现主力的主动性行为，才可以分辨出个股的强弱。

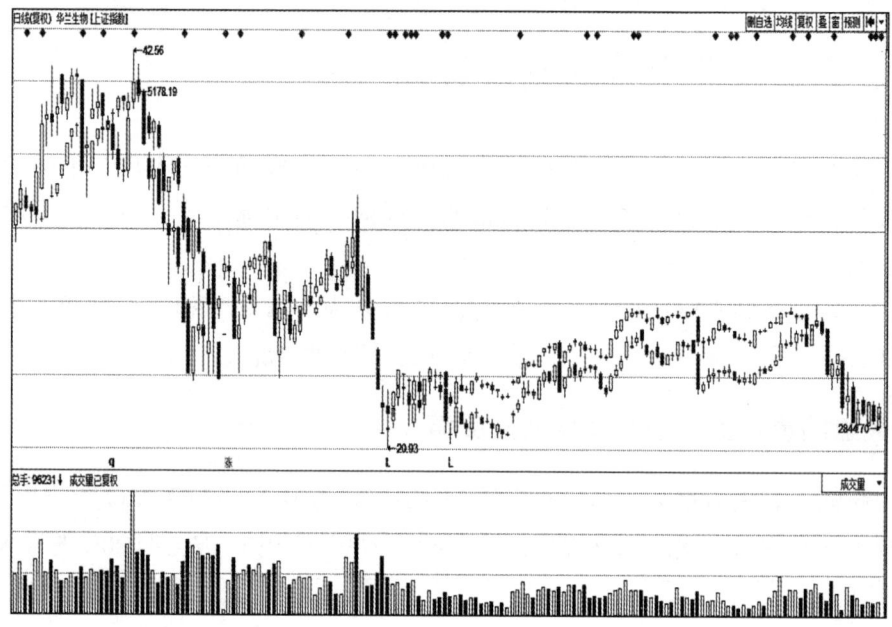

图 3-32

2. 大盘缩量反弹,个股同步放量反弹

我们再来看一下发生在图 3-33 中的时间范围内,另一只走势更个性的个股走势。

如图 3-33 所示,该股在前期弱势反弹过程中,明显出现了价涨量增、价跌量缩的走势,在后期大盘指数一波 21.37% 的反弹过程中,上涨幅度高达 150%。如果我们仔细观察就可以看出,该股并没有跟随大盘创出新低而创新低,前期反弹也明显强于大盘,因此我们有充足的理由介入这一波翻番行情。

在一波轰轰烈烈的下跌行情中,如果大盘指数缩量反弹,可能会有再次下探的可能,从而构筑双重底形态,此时才是放量上涨的开始。我们在选股时,可以将一些前期表现强势的个股纳入我们的自选股,一旦大盘稍有企稳,便可以逢低介入。如果在大盘指数弱势反弹后,继续下跌并跌破前期低点,我们可以等待更加明确的进场信号。

3. 大盘放量反弹,个股同步放量反弹

如图 3-34 所示,该股在前期支撑位止跌反弹,13 个交易日内反弹

第三章 压力与支撑区域的股价表现

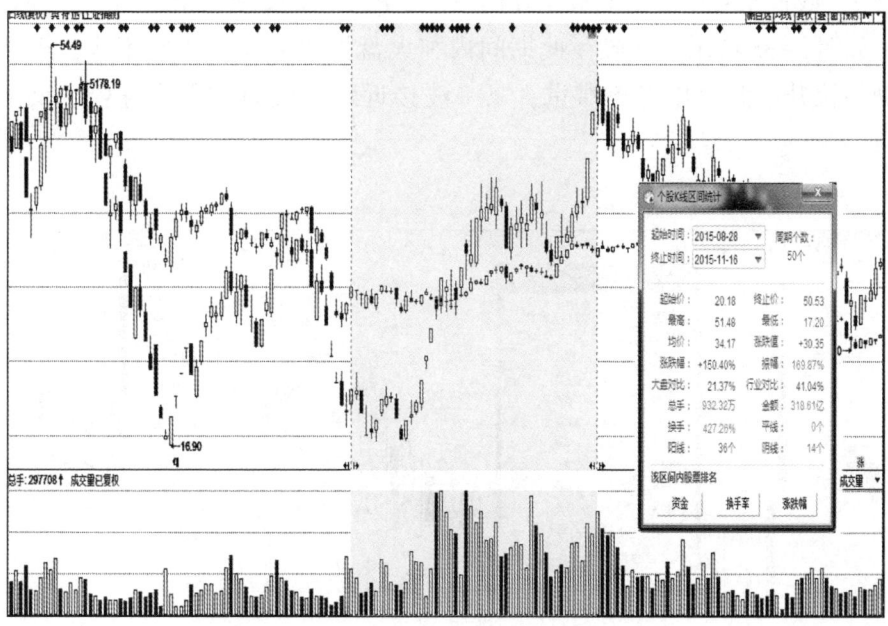

图 3-33

图 3-34

7.25%，我们来看一下不同股票在同一市场环境下的走势差异。

如图3-35所示，该股在此期间内和大盘指数涨幅跌相差不大，虽然后续勉强拉升，但明显走势滞重，以一波接近跌停板的大阴线宣告了反弹的结束。

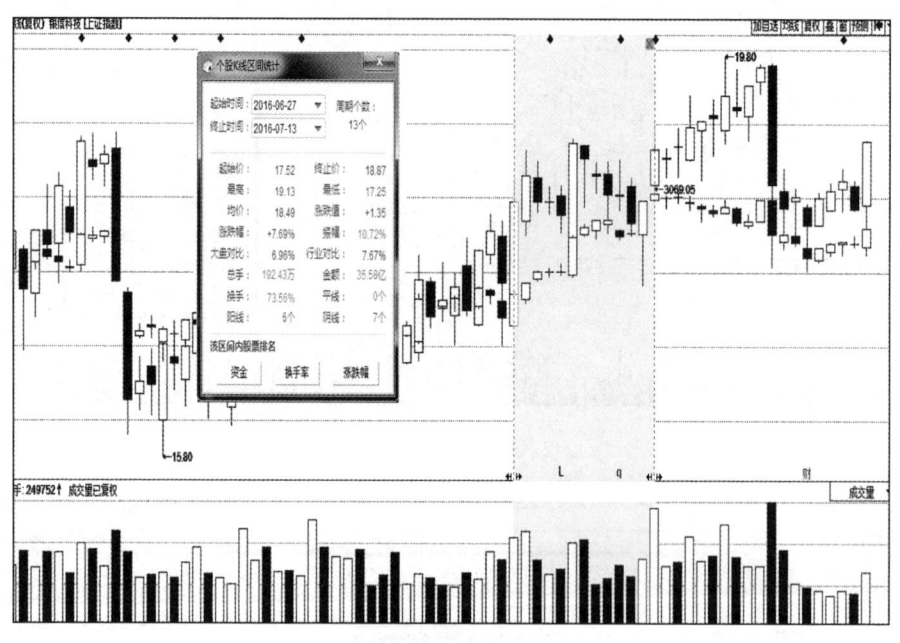

图3-35

大盘放量反弹，必然带动个股上涨，在没有外力介入的情况下，个股涨跌幅度和大盘相差不会太大，那么需要满足什么条件才能使其后续走势强于大盘呢？这就要求：个股的量能放大幅度要超过大盘，这样才能保证跑赢大盘。但如果放量幅度过大，又有拉高出货的嫌疑。

如图3-36所示，我们从成交量柱状图可以看出，后期成交量明显放量滞涨，借助大盘反弹拉高出货，后期构筑塔型顶继续出货。因此，不是任何的价涨量增都是良性的，贸然追进去，可能就有危险。

对于高控盘类的个股，在大盘指数放量反弹期间，个股可能也会有所放量，由于高度控盘的特性，后续的涨势持续时间更长。当然，缩量的情况也很常见，毕竟如果此时主力只用少量筹码就可以拉升个股，量能自然无法放

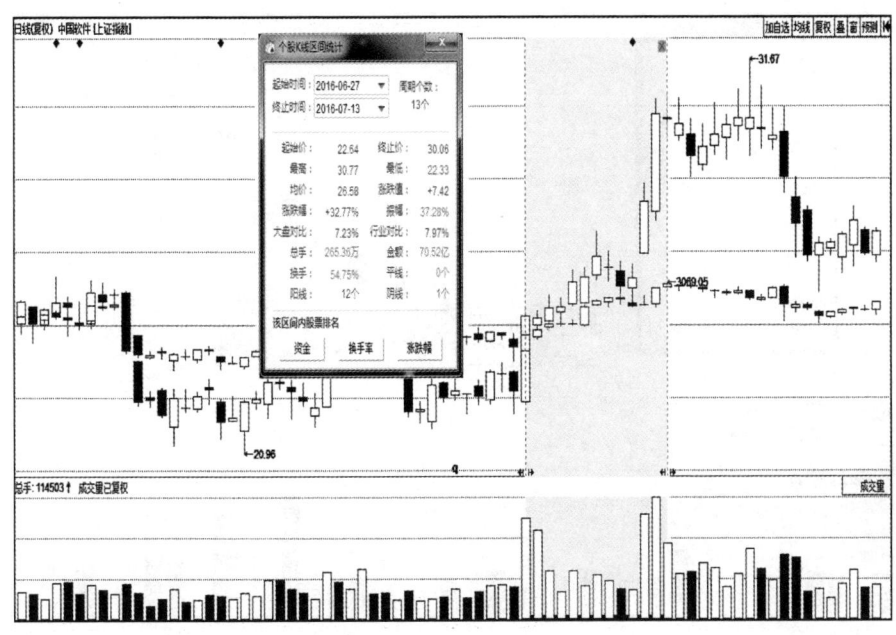

图 3-36

大，呈现缩量上涨的走势，对于高度控盘类个股，在拉升幅度有限的情况下，此时只是上涨的中继阶段。

4. 大盘放量反弹，个股同步缩量反弹

大盘放量反弹，个股却缩量前行，一种可能是负担太重，另一种可能是步履轻盈。如图 3-37 所示，就是后一种情况，后期的走势也验证了这种可能性。

如图 3-38 所示，该股就属于第一种情况，虽然价格反弹，但整体量能是萎缩的，动能不足，谈何上涨。结合前后的走势可以看出，该股属于下跌过程中的反弹出货阶段。

对于大盘指数放量反弹期间，呈现缩量反弹的个股，在排除了个股处于高位控盘的特征外，多是弱势的表现。如果股价位于阶段高位，处于主力出货末期，后续的下跌幅度可能远大于指数的下跌幅度。

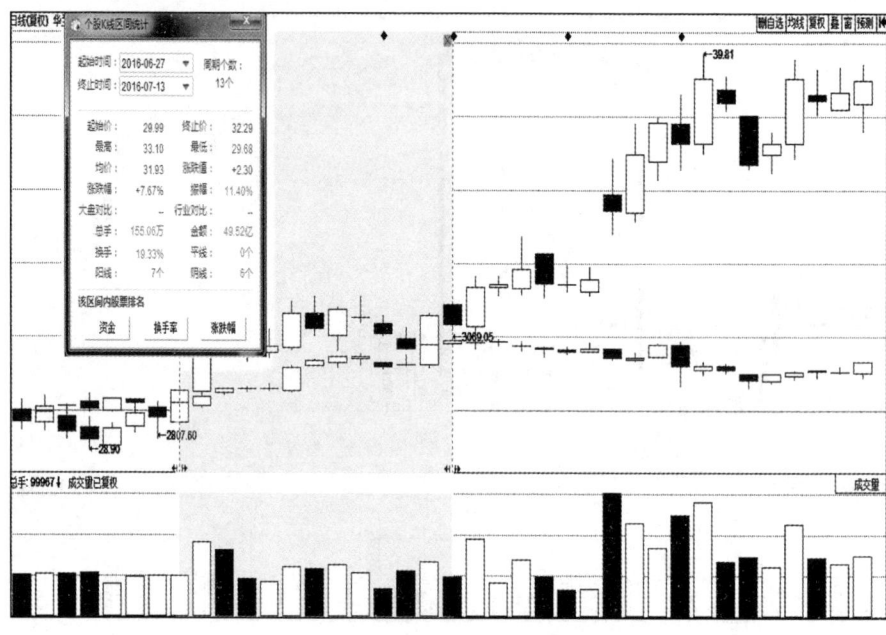

图 3-37

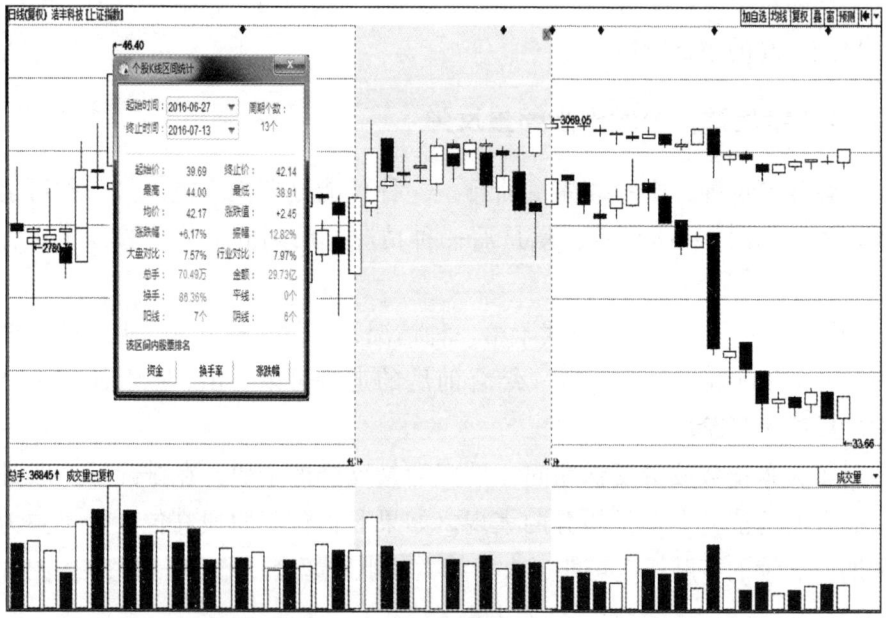

图 3-38

第三章 压力与支撑区域的股价表现

九、大盘反弹失败的股价表现

当大盘指数在支撑区域停滞甚至开始下跌，部分个股却逆大盘而选择上行，但个股此时的表现真的是强势的表现吗，真的就可以闭着眼睛买入吗？未必，具体情况，我们还要具体分析。

当大盘指数的放量或缩量下跌，必然存在个股的放量或缩量拉升，这样就存在以下四种可能性。

1. 大盘放量下跌，个股逆势放量反弹

先来看一下大盘指数的走势情况（如图3-39所示），大盘放量跌破了反弹过程中构筑的头肩顶形态。在分时走势图上连续两日，黄线远离白线，说明小盘股跌势更惨。

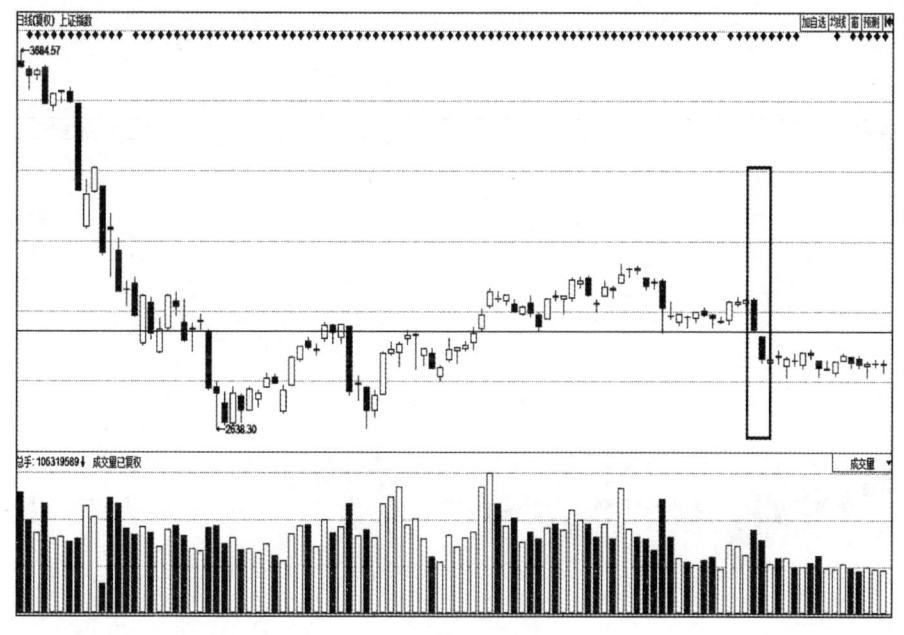

图3-39

如图3-40所示，该股在大盘连续两天放量大跌之前，正处于上升趋势后期的放量拉高出货阶段，当日逆势涨停，次日拉高砸盘出货，后期继续出货。

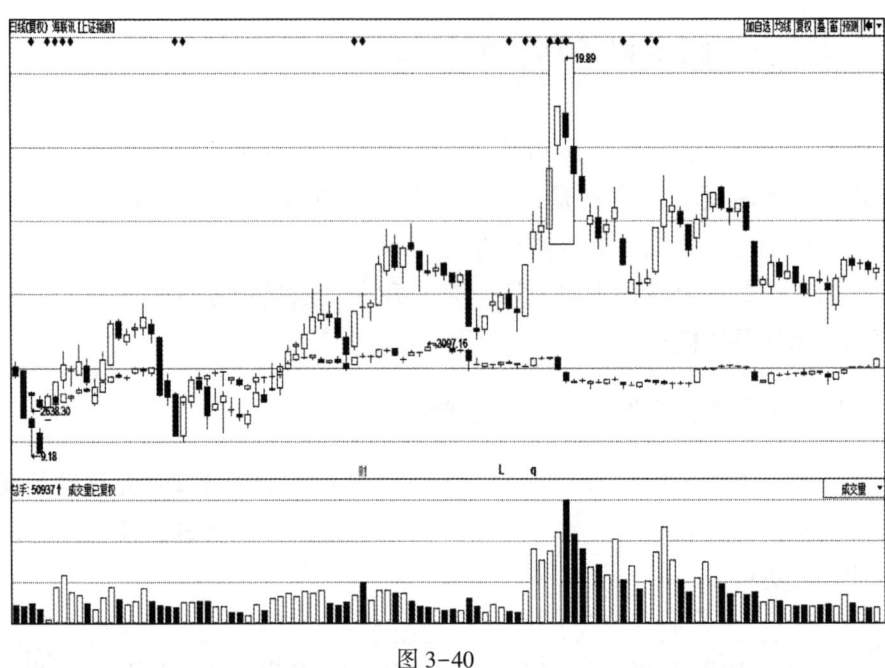

图 3-40

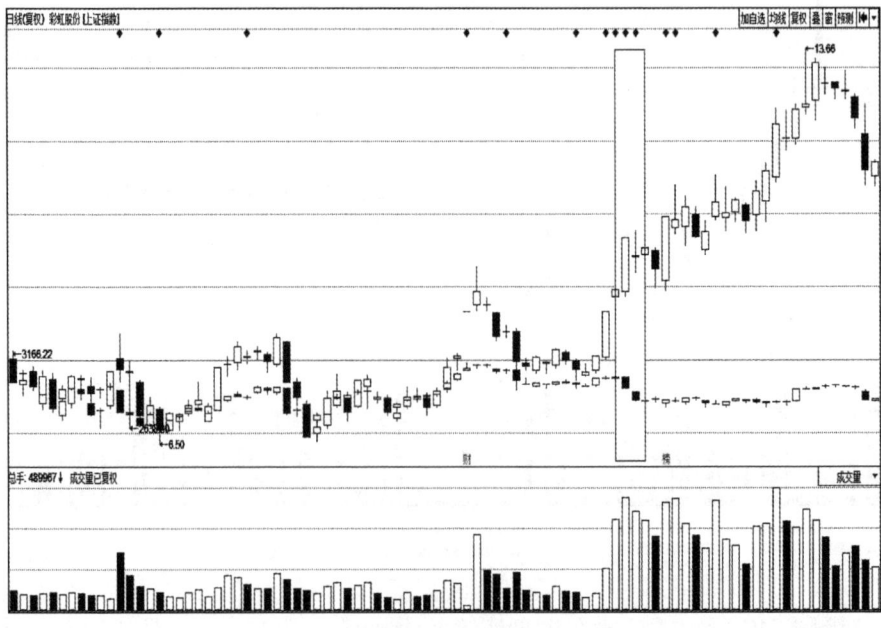

图 3-41

对于主力来说，大盘当日的大跌如果顺势下跌，可能极大地伤害人气，造成持股者心态不稳，没有选择只能继续拉抬，利用涨停板吸引人气次日拉高出货。所以说，万绿丛中一点红固然很美，但那也有可能是害人的罂粟呀。

所谓花开两朵，各表一枝。如图3-41所示，为什么该股能够延续上涨趋势呢？归根结底还是位置，该股正处于突破前期高点的阶段。涨停板后连续三日的横盘，很多投资者都担心有补跌的风险，于是乖乖地把筹码奉送给主力。在补充了筹码后，个股继续从容不迫地延续上涨趋势。

位置为王，相信对于任何技术分析流派来说，都应该刻骨铭心。涨到天上的股票肯定比跌到十八层地狱的股票风险要大得多，因此分析股票，最重要的一点是判断个股所处的阶段。

2. 大盘放量下跌，个股逆势缩量反弹

如图3-42所示，大盘的放量杀跌，必然给市场带来巨大的恐慌，更何况此时跌破了形态的临界点。该股在连续两日收于带上下影线的小阳线，虽然小有放量，但在可承受范围之内，充分说明了市场筹码的稳定性。更狡猾的是，该股利用市场中投资者对于补跌的担心，挖坑洗盘，也为后续拉升清除了障碍。

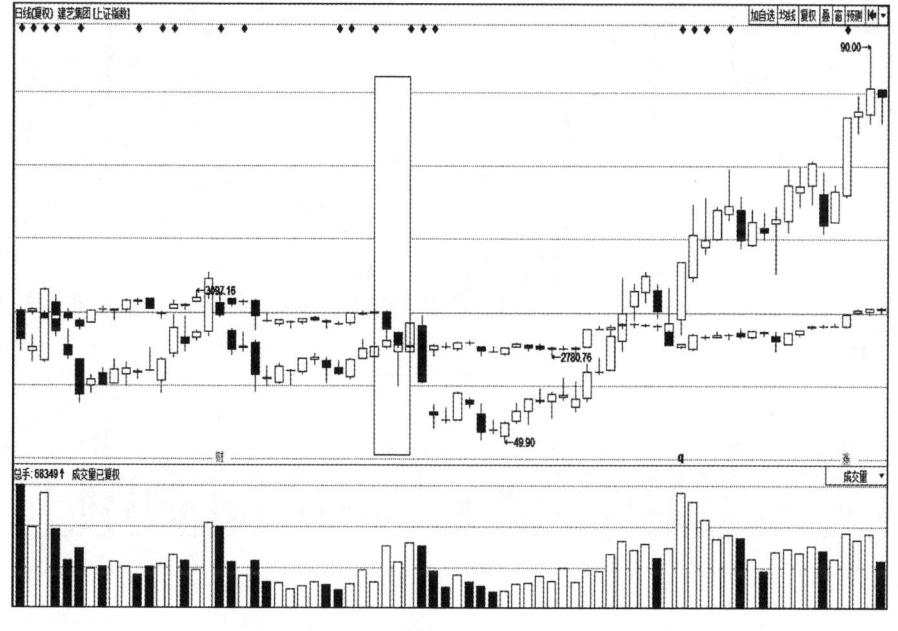

图3-42

在大盘反弹失败后的放量下跌阶段，市场很容易形成恐慌性的气氛。对于个股来说，即便处于出货阶段，主力也大多会顺势回调，后续再震荡或拉高出货。如果此时个股缩量反弹，常常是强势的表现，投资者手中筹码有限，主力只需要动用很少的资金就可以承接，这样的个股后续的涨幅可能会超乎想象。

3. 大盘缩量下跌，个股逆势放量反弹

从传统的技术分析领域，只要大盘或个股跌破颈线位，无论放量还是缩量，都应该斩仓出局。大盘缩量下跌，说明并没有得到市场的响应。必然存在一批顽强抵抗的个股，而一旦大盘稍有企稳，即便是弱势反弹，这样的个股可能会一跃冲天。

该股在大盘底部两次缩量双阴探底过程中（见图 3-43 中的 AB 区间），底部逐渐抬高，第二次相对强度明显高于上次（见图 3-44），结合前期的抗跌走势，我们理应对该股的后市抱有期待。

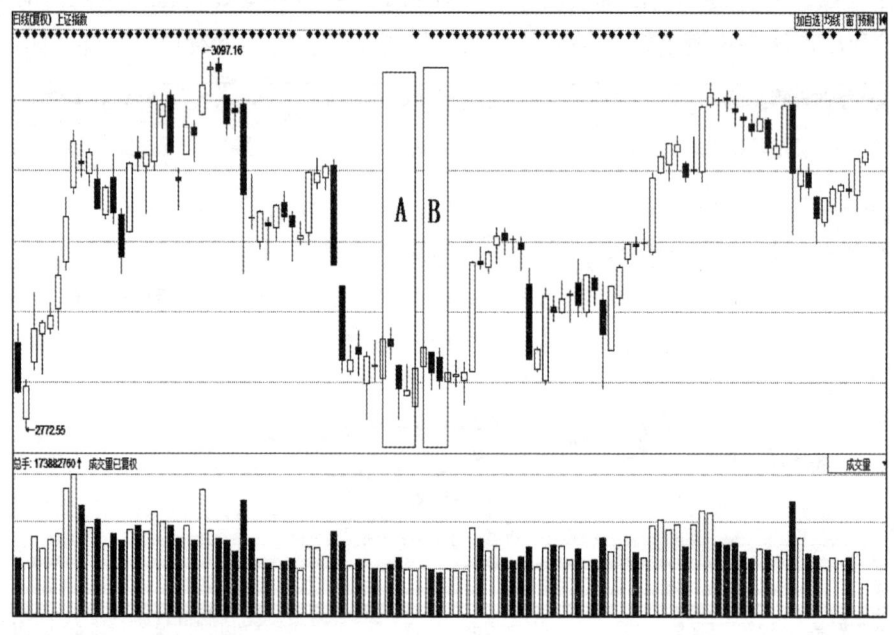

图 3-43

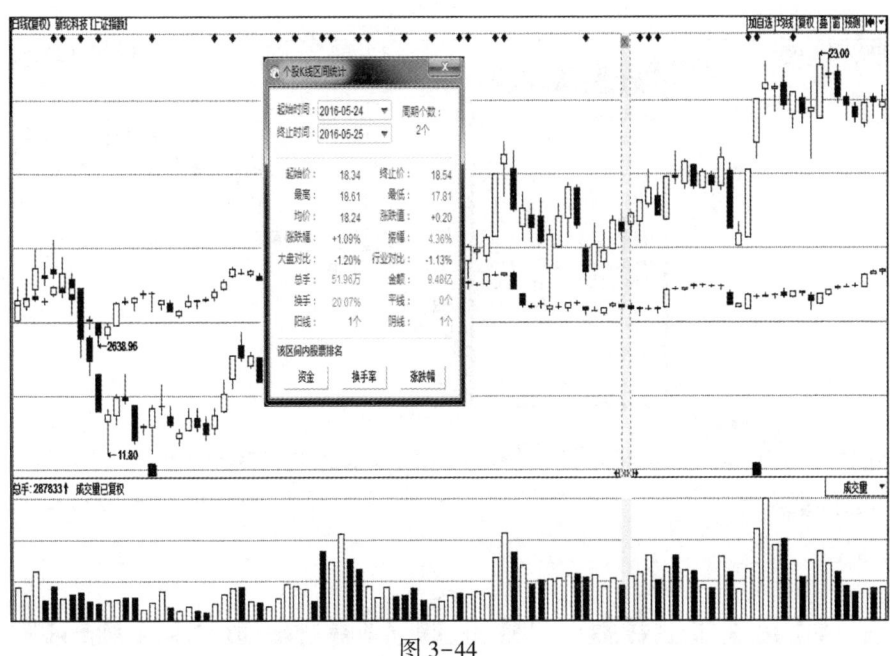

图 3-44

4. 大盘缩量下跌,个股逆势缩量反弹

如图 3-45 所示,该股在大盘底部震荡过程中,在走势逐渐转强的过程中,成交量反而呈现缩量的泰式,说明市场的主力更加趋向于长线操作,作为中长线爱好者,可以多关注一下类似的个股。

上面列举的两个案例,大盘环境正处于底部缩量弱势震荡过程中,连续双阴会使不明真相的人产生恐惧,放量反弹和缩量反弹在一定程度上显示了筹码的属性和投资者的跟风程度,成交量越大,越趋向于短线操作。

对于大盘指数下跌阶段的缩量走势,在选股时,我们必须更加谨慎。如果此时个股放量上涨,在涨幅有限且没有明显出货迹象时,可以逢日内回调介入。如果此时个股缩量上涨,在排除了主力在高位震荡出货的这种可能性外,后期常常会延续上涨的走势。

支撑区域和压力区域不同的是,它反映了市场在弱势状态下的反应,而压力区域更多地反映了市场突破时的强度。根据市场可能发生的情况,把支撑和压力区域的股价表现结合起来,准确有效地判断市场所处的阶段,制定在可控状态下的盈利策略。

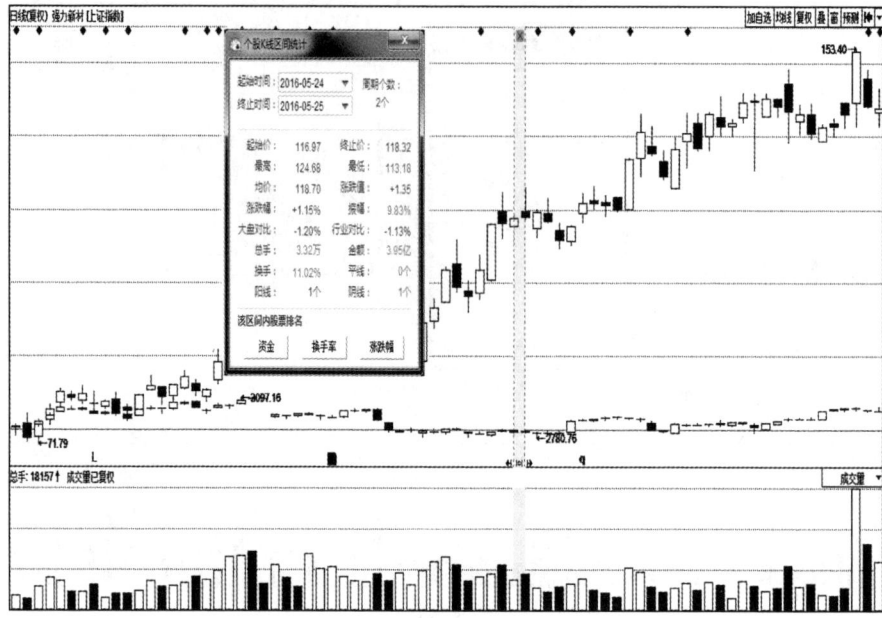

图 3-45

第四章　关键点位的股价表现

在《裸 K 线操盘技法 1》一书中，我们详细地分析了在逆势状态下，K 线、K 线组合和 K 线形态的表现，在这里我们继续保持答疑解惑的态度，继续探究股价在关键点位的表现，分析未来市场走向的诸多可能性。

一、个股的关键点位

关键点位是指在个股的某个时间或者某个时间段内，一次或数次发生与大盘指数走势相背离的行为，即逆势行为。我们知道逆势行为的产生，必然伴随着主力资金的进出，多次发生逆势行为更代表着市场在酝酿发生新的行情。俗话说，"兵马未动，粮草先行"，就是这个道理。关键点位的分析即是通过对个股逆势行为发生的频次、强度等判断未来行情展开的力度，也即在战争开始前，通过对敌人粮草的统计分析，来判断此次战争的规模和强度。

如图 4-1 所示，A 区、B 区、C 区皆发生明显的逆势行为，C 区更是逆大势指数下跌而上涨，至此也掀起了大幅拉升行情的序幕，为什么是 C 区，而不是 A 区、B 区，看看当时的市场环境就可以知道了，因为 C 区正好是大盘的关键日。

二、大盘指数的关键日

在分析关键点位之前，我们还需要搞清楚一点：是不是每年、每月、每日、每小时甚至每分钟的走势我们都需要去分析呢？

当然没必要，就像我们判断普通人身体是否健康，我们只需要判断心、肺、肝、胆、胃等重要器官就可以了，而不必把身上的每一个器官、每一块骨骼、甚至每一个细胞都去检查。

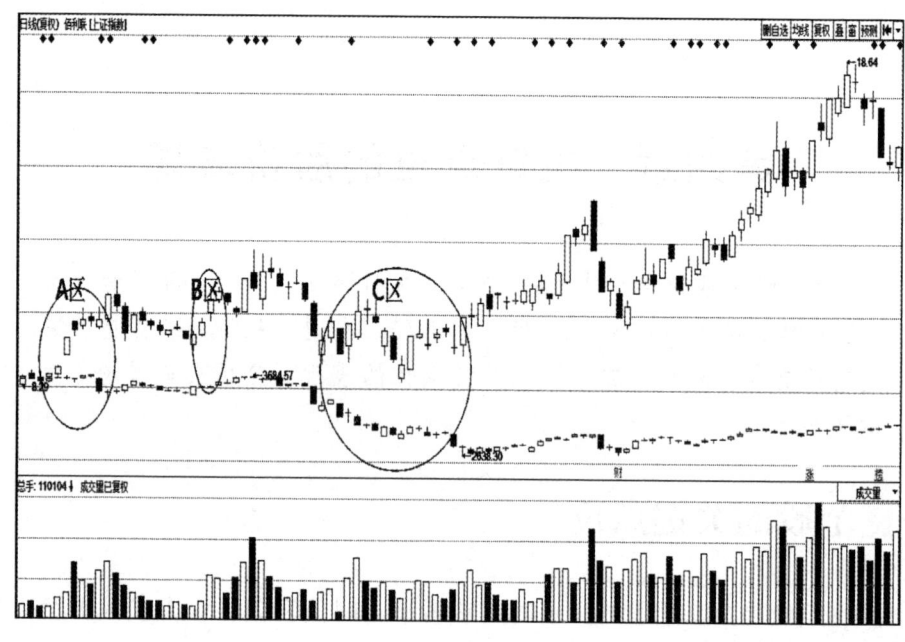

图 4-1

大盘指数的关键日,是指大盘指数发生剧烈波动的时间,关键日可能是一天,也可能是某一时间段。从 K 线上看,可能是大阳线、大阴线,也可能是带有长上下影线的阴线或阳线、十字星等,具体表现在价格或振幅偏离了正常值。从时间段来看,可能是大盘急速拉升的阶段,又或者是急速下跌的时间段,具体表现为价格涨跌幅明显过大。

再回头看看图 4-1,不难看出,在 C 区,个股走势并没有跟随市场的脚步大幅下跌,走势依然稳步有序,量能搭配良好,充分说明了市场的筹码非常稳定,在大盘企稳之际,个股的拉升也跃跃欲试了。

如图 4-2 所示,A 区、B 区都发生了大盘指数在短时间内的暴跌,C 区、D 区分别出现了大阴线和大阳线,这四个区域都是大盘指数的关键日。

同时还有一种情况是,虽然指数波动不大,但量能却有急剧变化,凡此种种,皆表现为大盘指数发生了异动,市场正在积聚新的能量,正在酝酿新的变化。

如图 4-3 所示,上证指数在所示区域内,量能发生急剧萎缩,说明市场中的套牢盘和恐慌性抛盘已经止损卖出,盘面比较干净,于是一波行情呼之欲出了。

第四章
关键点位的股价表现

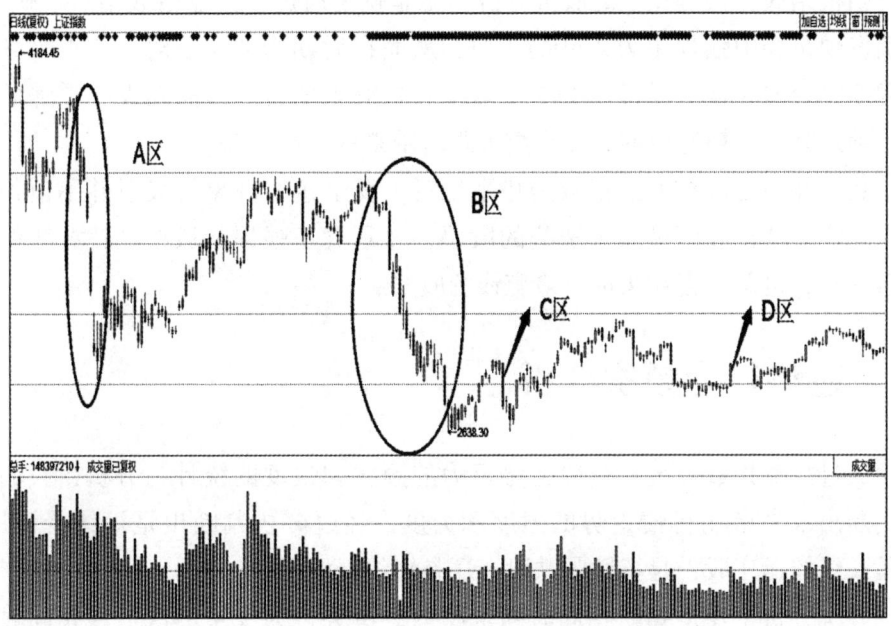

图 4-2

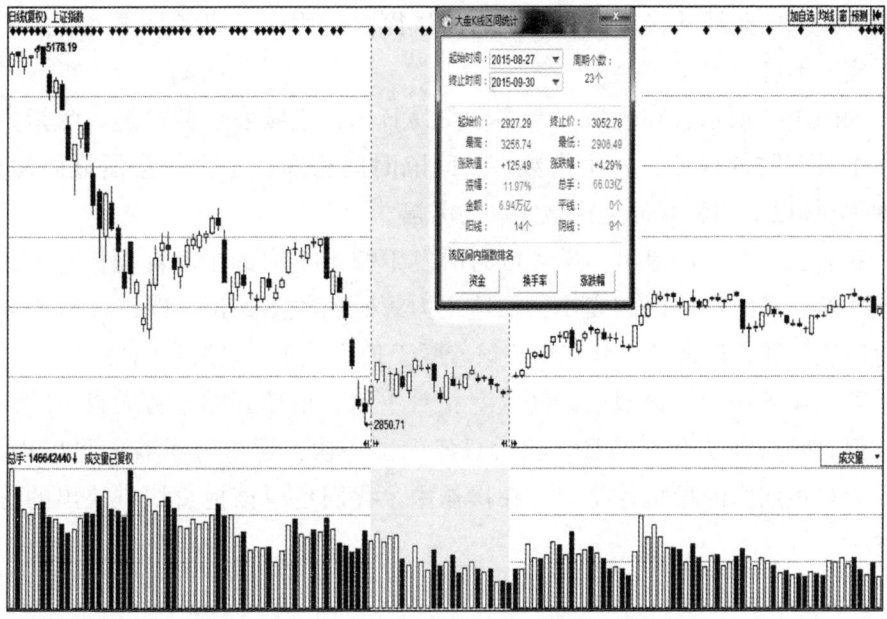

图 4-3

归根结底，关键点位的股价分析，无非就是通过在大盘指数剧烈下跌时，提前发现市场中强悍主力入驻的个股，从而在后期指数走稳时，获得市场最大程度的价差收益。通过市场在大盘指数拉升末期时，提前发现有滞涨的个股，锁定利润，规避后期大盘指数下跌所带来的个股下跌。

我们并不是说在大盘指数走势平稳时，发生逆势现象的股票并不值得研究，大浪淘沙，经历过熊市洗礼的股票，才是真正强悍的股票，就如我们买股票一样，也总是喜欢买那只最赚钱的股票。

三、逆势行为频次分析

通过大盘指数关键日个股逆势行为的频次和强度的统计与分析，我们可以判断出未来市场行情走势的强度和力度，经过分析判断出是短线暴涨股，还是长线控盘庄股；是持续阴跌股，还是短线暴跌股。

频次分析主要是判断相同时间范围内，逆势行为发生的次数。相同时间内发生的次数越多，代表市场中主力的主动性越强，如果发生在吸筹阶段，则表示收集筹码的迫切性越强，如果发生在出货阶段，则表示出货的急迫性越强。如果次数越低，这可能是主力的试探性行为，又或者是主力的意图不强，实力不济。

如图4-4所示，在短短二十多个交易日内，连续发生数次逆大盘指数上涨而个股下跌的现象，发生次数多，间隔时间很短，主力的意图显而易见，后期120%以上的利润远远跑赢大盘的涨幅。

我们也可以分析得出，逆势行为的发生源于主力的主动性操作行为，其必然导致市场散户筹码的卖出，加速主力筹码的收集速度，既然此时仍处于吸筹阶段，那么后期的上涨我们应该着眼于长线，而不是短线的暴利。

如图4-5所示，该股前期随大盘指数下跌，后期开始逆势大盘下跌而上涨，但时间只有7个交易日，前后只发生了一次，通过分析我们可以得出，该股只是短期内的投机性个股。在操作中，我们也应该抱着快进快出的态度操作。

第四章
关键点位的股价表现

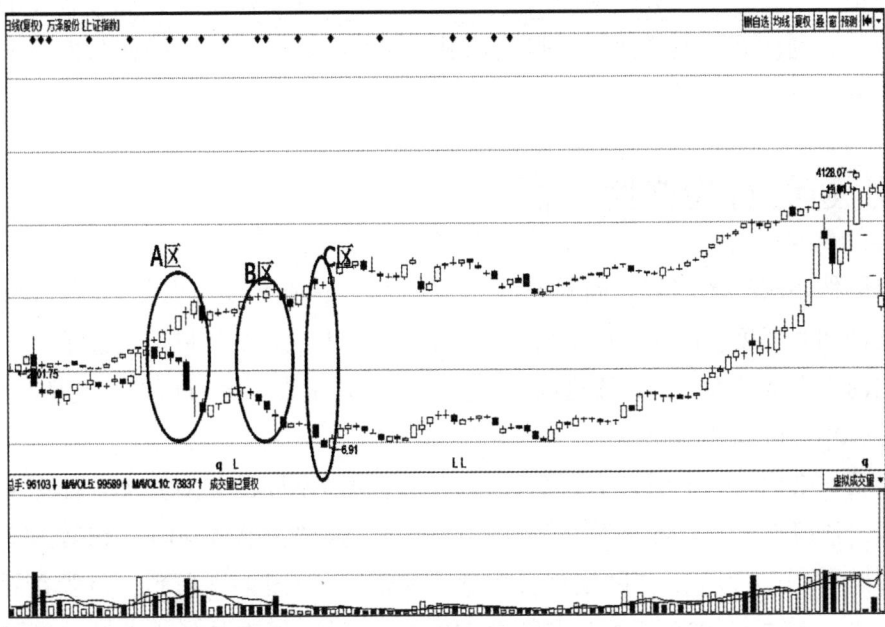

图 4-4

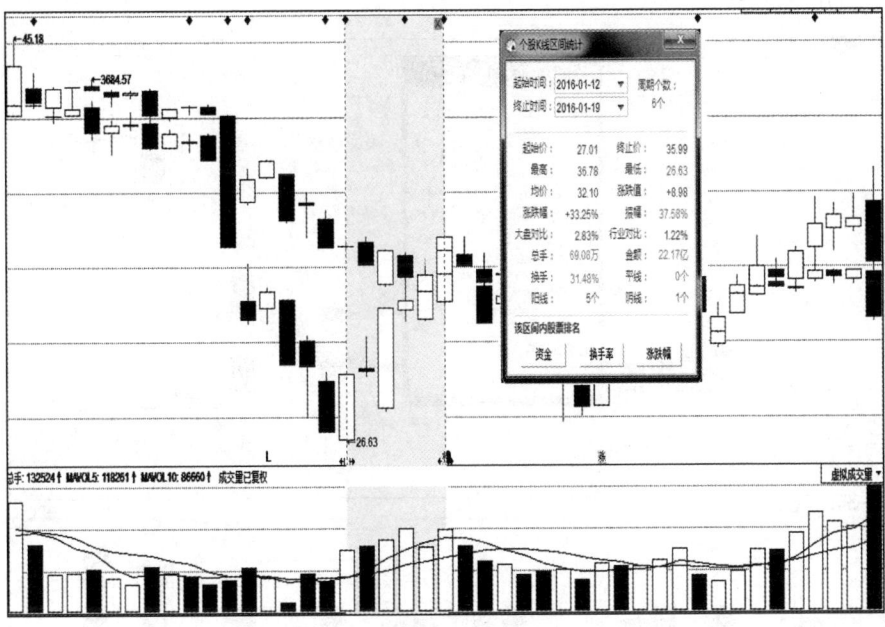

图 4-5

由于该股发生逆势行为的次数少、时间短，并不需要主力耗费太多的资金就能做到，而且吸筹到的筹码也有限，这就决定了个股的操作只能定义为短线投机行为。

四、逆势行为强度分析

固然频次越多越好，间隔时间越短越好，但强度分析也是不可或缺的。强度即相对强度（称为逆势比），个股涨跌幅与大盘指数涨跌幅的差值。一定时间内，强度越大，消耗或逃离的资金越多，未来发生大行情的可能性越大；强度越小，可能性则越小。

我们来比较一下两只不同个股在同一时间内不同的相对强度，如图4-6所示，该股在大盘指数下跌3.17%的情况下，逆势上涨4.40%，相对强度为7.57（计算方法为个股涨跌幅减去大盘涨跌幅）。如图4-7所示，该股在同一时间内，下跌13.02%，相对强度为-10%，两只前期都是处于上升趋势的个股，相同时间内，走势相差巨大，未来发生大行情的可能性哪一个更大，一眼便可分出。

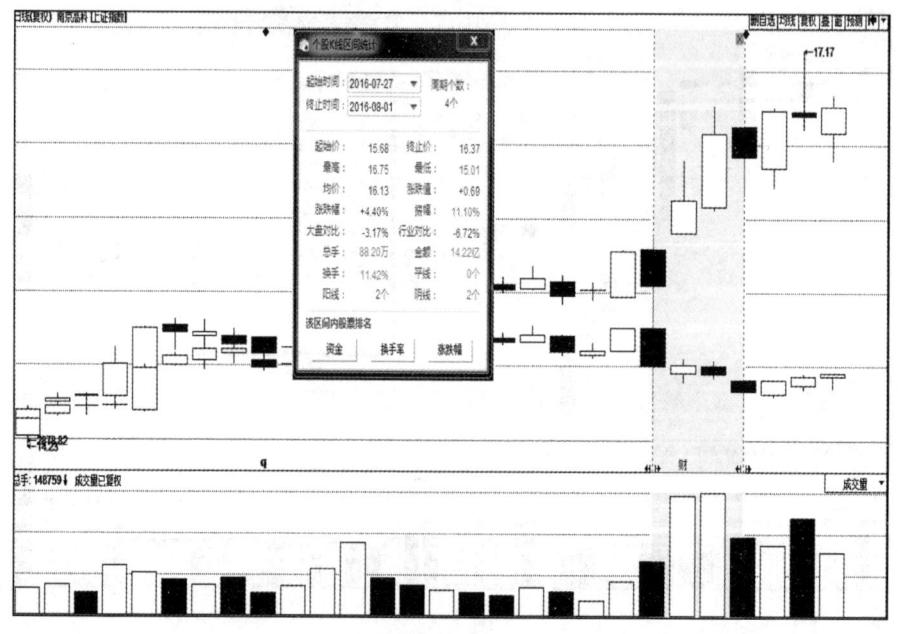

图4-6

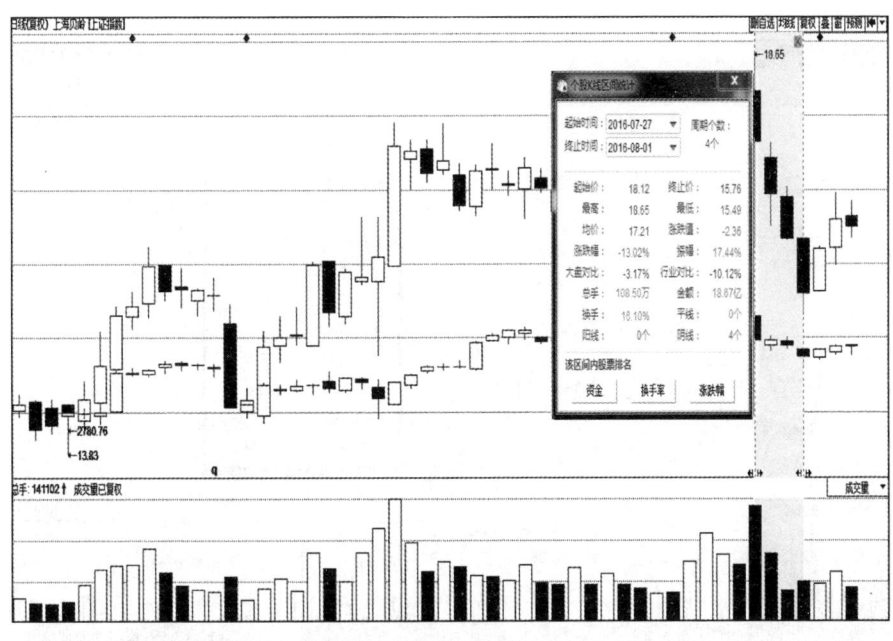

图 4-7

类似于搏击,逆势行为频次的分析就像是对出拳速度的分析,逆势行为强度的分析就像是对出拳硬度的分析。简单地说,前者表示出拳快不快,后者表示出拳硬不硬。在搏击场上,拳击手不能只快不硬,更不能只硬不快,只有快硬结合,才能最有效地击垮对手。同理,主力的意愿分析和实力分析,需要将两者结合起来,才能对主力作出合理的评估,从而借助主力行为,完成对利润的索取。

五、关键点位的股价实战分析

由于每个人的操作手法不同,在这里列举不同的案例来说明关键点位的分析在实战操盘的应用。

案例一:

如图 4-8 所示,该股在大盘指数暴跌 27% 的情况下,仅下跌了 12%,明显跑赢大盘,而且没有跌破前期低点。贵州茅台,业绩的高成长性,不愧是价值的"白马股"。

相对于贵州茅台,如图 4-9 所示,该股的表现就不尽如人意了,在这波轰轰烈烈的下跌中,跑输大盘指数 23 个百分点,再结合前期拉升中量价背离

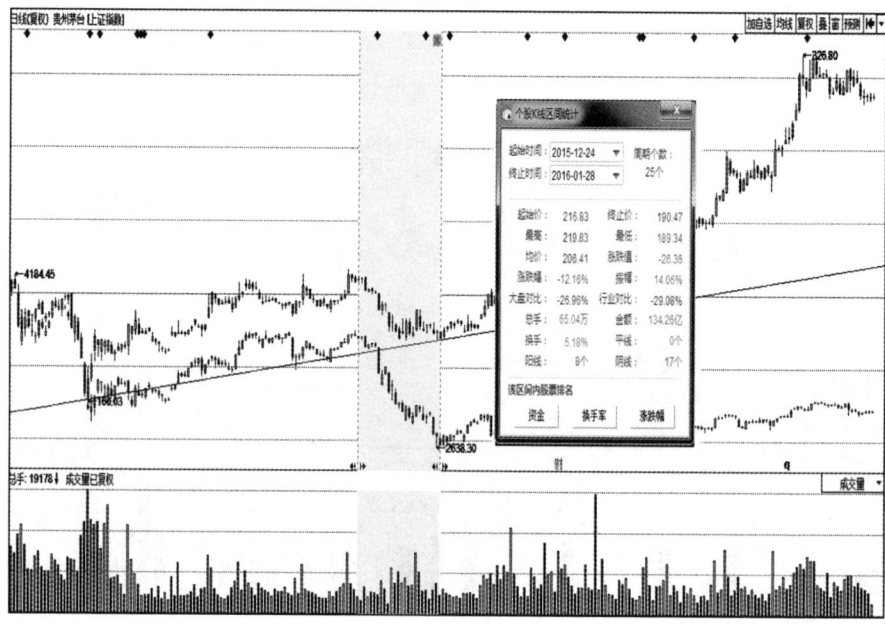

图 4-8

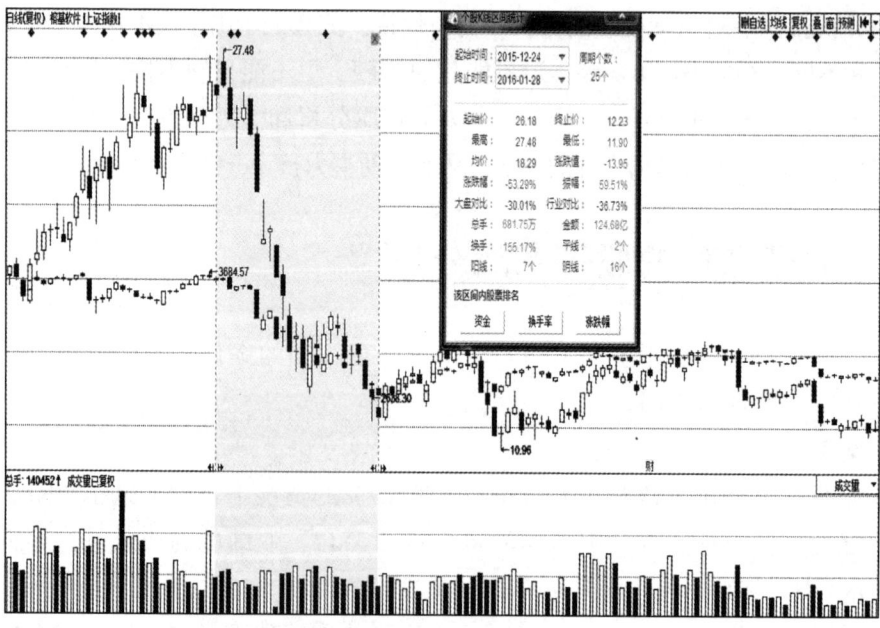

图 4-9

的走势，后期明显弱于大盘的走势也就在情理之中了。

案例二：

如图 4-10 所示，先看大盘指数走势（图中方框内），在两根大阴线后紧跟着 15 天的横盘震荡，后期大阳线拉升，类似于塔型底的底部反转形态。再看该股的表现，在震荡期间，股价已经突破了前期压力线，经过回调后，在形态构筑完成后连续突破新高。

图 4-10

如图 4-11 所示，同样的时间内，同样的市场环境，个股的走势却有天壤之别，大盘指数大跌，个股跌得更狠，大盘横盘，个股重心下移，大盘大涨，个股反应迟钝，后期的走势基本和大盘同步，没有太多的可操作性。

在相同的大盘指数走势下，两只不同的个股，强弱姿态高下立见，一辨即清。但在前期已经露出了端倪，是否有一双慧眼，就因人而异了。

案例三：

如图 4-12 所示，该股在大盘指数收带长下影线大阴线的当天，以带上下影线的中阴线报收，走势强于大盘，隔日大盘收缩量小阳线，而该股却收突破前期新高的放量大阳线。再结合前期明显强于大盘的走势，我们也因此确定了逢回调买入的长线持股策略。

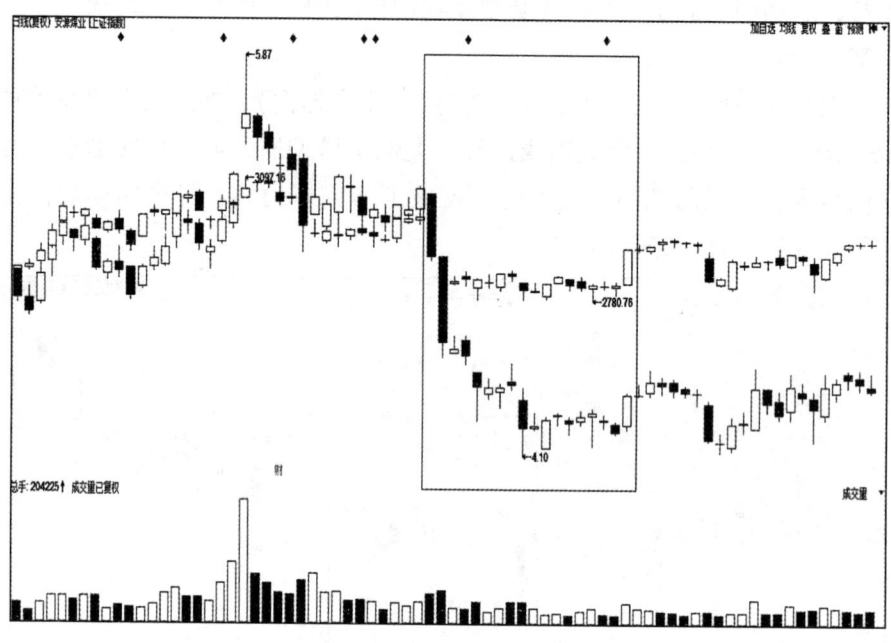

图 4-11

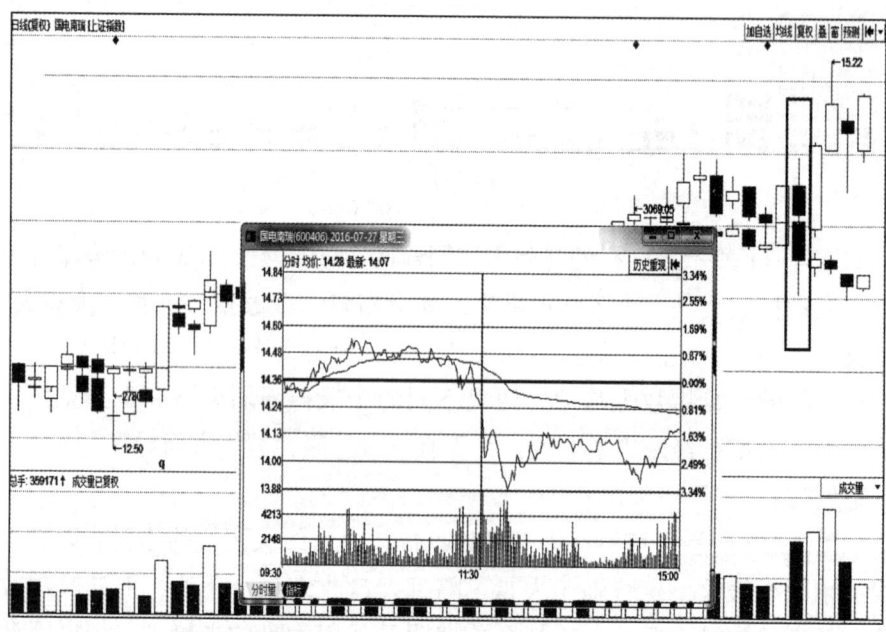

图 4-12

第四章
关键点位的股价表现

我们再来看一下该股的表现，如图4-13所示，同样的大盘指数走势，该股以低开低走的光头大阴线收盘，再结合前期在大盘反弹过程中明显滞涨的走势，对待这种相对弱势的股票，我们还是敬而远之为妙。

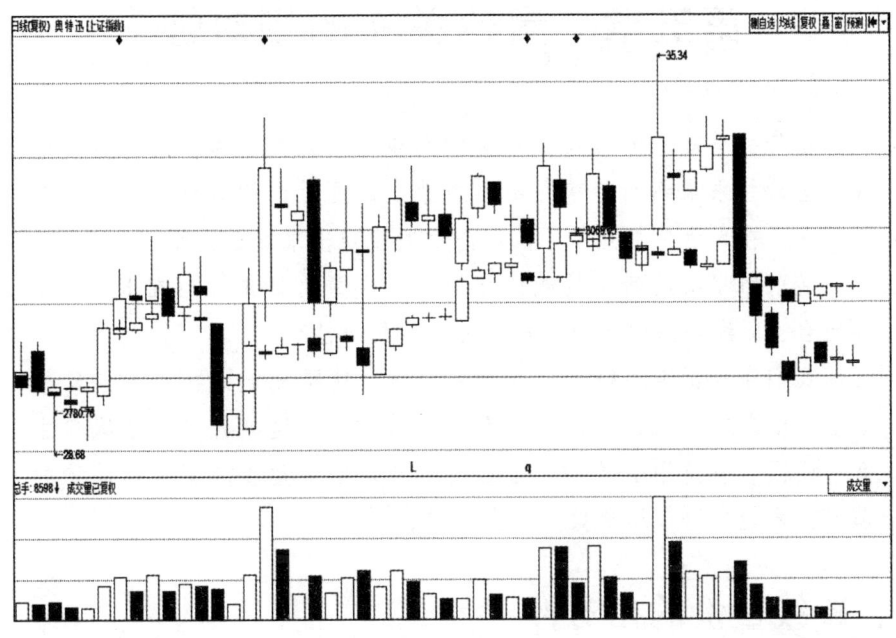

图4-13

关键点位的股价分析主要着眼点，是当市场发生剧烈波动时个股主力的应对措施，从而判断主力的真实意图和实力水平，进而判断市场未来的趋势强弱，其依据还是根据投资者按照大盘指数走势来操作个股的习惯。市场的暴风骤雨，很少人能够做到泰然处之，这时也是筹码最为活跃的时期。通过关注此时个股的走势表现，结合量能的分析，从而达到判断主力的操作风格和习惯，准确地把握买卖点的目的。

第五章 量价关系的相对性

　　量价关系就是价格和成交量的同步与背离的关系，投资者一般通过量价关系来判断趋势，买卖股票，这里讨论的量价关系的相对性，即是在大盘指数处于不同状态个股表现出来的量价关系。

　　在前面粗略提到了量能的相对性，本章将详细探讨在 K 线、K 线组合、K 线形态组合中的量价关系的相对性。

　　我们在分析市场行情，总是片面地、狭隘地把某些 K 线、K 线组合、K 线形态定义为持续形态和反转形态，这样就陷入了绝对主义的误区。坚持用立体的、宏观的、开放的视角去观察市场趋势的演变，才能参悟市场走势的内在规律。

一、K 线量价的相对性

　　K 线是一种特殊的市场语言，不同的形态具有不同的意义，因此我们把某些特殊形态定义为十字星、锤头线、倒转锤头等，以便于更好地观察市场真正的变化。

　　在这里我们不会对每一种特殊形态都一一讲解，只是对一些具有代表性的 K 线形态作一些阐述，希望对大家有所帮助。

　　如图 5-1 所示，这是上证指数在 2016 年 7 月 11 日形成的 K 线及分时图，是一根带长长上影线的十字 K 线，量能略有放量，随后市场见顶回调。下面我们来看几个走势不同的个股 K 线，来看看市场发生了什么故事。

　　如图 5-2 所示，该股当天收一高开低走的大阴线，但最后收在昨日收盘价之上。考虑到大盘指数处于反弹后回调阶段，主力利用大阴线制造的恐慌洗盘，量能是昨日的 2.32 倍，相对于大盘指数的量能统计，属于明显放量，次日涨停说明洗盘达到了目的，投资者可在次日高开回调，不怕开盘价时介入，收获必定盆满钵满。

第五章 量价关系的相对性

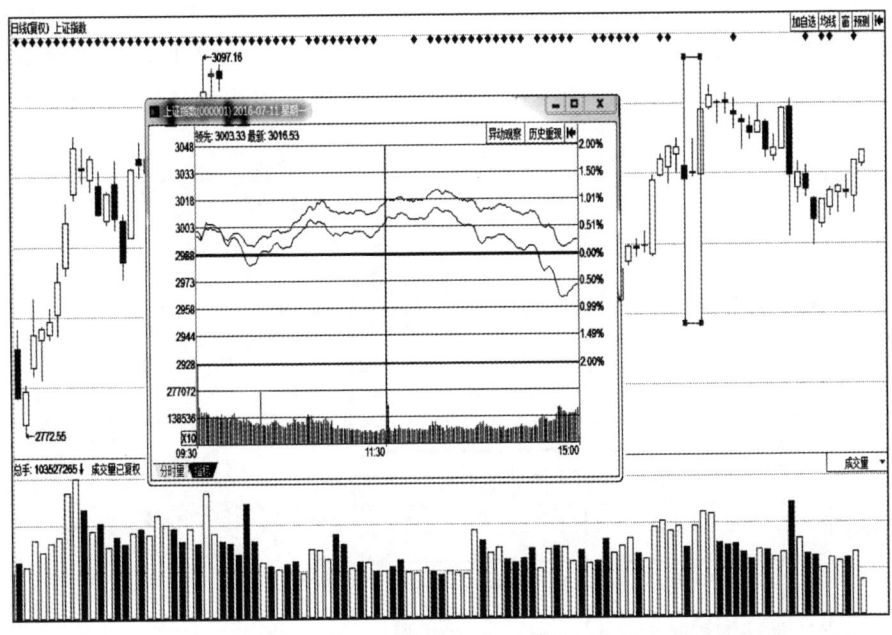

图 5-1

图 5-2

·77·

如图 5-3 所示，该股在当日收于带上影线的中阴线，价跌量缩，考虑到当日大盘指数明显放量，此时的个股缩量，再结合个股位于高位盘整阶段，说明市场主力已经到了出货的末期，手中筹码并不多，也无刻意维护股价。

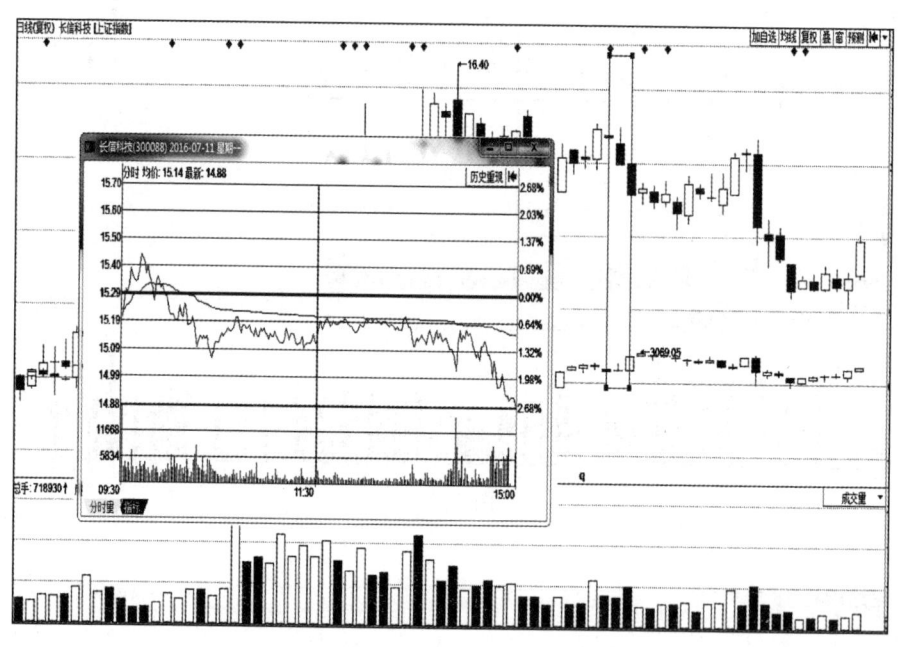

图 5-3

如图 5-4 所示，该股在当日收小十字星，量能放量不明显，在当天大盘指数走势拱形的洗盘形态时，无论 K 线还是分时走势，该股明显和大盘不同步，显示出稳步上涨的中长线高控盘庄股特征。

如图 5-5 所示，该股在当日收出收于最高点附近的长阳线，一举突破前期高点，考虑到大盘指数尾盘的下跌，该股的放量就可以理解了。在个股分时走势图中，我们也可以看到成交量多集中在尾盘，因此排除了放量出货的可能性，那么可能性只有拉升了。

在同一个交易日内，在同一个大盘指数走势下，四只个股呈现出不同的走势，后续的结果也迥然不同。量能有的放量、有的缩量、有的上涨、有的下跌，结合当时的大盘走势和量能情况，我们可以分辨出个股主力不同的操作意图，以及市场的反应。

第五章 量价关系的相对性

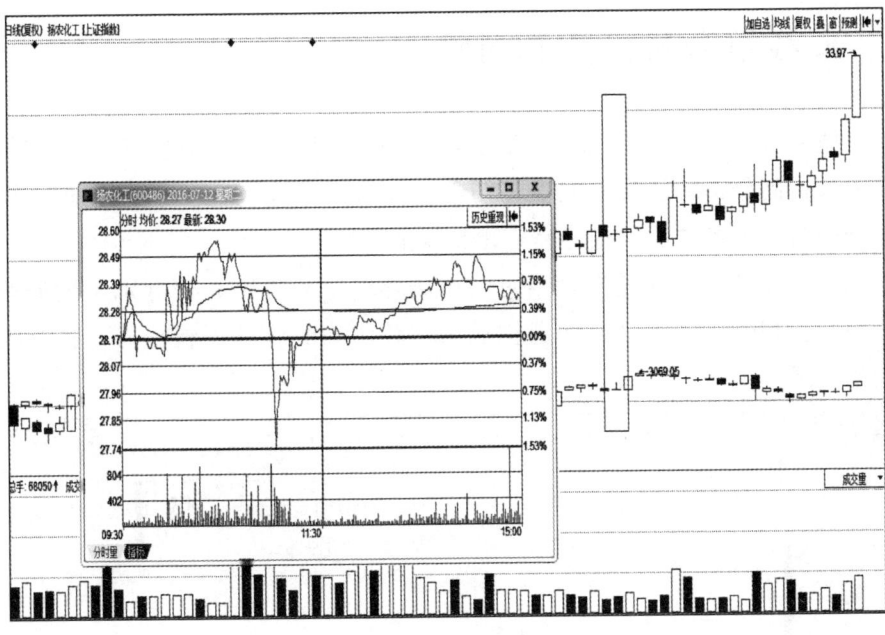

图 5-4

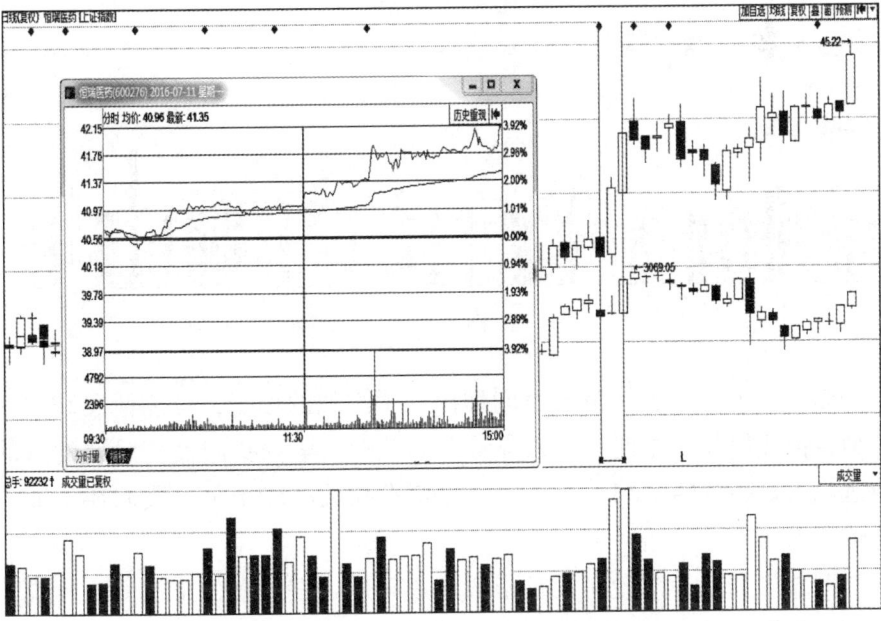

图 5-5

二、K线组合量价的相对性

一些典型的K线及K线组合，会不断地重复出现，如果掌握了这些规律，可以大大提高分析的胜算，但很多初学者仅仅是掌握了一些K线知识，没有考虑到当时的市场情况，很容易作出错误的判断。

如图5-6所示，这是大盘当时的市场环境，A处和B处分别是近似的早晨之星组合和阳包阴组合，两者构成了比较明确的底部反转信号，我们来看个股的表现：

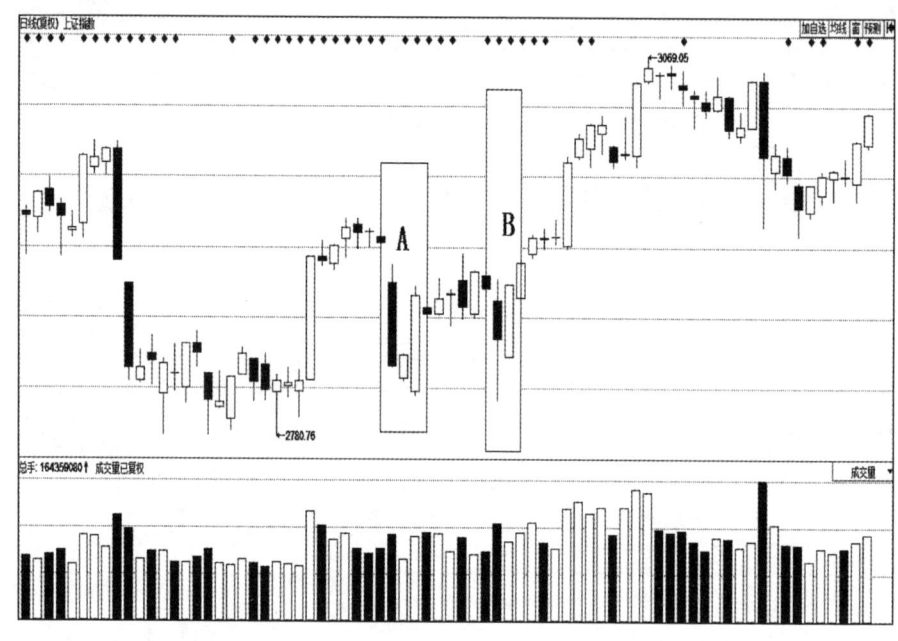

图5-6

如图5-7所示，虽然该股也同样出现了类似的形态，量能情况和大盘基本类似，但我们并不能把它归入强势股的范畴。毕竟我们投资股票的目的是赚取远超大盘指数的利润，如果仅仅停留在指数的涨幅上，我们还不如去买基金或者ETF。

如图5-8所示，该股在大盘指数形成早晨之星组合的第一日，收长上影线的假小阳线，说明了市场回调不充分；第三日收带有上下影线的阳线，说明市场动力不足；在阳包阴组合中，第一根阴线回调幅度过大，第二根阳线

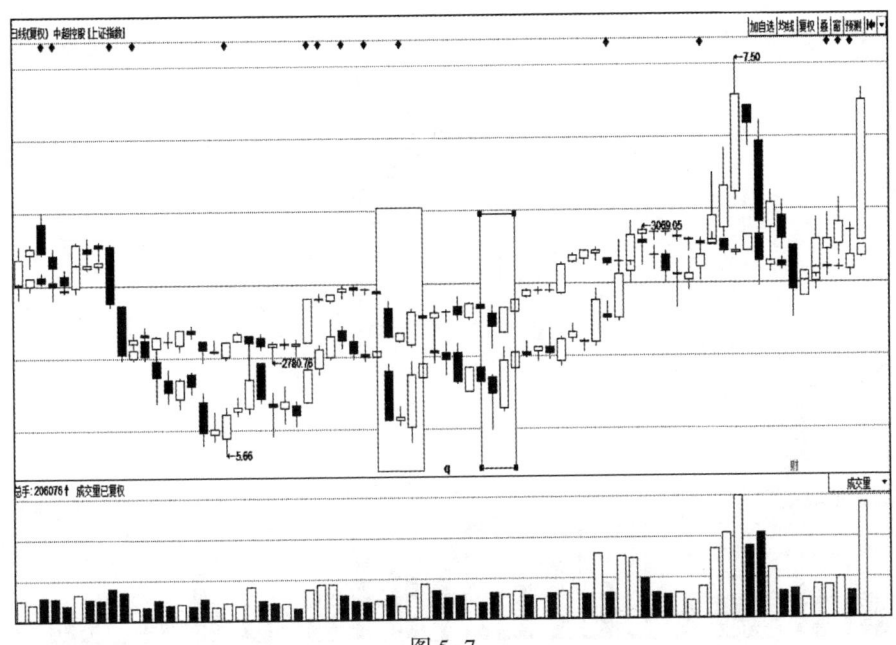

图 5-7

放量不足，涨幅过小。以上种种皆证明市场的涨势不强，宜逢高获利出局。

当大盘指数出现某些特定 K 线组合形态时，代表市场中大多数的个股出现了异常波动，此时正是观察个股走势强弱的最好时机。当大盘出现反转 K 线组合形态时，个股可能会提前有所表现；当大盘出现持续 K 线组合形态时，个股走势可能更为极端一些。因此，在对个股趋势进行研究时，多关注一些当大盘出现特定 K 线组合形态时的交易日，分析并对比两者的每一处细节，找出未来走势可能性的蛛丝马迹。

如图 5-9 所示，该股在大盘指数形成早晨之星形态，走势基本同步，在形成阳包阴时，的确强势得多，重心明显上移，而且在第一根 K 线上形成了带下影线的小阳线，第二根 K 线的涨幅也是远远跑赢大盘，因此才有了后期 30%的涨幅。

当大盘指数出现某些特定 K 线组合形态时，代表市场中大多数的个股出现了异常波动，此时正是观察个股走势强弱的最好时机。当大盘出现反转 K 线组合形态时，个股可能会提前有所表现；当大盘出现持续 K 线组合形态时，个股走势可能更为极端一些。因此，在对个股趋势进行研究时，多关注一些当大盘出现特定 K 线组合形态时的交易日，分析对比两者的每一处细节，找出未来走势可能性的蛛丝马迹。

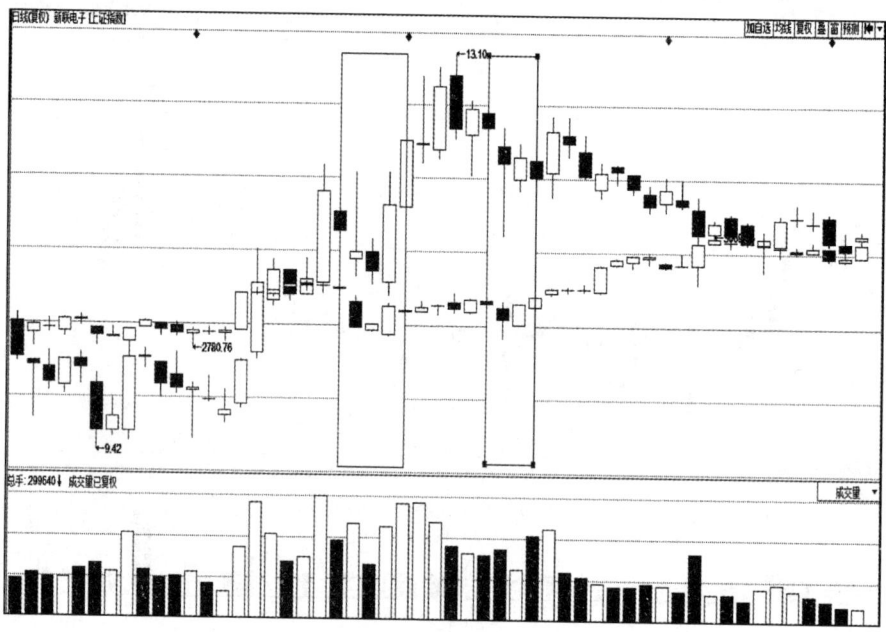

图 5-8

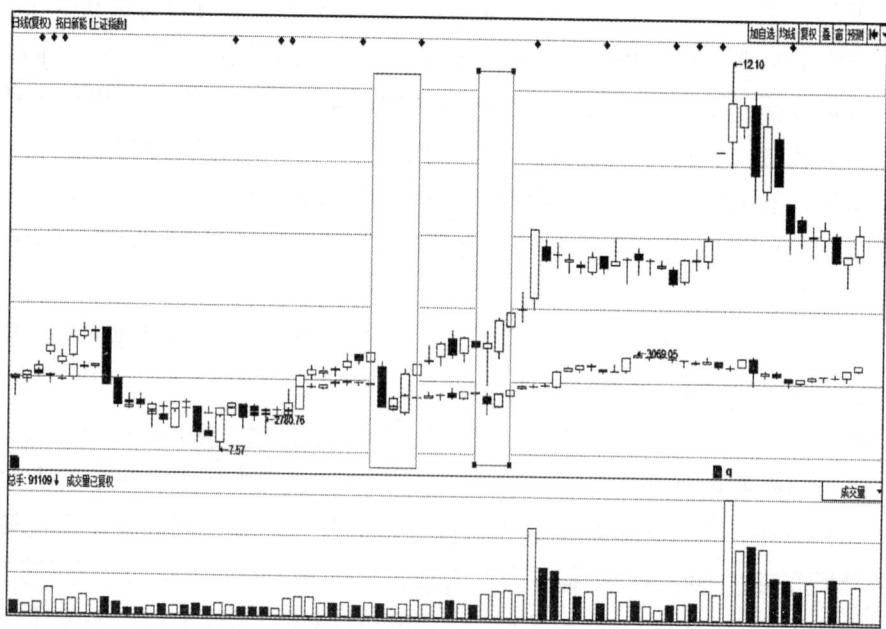

图 5-9

三、形态组合量价的相对性

形态理论是技术分析的重要组成部分，它通过对市场横向运动时形成的各种价格形态进行分析，并配合成交量的变化，推断市场现行的趋势是否延续或反转。形态理论就是通过研究股价所走过的轨迹，挖掘出曲线的一些多空双方的对比结果，进行分析。

更进一步地，我们可以与当时的市场走势相比较，判断市场中多方最强的股票买入，对于手中持有个股的，如果弱于市场走势的平均水准，我们同样可以考虑调仓换股。下面举例来说明：

如图 5-10 所示，图中直线在相当一段时间内起着压力与支撑的作用，后期我们可以看到，大盘指数突破双底后回调，受到颈线位的支撑后继续拉升，量价配合理想，这是当时的市场走势，我们来看一下不同个股的表现：

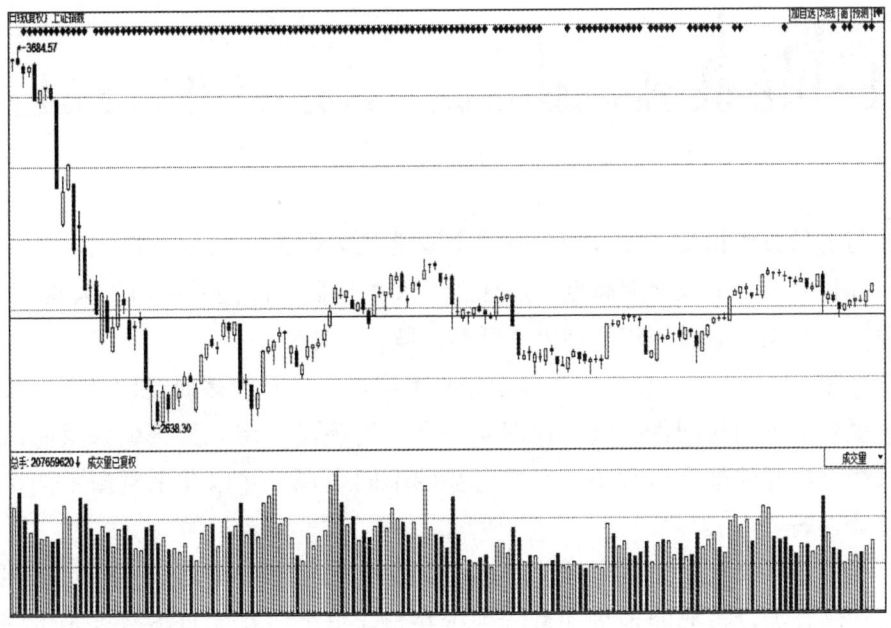

图 5-10

如图 5-11 所示，图中直线即为个股和大盘同时构筑双重底的过程中所形成的颈线位，可以看到，该股突破后并没有大幅拉升，而且很快地回调到前期底部，和大盘指数相比，回调幅度明显偏大，这样的股票还是多观察一下再说。

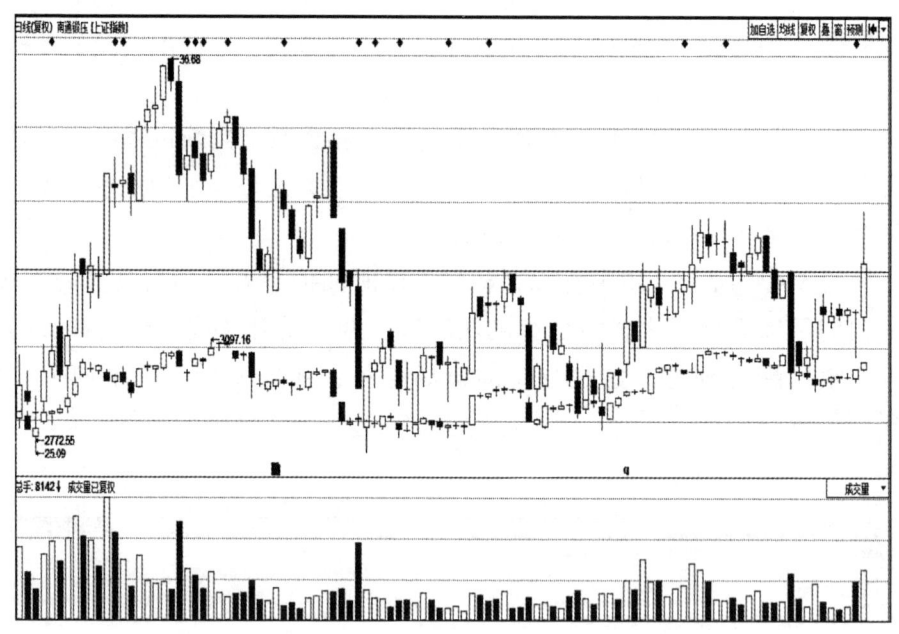

图 5-11

与上只股票相比，图 5-12 中的个股就强势得多，该股很快突破了颈线位，并且突破了个股前期高点，远远强于大盘指数，即便后期由于大盘下跌，该股缩量回调洗盘后，依然创出了新高，呈现强势姿态。

如图 5-13 所示，该股和大盘走势基本同步，没有太多研究的必要，我们在这里列举不同的图例，就是说明同一个市场环境，在大盘突破双重底后回调颈线位拉升的整个过程中，个股走势的不同表现，并以此来判断不同个股的趋势强弱。

无论是从 K 线、K 线组合，还是从 K 线形态组合等角度去分析市场走势，都必须结合大盘指数的走势和量能分析并判断出个股在大盘指数处于不同的 K 线、K 线组合、K 线形态组合时未来走势的强弱。

第五章 量价关系的相对性

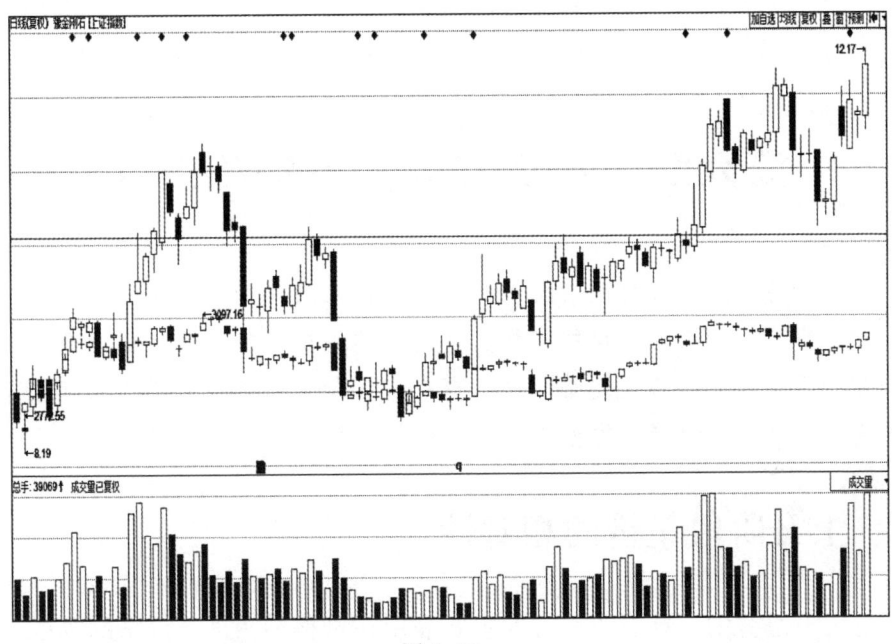

图 5-12

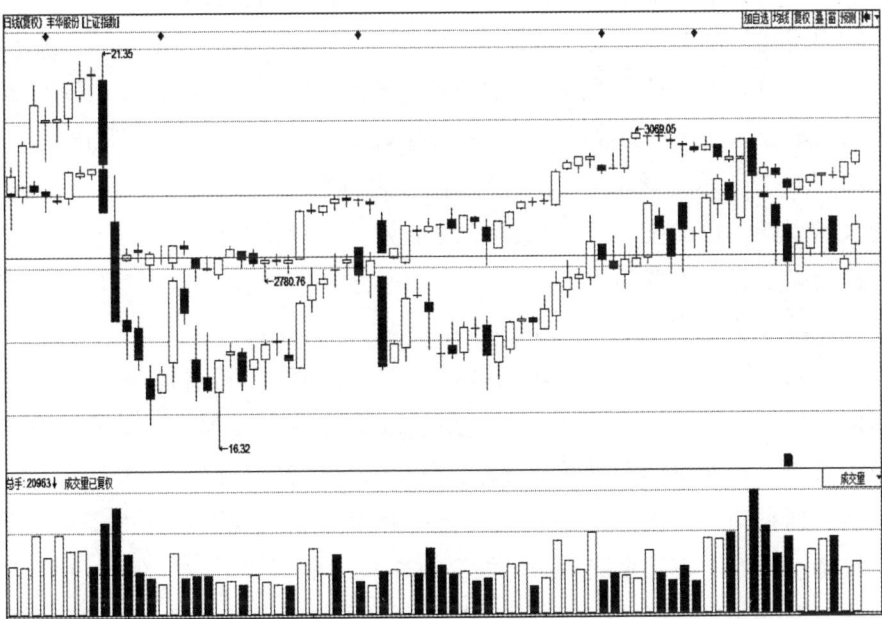

图 5-13

第六章 市场趋势量价的相对性

趋势，其原意为事情发展的动向。在金融交易市场中，表示股票、期货、外汇等运动的方向。在道氏理论中，趋势可分为上升趋势、下降趋势和震荡趋势。这三者在市场趋势演变中，不断循环往复。但我们谈论趋势的时候，一定要有相对应的周期和参照物。

一、上升阶段量价的相对性

在上升趋势中，量价的相对性主要表现在价格的角度、价格的幅度、量能的配合程度三方面。一般来说，价涨量增是最稳定的量价形态，但高控盘庄股、下跌反弹及上涨末期等都有可能出现在价涨量在缩的情况。

如图6-1所示，这是大盘指数一波涨幅为10%的上涨，个股虽然上涨18%，看似强于大盘指数，但是我们不要被涨幅蒙蔽了双眼，该股的操作模式是以两到三天的短线为主，只要放量，我们就要做好卖出的准备，随时获利出局。

如图6-2所示，该股在大盘指数拉升之前已经完成了拉高出货的人户，即使大盘反弹，也改变不了该股阴跌的走势。遇到这样的个股，在下跌趋势中，逢反弹出货，不要被个股日内的波动所迷惑，即使大盘走势转好，没有资金关注的股票也难以走出像样的行情。

如图6-3所示，该股在大盘指数拉升期间（图中区间内），涨幅稍大于大盘，但后期能走强，当大盘处于前期高点以下的波段反弹中，个股正处于震荡吸筹阶段，后期跟随大盘回调洗盘，然后开始主升浪过程。

前面列举的三个例子，个股在大盘拉升阶段，出现了不同的走势。除非是市场特别大的牛市，个股主力可能会改变自己的操盘计划，但也只是可能。主力一般都会跟随大盘指数走势所营造的气氛，从而完成自己吸筹、洗盘、拉升、出货等过程，而和大盘指数同步的个股，不是我们研究的对象。

第六章
市场趋势量价的相对性

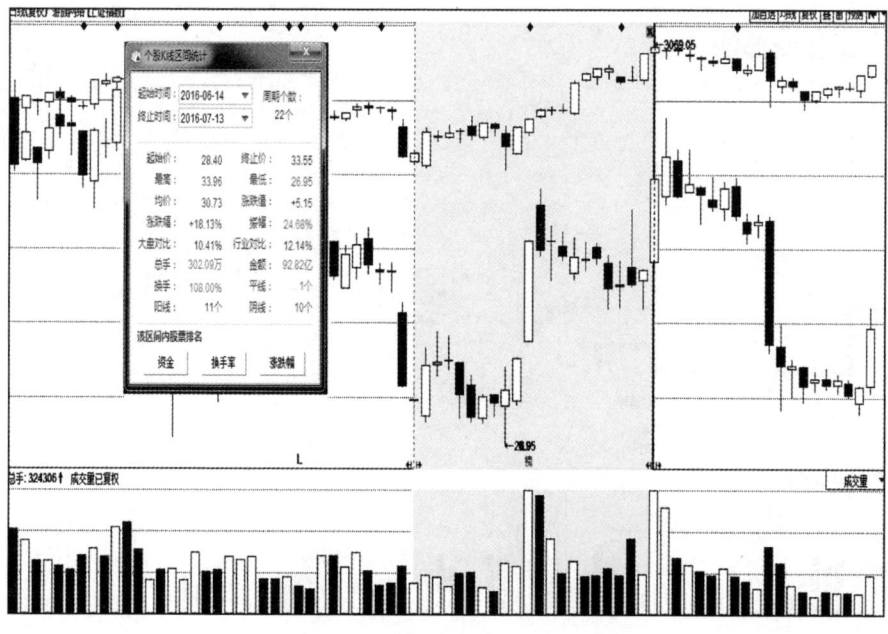

图 6-1

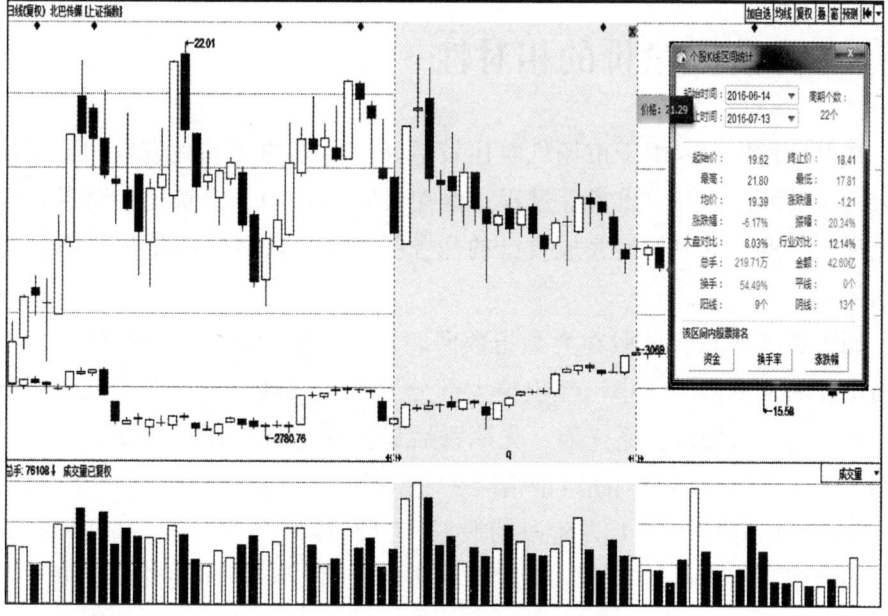

图 6-2

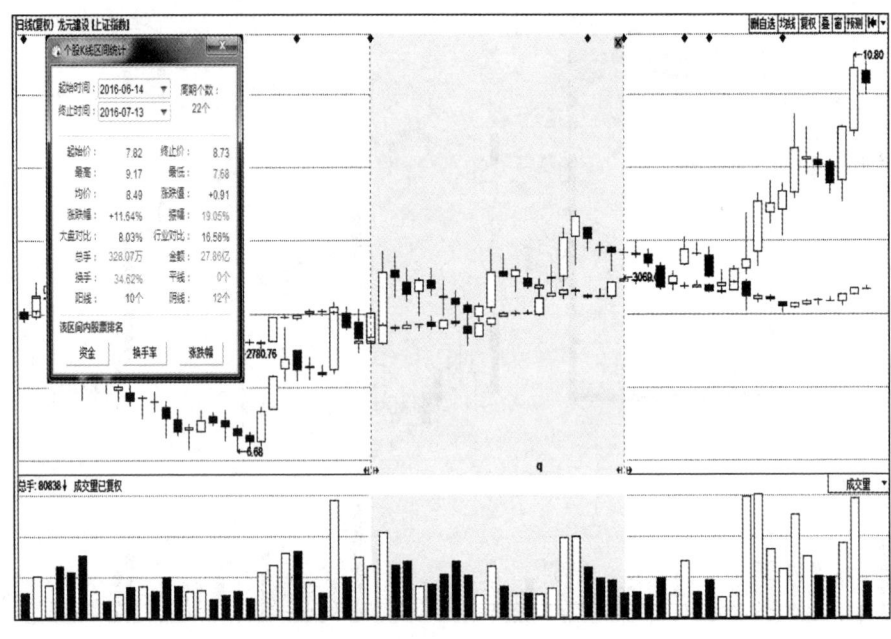

图 6-3

二、下降阶段量价的相对性

在上升趋势中,由于市场气氛比较活跃,筹码的流动性较好,可以帮助主力完成吸筹、拉升、出货等过程。但在下降趋势中,气氛比较萧条,筹码僵化现象严重,主力如何完成自己的任务呢,这一段时间的量价关系又有何异同呢?

如图 6-4 所示,该股在大盘指数回调之际,继续延续出货行情,由于前期高位震荡及诱多阳线中已经出掉大部分筹码,大盘回调,主力也毫不掩饰自己的目的。从量价关系来看,先阴跌后暴跌的走势以及量能变化和大盘基本同步,主力对市场的判断可谓精准。

前面我们分析了在上升阶段的股票,我们再来看看大盘指数回调期间,该股的表现。如图 6-5 所示,该股并没有随大盘创新低而跌破前期低点,在大盘杀跌当日主力原计划拉升,但天不遂人愿,仅收带上影线的阳线,但拉升的苗头已经显露无遗了,后面的走势也就理所当然了。

第六章
市场趋势量价的相对性

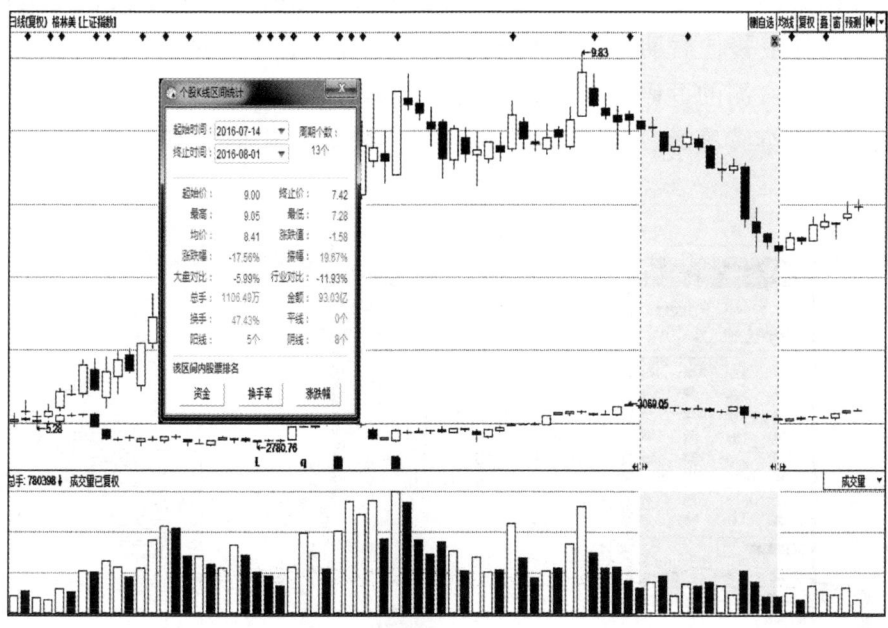

图 6-4

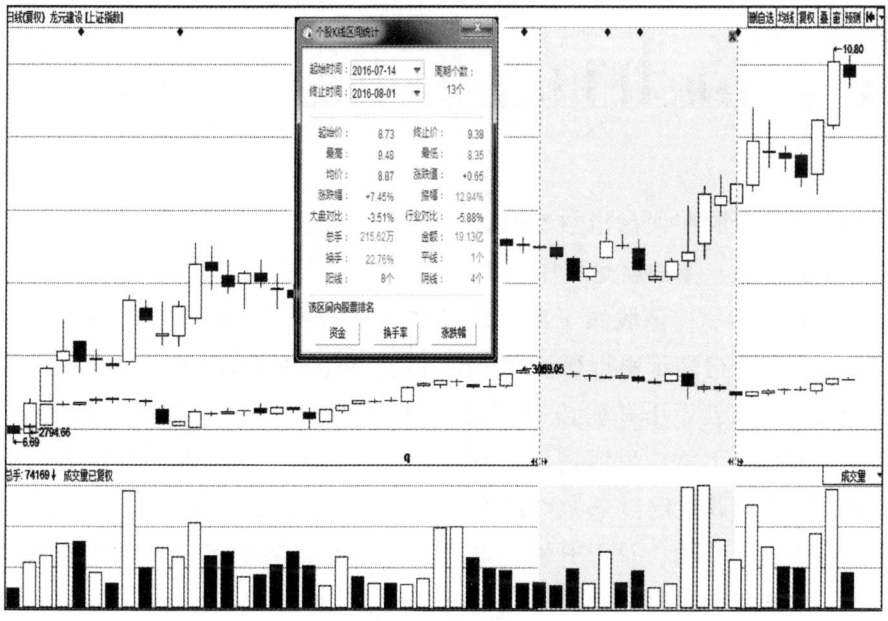

图 6-5

如图 6-6 所示，该股在大盘指数暴跌当日之前，是强于大盘走势的，重心也明显上移，后期由于市场恐慌性气氛加重，无奈回调至前期低点上方。从图中右侧的筹码分布可以看出，市场平均成本并没有变化，而且回调期间量能继续萎缩，说明筹码的稳定性较好，相信后期拉升很快就会到来。

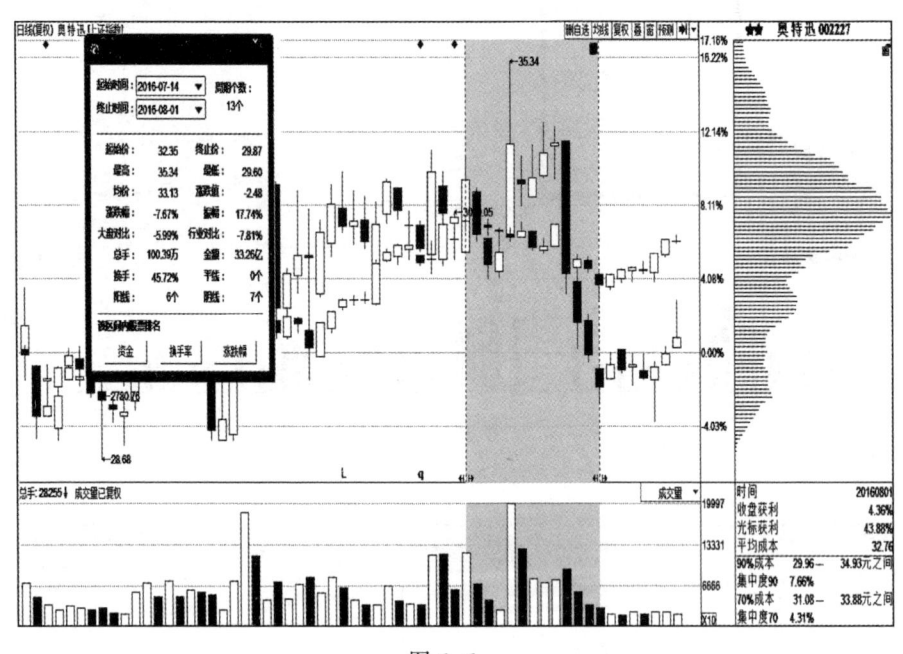

图 6-6

绝大多数个股在大盘指数暴跌之日多会被迫回调，除非是长线高控盘庄股或绩优蓝筹股，下面就是其中一例：

如图 6-7 所示，该股属于典型的二线绩优蓝筹股，如果投资者害怕承担风险，又希望获得高于银行存款利率的收益，可关注类似的股票。

当大盘指数处于下跌阶段初期时，投资者往往对风险的来临视若无睹，随着大盘的继续下跌，恐慌情绪不断蔓延，当到了下跌末期，投资者对股市已经麻木，对涨跌也已经毫无兴趣了。因此，对于大盘下跌阶段个股的研究，结合当时下跌的性质，是上升的回调，还是下跌趋势的形成，对于不同的情况，我们要作不同的研究。

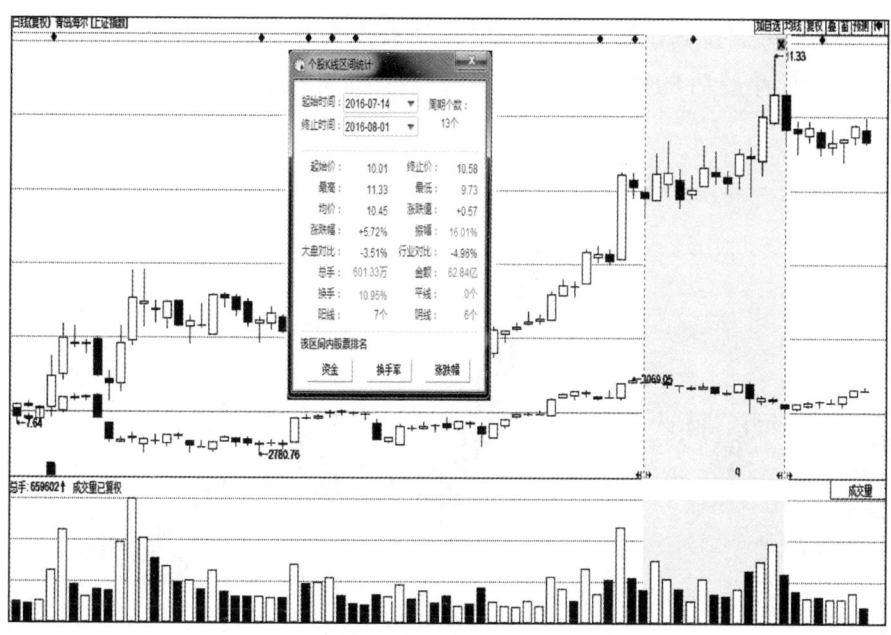

图 6-7

三、震荡阶段量价的相对性

"震荡"作为一个词语的意思是振动摆荡、不安定。而趋势是指事情发展的方向，两者放在一起有些不妥，但是震荡也是为了选择市场的方向，它可能继续原来的方向，也可能逆转原来的方向，姑且放在一起研究。

震荡多发生在上升趋势的回调阶段、高位震荡出货阶段和下跌趋势中的反弹阶段等，常见的形态有矩形、三角形、旗形等，下面我们来看几个当大盘处于对称三角形反弹阶段的个股表现案例。

在一般情况下，对称三角形是整理形态，即价格沿着原来的趋势方向移动。它由一条向下倾斜的下倾线和一条向上倾斜的上倾线连接而成，价格和成交量沿着横向方向不断缩小，当价格忽然跳出三角形时，成交量会随之放大，从而构成形态。

如图 6-8 所示，该股在大盘指数下跌过程中对称三角形整理期间，走出了近乎翻番的行情。当大盘在对称三角形下倾线时，个股吸筹拉升，到了上倾线时，对倒拉高出货，如此反复。个股走势和量能相对比较活跃，这也是高位套牢者最后的逃生机会，短线高手也可以介入这波反弹，但切勿贪婪。

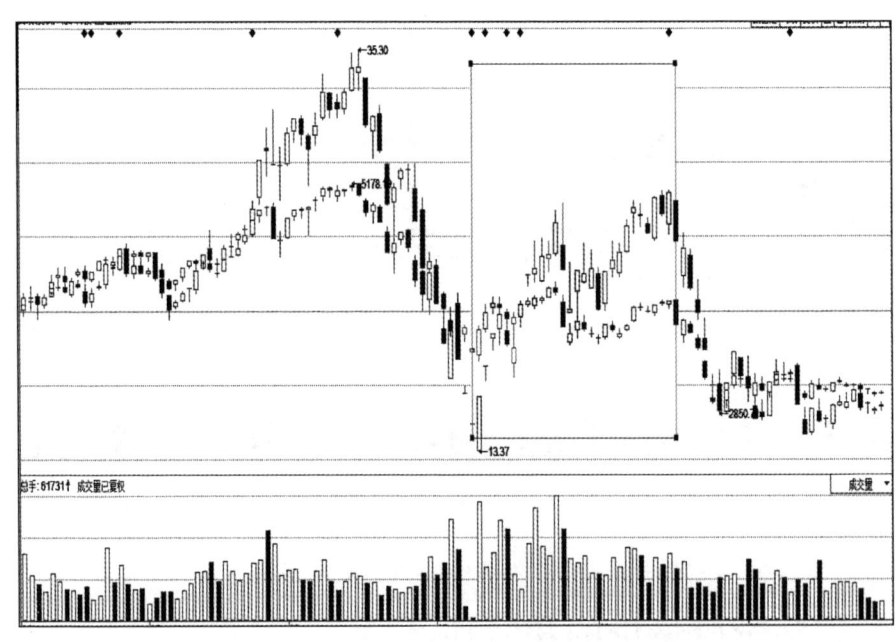

图 6-8

如图 6-9 所示，该股在大盘指数下跌构筑中继对称三角形的时间内，突破前期高点，在这个弱势中，如鹤立鸡群一般。主力如此敢作敢为的作风，涨停板和跌停板自然如家常便饭一般。换手率很高而且振幅很大，可见该股投机性十足。

和上面这只股票相比起来，图 6-10 中的股票就弱势得多了，而且相对于大盘指数在对称三角形区域的放量反弹，该股量能呈现逐渐萎缩，后续走势也没有翻出波澜。其主要原因还是在于前期该股在高位有很长时间的筑顶，出货基本完毕。

通过对震荡区间量能的观察，将该股前期的走势和震荡区间结合起来，判断个股在大盘震荡区间时处于什么阶段，从而判断震荡区间的机会大小和未来后续走势的方向动力。

第六章
市场趋势量价的相对性

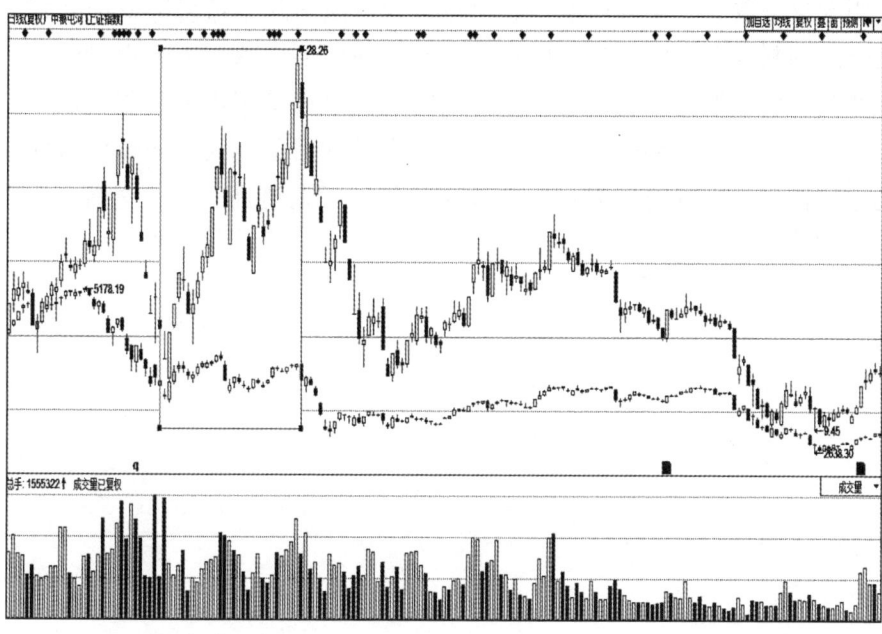

图 6-9

图 6-10

当大盘指数处于不同阶段时，对每位投资者来说，情绪的波动导致对未来走势的判断常常拘泥于当时的市场气氛，往往会导致对未来走势的盲目乐观或悲观，出现很多非理性的操作。个股主力也正是利用个股与大盘走势的背离引发投资者对走势的误判，从而达到自己的目的。我们同样可以反过来利用这种背离，去发现个股主力的真实目的，所谓道高一尺，魔高一丈，就是这个道理。

第七章 分时走势的相对性研究

《裸 K 线操盘技法 1》一书中，我们把 K 线和分时结合，探讨了裸 K 线操盘技法，在本书中我们将把分时走势单独放到一章中继续解读。

一、分时的左侧与右侧

在第二章中，我们谈到了左侧交易与右侧交易，由于分时较 K 线的周期更短，其稳定较差，投机性较强，所以更加适用于短线交易和 T+0 交易。因此，无论左侧交易还是右侧交易，行情的欺骗性越强，把握性也就越差。

如图 7-1 所示，A 点是突破前高的右侧交易，B 点是上升回调买入的左侧交易，结果从 11 点到达日内高点，到尾盘的盘跌，收于日内最低点。无论 A 点还是 B 点，最后都是以套牢收场，这就是分时走势图的随机性所在。

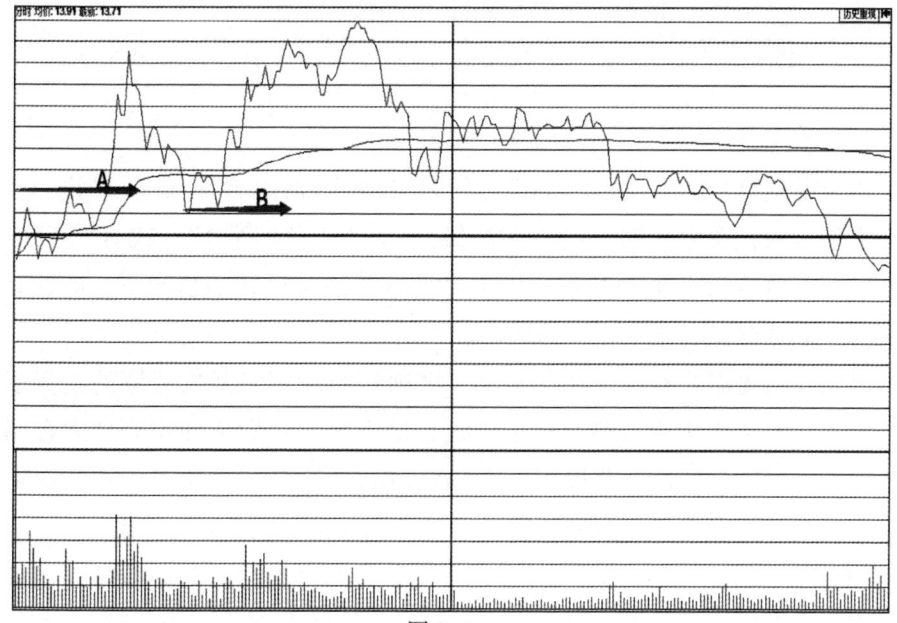

图 7-1

如图7-2所示,该股走势完全置大盘指数走势于不顾,独来独往。相信看到结果,会有很多持股的人后悔早盘卖出,也会有很多持币的人因为早盘没有买入而懊恼。相信午盘会有许多的人追涨买入,但仔细观察,我们会发现明显投机性的走势和毫无规律的量能,注定了该股的走势定是昙花一现,这就是分时走势图的欺骗性所在。

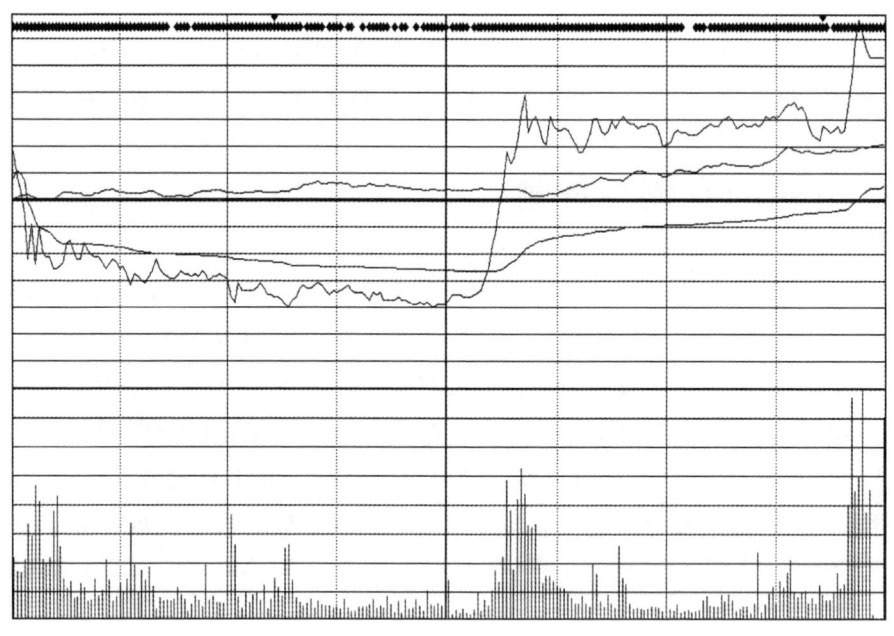

图7-2

由于我国至今还未实行"T+0"交易策略(特殊情况除外),所以我们在同一个交易日内,在分时图上没有办法做到"低吸"后"高抛",或者"追涨"后"杀跌"。如果在没有准确判断个股走势是延续还是反转的情况下,即便是隔日交易,依然存在套牢或扎空的风险。

因此我们更需要有一个衡量标准,准确判断一定时间内上涨的走势能否延续,下跌的走势能否反转,对于短线交易而言,我们更加需要把大盘指数走势作为这个衡量标准,普通投资者"看大盘,做个股"的交易习惯也决定了我们不可能抛去对大盘指数的分析,而单纯地分析个股分时走势图。

如图7-3所示,通过数日内的分时图,我们可以分析判断短期内个股的强弱变化,类似这只个股,个股走势在与大盘指数的对比中由强势转为弱势,攻击前高的量能力度逐渐减弱，重心明显下移，说明个股有短期到顶的风险。持有该股的投资者应该坚持右侧交易的原则杀跌，在个股反弹时，按照左侧交易的原则进行高抛。

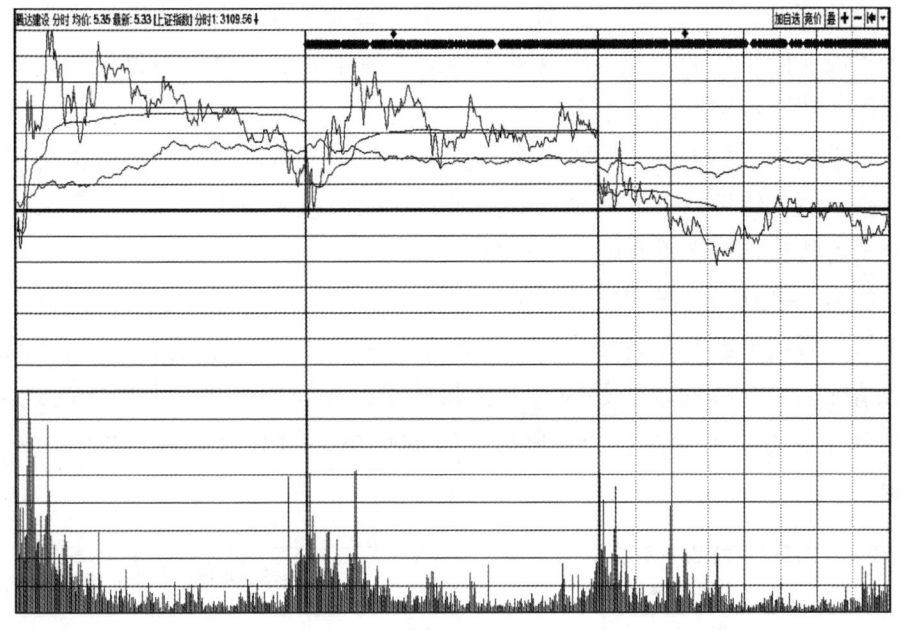

图 7-3

因此左侧交易和右侧交易永远不是割裂的，在个股上涨时我们应该坚持逢回调买入的原则，即右侧交易中的左侧交易，在个股下跌时坚持逢反弹高抛的原则，即右侧交易中的左侧交易。

多日分时图的分析可以较为有效地解决单日分时图的投机性问题，但走势是由每日的K线图和分时图组成的，我们在宏观分析市场处于何种阶段的基础上，通过研究单日及多日分时图，对比个股走势和大盘指数，才能较为准确地把握交易买卖点。

二、压力区域与支撑区域的股价表现

分时走势图的压力线或支撑线，是由上涨或下跌趋势中的高低点连接起来的，连接的点数越多，作用越强，同时该区域的量能越大，其作用越明显，时间越长，作用也越明显。

1. 分时上的压力支撑线

K线图上的压力趋势线、形态、指标等均适用于分时图,压力支撑线和K线图上的都是一样的,但效果却大打折扣。如果在压力支撑线区域发生了与市场指数非同步性的现象,则这种压力或支撑带来的,可能不仅仅是心理上的作用,还有价格上的作用。

也就是说,如果该区域股价突然拉升,那么主力肯定不希望价格再回撤到这个区域,给投资者买入和补仓的机会;如果该区域出货完毕,那么主力肯定不可能让持有者再有解套的机会。

如图7-4所示,该股在首日逆势涨停出货(最左侧)后,次日高开低走继续出货,后续再也没有突破首日的开盘价兼最低价(图中直线处),这说明在一般情况下,个股的走势是跟大盘指数同步的,如果发生了非同步的现象,必然会有主力的主动性行为,那么此时的价格必然对后市有着非同凡响的影响。

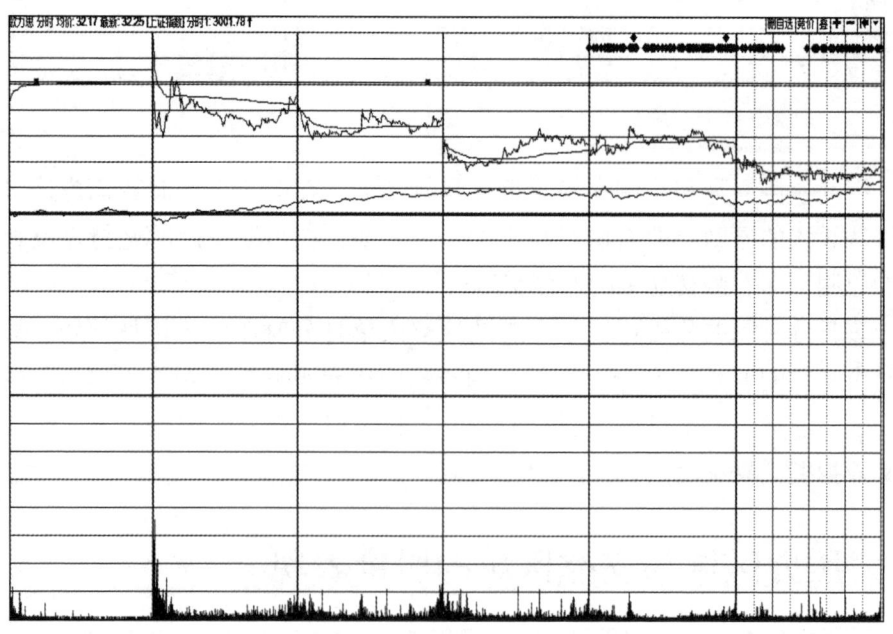

图 7-4

如图7-5所示,该股在首日逆势拉升吸筹后,虽然次日大盘指数走势依然未能止跌，但该股后期始终没有跌破首日的最高价。因此，逆势的发生区域往往对后期的走势产生很大的支撑或压力作用。

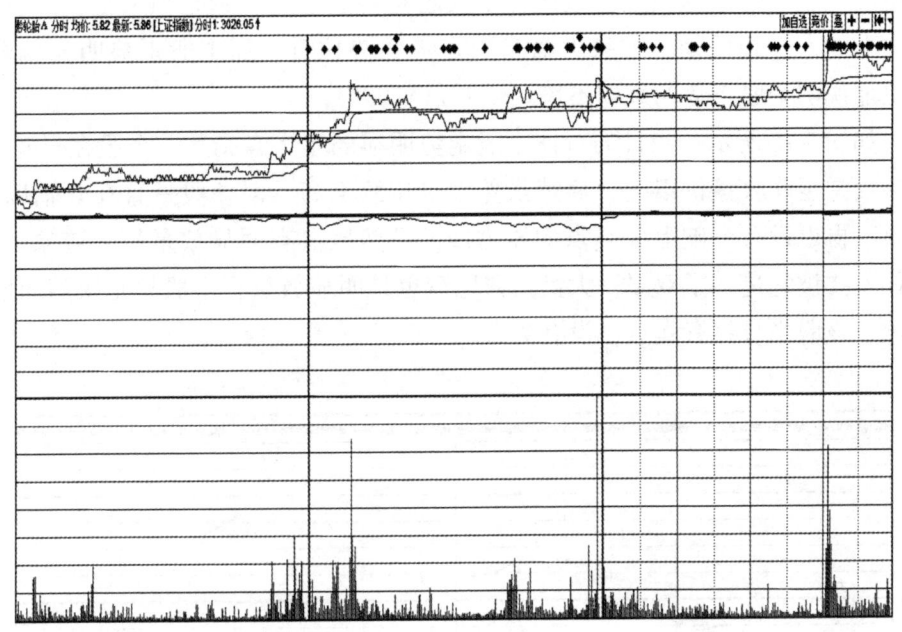

图 7-5

因此，对于分时图上的压力支撑线，我们要结合个股主力操作手法和运行阶段来综合判断。通过 K 线图，判断主力的操作阶段，通过分时图，抓取个股的买卖点。如果将 K 线和分时图完全割裂开来，在交易中就很难找到准确的买点和卖点，也就很难建立完善的交易系统。

2. 压力与支撑的量价相对性

由于分时走势图是由每分钟的最后一笔交易价格连接而成的一条曲线，极容易受到资金的操纵，因此对于分时走势图的分析往往带有太多的偶然性和刻意性。放量突破压力线未必是好，放量跌破支撑线也未必是差，因此我们需要结合个股的操作方式和大盘的走势情况，综合分析市场走势的持久性。

因此，单纯地分析分时图的压力支撑线是不可取的，单纯地凭借分时图上的量价关系来寻找买卖点，可能使我们掉入主力挖好的陷阱，完全没有逃生的机会。

按照K线图上的量价关系，放量突破压力线是健康的走势形态，如果在大盘指数没有配合的情况下，这个突破就更加具有积极的意义，也就是主力的主动性显示越来越明显。就像一个人越是特立独行，越是独来独往，越是有故事的人。相反地，如果大盘指数走势强势拉升，而个股走势明显偏弱，就更加说明个股走势的羸弱不堪。

如图7-6所示，当日的行情个股走势明显弱于大盘指数，个股在早盘10点多反弹至昨收盘价以上，后续虽然大盘持续走高，但该股一直在0轴以下调整，再也没有突破上午高点的压力线。虽然尾盘有明显放量拉升迹象，但我们不要被它迷惑了双眼，大盘指数尾盘也是明显放量，个股只是跟随而已。因此，该股当日只有卖点，没有买点。

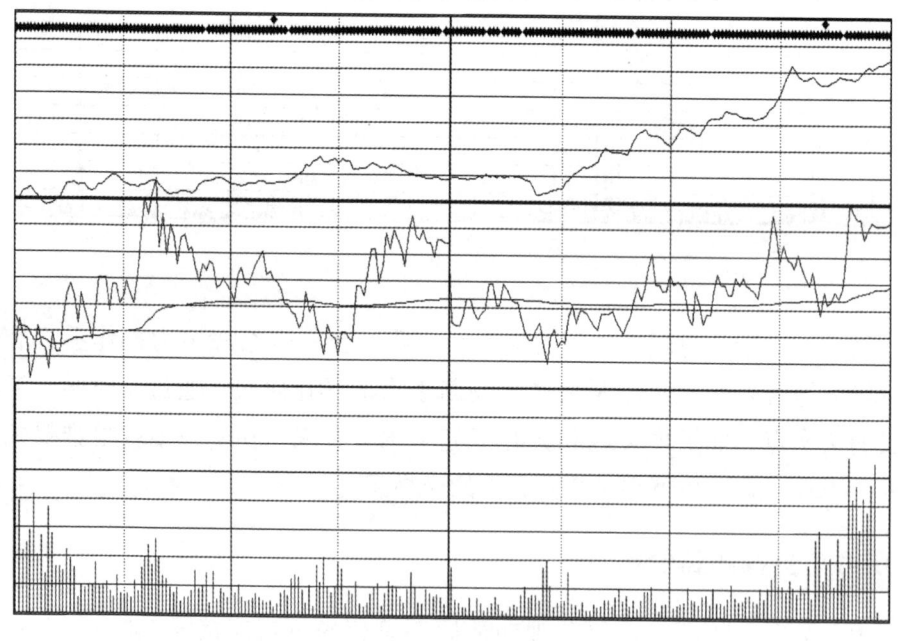

图7-6

图7-7和图7-6是同样的市场环境，虽然大盘上涨，个股上涨，但个股上涨幅度明显强势；大盘下跌，个股虽也下跌，但下跌幅度明显要小得多。个股不断放量突破前高压力线，说明市场量价配合非常理想。

两只在同一市场环境下的个股，却走出不同的走势，只能说明不同的个

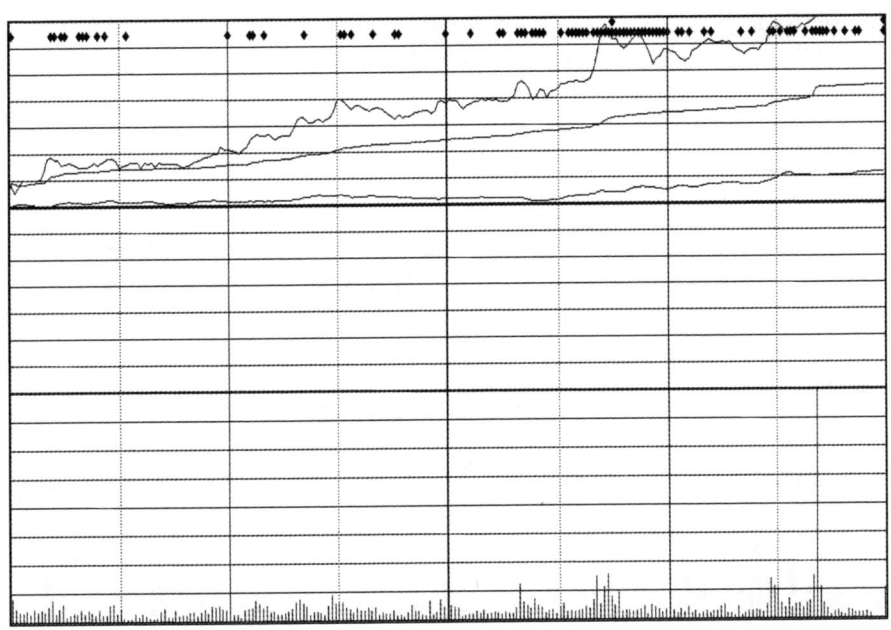

图 7-7

股主力借助市场的走势走出了自己的节奏。

但以上发生的走势,是必然的?在大盘指数上涨的情况下,个股走弱是否就代表未来不用抱有任何希望?个股逞强是否就代表未来的走势没有担忧的必要?下面我们来看看两个相反的例子。

如图 7-8 所示,长方框上面的阳线为大盘指数,下方为个股走势的长下影小阳线,左上角为当天的个股分时走势图。从图中可以明显地看出,当天的走势迫于前高点的压力,走势非常弱,在大盘放量拉升时竟然还出现了缩量。对比一下前期的 K 线走势图,多次出现大盘放量上涨,个股缩量小阳的现象,筹码的稳定性可见一斑,后期的走势也体现了长线强势股特立独行的特点。

如图 7-9 所示,该股在同一个交易日放量拉升,但涨停打开后,再也没有封上涨停板,对此我们要抱有严谨的态度。从 K 线图来看,急剧放量的程度远远大于大盘指数放量的幅度,说明市场主力正在借助大盘拉升进行出货,后期的高位横盘杀跌出货也验证了我们的推断。

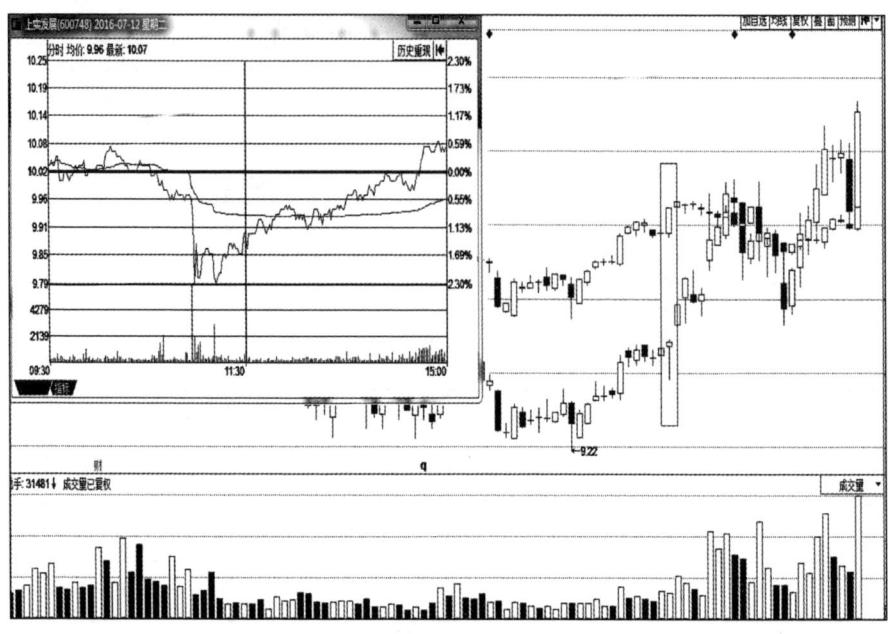

图 7-8

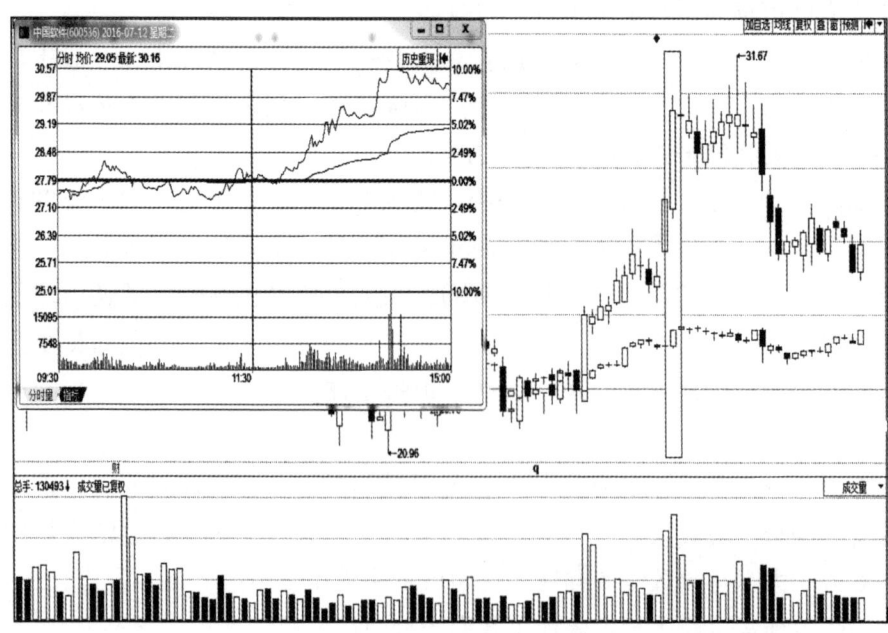

图 7-9

因此，我们要将大盘指数分析和个股分析相结合，将分时图上的量价关系和K线图上的量价关系结合起来，将主力行为分析和趋势分析结合起来，才可以看清市场的真相，有效地提高操作的胜率。

3. 面对压力与支撑的股价表现

我们在讨论压力与支撑时，关注的重点都放在突破压力或跌穿支撑上，该如何操作，很少有人真正把分析的重点放在股价在压力支撑区域时的股价表现上，这往往决定了能否有效突破压力上升，能否受到支撑作用反弹，佛曰："一切果报必有前因。"那我们现在就去寻找一下这些前因：

如图7-10所示，该股在10点创出新高后，在大盘指数不断上涨的过程中，个股虽然开盘后有试探性的突破，但10点以后始终没有突破前高，这就说明主力缺乏向上拉升的动力，至少当天没有表现出来。

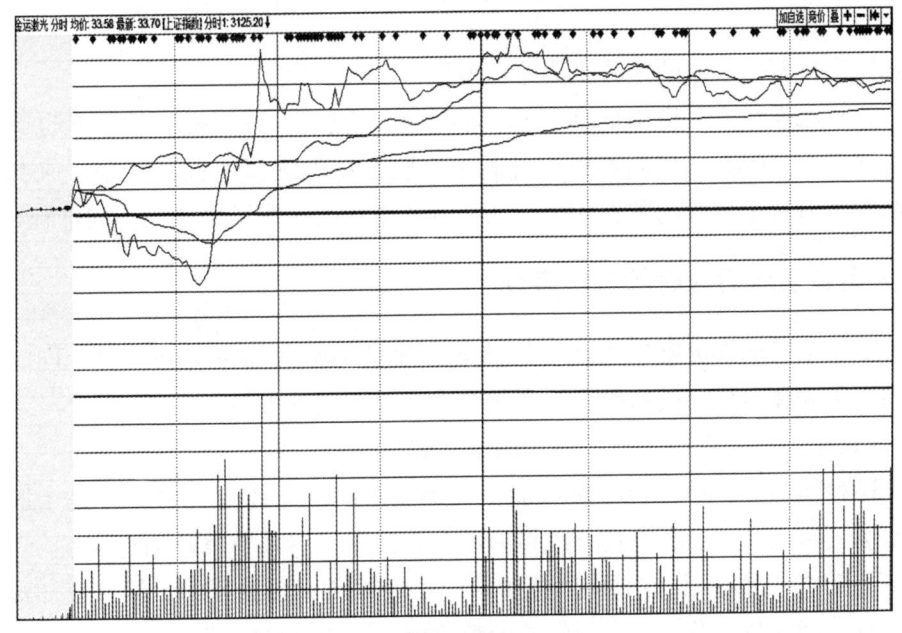

图 7-10

如图7-11所示，该股分时走势呈呆滞波形，数次突破前高压力都显著放量，虽然没有大涨，但主力对于盘面的控制游刃有余，对于未来的走势我们可以保持乐观的态度。

不同的两只个股，在面对前方压力位时明显态度不一致，前者犹犹豫豫，

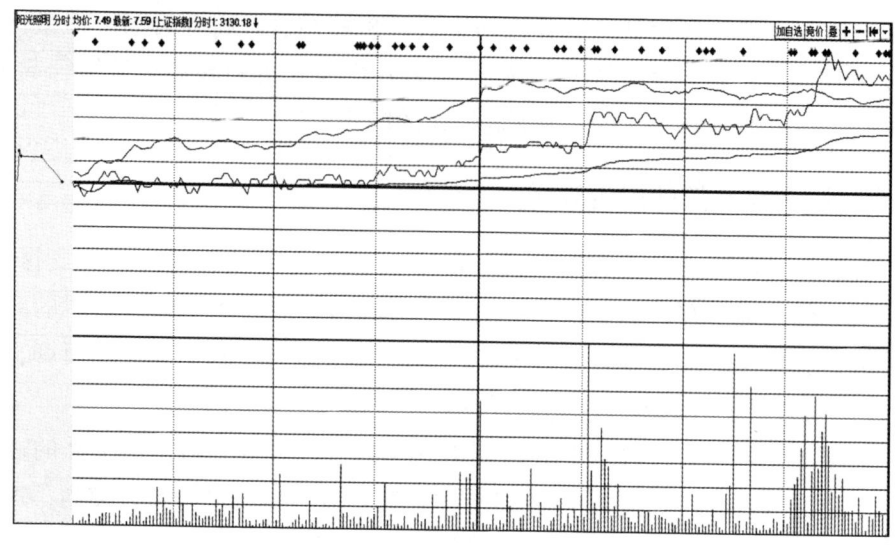

图 7-11

后者镇定自若，后期的走势也会千差万别。

真正的强势，在压力面前永远不畏艰难，即使有所回撤，但依然也会步履整齐有序。因此，我们可以通过观察个股在压力支撑面前的表现，来判断市场中主力对于个股的掌控能力，从而判断市场的操作风格和操盘的进程。

4. 大盘突破压力线时的股价表现

如果个股能够突破压力线，自然就有放量突破和缩量突破之分，同时也有顺势突破和逆势突破两种，两者结合就有以下四种可能。

（1）大盘放量突破，个股同步缩量突破。

这种情况下，存在着两种可能：一种是个股主力控盘；另一种是个股借助市场气氛出货。前者坚持长线持有的操作策略，后者要及时调仓换股。

如图 7-12 所示，该股随大盘指数同步突破底部震荡区间，但该股却没有和大盘一样放量，分时图上稳健的走势显示出主力良好的控盘性。我们可以在次日涨停板后的回调中买入，后期的走势也让我们体会到了跑赢大盘的感觉。

同样的时间段内，图 7-13 中的个股利用市场的热烈气氛缩量突破了前期高点，构筑了双头形态的第二个顶部。在分时走势图上，在大盘指数不断创出新高时没有突破前高，而且不断出现放量向下的尖角波形，显示筹码已经开始松动，对于这类股票不要抱有幻想。

第七章
分时走势的相对性研究

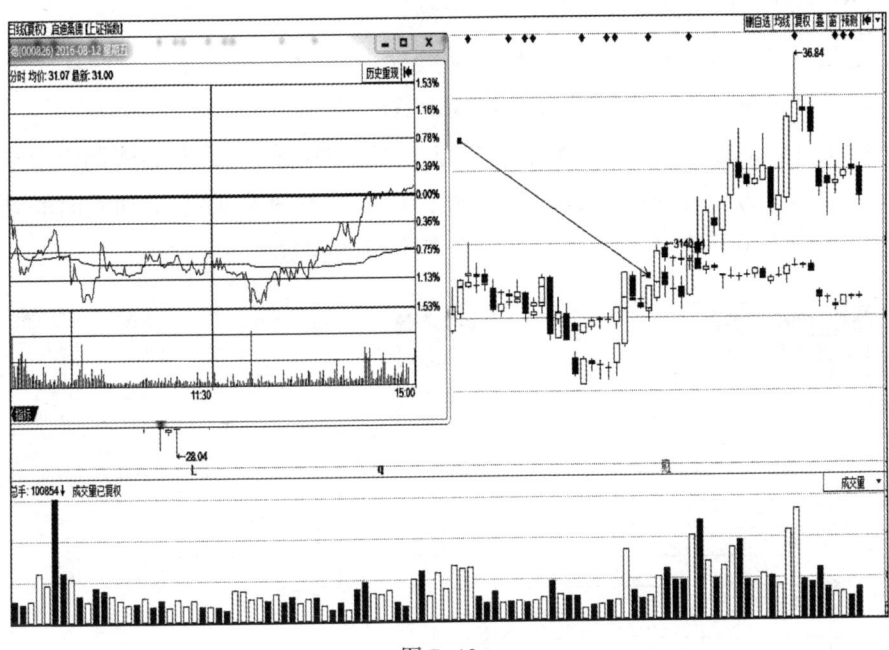

图 7-12

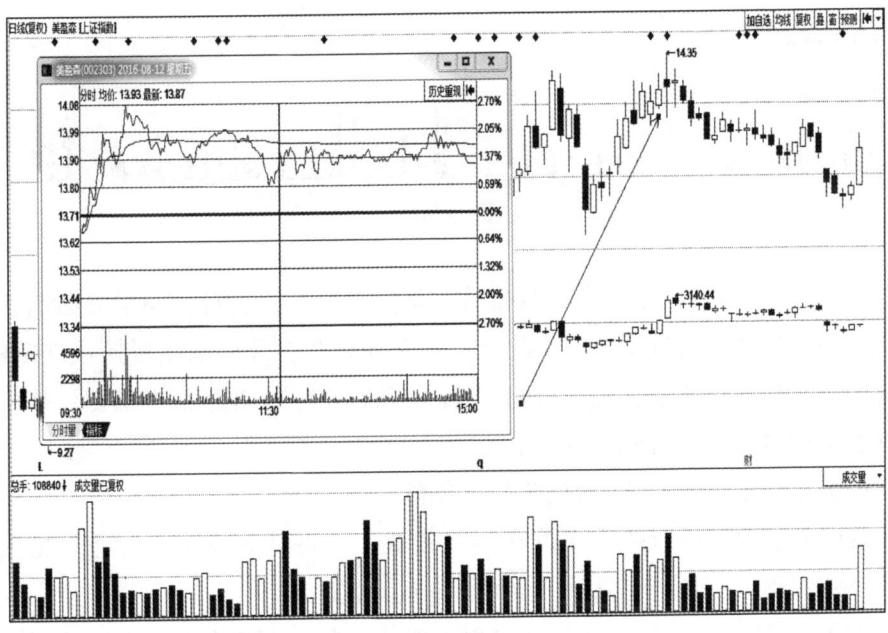

图 7-13

(2)大盘放量突破，个股同步放量突破。

这是一种比较健康的方式，但要防止个股放出异常天量，分时图上频繁出现过于陡峭的波形，此时反而是短线出货的良机。

图 7-14 就是这样的一个例子，放量突破底部区间，后期的回调也位于当日阳线实体上方，分时线上也明显强势，对于 K 线和分时上得到同时验证的个股，我们应该坚定持有，后期肯定会有不错的收益。

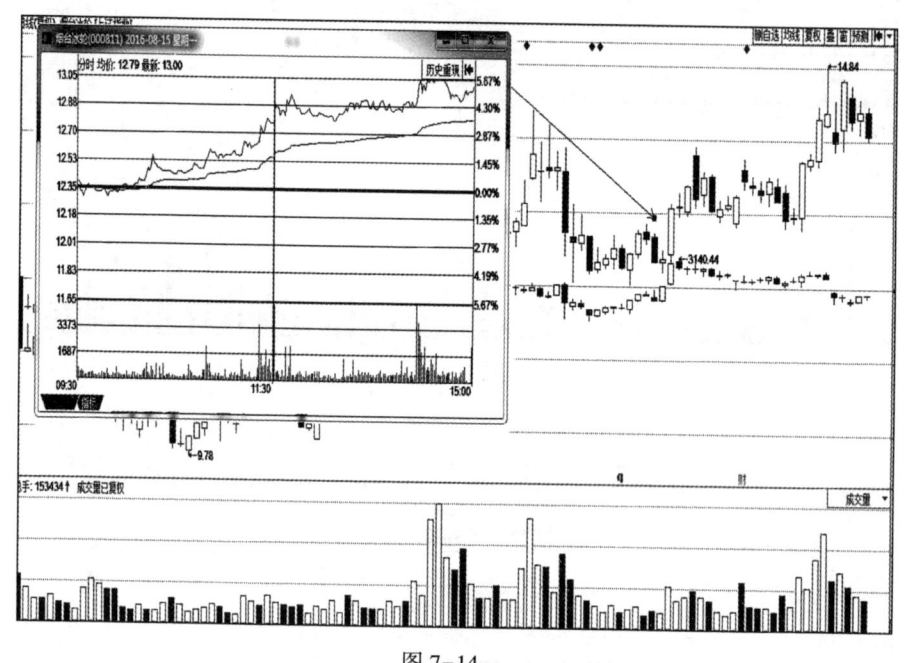

图 7-14

如图 7-15 所示，该股在大盘指数放量突破前高的当日，同步突破前期高点压力线。量能放出自反弹以来的天量，涨停时及打开后依然保持成交活跃，主力砸盘出货迹象明显，鉴于涨幅已高达 40%，有回调整理的需要，基于风险利润率的对比，先出来观察一下为妙。

(3)大盘缩量突破，个股同步缩量突破。

这时我们要把研究的重点放在大盘指数上，要时刻警惕大盘趋势见顶或波段反弹见顶，一旦出现急跌，要第一时间溜之大吉。

如图 7-16 所示，这只个股相对更加弱势一些，大盘指数盘中缩量创出新高，而该股已经处于高位盘整的末期。大盘高位整理，个股明显弱于大盘，

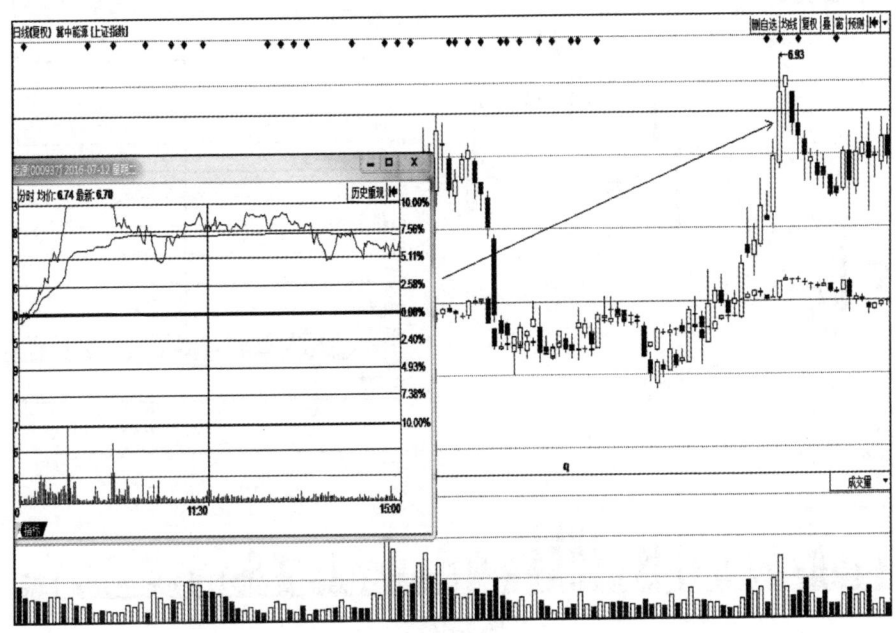

图 7-15

从当日的分时图我们也可以看出，高点的多次停滞和下跌的放量，都预示着危险的来临。因此，无论是从个股的角度，还是大盘的角度，都是危险的信号。

基于高控盘庄股的特性，即走势和量能的独立性，在上涨阶段与大盘指数的走势与量能变化的关联度并不高，也就是说个股突破时的量能和大盘的放量缩量没有关系，我们在前面已经见过，这里不再赘言。

(4) 大盘缩量突破，个股同步放量突破。

一般来说，这是一种强势形态，但需要注意的是量能要适度，所谓过犹不及，过度的放量代表市场买卖来说双方分歧的严重，存在主力趁乱出局的可能。

如图 7-17 所示，该股在大盘指数缩量通过的情况下，连续放量拉高，无奈由于熔断机制导致大盘暴跌，该股复盘后也未能幸免。因此，要时刻关注指数的走势，任何不看大盘看个股的说法，都是盲人摸象的把戏。

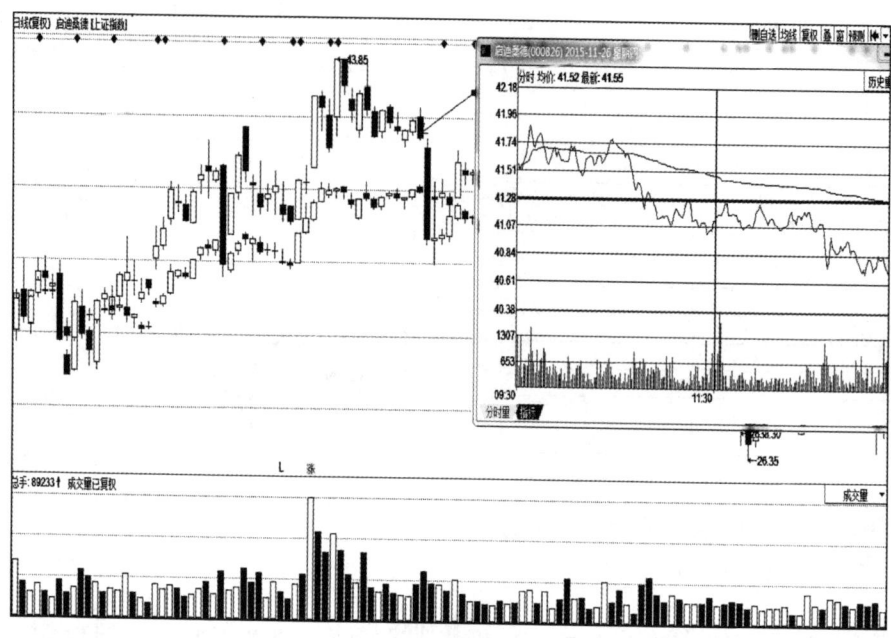

图 7-16

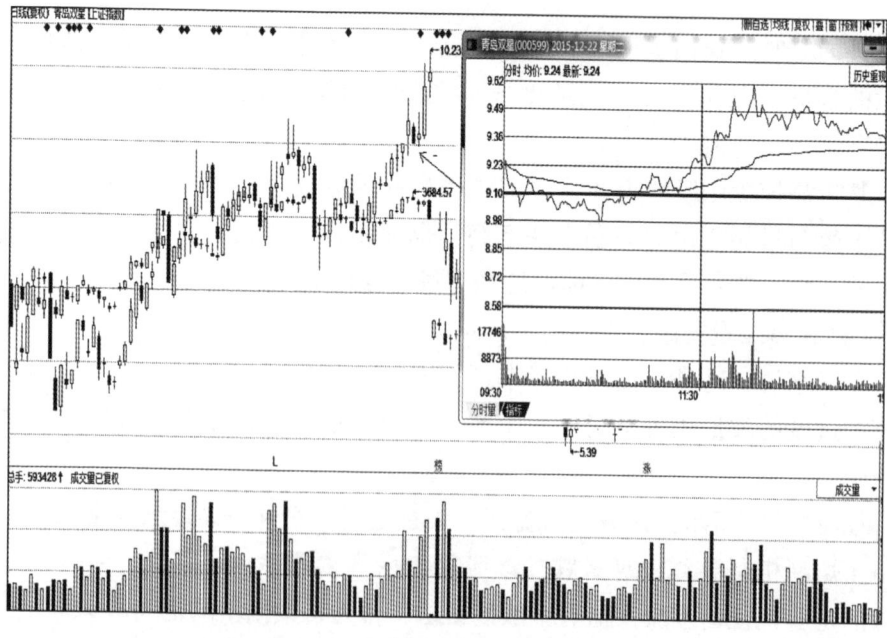

图 7-17

第七章
分时走势的相对性研究

大盘突破失败，有放量和缩量之分，个股也有顺势突破和逆势跌破的可能，因此就存在以下四种可能。

(1) 大盘缩量下跌，个股逆势放量突破。

此种情况，多是一种强势表现，需要注意的是，如果个股盘中适时地回调，也可以起到洗盘的作用，对于个股未来的走势是有积极作用的。当然如果此时个股处于放量拉升出货的行情，我们千万不要被盘面的走势所牵引，盲目地接下主力的筹码。

如图 7-18 所示，图中方框处大盘指数连续缩量回调，个股放量有序拉升，由于市场的弱势，小阴线的洗盘作用更加明显，对于类似股票，一旦放出巨量，可能就代表着行情的完结。

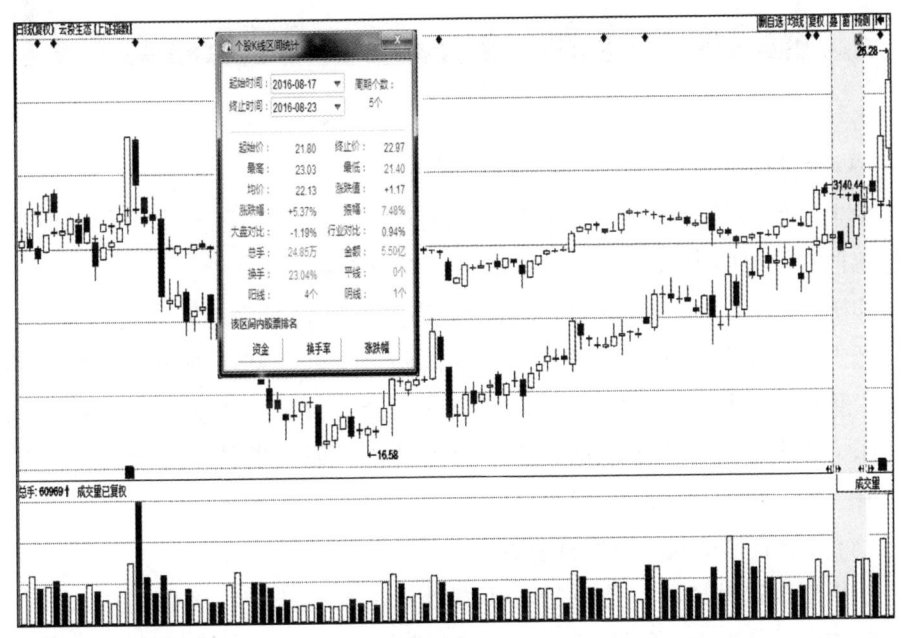

图 7-18

(2) 大盘缩量下跌，个股逆势缩量突破。

在排除了同步性的可能外，缩量的突破更加表明市场筹码的归属性，多为中长线趋势个股的表现，建议长期持有。

如图 7-19 所示，该股在大盘指数缩量下跌的同时，走势重心上移，虽然后期下跌到前期底部位置，依然看好它的中长线属性。

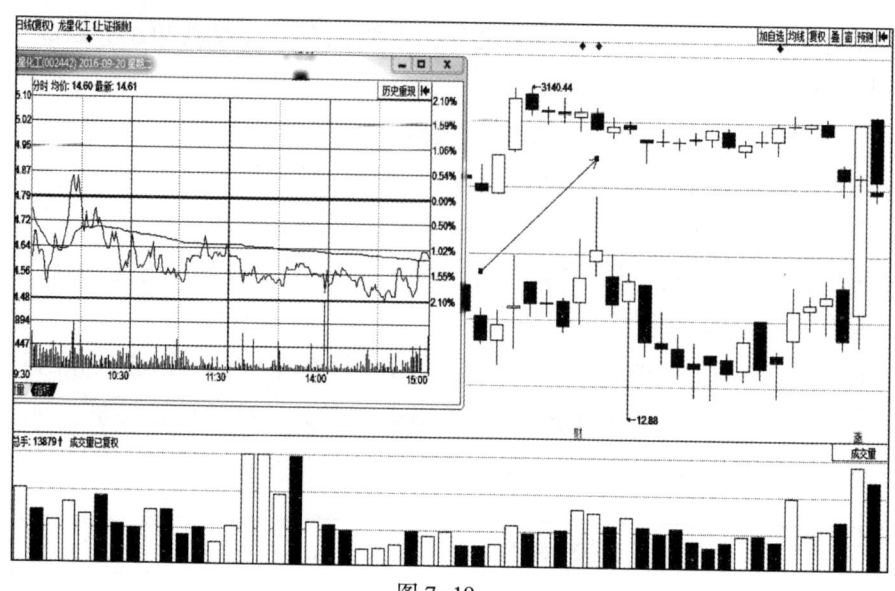

图 7-19

（3）大盘放量下跌，个股逆势放量突破。

发生这种情况，我们要分清楚是主力的实力强劲，还是主力刻意制造出鹤立鸡群的效果吸引人气，要明察秋毫，以免深套。

如图 7-20 所示，大盘指数突破前期高点未果后连续三天下跌，每天都是低开低走，但个股在第一天涨停后，连续两天下跌，甚至跌破了涨停板的开盘价。难道主力想要自己套自己吗？当然不会，只是主力错误地判断市场走势，压力太大后放弃了上涨的执着，借势洗盘，而后期待大盘企稳后连续对倒拉升，顺利地实现了转亏为盈。

（4）大盘放量杀跌，个股逆势缩量突破。

如果出现这种情况，此时趋势正好处于上行趋势中，多数为中长线控盘性个股或者绩优蓝筹[①]个股，虽然上升趋势比较缓慢，长时间的持有，你肯定能跑赢大盘。

如图 7-21 所示，该股在大盘指数放量杀跌当天，收带长下影线的小阳线，相对来说，量能并没有太大的变化，而且都集中在下午的拉升中。个股在回调数天后，后期依然不断创出新高。

---

① 绩优蓝筹股的筹码多数集中在大型公募基金、QFII、投资公司里面，流通筹码并不多，这也算另一种形式的高控盘吧。

第七章

分时走势的相对性研究

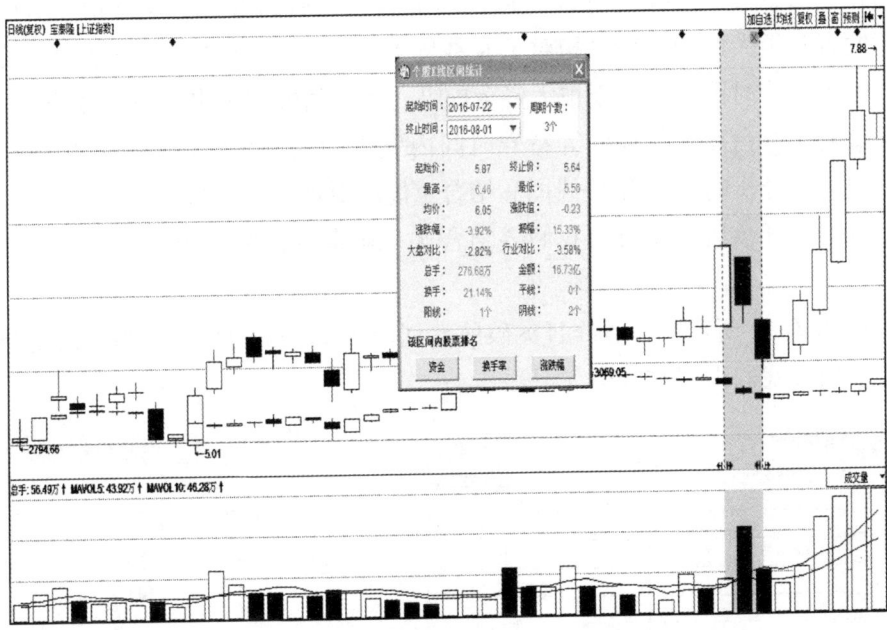

图 7-20

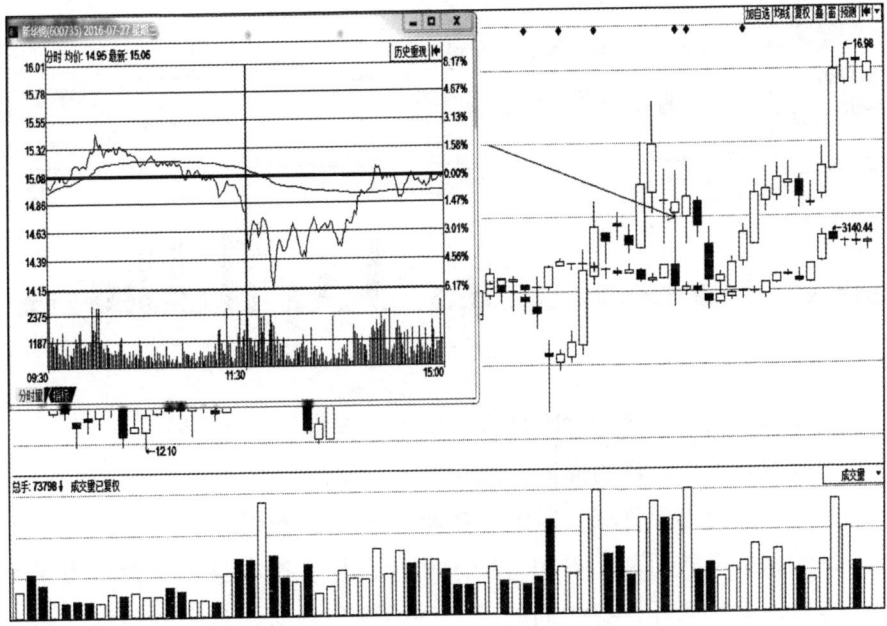

图 7-21

在前面章节中,我们谈到了K线图上压力区域的股价表现,相互对比会发现两者有很大的相似性,相对于K线图上的分析,分时图又具有以下特点:

①由于分时图更加易于被大资金操纵,短时间内容易出现暴涨暴跌。

②对于开盘后、收盘前等特殊时间内发生的股价异常波动,我们要在运用主力行为分析时,结合K线图和结合量能相对性进行分析。

③对于开盘集合竞价,我们要结合次日尾盘的走势、个股所处的阶段等进行分析。

如图7-22所示,该股昨日突破前高创出了17.43的高点,当日的走势却出乎意料。我们来仔细分析一下:

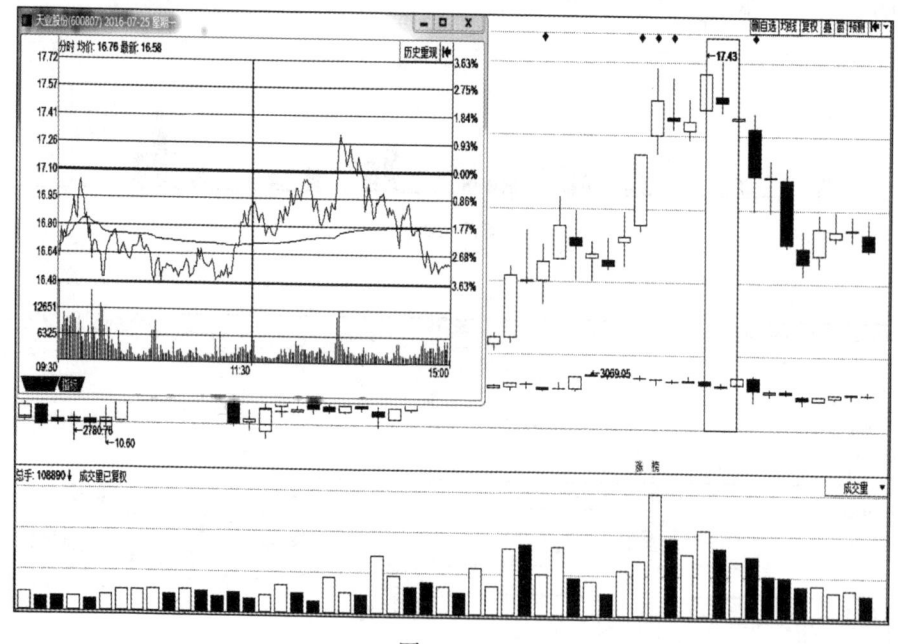

图7-22

①大盘指数当日走势围绕昨日收盘价小幅震荡,走势一般。

②个股没有承接昨日的强势,低开高走,反弹受阻。

③午盘后盘面出现急涨,但仅在0轴上持续数分钟便放量杀跌。

昨日的缩量突破前高,再加上处于短线高位,这本身就给投资者带来了疑惑。当日的缩量低开,将我们的担心逐渐变为现实,盘中的急涨急跌不过是引诱跟风盘的把戏,尾盘的杀跌将主力的目的一览无余地展示出来。

单一的技术分析方法往往容易使人走入误区，因此我们可以采用因地制宜的方式，结合多种分析方法，综合分析，同时克服固有的性格缺陷，理性分析，在辨明市场的真相之后，再入场也不迟。

5. 大盘跌到支撑线时的股价表现

当股价回调到支撑区域时，股价是受到支撑作用反弹，还是跌穿支撑开启下跌通道呢？我们先看一下跌到支撑反弹的个股，如果在大盘同步反弹的情况下，结合放量与缩量，必然存在以下四种可能。

（1）大盘放量反弹，个股同步放量反弹。

这是一种健康的走势，煽风点火，添油加醋，永远是职业操盘手的必修课。但量能的放大尺度我们要酌情把握。

如图7-23所示，该股在大盘指数受到支撑反弹的大阳线的同时，放量拉升，锯齿形的波形表明主力回调后的补仓吸筹，结合此波回调个股明显强于大盘，缩量止跌迹象明显，投资者可以大胆买入。

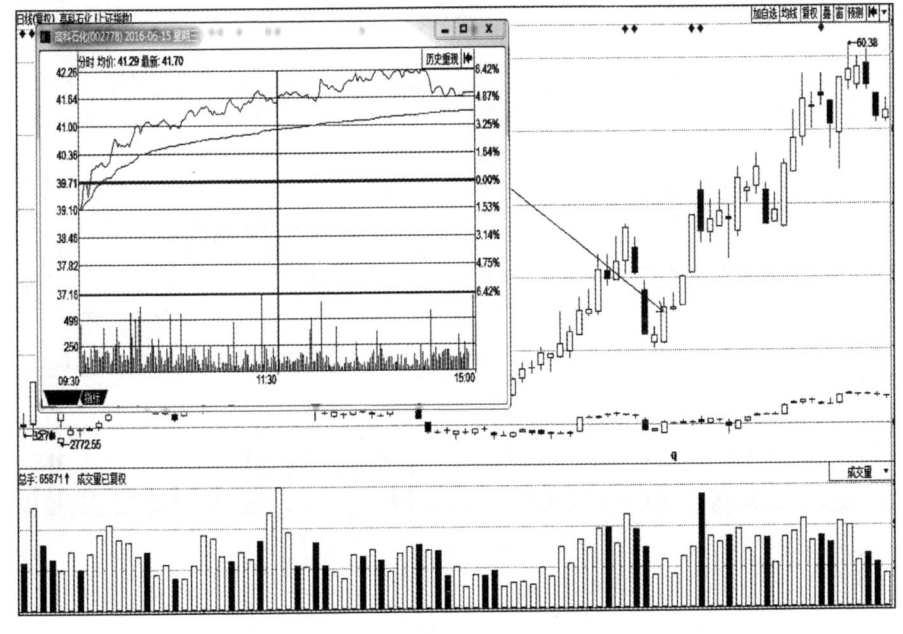

图7-23

在这里需要强调的是，大盘指数放量反弹时是大盘蓝筹拉升，还是成长概念股拉升，也就是说，是白线在上，还是黄线在上①，我们应该结合持有个股的板块归属，以及大盘的资金偏好性，有区别地对待大盘的股价波动及放量情况。

（2）大盘放量反弹，个股同步缩量反弹。

由于分时走势瞬息万变，除存在主力出货完毕后的随波逐流，以及中长线绩优股或控盘庄股外，还有诸多可能，具体情况需要结合盘面仔细分辨。

和上面的情况一样，也可能个股当日并不是资金的偏好个股，当天的反弹可能就是一种被动跟随的策略。

如图7-24所示，该股在大盘指数放量拉升时，仅仅收出缩量小阳线，从分时图我们也可以看出，量能搭配并不完美，结合前期明显弱势的走势，底部的筹码需要一个重新整固的过程，后续在大盘的拉升中，主力采用滞涨的方式吸纳筹码。

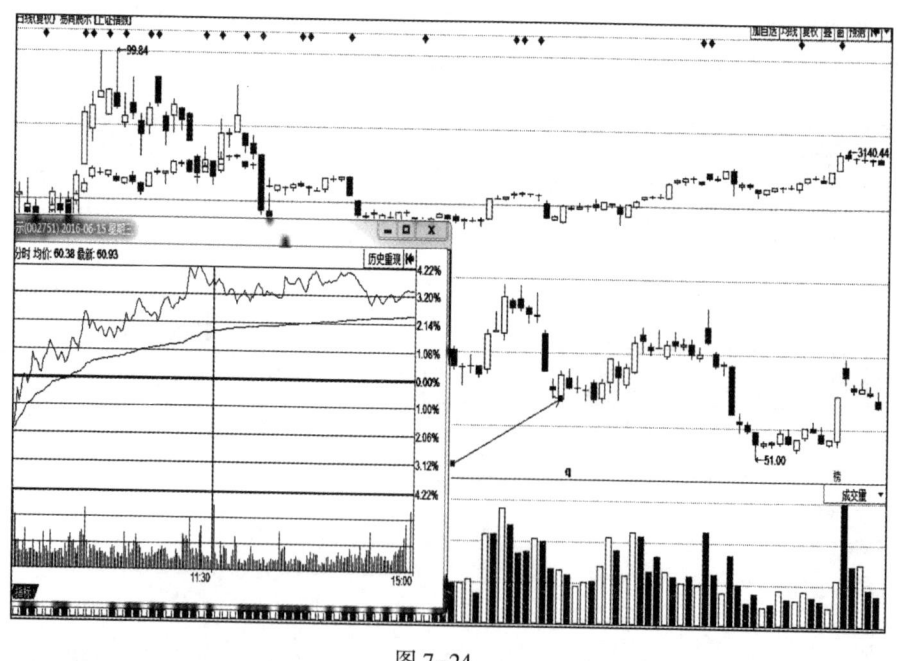

图 7-24

（3）大盘缩量反弹，个股同步放量反弹。

---

① 大盘指数白线代表市场中大盘股的走势，黄线代表小盘股和成长股的走势。

此种情况多是强势个股,如果该股属于大盘指数权重较大的板块的龙头个股,则可能会带动大盘在支撑趋势止跌甚至反弹反转。

如图7-25所示的个股就是个例外,在大盘指数下跌、缩量反弹过程中,个股在放量收出涨停板的次日,急剧放量,盘中创出新高,最后报收带长长上影线的小阳线,这不过是下跌前的遮人耳目而已。从盘中分时图可以看出,午盘后的对倒拉升,均线没有有效跟上,量能没有做到横向纵向放量,尾盘的暴跌加深了我们对于下跌的恐惧。

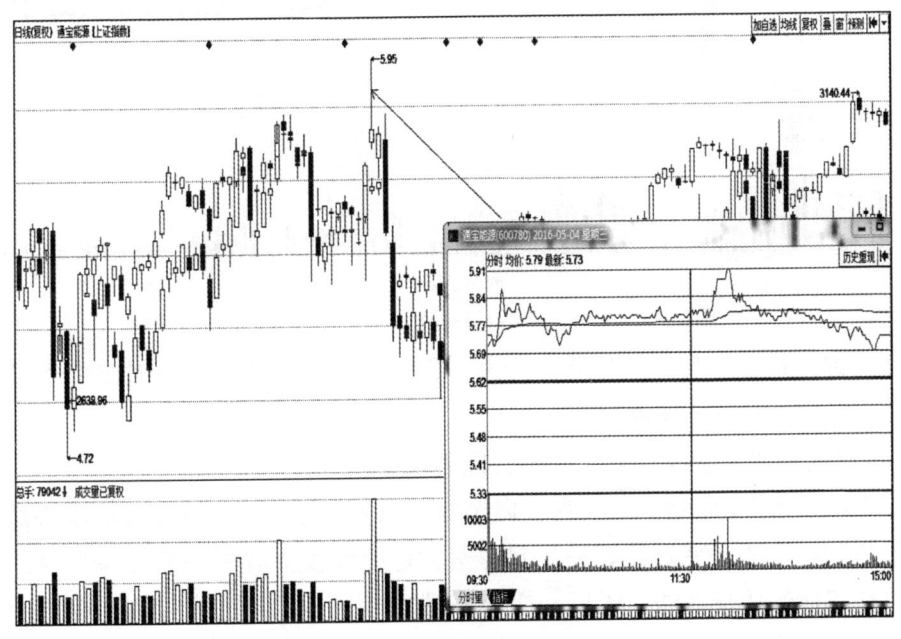

图 7-25

(4)大盘缩量反弹,个股同步缩量反弹。

由于大盘指数反弹没有放量,除去高控盘个股继续看好外,对于反弹的力度要抱有警惕,一旦反弹结束,个股宜及时出局。此种情况多发生在下跌中的弱势反弹中。

如图7-26所示,我们可以看到该股的走势明显弱于大盘指数的走势,相对强度一直在下降,大盘指数反弹了2.03%,行业指数反弹了2.40%,而个股仅仅反弹了1.58%,这和前期的弱势形态也是一脉相承。

当然还有另一种情况,大盘跌破支撑线,对于是放量还是缩量,从传统

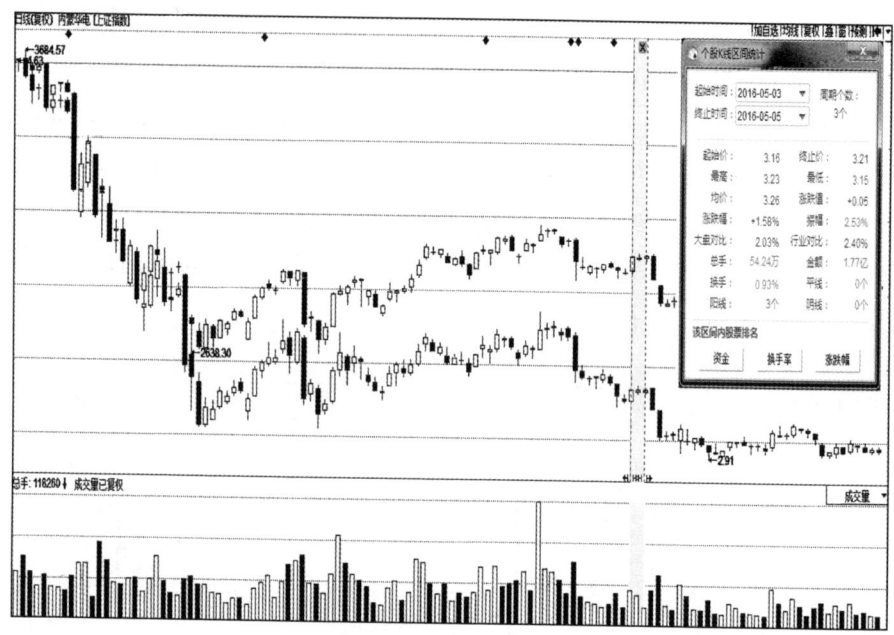

图 7-26

意义上讲，并没有太多的要求，但为了我们更好地理解个股分时走势形成的内因，我们还是分开来讲：

（1）大盘放量下跌，个股逆势放量上涨。

中国的散户习惯于"看大盘，做个股"，因此大盘指数的放量杀跌必然会使散户忧心忡忡，快刀手更是手起刀落，稳健性投资者也会心有余悸。此时如果个股逆势放量上涨，无论是吸引眼球出货还是控盘主力拉高，摆在心头的第一个念头就是该见好就收，以免补跌，又或者为躲过大跌而兴高采烈呢？除仔细观察当日的盘面外，还需要观察个股所处的位置、次日的个股走势、大盘下跌的延续性等综合分析。

如图 7-27 所示，大盘指数在上方压力位作用下大跌 3.32%，该股当日收涨后，后续继续拉升，我们来逐条分析一下原因：

①此时处于个股刚刚突破盘整趋势拉升不到 10% 的阶段，如果跟随下跌，只能功亏一篑，因此只有上涨一条路。

②次日急剧缩量，并且尾盘有止跌迹象。

③综合当日的经济情况和国家管理机构的意愿，大盘指数并没有太大的下跌空间。

第七章
分时走势的相对性研究

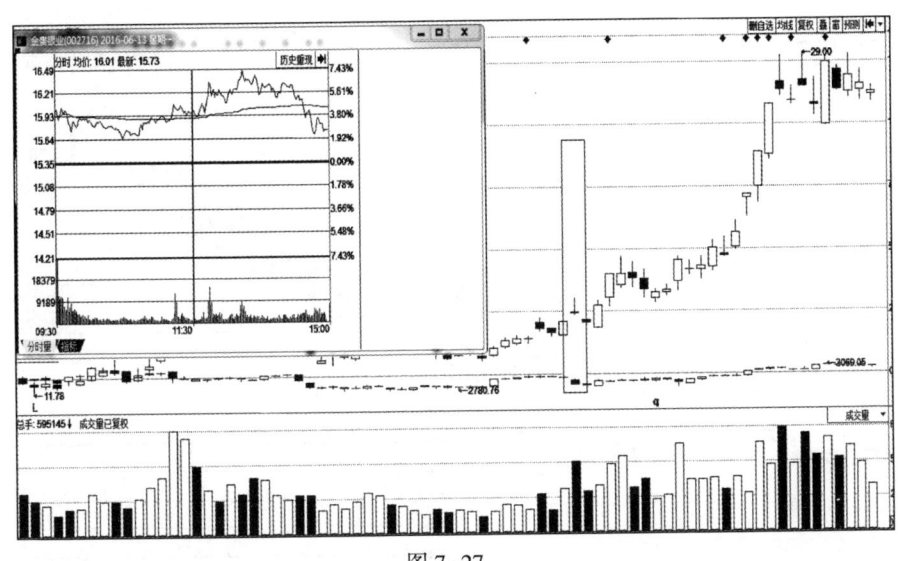

图 7-27

因此，如果发生这种情况，次日如果继续拉升，或者急剧缩量，我们可以继续持有，等待更加明确的出局条件，如果次日放大量高开低走或低开低走，无论是洗盘还是出货，我们还是先出来，等待风险更加小的入场机会。

(2) 大盘放量下跌，个股逆势缩量反弹。

如果此时个股走势呈现出呆滞波形或走势不流畅的走势，并且振幅较小，则更加证明了主力对于盘面的可控性。除这种控盘的情况外，我们对这种弱势反弹规避为好。

如图 7-28 所示，该股在大盘指数放量下跌之际，收出稍有放量的长上影线十字星，虽然没有收出缩量小阳线，主要还是市场杀跌气氛太浓。但从后期的走势我们可以看出，该股为什么能走出长线大牛股呢？从当日的走势图我们可以看出，下跌主要集中在尾盘 14 点半以后，量能也没有出现恐慌性的气氛，这样的个股我们坚定持有。

(3) 大盘缩量下跌，个股逆势放量反弹。

在大盘不配合的情况下，出现此种情况，多为个股强势表现，但也要谨防量能过度放大，量能的急剧变化对个股反弹的延续性并不好。

如图 7-29 所示，在大盘指数创出短期 3140.44 的高点后，连续两周时间缩量下跌，但该股却呈现出放量上涨的走势，相对强度达到 7%，明显强势走势。后期量能过大，个股的上涨也随之告一段落。

· 117 ·

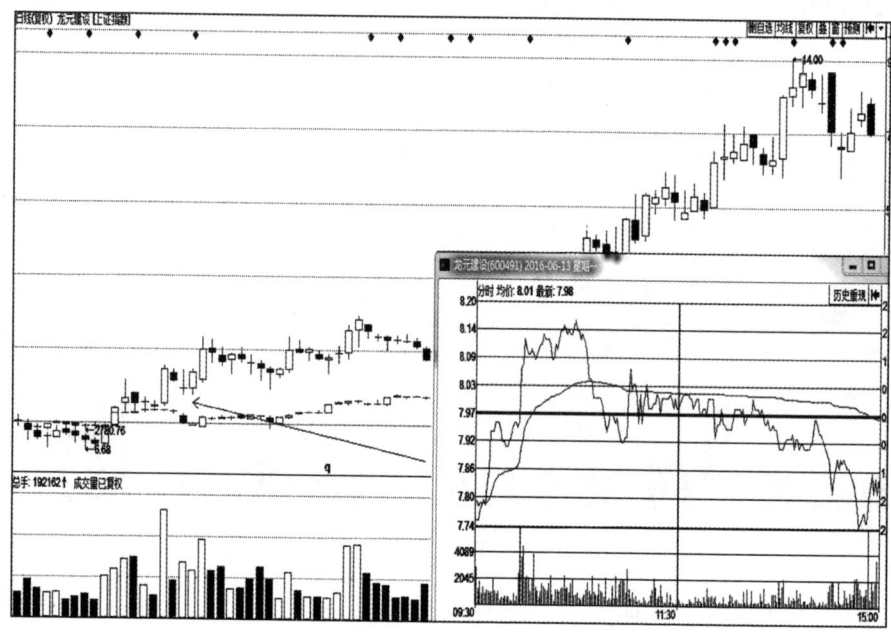

图 7-28

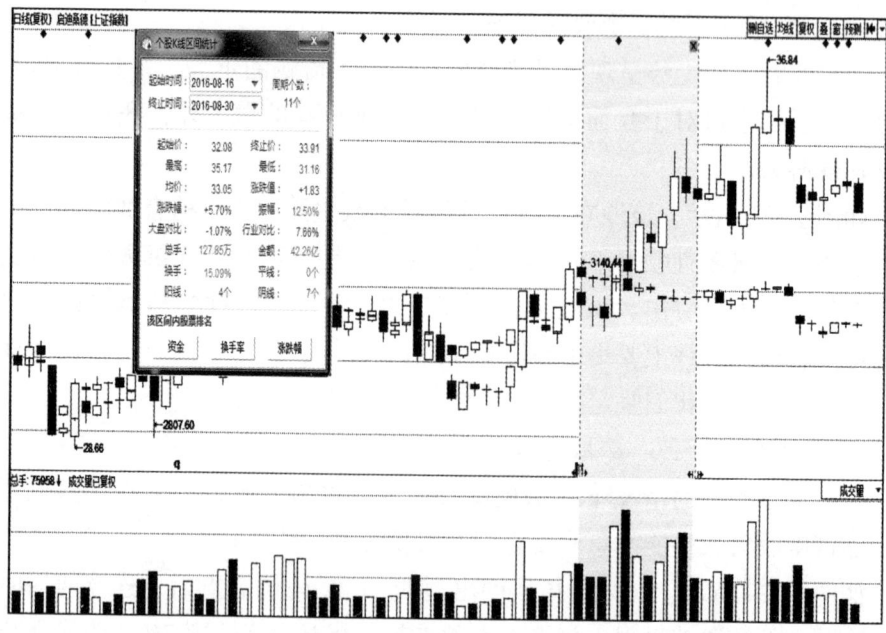

图 7-29

第七章 分时走势的相对性研究

（4）大盘缩量下跌，个股逆势缩量反弹。

此种情况，如果个股趋势向上的话，要坚持长线持股操作，如果趋势处于盘整状态，多表现为主力不愿股价下跌，后续拉升可能很快就能来到。

在大盘指数上涨趋势中，如果回调到支撑位，如前期高点、黄金分割点、趋势线等，我们不仅要关注支撑区域的表现，更要关心在大盘反弹或跌破支撑区域时，个股的量价表现。针对分时图上的投机性的特点，我们可以多关注左右数日的分时走势，定能发现其中的奥妙。

我们来举一个多日分时图应用的例子，如图7-30所示，我们可以看到大盘指数在回调后受到支撑作用企稳，开始有反弹迹象，在大盘这波回调时，个股已经提前见底，后期待大盘稍有动向，便立即揭竿而起，拉升响应。

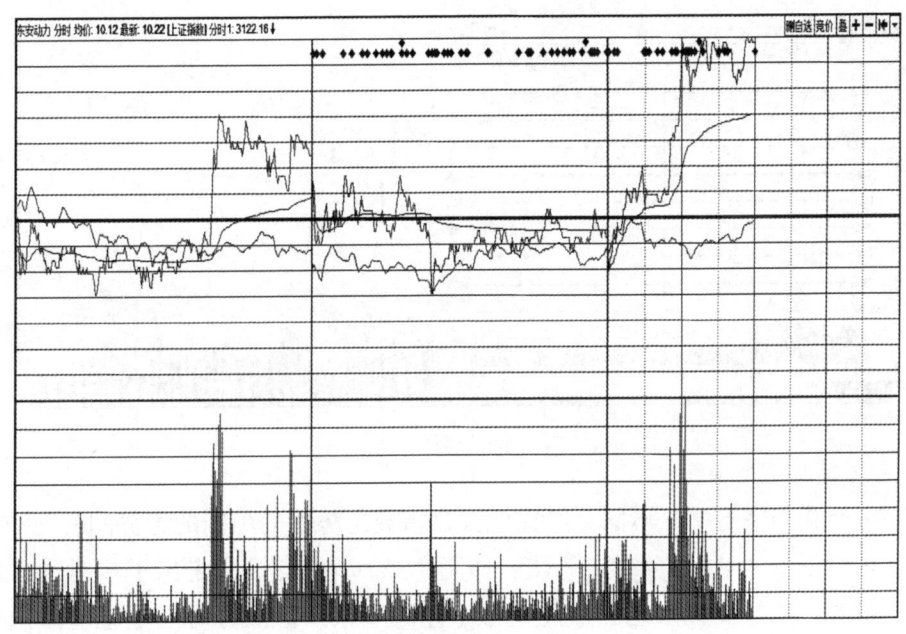

图7-30

三、分时量价关系的相对性

由于分时走势图容易受到短期资金的操纵，因此相对于K线图，量价关系可能体现得更为直接，但也由于这一点，在分时走势图往往充满了投机性。

我们在讨论K线图上的量价关系时，关注的是当大盘指数出现特定K线、K线形态、形态组合时，个股不同的表现形式。今天，我们继续这个思路，当大盘出现特定的分时走势图时，个股所走出的走势图。

如图7-31所示，这是大盘指数见顶的K线图和分时图，从分时图上看，指数走出了圆弧顶的形态，量能也符合先放量后缩量再放量的形态，从K线图上看，收于有跳空缺口的带上影线的放量中阳线。

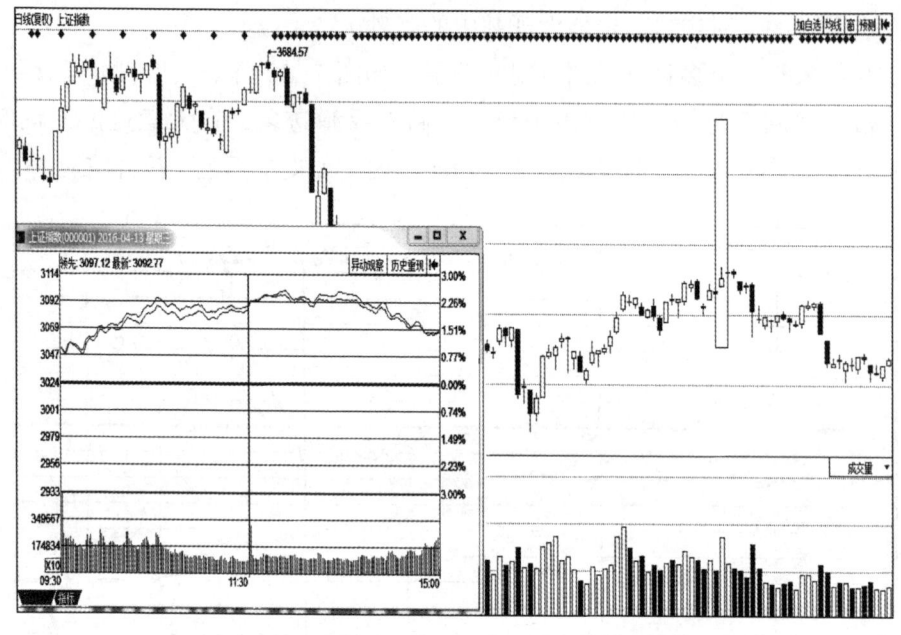

图7-31

下面我们来看一下不同个股在此大盘指数走势下的不同的走势图：

相对于图7-31的分时走势图，如图7-32所示，该股走出了相对独立的个股走势，虽然K线形态和量能上似乎差距不大，但从分时图上就能看出端倪。个股的分时图并没有表现出明显的见顶形态，振幅在4%左右，也没有明显的放大，没有出现和大盘指数一样的竭尽缺口，种种迹象判断为主力的试盘行为，后续的走势也验证了我们的猜想。

如图7-33所示，先从K线图上看，个股已经先于大盘指数见顶回落。从分时图上看，该股虽然涨幅大于大盘，但从拉升过程中的回调来看，量能没有明显萎缩，见顶后的下跌也是量增价跌，明显主力的出货迹象，即使当日未出局，次日逢高也要出货。

第七章
分时走势的相对性研究

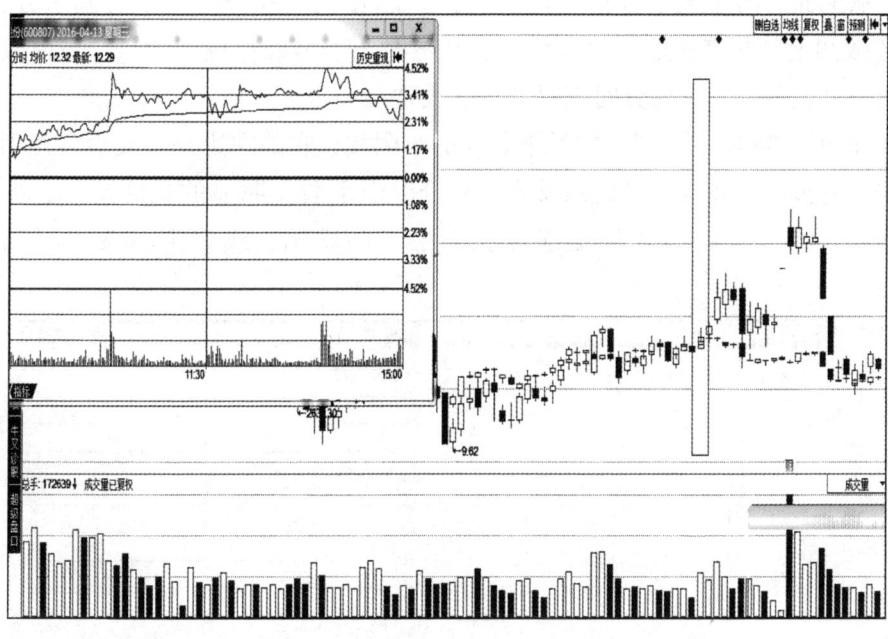

图 7-32

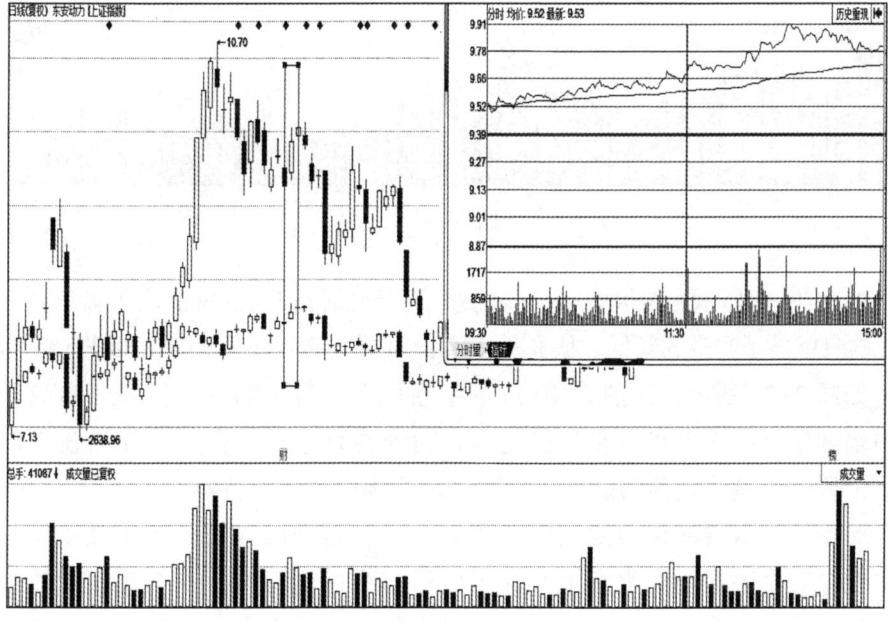

图 7-33

从上面的两个例子我们可以看出，要把K线图和分时图结合起来分析，从K线图上判断市场处于何种阶段，从分时图上准确把握买卖点。下面我们来看一个大盘处于见底分时图时的个股表现。

如图7-34所示，图中的长下影线的小阴线，它的左边是一波轰轰烈烈的下跌，右边是一波战战兢兢的反弹。从分时图上看，明显的见底形态，振幅高达4.74%，下午的放量上涨也收复上午的跌幅，我们来看两只不同的个股。

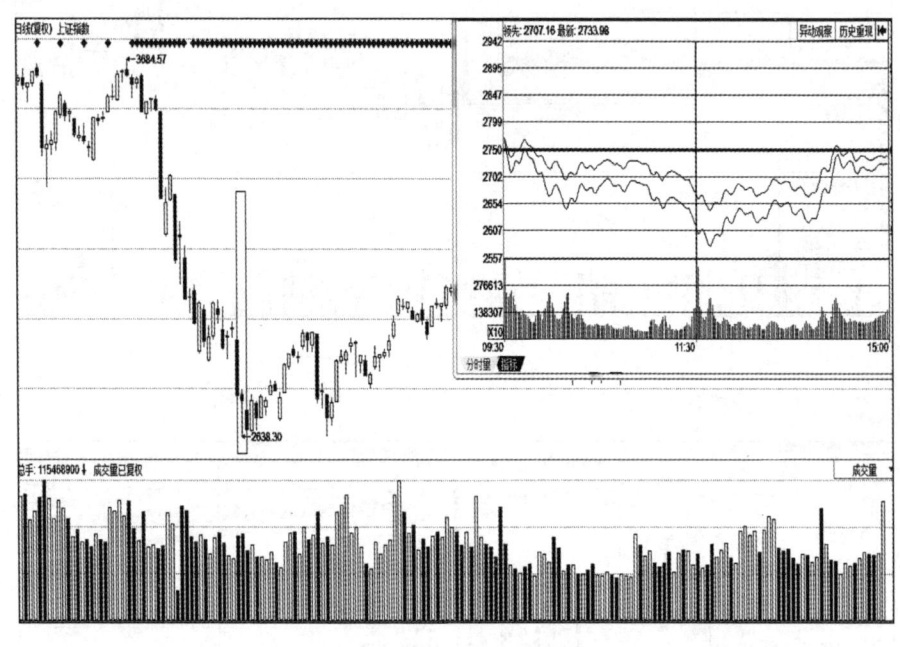

图7-34

如图7-35所示，该股没有见底的迹象，最低价和收盘价都比大盘指数跌幅大，次日就破了当日的新低。从K线图和分时图上都可以看出该股还没有跌到底。

如图7-36所示，该股自10点盘中新低后，后续的日内反弹开启时间和反弹幅度明显领先大盘一步，量能配合也非常理想。结合前期在大盘下跌期间，个股处于箱体震荡的阶段，后续的反弹幅度值得期待。

对于当大盘指数见顶或见底的研究，在分时个股当日走势的基础上，要更多地结合个股在前期大盘上涨或下跌过程中的表现来综合分析，K线和分时永远是不可分割的。同时在分析个股走势时，要把大盘走势和个股走势叠加分析，以此来判断个股的强弱。

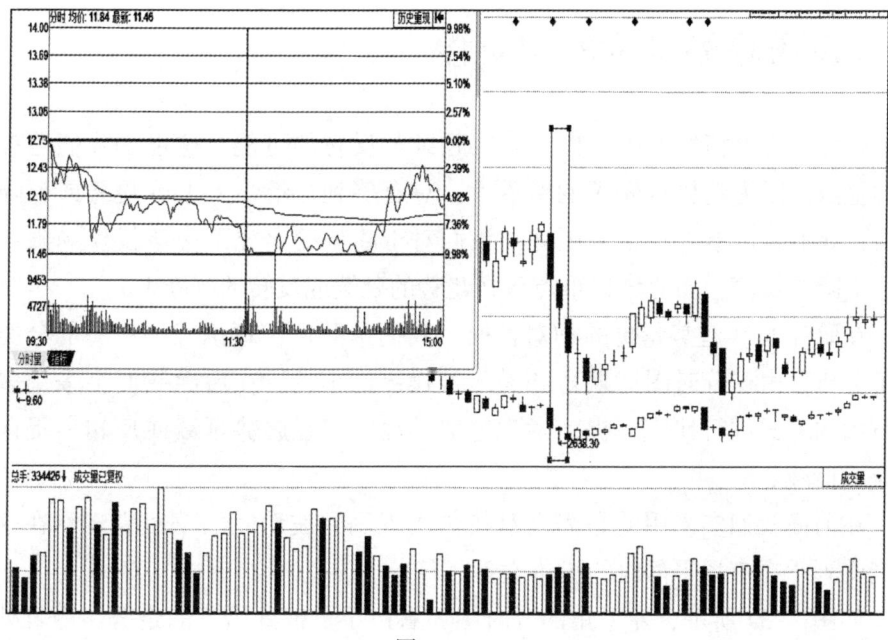

图 7-35

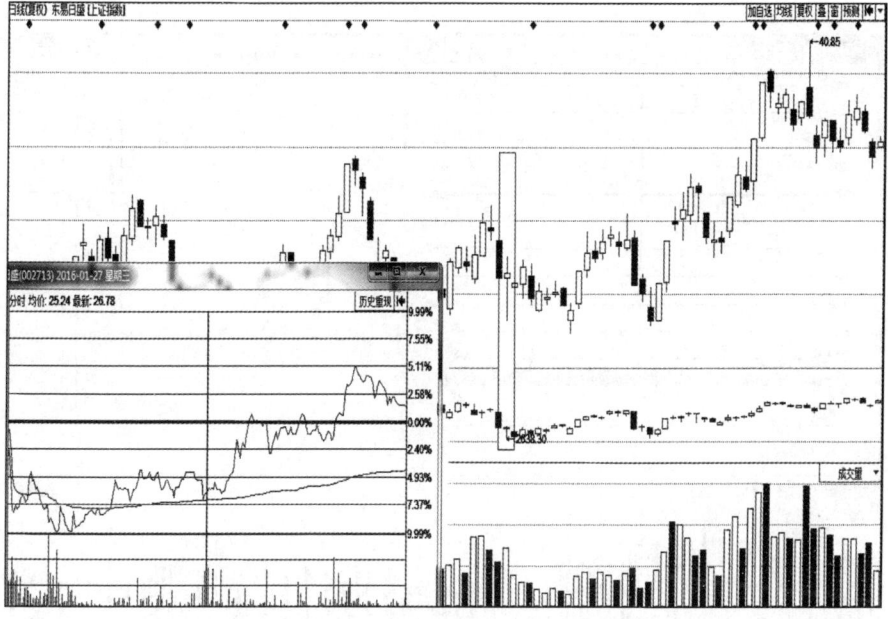

图 7-36

四、市场趋势量价的相对性

趋势作为事情发展的方向，有其延续与反转的可能，这也是我们趋势研究的重点。因为趋势有先天的滞后性，只有等到行情步入上升趋势或下降趋势后，我们才可能发现他。因此，我们对于趋势的研究不应该仅仅局限于上涨、下降、震荡，而应该把重点放在趋势的延续或反转的判断上。

在研究 K 线趋势量价的相对性时，我们按照道氏理论三种趋势的分类进行了分析。由于分时图周期短和易于被操纵的个性，在后面我们会采用多日分时图的方式进行研究，提前发现趋势的变化，在趋势延续或反转前提前作出应对措施。

在前面我们多采用的是当大盘指数出现剧烈波动时的个股表现，在这里我们将列举在市场平静时的股价表现。

如图 7-37 所示，左上角的分时图为右边小方框处当日的走势，当日处于大盘指数反弹回调在前压力位企稳，振幅为 0.8%，涨幅为 0.13%，量能变化不大，是一个相对平静的交易日。

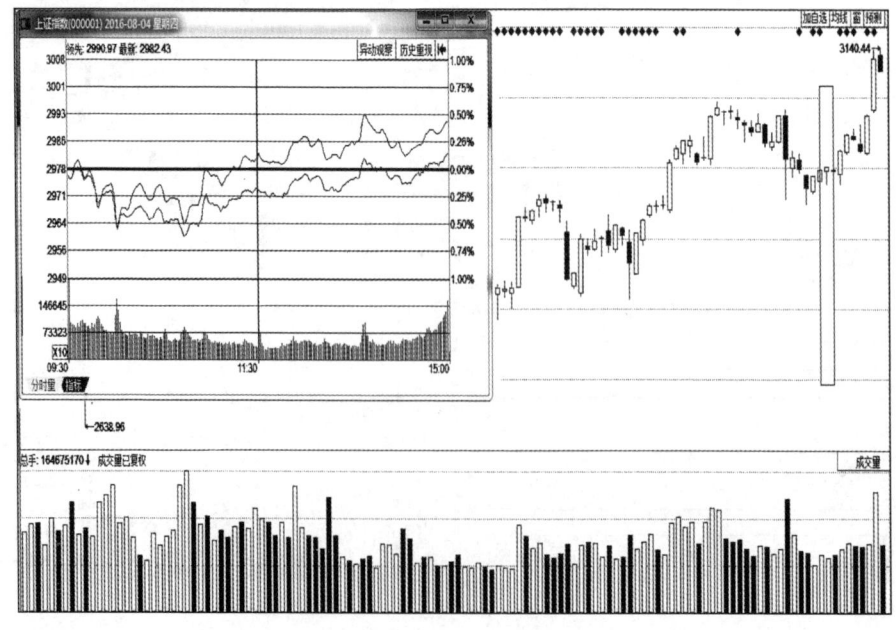

图 7-37

第七章 分时走势的相对性研究

如图 7-38 所示，该股为什么会引起我们的注意呢？量能达到了前日的 2 倍以上。从分时图上看，走势明显弱于大盘。上午的回调幅度大于大盘指数，下午大盘反弹最后收红，而个股收盘下跌 1% 左右。在价格相对弱势的情况下，为什么量能出现了异动？量能的变动是否健康呢？这都是需要我们考虑的问题。

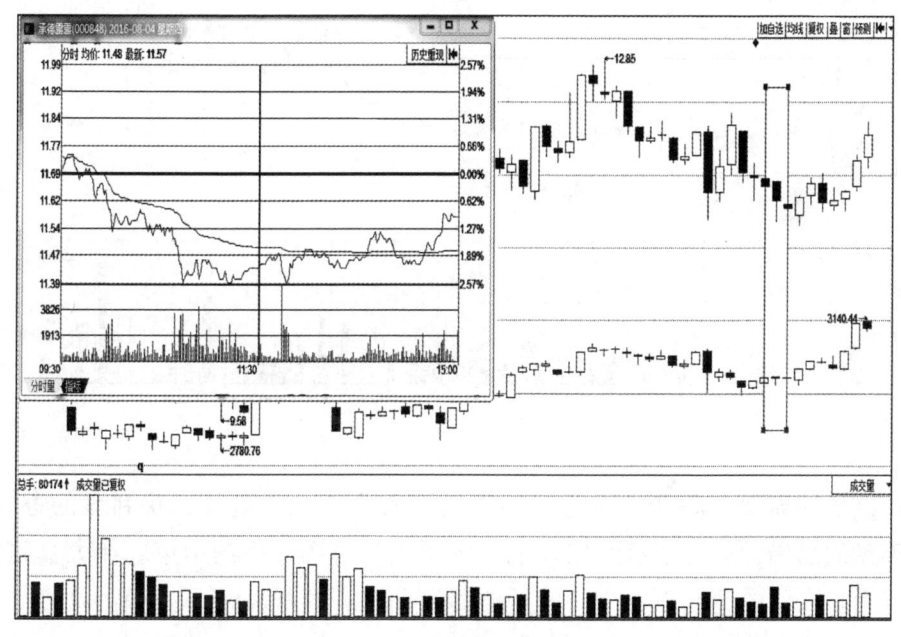

图 7-38

从图中我们可以看出，量能主要集中在股价底部区域，从主力行为学上看，量能集中在底部是吸筹，在顶部是出货。还有一部分的量能主要集中在下午反弹的上涨阶段，在整体处于弱势的状态，虽然没有明确的买点，但种种迹象表明该股存在止跌反弹的可能。

对比图 7-38 和图 7-39，我们会发现，该股高开低走跌破均价线后，一直在下方波动，下午跟随反弹收于阳线。从 K 线图上，该股正处于反弹节奏中，正好碰到了前方高点的压力位，我们需要判断的是，该股是回调休整还是继续拉升？

比较两幅图，有两点最引人注意：早盘的高开低走和量能的萎缩。从主力行为学上来看，该股是比较明显的洗盘行为。同时，连续两根阳线的拉升

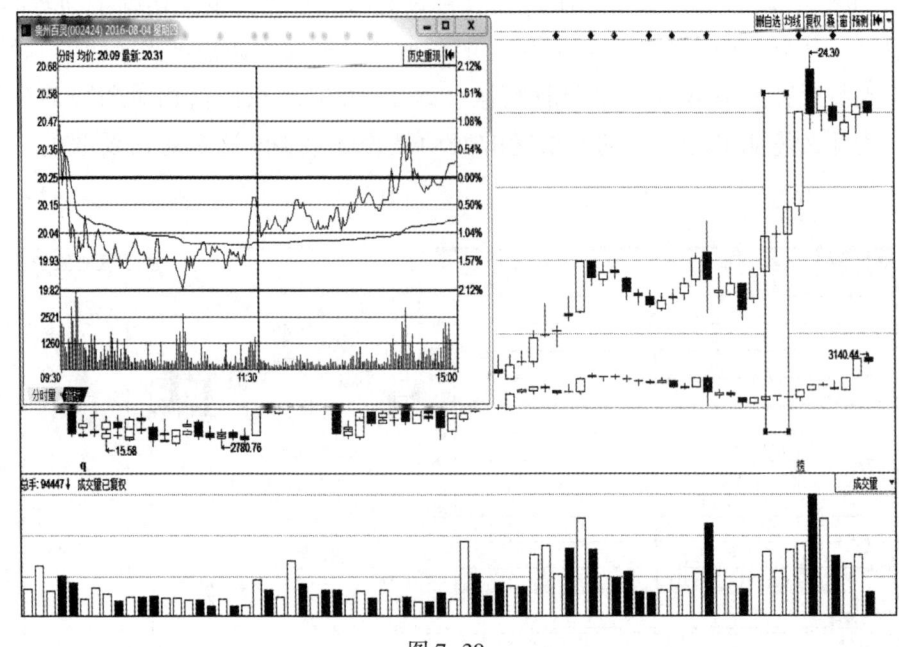

图 7-39

存在整理的需要，高开低走造成的恐慌性效应在上午蔓延，获利盘的逃逸，套牢盘的出局，上午尾盘的拉升也决定了当日筹码交换的结束。在大盘量能没有明显变化的情况下，个股的量能萎缩明显，这样验证了上面的推断。多个证据表明：该股属于拉升中的持续阶段，坚持持股待涨的原则。

如图 7-40 所示，从 K 线图上看，该股处于下跌后的整理阶段，前期的下跌幅度明显过大，存在超跌反弹的可能，但这真的会发生吗？

对比图 7-38 与图 7-40，可能这股看起来比较强势，但永远不要忽视强势下面掩盖的真相。虽然同样发生了图 7-37 所发生的高开低走现象，但该股却是明显的量增价跌。虽然该股在大多数时间内位于 0 轴上方，但从 10 点半开始的反弹明显呈现出量缩价涨的状态，而且走势呆滞，没有流畅感和平滑感，因此对于下午的反弹，我们反而应当抱有质疑的态度。综合判断，该股延续底部整理的可能性更大一些。

个股分时量价关系的研究，不仅要将量价和前期走势相比较，更要和大盘指数的量价配合相比较。大盘指数价格的分时走势、涨跌幅、振幅、量能的变动幅度及配合情况等，都会影响个股的价格和量能。百分之七八十的个

第七章
分时走势的相对性研究

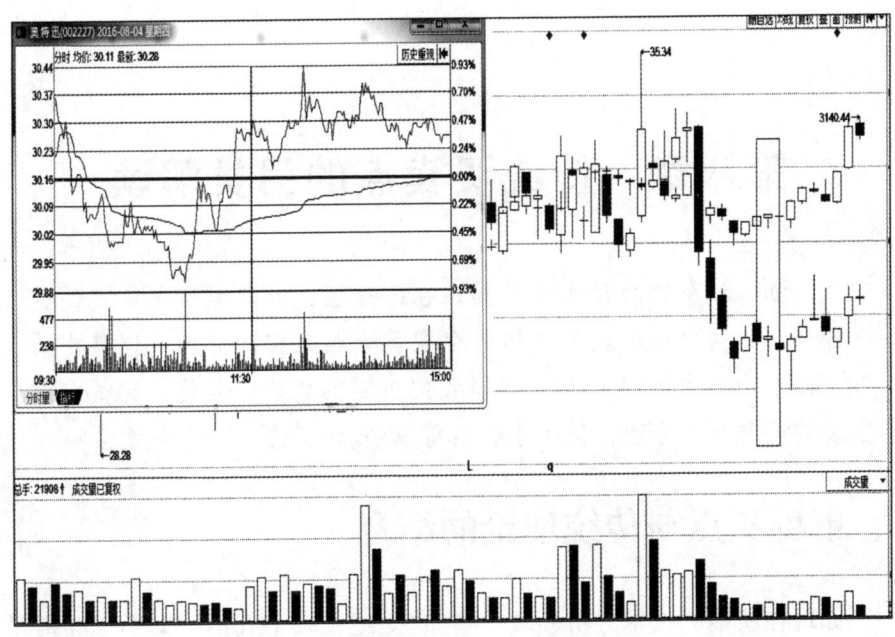

图 7-40

股走势都和大盘同步，但我们需要观察的是个股的异动，不仅包括价格，更包括量能。见一叶而知秋，窥一斑而知全豹，从而准确地判断个股现阶段的走势是得到延续，还是开始有反转的迹象。

由于分时图的易操纵性，导致市场中存在太多的不可控因素。对于是左侧交易还是右侧交易，历来都是各说各话，各表各里，我们可以采用多日分时图的方式判定市场的趋势走向。对于压力支撑线、量价关系、市场趋势量价关系的研究，我们需要把K线图、资金流向、板块轮动等多方面的因素结合起来，如果仅仅局限于分时图，往往容易使我们掉入市场的陷阱。

第八章 传统买卖点的另类解读

正如一切事物的存在自有其存在的道理,也即黑格尔说过的存在即合理,简单地说就是事物的存在就有其存在的原因,但其中的"合理",只是客观的认识,而非我们主观的认识。因此,正是有这么多的合理与不合理,世界才会丰富多彩。

一、市场买点与传统理论的结合

正如现在所谓的技术分析领域,诸如"短线买入十五招""炒股100招""短线炒股五大绝技"等类似的书籍流行于市,把各种各样的买点统计整理就成了开山立派之作。但往往很多人还把其当作圣经宝典捧读,按照上面的图形进行查找,结果越做越亏,甚至还不如自己独立操作。

现在的社会是个浮躁的社会,是个追求急功近利的社会,是个追求快速暴富的社会。追求"短平快",追求财富快速升值,很多书籍正是利用这样的投机心理,编撰出所谓的"绝招""必杀技""秘籍"来迎合市场的需求,而不去努力探究市场的奥妙所在,不去挖掘走势的内涵和真理。

举个例子,就如放量突破前期高点,其基础就是道氏理论的趋势理论,在多头市场的初期趋势经过次级折返走势结束后,超过前期主要趋势的高点。其中,次级折返趋势是逆于主要趋势的重大折返走势,此期间内折返的幅度为前一次级折返走势结束之后主要走势幅度的33%~66%。道氏理论中也有说过,次级折返走势经常被误以为是主要走势的改变,因为多头市场的初期走势,显然可能仅是空头市场的次级折返走势,相反的情况则会发生在多头市场出现顶部后。

在道氏理论中对于次级折返走势的定义中,有一项关键的形容词:"重要"。一般来说,如果任何价格走势起因于经济基本面的变化,而不是技术面的调整,而且其价格变化幅度超过前一个主要走势波段的1/3,就称得上是

第八章
传统买卖点的另类解读

重要。

由于道氏理论的研究出发点是指数的研究,是反映市场趋势的晴雨表,并不是针对个股的研究,更不是指导投资者交易。

因此,我们在交易时应该结合实际国情来研究,中国股市经过二十多年的历程,就像正处于青年时期的小伙子一样,情绪易躁易怒,其行为缺少规划性和持久性,远不如欧美股市数百年的历史那般沉稳厚重。但中国股市又有其自身的特点,也正是这些特点使中国占有了世界一半以上的股民投资者。

中国股市投机性严重、波动浮动较大,同时受国家政策的影响作用大,这决定了我们在投资股票买卖时,要同时考虑各方面的政策与消息,但普通投资者对于消息的把握和政策的解读远远滞后于机构投资者,也就是所谓的"庄家"或"主力"。

结合道氏理论中对于"重要"的阐述,对于根据道氏理论中市场包容消化一切的原则,可以说大盘指数的走势即是市场中所有的基本面即政策决策、行业消息、公司内幕等相互作用和反作用的结合。因此,利用个股的走势和大盘指数走势的叠加分析,可以更好地指导投资者的操作。

单纯的"突破前高买入""横盘突破买入""回调不破买入"等,往往由于市场中主力的目的性和随机性的操作,而变得不可信任。

二、突破前期高点买点的解读

突破前期高点从趋势理论上解释,突破前高代表新一轮上升趋势的开始或者下跌趋势的结束;从主力行为理论上解释,既然主力敢于解放前期高位的套牢盘,就代表志存高远。但行情往往并不尽如人意,由于市场气氛的突变或者主力计划的改变,都会造成一波行情的夭折。

如图8-1所示,该股回调结束后突破前期长上影中阴线的压力,在高位盘整两周后杀跌,最终突破,买入者被牢牢地套在高位,同时途中还多次收于缩量假阳线吸引抄底盘,但最后也没有得到善终。

如果按照传统突破买入法的原则,当天就该突破时介入,或者回抽颈线位阴线时买入,但为什么会发生突破失败的现象,提前又有什么征兆?

(1)突破当日及后续数日明显放量滞涨,回抽颈线位缩量不够;

(2)突破量能没有高于前期上一浪高点时的量能;

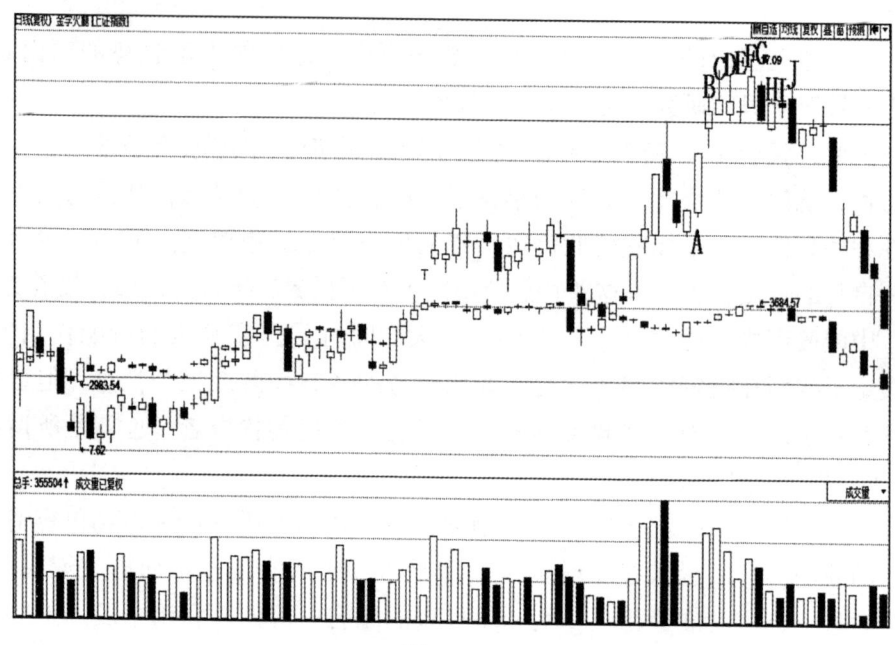

图 8-1

（3）盘整时分时图明显出货迹象。

在判定突破的有效性时，我们经常使用"三三原则"：收盘价突破经线位3%，连续站稳三天。这些原则在中长期的牛市行情往往能帮助我们赚取主升浪的利润，保护我们避免踏空的风险。但是，如果在短期的反弹行情中，却容易把我们套在高位上，其原因在于反弹行情一般持续时间短、幅度小，但下跌幅度比较快。

1. 通过压力支撑线和关键点的相对性进行分析

我们可以换一个角度，通过计算一下个股的相对强度（个股涨势与大盘指数涨势的差值）的变化，来计算趋势的变化。

如图 8-1 所示，我们以回调止跌小阳线为 A 点，分别计算 B—J 的相对强度：

B 点相对强度（见图 8-2）= 20.38-4.05=16.33；C=15.59；D=15.47；E=11.9；F=13.41；G=10.55；H=14.4；I=13；J=9.24。

从 B—J 的数字变化可以看出，呈现明显的下降趋势，即使在创出新高的

第八章
传统买卖点的另类解读

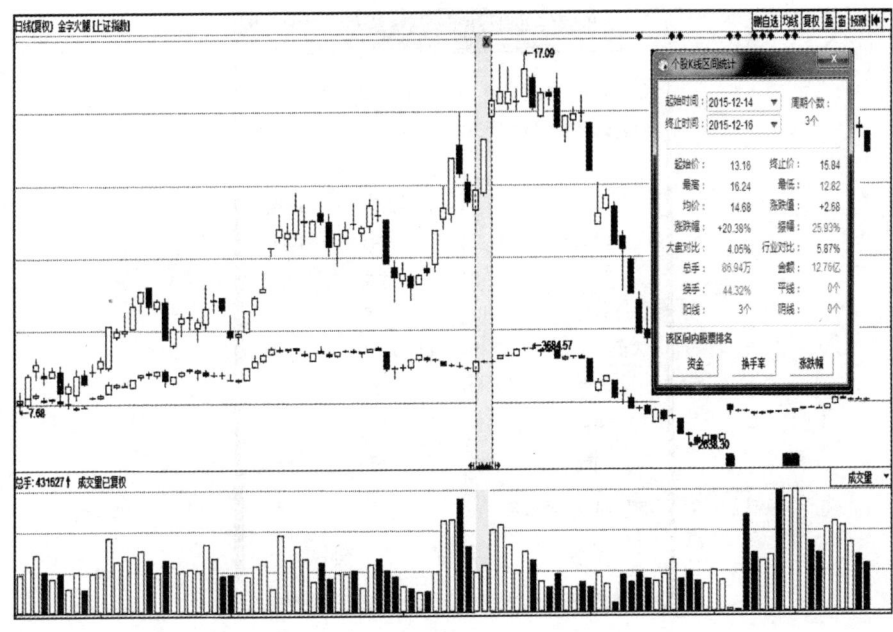

图 8-2

F 点也没有超过 B—D 点，趋势明显变弱，我们可以在创出新高的当天及次日卖出该股。

前面谈到了压力支撑线上的相对性，在本案例中，大盘指数面对前方高点的压力线，可以看到图中 G 点，大盘当日盘中创出新高后，个股却没有创出新高，后期个股提前大盘开始下跌等，诸多现象都表明市场的趋势在反转。

2. 通过量价关系和趋势量价关系的相对性进行分析

如图 8-1 所示，大盘指数在 A 日与 C 日、C 日与 E 日构成两者 K 线双阳夹阴组合，下面来对比一下两者之间的相对强度。

通过对比图 8-3 和图 8-4 看出，两者之间的相对强度分别为 15.59 和 -3.24，对比大盘两者之间的涨跌为 6.67% 和 4.13%，可以看出个股上升趋势明显变弱。

图 8-3

图 8-4

即便不通过计算,仅凭肉眼我们也可以看出,个股相对于大盘走势明显放量滞涨的走势,虽然个股走势突破前高站稳三天,涨幅超过3%,依然不能纳入我们的自选股。

我们通过市场趋势量价相对性作一下对比,如图8-5所示,选择该股在前期三波拉升的相对强度对比一下,选点分别以收盘价为标准,选择最高点和最低点。

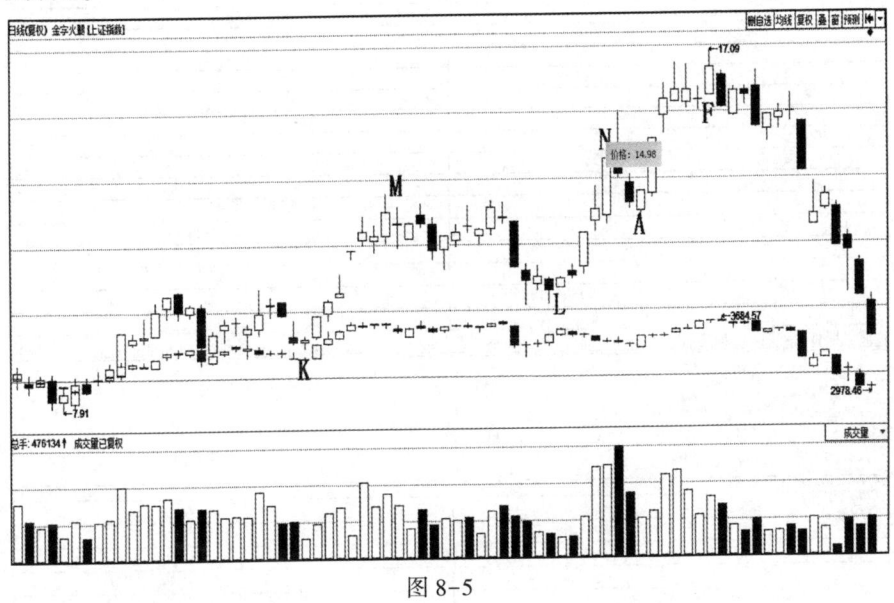

图 8-5

通过计算可以得出 A—M 点、L—N 点、A—F 点相对强度分别为 23.60、27.67 和 18.8,从趋势的角度来看,我们依然可以得到同样的结果。

3. 通过分时走势相对性进行分析

我们还可以通过 F 日及 G 日当天的反思走势作一下对比,来分析个股和大盘创出新高的时间里个股的走势表现。

我们先来看一下个股创出新高的 F 日的分时走势图对比。图8-6和图8-7分别为 F 日当天的分时走势图和大盘指数图,虽然个股涨幅高达5.37%,但个股从11点创出回调新低后,大盘正好创出当日新低,后期在大盘震荡上行的过程中,个股在上涨创出新高之后,下午屡次向上试探,也因为缺乏量能的支撑而作罢。

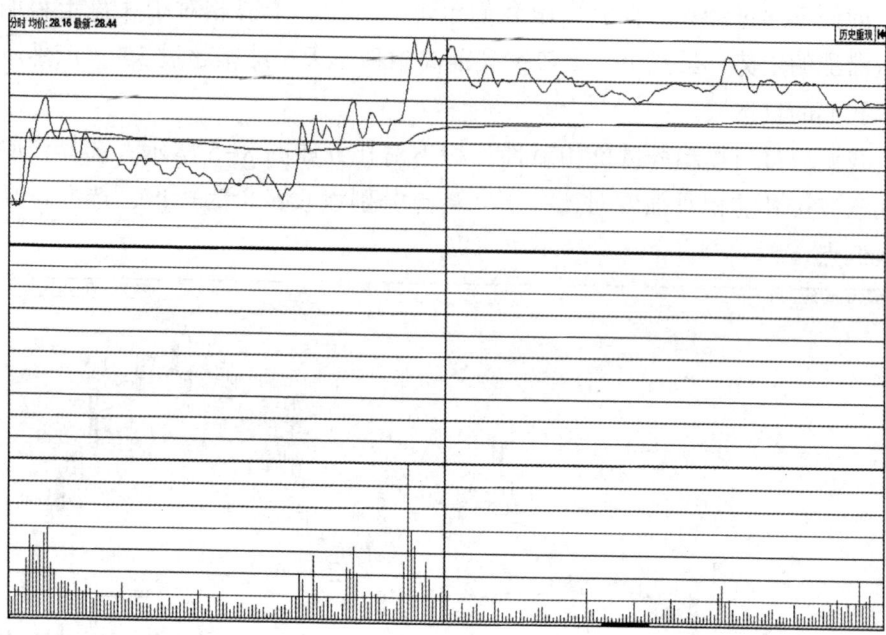

图 8-6

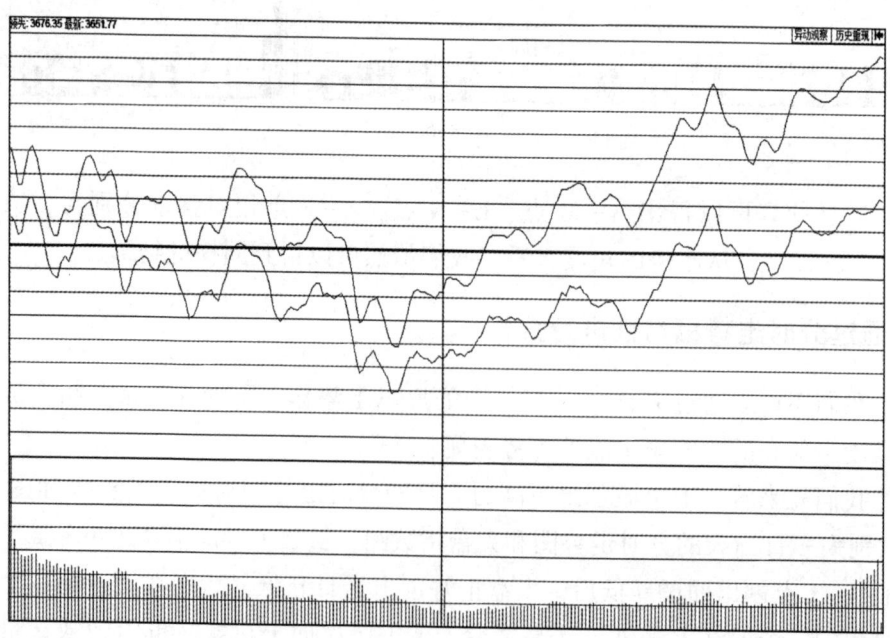

图 8-7

第八章
传统买卖点的另类解读

如果这个还不能证明市场有见顶的风险的话,我们可以再看看大盘指数创出当日的G日的分时走势图对比。

图8-8和图8-9,分别为个股分时走势图和大盘指数走势图,个股在昨日大涨的情况下当日低开低走,全天都在均价线之下波动。而大盘指数大部分时间围绕0轴波动,尾盘放量杀跌,在指数跌幅仅为0.4%的情况下,个股暴跌6.3%。

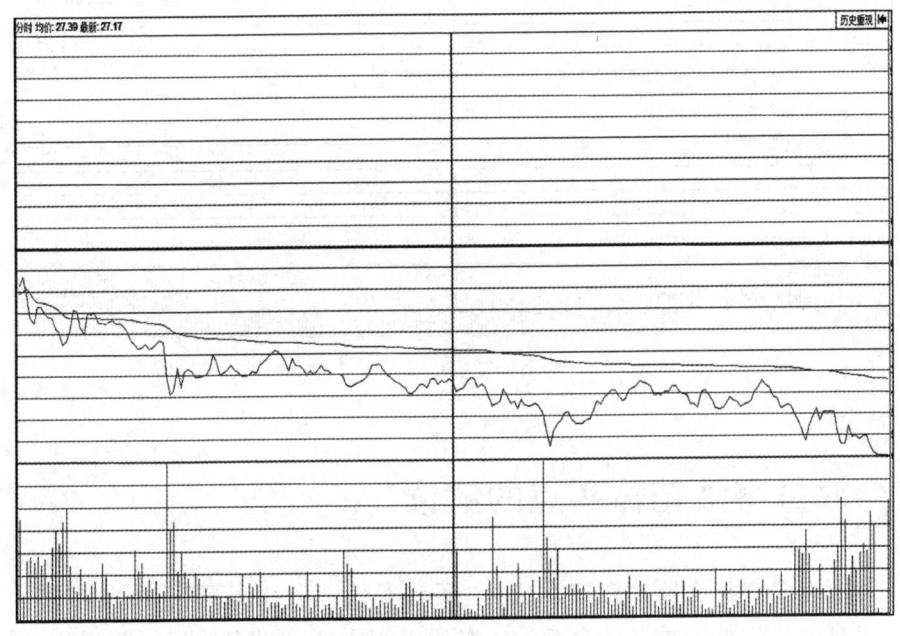

图8-8

通过连续两天的走势对比,我们可以清晰地看出,个股明显有见顶迹象,这时不应买入,反而应该卖出。

这在一节中,我们通过压力支撑线、关键点、K线量价关系、趋势量价关系以及分时走势图的相对性进行分析研究,得出不能买入的相同结果。因此,对于突破高点买入的策略,我们不能盲目地推崇和应用,应该结合K线和分时图的相对强度,结合市场趋势的力度,运用不同的分析技巧来判别行情的延续性。

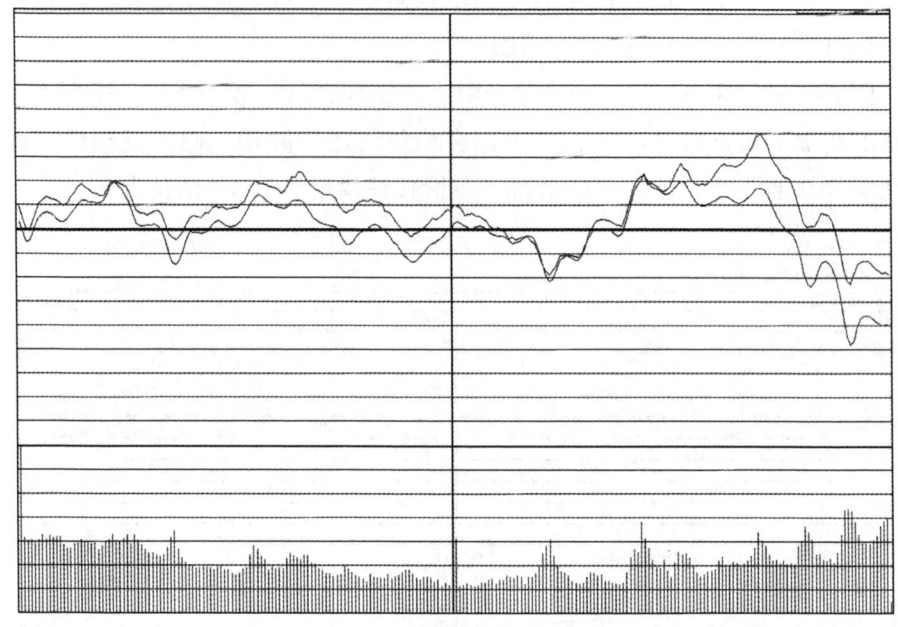

图 8-9

三、放量突破箱体买点的解读

可能有个更加人所共知的说法:"横有多长,竖有多高",可是很多人却买在了高位,等待着被套的命运;还有的人买在底部试盘阶段,如果运气好,不久就可能拉升,如果运气不好,可能就是长期的盘整过程。

当然,如果加上个股处于底部、量能缩量等条件,可能过滤掉很多的陷阱,在这里我们会再加上大盘指数的配合这个条件,下面还是举例说明。

如图 8-10 所示,该股在突破箱体后,并没有像人们预测的那样一飞冲天,也没有不小于箱体高度的涨幅,末日更是以跳空缺口的方式宣示这波反弹行情的结束,箱体上沿线反而成了圆弧顶的经线位。如果按照传统的突破箱体买入法操作,上方的弱势盘整让投资者类似温水煮青蛙般套在了短期的高位。

我们还是按照上一例的方式来讲解一下:

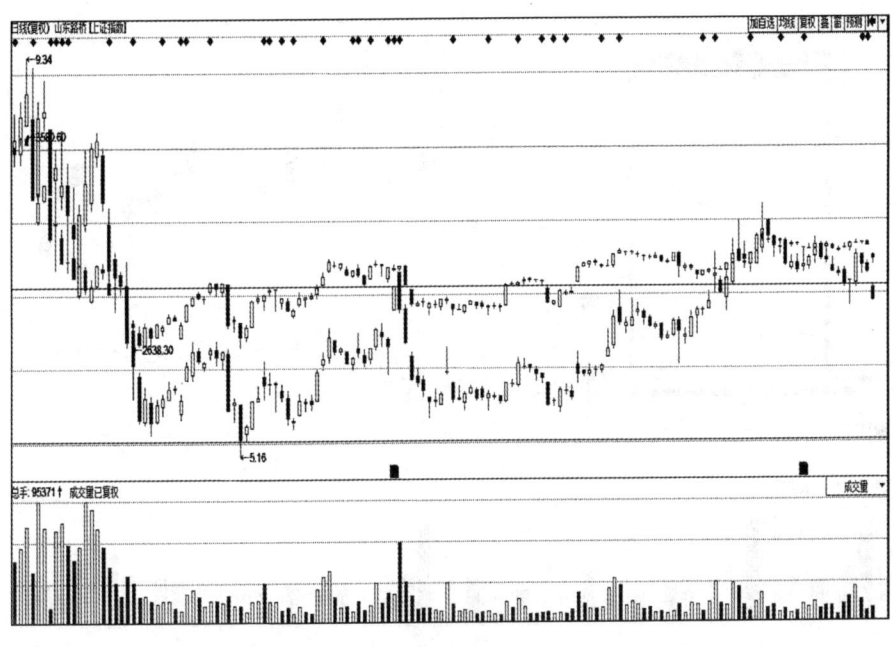

图 8-10

1. 通过压力支撑线和关键点的相对性进行分析

如图 8-10 所示,该股虽然提前大盘指数一周创出新高,但我们并没有看出力拔山河的气势,犹豫的态度显示出主力的欲盖弥彰。先是长上影线试盘,接着回撤后放量突破前高点。虽然看似合情合理,但是突破阳线的涨幅仅为 3.71%,放量也不明显,这也就为后期的走势埋下了伏笔。突破后的踟蹰不前说明了这个突破的力度有待商榷,操作上我们也应该以高抛为主,而不应该固守传统理论固执不前。

如图 8-11 所示,我们以大盘指数暴跌次日最低点为 A 点,可以发现,该股在后续拉升中屡次出现连拉两阳线后回调,相对高点分别为 B、C、D、E,回调的阴线数目分别为 1 个、1 个、3 个、5 个,而且回调的幅度越来越深。

如果这还不能引起注意的话,我们来看一下四根两连阳的相对强度,B、C、D、E 的相对强度分别为 6.13、4.42、4.00、1.81,单从数据上我们也可以看出市场的趋势在走弱,虽然突破了前期高点,但也已经是穷途末路。

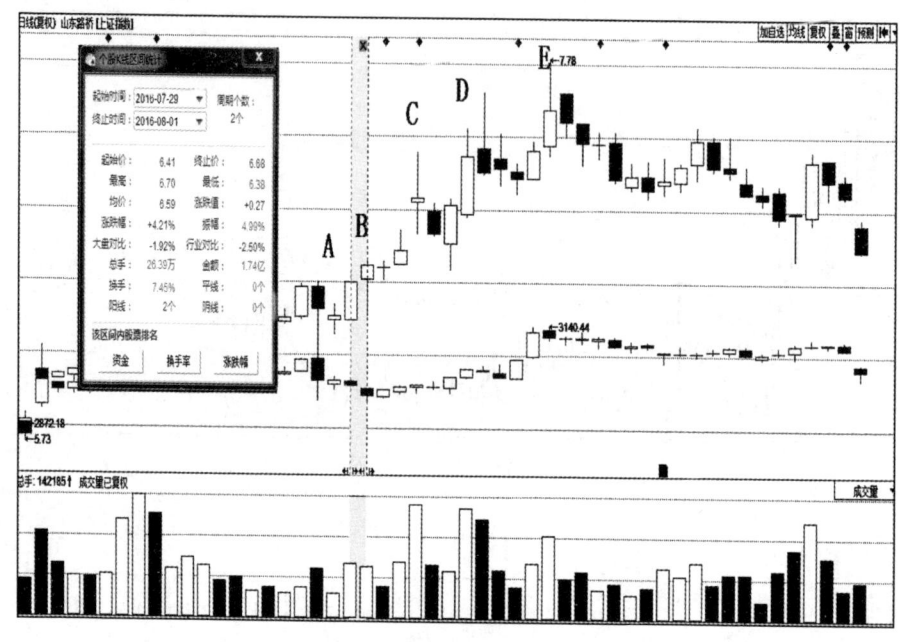

图 8-11

2. 通过量价关系和趋势量价关系的相对性进行分析

如图 8-12 所示,我们来看一下 A—B 点、D—E 点的区间统计,它们的相对强度分别为 8.16、12.36,虽然相对强度增加了,但是可以看到两者行业对比分别为 17.42%、3.58%。一只个股虽然跑赢大盘,但是在行业中走势偏弱,一旦该行业走势风头已过,这只个股可能也是回调幅度最大的。因此,我们在关注相对强度时,不仅要关注其与大盘指数的对比,更要关注其与所属的指数板块的对比(如创业板指、中小板指等),更要关注其与行业板块、概念板块、地区板块的对比。

需要注意的是,在一般情况下,我们在做区间统计时,选择的标准一般为收盘价,但在该股中,C 点为回调的最低点,D 点为经过休整后开始拉升的时间点,我们选择 D 点而不选择 C 点,主要还是为了更加准确地展示个股在走势中的强弱变化。因此,我们在做技术分析时,不要过度偏执于某一概念、某一定理、某一理论,要审时度势,博采众长,根据盘面的实际变化来明辨是非,答疑解惑。

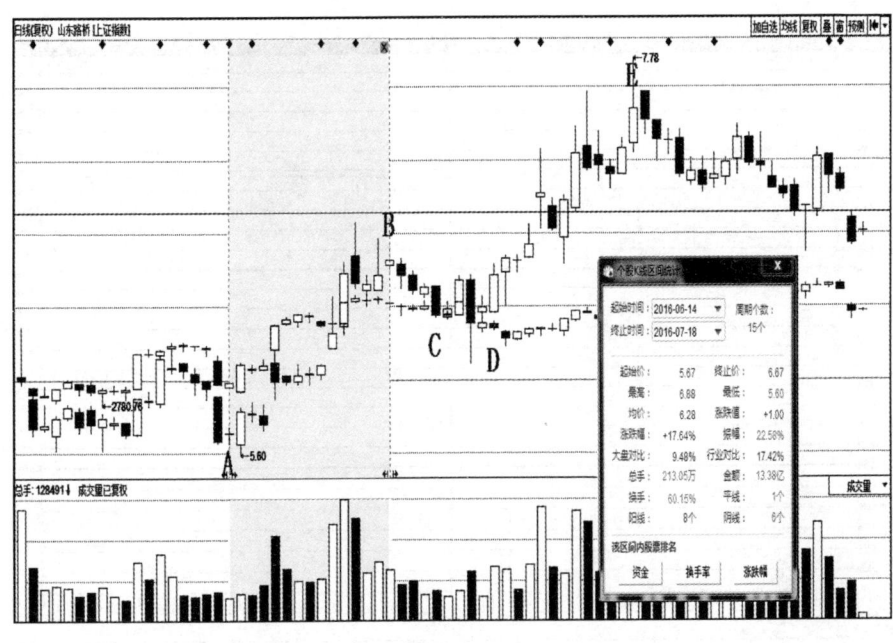

图 8-12

3. 通过分时走势相对性进行分析

如图 8-13 所示，该日为大盘指数和个股创出日内阶段性新高的当天，大盘指数当天早盘在创出新高后逐波下跌，午盘后在均价线下方做弱势震荡。虽然该股在大盘缩量的情况下，放量突破了前期高点，但量能主要集中在上午对倒拉升的时间段内，而且也没有做到横向和纵向同时放量，午后的震荡下跌和次日的高开低走都使主力的目的昭然若揭。

因此在面对突破箱体走势的分时走势分析时，要格外注意走势的欺骗性和随机性。放量突破未必是真，缩量突破未必是假。

四、回调不破前低买点的解读

很多人都知道追涨杀跌风险很大，于是回调买入法成为投资者的首选，一方面规避了追高所带来的套牢的风险，另一方面也避免了买股买在底部所带来的时间风险。市场主力为迎合市场投资者的需要，刻意制造回调的机会，于是很多投资者被牢牢地套在了次高位。

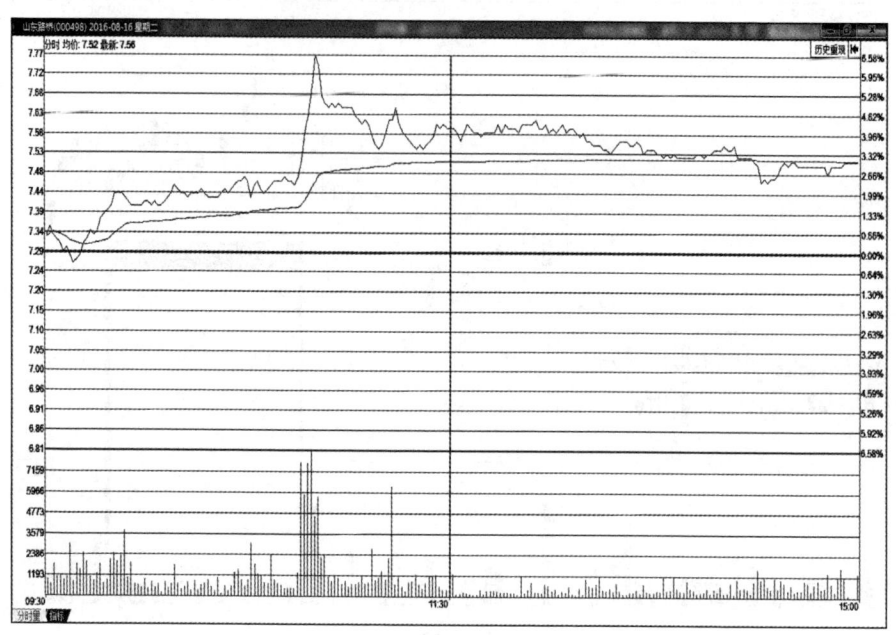

图 8-13

对于回调的目标位,在价格上我们一般采用黄金分割线或者百分比线等来预测,在时间上一般采用时间周期或斐波那契数列等,在量能上一般采用 1/2 ~1/3 为标准,在空间上多采用江恩角度线或甘氏线等来判断。任何带有统计性的标准都带有主观性和盲目性,对于回调的判断也是通过对历史走势的统计分析得出,这就自然而然地带有自以为是的弊端。

在《裸 K 线操盘技法 1》一书中,我们曾多次重复:个股的走势是由大盘指数走势和主力操盘计划两方面共同决定的。历史车轮上的每一天都是独一无二的,每一天的走势都是由国家宏观政策、产业规划、国际市场走势等多方面作用的结果。因此,未来的每一天都不会是历史上过去某一天的重复,或者过去某些天的叠加构成。同理,对于混庄时代,任何一只个股都不是由一个主力操纵的,即便是由一个主力操作,他的资金情况、操盘计划甚至是操盘手心情都不会是一样的。

因此,对于回调不破前低买入法,我们更应该结合市场环境和当时主力操盘阶段来综合分析,黄金分割线、时间周期、甘氏线等可以作为参考,而不能把其绝对化。那我们还是先看看案例:

1. 通过压力支撑线和关键点的相对性进行分析

如图 8-14 所示，该股在连拉三阳（A—C 点）创出阶段新高 15.22 点后，三阴缩量回调到直线交汇处（D 点），同时受到创新高阳线（C 点）最低价和支撑线的作用，按照回调买入理论，是个非常理想的买点，但后期的走势却啪啪打脸了。

通过观察下方的成交量柱状图我们可以看出，该股在三连阳期间是缩量的，而且三阴回调期间也没有做到阶梯式缩量，后续的 D 点反弹放量也不明显，而且还带有上影线，都是该股见顶的迹象。

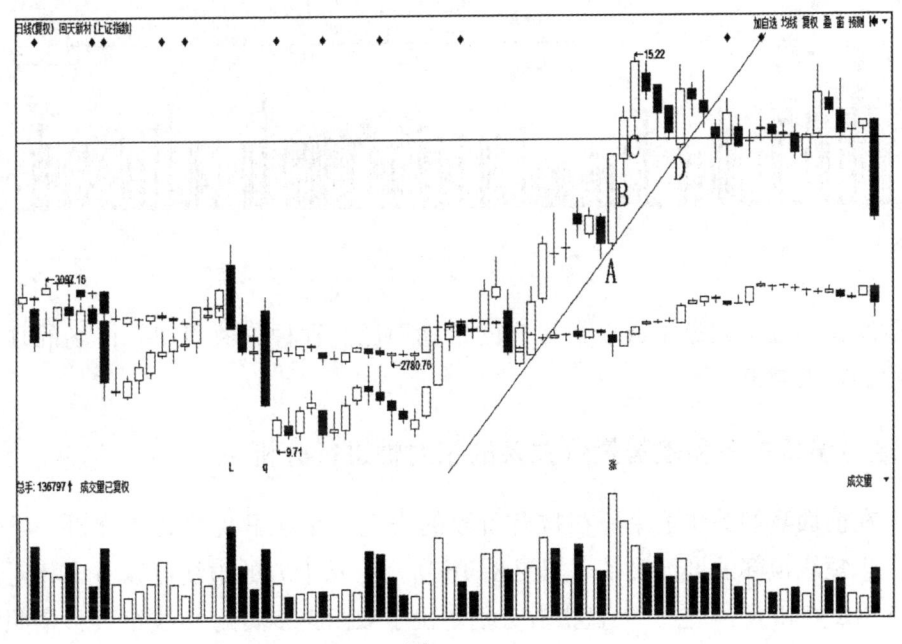

图 8-14

那我们换个角度呢？我们来看一下大盘指数在此期间的走势情况：

如图 8-15 所示，A—D 点分别对应 8-14 图中的 A—D 点。此时间段恰为一波反弹的中继阶段，A 点个股的涨停板看似提前大盘突破前震荡阶段，在大盘指数 B 点阳包阴的情况，个股并没有连续拉升，C 点虽然继续缩量拉升，但大盘指数 C 点相对于 B 点是放量，这些都应该引起我们的注意。

同时，个股回调是在阳线内部的，而大盘指数却位于阳线上方，D 点的

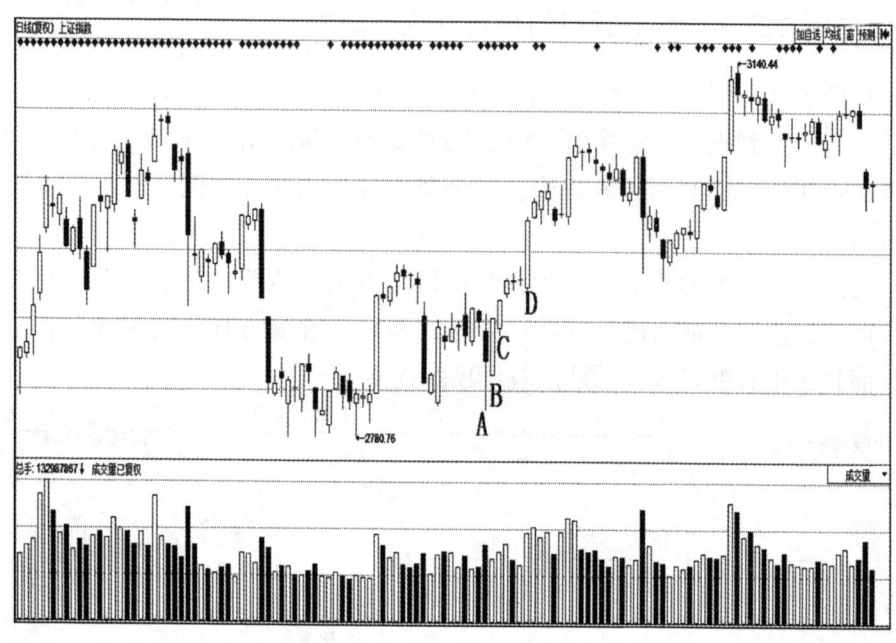

图 8-15

个股反弹不过是大盘指数放量拉升的带动而已。种种迹象表明，市场的顶部离我们越来越近了。

2. 通过量价关系和趋势量价关系的相对性进行分析

在前面我们关注了个股在拉升阶段的表现，在这里我们具体分析一下个股位于短线顶部的量价关系。如图 8-16 所示，从下方的虚线可以看出相对应的 A—B 点和 B—C 点，大盘指数分别走出了双阳夹多阴的 K 线组合，按照我们以前的算法，可以得出 A—B 点和 B—C 点的相对强度分别为 2.03 和 −3.71，而且两者之间的阴线都位于前一根阳线的上方，个股的阴线都位于阳线的实体之内，B—C 点内的阴线甚至跌破 B 点当日最低价。

通过对短线顶部盘整区域的研究，我们可以看出，在大盘指数不断走强的同时，个股却在不断走弱，我们明智的选择是抛掉该股，去追逐其他的强势股。

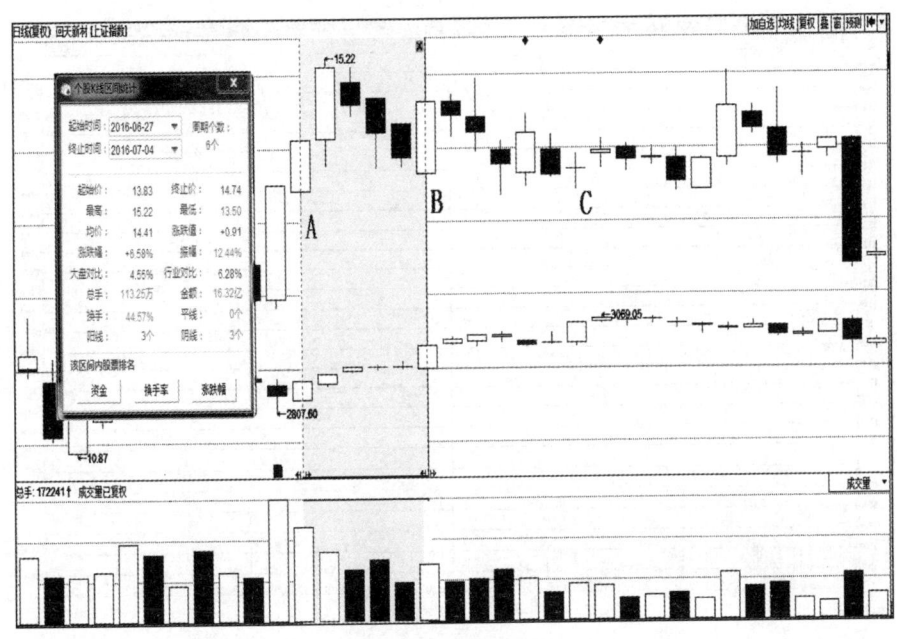

图 8-16

3. 通过分时走势相对性进行分析

我们还是以图 8-16 中的 A 点和 B 点的分时图作一下对比研究,大致观察一下在大盘指数出现大阳线拉升时个股不同的走势,各代表什么不同的意义。

如图 8-17 和图 8-18 所示,该股当时的大盘指数都走出了低开高走的阳线,涨幅分别为 1.45% 和 1.91%,前者缩量,后者明显放量,下面我们来比较两者的区别:

(1)由于图 8-17 正好是涨停板的次日,早盘有筹码涌出也属正常,后期跟随大盘上涨也属于随机而动,不过多次出现的向下尖角波总是让人提心吊胆。良好的市场氛围,再加上昨日的涨停报收,当天竟然走出这样的走势,我们应该对盘面保持时刻警惕。

(2)对于图 8-18,相对于图 8-17,当时的市场氛围更加热烈,大盘指数明显放量,黄线和白线齐头并进。作为当时的龙头股,竟然在全天接近三个小时的时间段内窄幅波动,尾盘对倒拉升后的放量下跌,都显示出个股的走势在变弱,在借助良好的氛围出货。

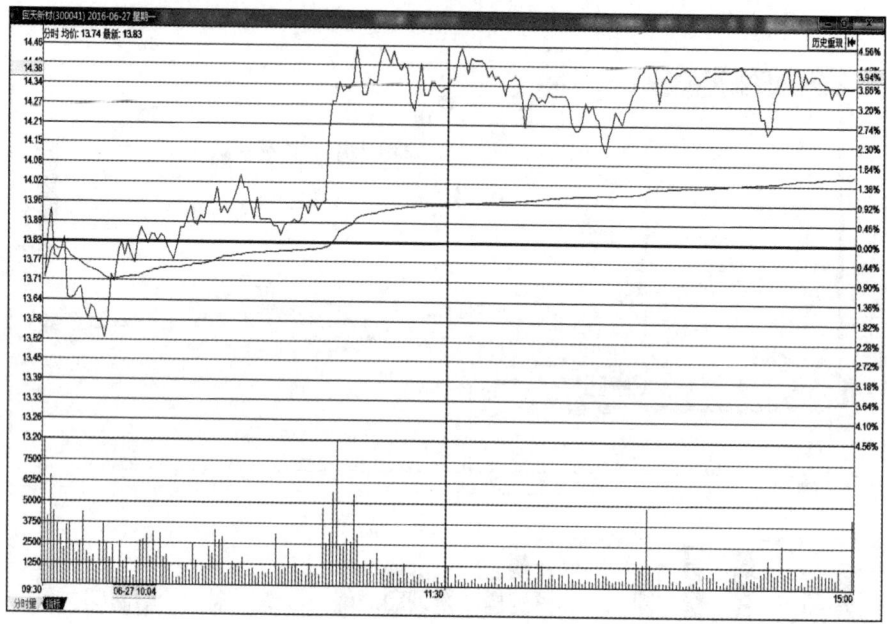

图 8-17

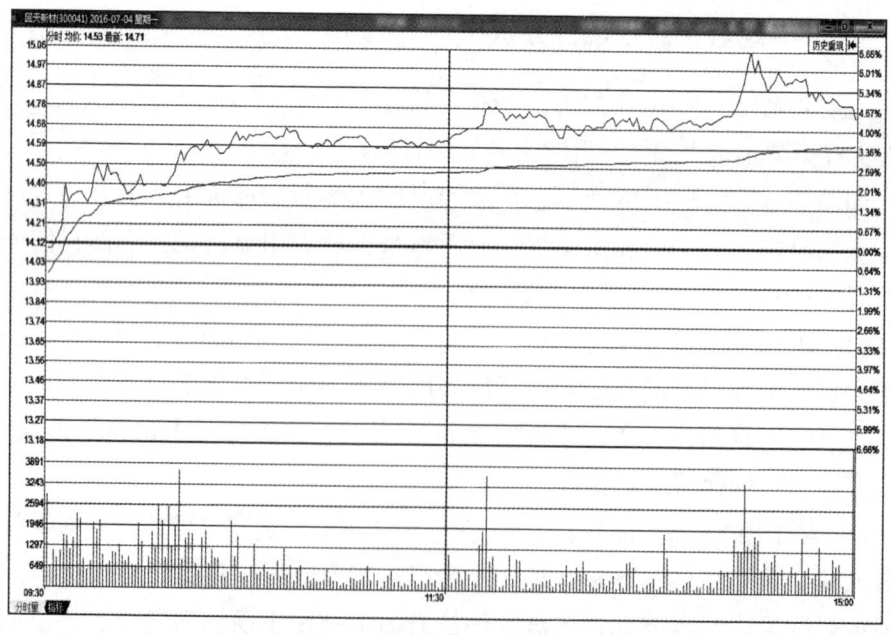

图 8-18

上面我们对三种传统的买点进行了解读，我们并不是全面否定这些买点，只是在借助这些案例表达我们的观点。任何带有数据性或者定义性的买卖点都是形而上学的论断，都是静止地、片面地、孤立地看待问题，妄图通过准确的词语或翔实的数据去研究，而不能直接透过感知所得到的答案的问题。在金融市场中，无论股票、期货还是外汇等，对于市场的走势，我们都应该抱有辩证的思维模式，坚持运动地、联系地、全面地去看待问题。对于大盘指数走势和个股走势，我们应该相互区别、相对对立、相互联系。

五、市场卖点与传统理论的结合

股谚云："会买的是徒弟，会卖的是师傅"，这句话的原意是证明卖出的重要性，但也同时透漏了投资者操作时的两大弊端：不会止盈和止损。每一个投资者在买卖股票时，都会或多或少的有盈利，但为什么没有得到善终呢？不能把问题盲目地归纳为贪婪，毕竟没有对于财富的渴求也不会来到这个市场。原因还是在于没有或者没有执行稳定的投资交易策略，对于买卖点的把握不够精确。

面对同样的一张图，东方人喜欢用哲学观的方法来把握，而西方人喜欢数量统计的结果，但是再科学的统计工具也难以统计出投机世界的心理变化。如果过分依赖计算机的分析系统，任何人都可根据买卖信号进行交易，那么投机就会沦落成电子游戏，交易者的大脑就会迅速贬值。

很多投资者受到西方技术分析理论的影响，习惯于对买卖点作出归纳性质的数据和定义，往往试图通过深入的统计分析，归纳总结出其中的关键因素。但是交易是统计学无法了解的世界。因为交易本质是市场群体心理因素的集中反映，那些试图量化它的分析只是误入歧途。在这里，追求理性和完美往往是最大的敌人，在这里没有铁板钉钉或一成不变的东西，只有大致性的经验总结。在分析图形时，千万不要拘泥于图形，而要究其内在的本质，洞悉多空双方的力量变化。

西方技术分析讲究科学严谨，东方技术分析讲究辩证思维，结合两者的优势，股市交易最佳的方法就是：盯住你的损失，让利润自己奔跑。

"反弹不过新高""跌破箱体下沿""跌破趋势支撑"等类似卖点，是在股票交易中非常认可和流行的观点。如果在任何行情中都严格按照此类准则来操作，往往会陷于主观主义的误区，忽略了市场环境和个股所处趋势阶段的不同，进而很容易陷于踏空的陷阱。那么，我们应该怎样"因势而宜"和"因股而宜"呢？

六、反弹不过新高卖点的解读

反弹没有突破前期高点的走势，在上升趋势中，说明趋势的上涨即将告一段落；在下降趋势中，说明这波行情只能定义为反弹，而不能成为反转。从主力行为学上看，在上升趋势中，说明主力不会给前期诱多行情中买入的投资者解套的机会；在下降趋势中，说明主力不会给前期补仓或抄底的投资者以割肉的机会。

如图 8-19 所示，该股在图左侧创出高点，连续数波反弹都没能突破前期高点，如果按照反弹不过前高的原则，我们有四个卖点（A—D 点）。可是后面的走势却证明了我们又被主力骗走了筹码。那我们看看它和传统的卖点有哪些值得玩味的东西：

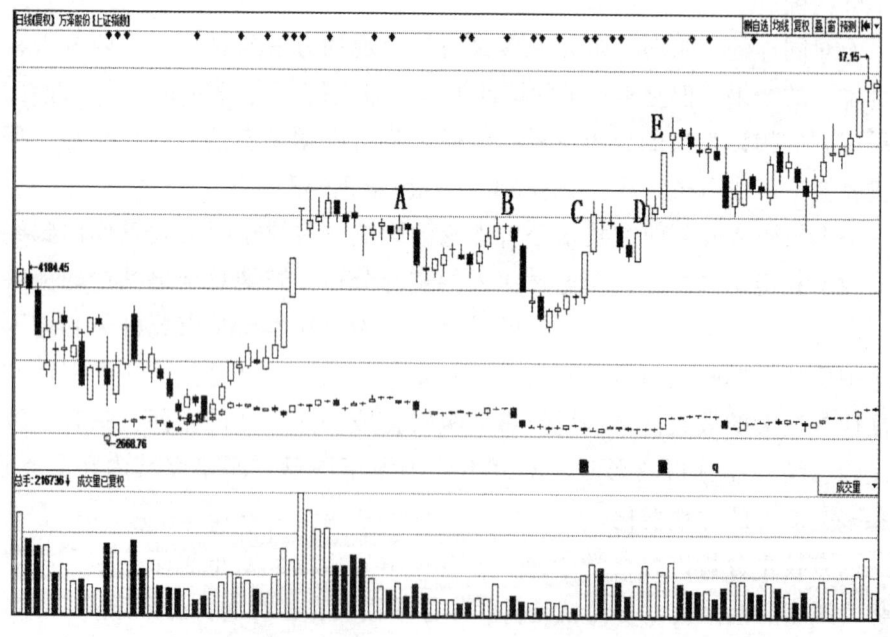

图 8-19

（1）从前期高点到 A 点、再到 B 点我们可以看出，高点是逐渐降低的，量能也是逐渐降低的，这不正是我们想要的三重顶的结构吗？

（2）从前期低点到高点涨幅达到了 60%，主力具有了出货的空间。

（3）在 B 点后大阴线跌破三重顶的颈线位构成卖点。

在后期，股价两次（C 点和 D 点）试探前期高点，回调后在大盘指数配合下突破前高点，开启了主升浪行情，下面我们从不同的角度来看看主力是如何把散户的筹码骗到手的。

（1）通过压力支撑线和关键点的相对性进行分析。

通过上面的分析我们可以看出，A 点在大盘指数以长上影线小阳线缩量突破前高点的同时，个股提前大盘见顶。回调后反弹 B 点，受制于前期的筹码密集区，和大盘同步放量下跌。那 B 点为什么没能突破前高呢？

首先，从量的角度来看，B 点之前的三根小阳线，虽然有放量趋势，但相对于前期头部的量能是严重不足的。消化前期的压力要么需要放出比头部更大的量，要么通过长时间的整理才可以。这两个条件都没有得到实现。

其次，B 点次日即发生大盘的暴跌，如果主力想要突破前高点，必然要承接很多的抛盘，因此不得已跟随大盘下跌。从连续两天大盘放量暴跌的当日，个股的量能明显缩量，由于走势基本和大盘同步，可以判断出对于盘面的控制，主力只是顺势洗盘而已。同理，D 点之前的两个交易日，明显萎缩的量能也在一定程度上验证了市场筹码的归属性。

最后，在 E 点突破后，主力再也没有给前期抛掉筹码的投资者以回补的机会。

我们在分析成交量时，千万不要用单纯的数字大小，如成交量是多少、成交额是多少、换手率是多少等来定义量能的变化。从这个案例我们可以看出，量能的放大与缩小都是相对的，不仅相对于历史走势，而且，相对于大盘的量能变化。

（2）通过量价关系和趋势量价关系的相对性进行分析。

如图 8-20 所示，我们可以看到 B—F 点的相对强度为 -11%，我们再来算一下 F—C、C—D、D—F 的相对强度，具体的算法是一样的，分别为 24.66%、-8.37%、20.56%。我们可以看到两个下跌波段 B—F、C—D 之间相对强度是变大的，也就是说回调的力度变弱了。两个上涨波段 F—C、D—F 的相对强度是减小的，说明两个波段的拉升相对强度过高，筹码需要重新洗牌，因此也就有了后面的回调。

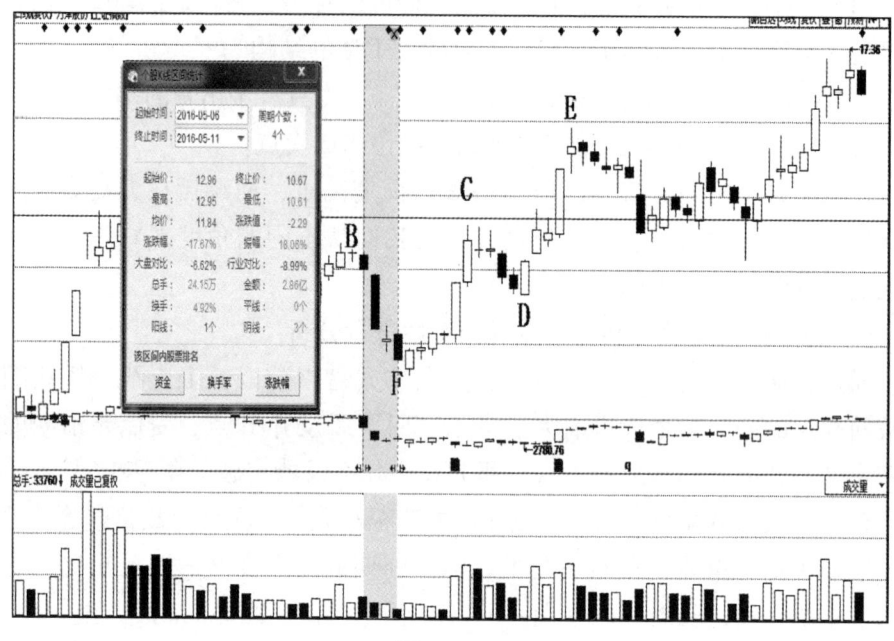

图 8-20

（3）通过分时走势相对性进行分析。

当大盘指数发生异动时，往往能够通过个股走势的分析来判断出走势的延续性和主力的操盘意图。下面我们来看一下在大盘突破当日及前日的个股走势图。

如图 8-21 所示，该股在大盘放量拉升突破前高点的同时，放量涨停板突破前高，强势姿态一览无余。我们再看下前日分时走势图（见图 8-22），可以看到波形呆滞，振幅过小，量能萎缩，而且主要集中在开盘 30 分钟内，从种种迹象显示，拉升之势一触即发。

我们在分析卖点时，不要固执地按照所谓的"标准"来操作，而应该结合盘面的具体情况来分析。要从上涨或下跌波段的幅度变化、关键日的走势以及量价配合等不同的角度去分析。所谓"尽信书不如无书"也就是这个道理，古代贤人们用平实的语言阐述了放诸四海而皆准的道理，深刻体会这些道理，往往会让我们在投资的道路上受益无穷。

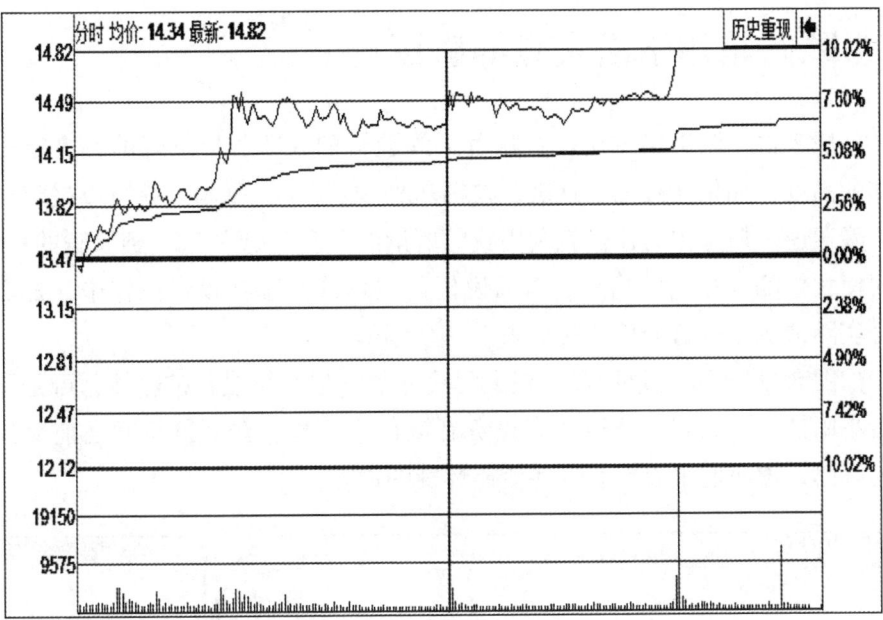

图 8-21

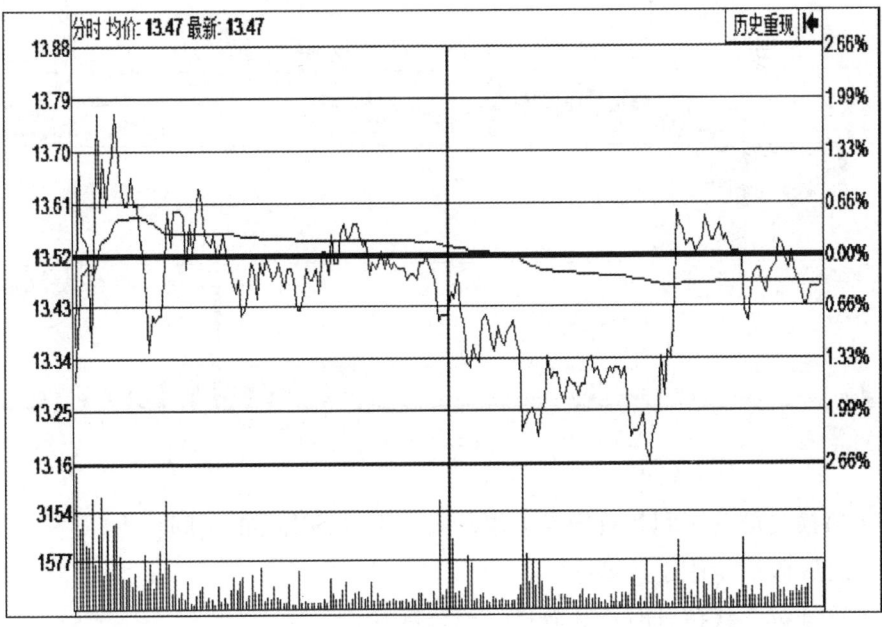

图 8-22

七、跌破箱体下沿卖点的解读

一般来说，跌破箱体往往意味着下跌趋势的来临，但下降的幅度至少为箱体的高度，如果连续三天跌破、跌幅达到3%以上，基本上就可以确定已进入下降通道。但是主力往往就利用我们所谓的"三三法则"来达到欺骗的目的，从而使我们陷入扎空的陷阱。所以说任何定理或公理在投资操作中，都必须结合实际情况来进行分析，我们来看一个例子。

如图8-23所示，该股以一根大阴线外加三根小阴线跌破箱体，可是该股随后小阳拉升，而有可能被很多投资者误认为反抽，在股价拉升之前交出自己的筹码。那我们来看看有哪些值得怀疑的地方：

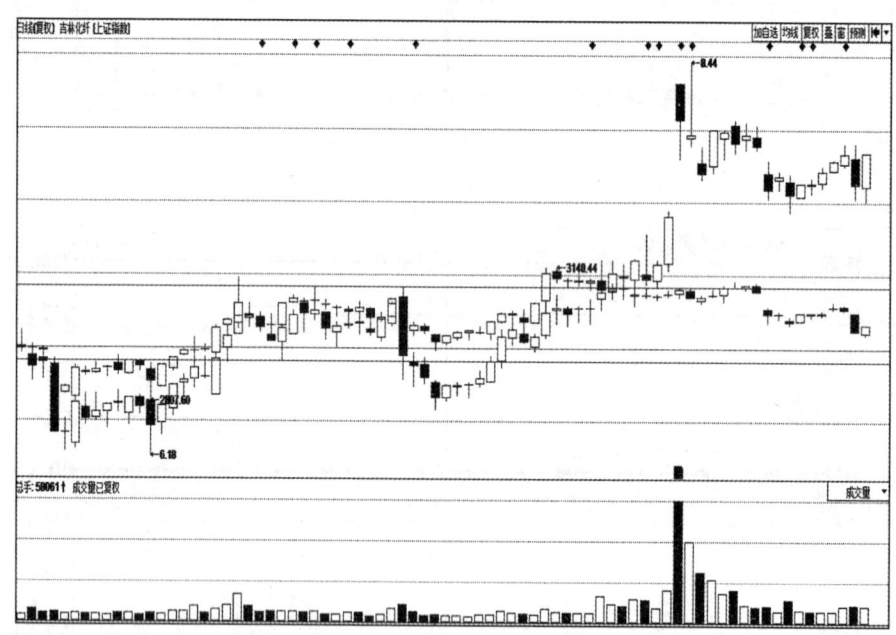

图 8-23

（1）横盘震荡区间相对低点涨幅不大，不具备出货的空间；
（2）跌破后量能迅速萎缩；
（3）连续阳线拉升时持续放量，配合良好。

上面所呈现出的特点足以打消我们对于走势的怀疑，下面我们通过《裸K

第八章
传统买卖点的另类解读

线操作技法》一书中的理论进行解读。

(1) 通过压力支撑线和关键点的相对性进行分析。

从图8-23中我们可以看出，个股滞后于大盘指数突破前高，但是大盘在突破前高后一直延续阴跌的走势，个股却明显重心上移，相对强度逐渐由落后于大盘到领涨大盘，最终实现了放量拉高。那我们先来看看相对强度的变化：

如图8-24所示，从个股K线走势图和大盘指数走势图中我们可以看出，两者之间的正乖离越来越大，说明该股的趋势逐渐强于大盘。从数据的角度来比较，A—B点、A—C点、A—D点的相对强度分别为2.67、1.00、6.41。因此，我们可以在K线走势回调到大盘指数走势受到支撑时买入。

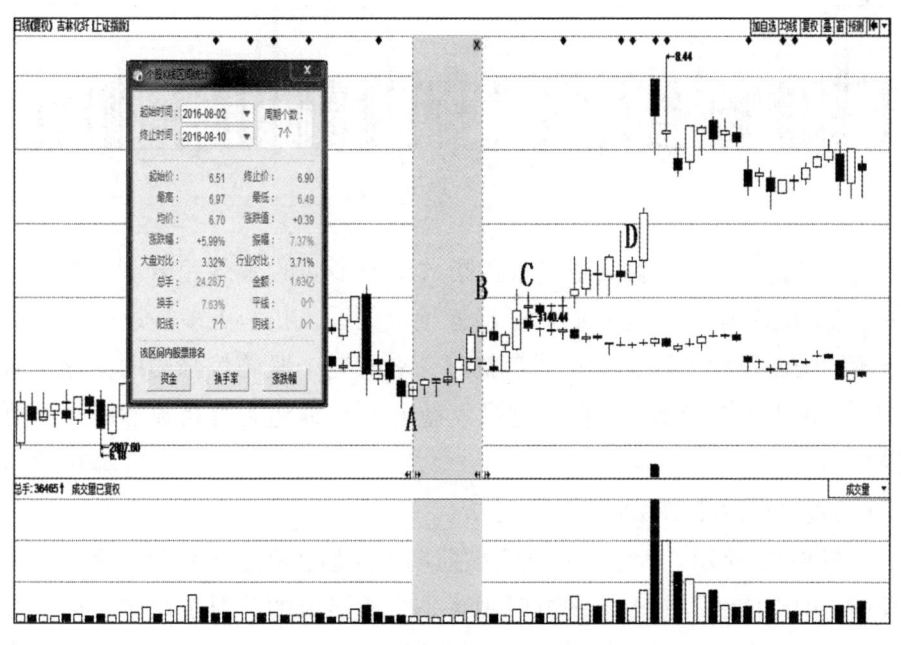

图8-24

(2) 通过量价关系和趋势量价关系的相对性进行分析。

如图8-25所示，虽然看似前两天个股走势涨幅都小于大盘，但从第三天的走势，我们可以看出个股走强的信号。相对于大盘指数收带上下影线的中阴线，个股以涨幅0.43%报收，而且量能的萎缩程度远远大于大盘。也就是从这一天开始，个股走强的趋势逐渐明显。

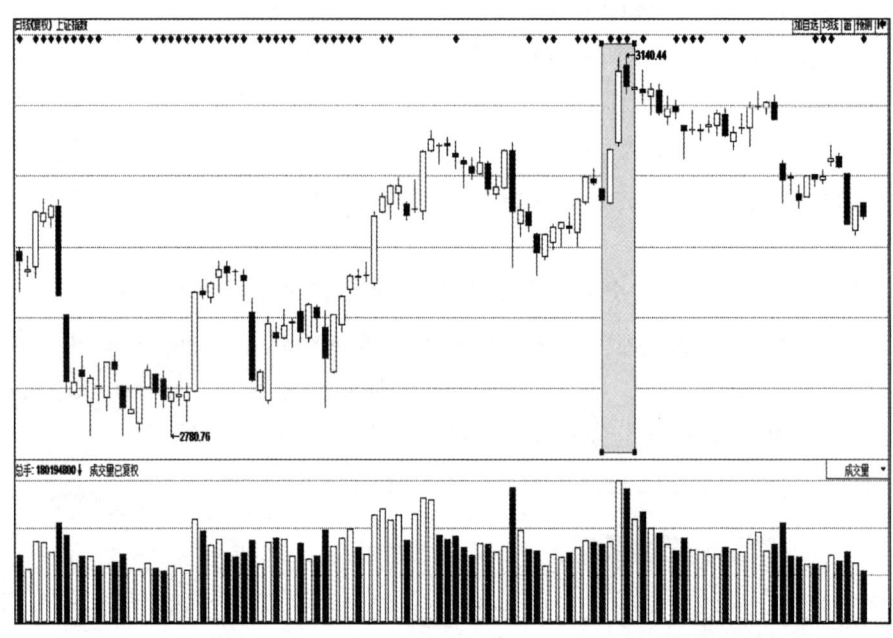

图 8-25

对于量价关系，我们是通过大盘指数出现不同的 K 线组合和形态时，来研究个股的趋势强弱变化；而对于趋势量价关系，我们更多是通过大盘指数处于不同的波段如上涨、下跌、盘整时，来研究个股趋势强弱的变化。而这个例子，由于周期较短，我们通过当大盘出现 K 线组合分析显然能得到更好的结果。

(3) 通过分时走势相对性进行分析。

如图 8-26 所示，大盘指数在突破前期高点后，在三根缩量十字星后出现低开低走的中阴线，左上角的分时图正是个股当天的分时走势图，从多次出现的向上的尖角波拉升，午后迫于市场的压力缩量的回调，以及和大盘明显的非同步性，都可以看出主力的高控盘。如果次日低开低走，延续当日的回调，分时止跌处是一个买点。如果次日高开高走，上涨回调处也是一个买点。

当大盘指数出现上述情况时，代表一波上涨趋势的结束，个股却逆势上升。在当日大盘指数出现逐波下跌，个股分时走势稳健有力，我们也没有看到向下尖角波的大单砸盘。次日继续小阳拉升，说明趋势逐渐明朗。

跌破箱体下沿，往往让人产生下跌趋势即将开始的恐惧感，尤其是在下跌

第八章
传统买卖点的另类解读

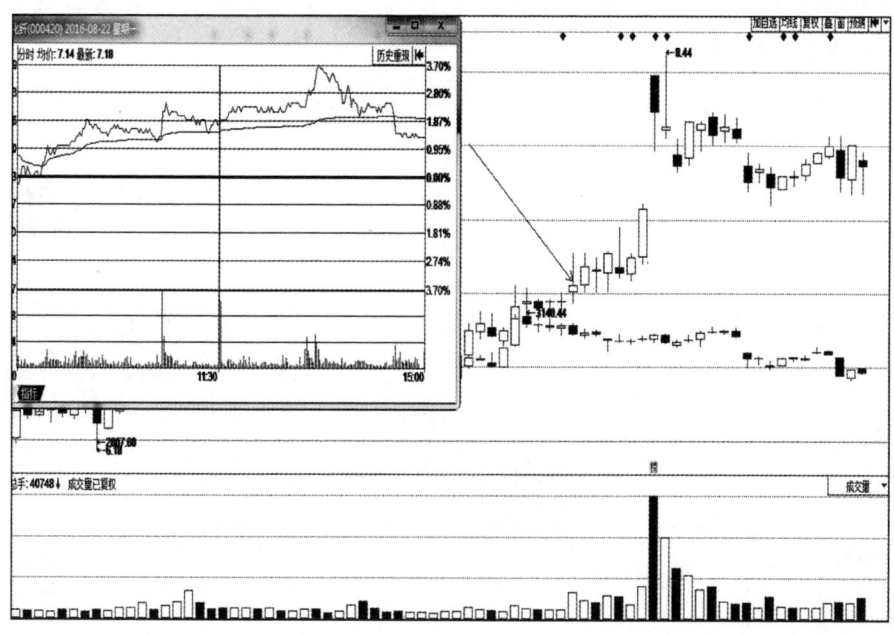

图 8-26

趋势中的弱势反弹中。对于这种情况，我们首先应该判断市场趋势的方向，其次根据箱体所处的位置判断个股所处的阶段，最后通过某一天或数天的关键交易日进行分析，验证我们的判断是否准确，从而对于是加仓还是平仓有的放矢。

八、跌破趋势支撑线卖点的解读

跌破支撑线，往往代表上涨趋势的结束，如果满足"三三原则"，那我们就可以另择好股了。如果在跌破趋势线的同时，伴随反转形态和量能的配合，就更加可以确定反转发生的可能性。但是，如果是长线牛股的话，由于市场主力对于个股的把控往往游刃有余，可以轻易地构筑顶部形态，跌破趋势线，制造放量滞涨的假象，我们就需要打破我们一贯的认识，重新认识手中持有的个股。那我们先看一下这个案例：

如图 8-27 所示，我们可以看到该股近三个月的上升趋势线，在跌破之前构筑的头部形态，明显的放量滞涨，高度也是逐渐降低的。从当时的大盘指数走势我们也可以看出，市场并没有发生下跌或者即将下跌的趋势。后面的

· 153 ·

走势也证明了，这是主力刻意制造的多头陷阱，主力在跌破趋势线后构筑双重底形态后继续拉升。

图 8-27

那如果在后期的走势没有走出来时，有什么迹象呢？

（1）虽然上升趋势达到了 50%，但是并没有出现异常天量、振幅较大的走势。

（2）此波高位正好是前期的高点处，在这个地方出货容易引发前期的套牢盘和获利盘汹涌而出，因此在压力或支撑趋势出货，主力断不可能犯如此低级的错误。

（3）主力出货常在市场出现即将明显的头部形态，或个股资金发生意想不到情况下。因为当时市场环境相对平静，不具备出货的条件。

这是通过技术分析和主力行为分析所得出的结果，下面我们通过《裸 K 线操盘技法 1》一书来分析：

（1）通过压力支撑线和关键点的相对性进行分析。

如图 8-28 所示，可以看到我们在图上分别标注了个股支撑线和大盘指数支撑线，在同样时间开启的拉升行情，个股走势跌破支撑线的时间晚于大盘指数跌破支撑线的时间有 43 天（见图中方框处），跑赢大盘指数 13 个点。我们可以盯着这条趋势线，一旦跌破，可以先卖出。

第八章
传统买卖点的另类解读

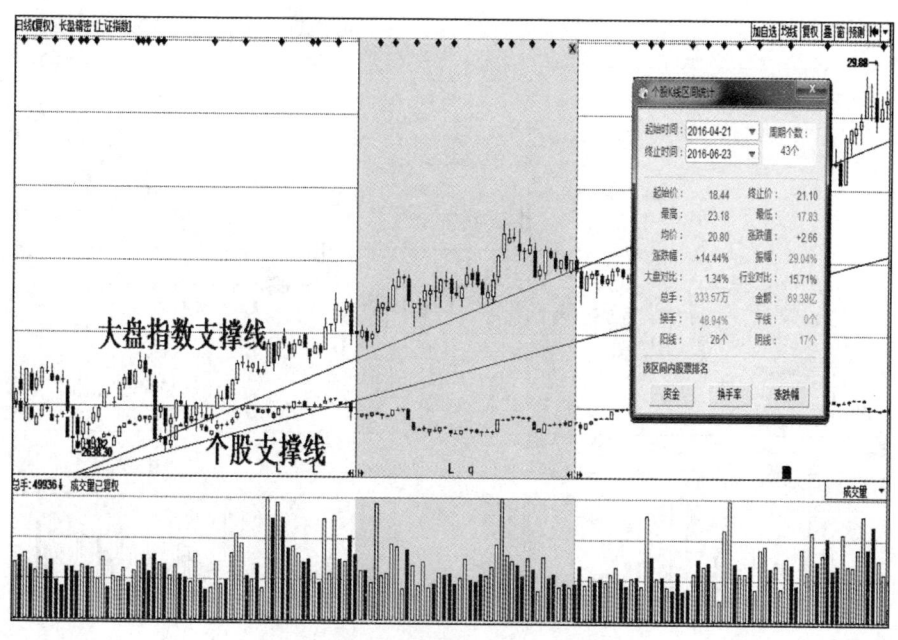

图 8-28

如图 8-29 所示，该股在上有压力、下有支撑的所谓"顶部"形态构筑成了三个拉升波段，分别为"A—B""C—D""E—F"。在基本上同样的振幅内，三个波段的相对强度分别为 8.55、4.71、12.56，三个波段都是 4 个交易日，它们每天的平均相对强度分别为 2.14、1.18、3.14。从图形上我们也可以大致看出，该股和大盘指数之间的距离是先缩小后放大的，如果我们在前期出掉了筹码，完全可以在 F 点再次买入，分享主升浪的利润。

（2）通过量价关系和趋势量价关系的相对性进行分析。

如图 8-30 所示，A—E 点分别为大盘指数出现相对较大的涨幅的交易日，通过 K 线图我们查到当日的个股涨跌幅分别为 5.12、3.92、1.49、0.34、2.82，当日的大盘指数涨跌幅分别为：3.34、1.58、1.91、1.82、1.14。通过排列的数字我们可以看出，个股的趋势是转强的，大盘的趋势是转弱的。它们的单日相对强度分别为 1.78、2.34、-0.42、-1.48、1.68，从相对强度的变化我们也可以看出，个股的走势由强转弱又转强，从 E 点回调不碰大盘指数，就可以买入了。

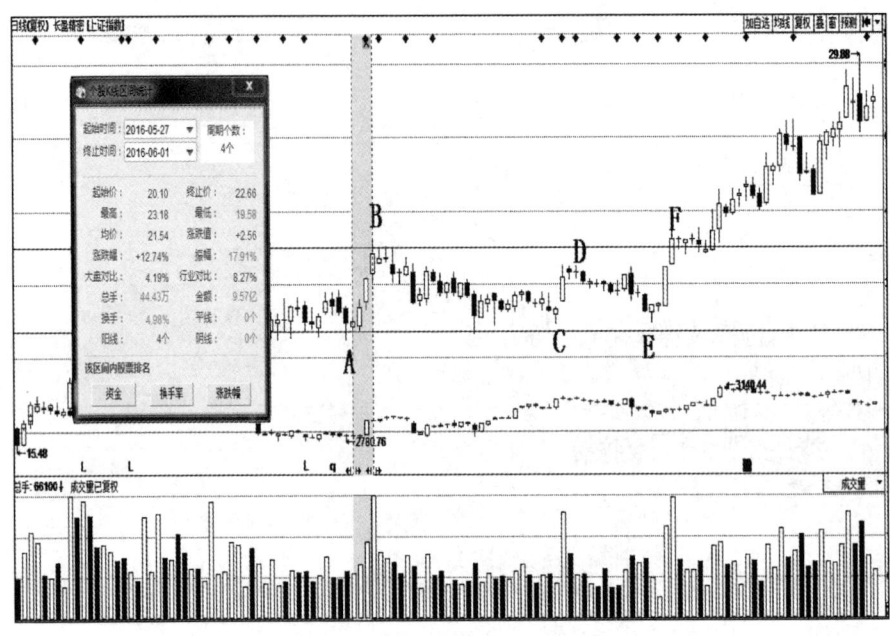

图 8-29

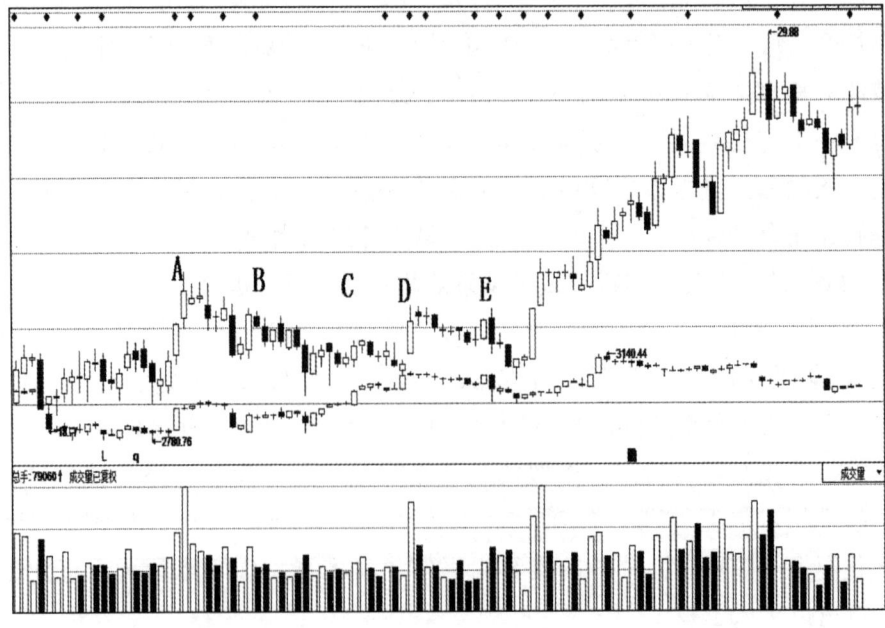

图 8-30

第八章
传统买卖点的另类解读

这就是趋势的奥妙所在，这就是趋势的无所不在，这就是趋势的无时不在。许多投资者往往对于趋势的改变视而不见，却对技术分析嗤之以鼻。趋势固然有其自身存在的让人诟病的滞后性的弊端，但也有其洞若观火的奇效，这也是道氏理论留给我们的精髓所在。

（3）通过分时走势相对性进行分析。

下面我们通过个股在大盘指数盘中创出阶段性高位3140.44点的当日及次日的走势来进行分析：

图8-31和图8-32分别为大盘指数盘中创出高点当日的个股分时图和大盘分时图；图8-33和图8-34分别为次日的个股分时图和大盘指数分时图。从图8-31中我们可以看出，在早盘随大盘创出新低；从成交量频繁出现震仓量点，以及下午强于大盘出现放量拉升迹象可以看出，并没有过多抛盘（包括获利盘和解套盘）的涌现。从图8-33也可以看到次日主力拉升补仓的迹象，最后跑赢大盘指数2个点。结合起来，我们完全可以继续持有该股。

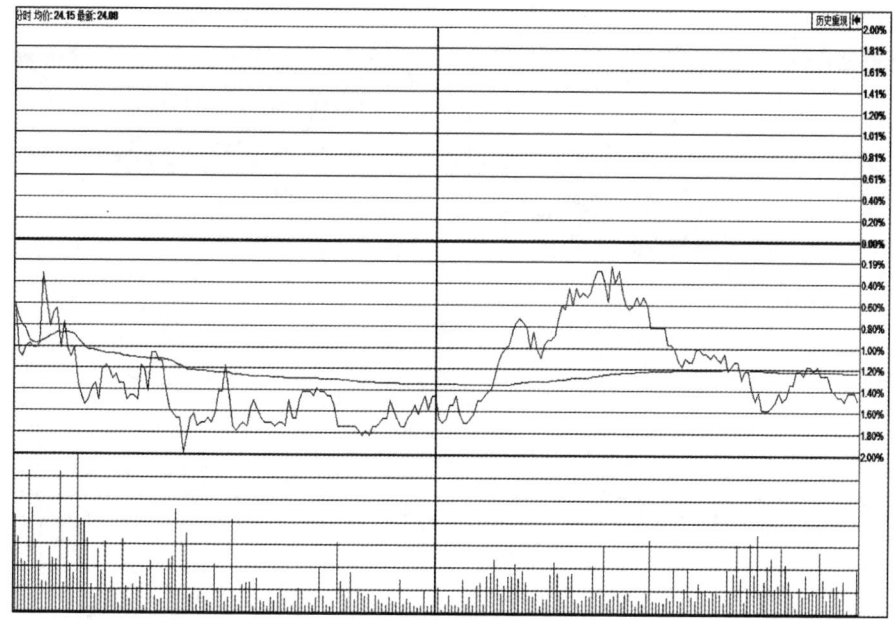

图8-31

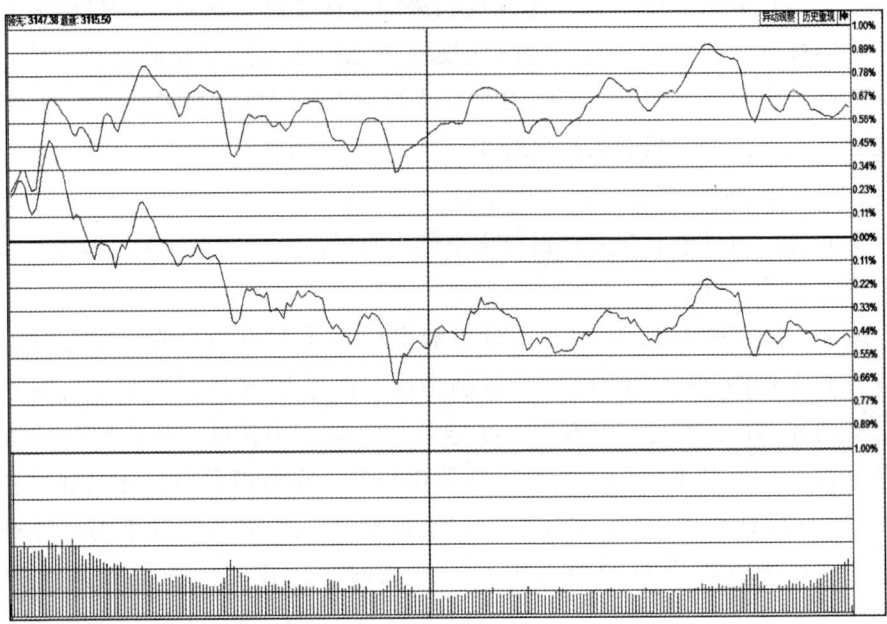

图 8-32

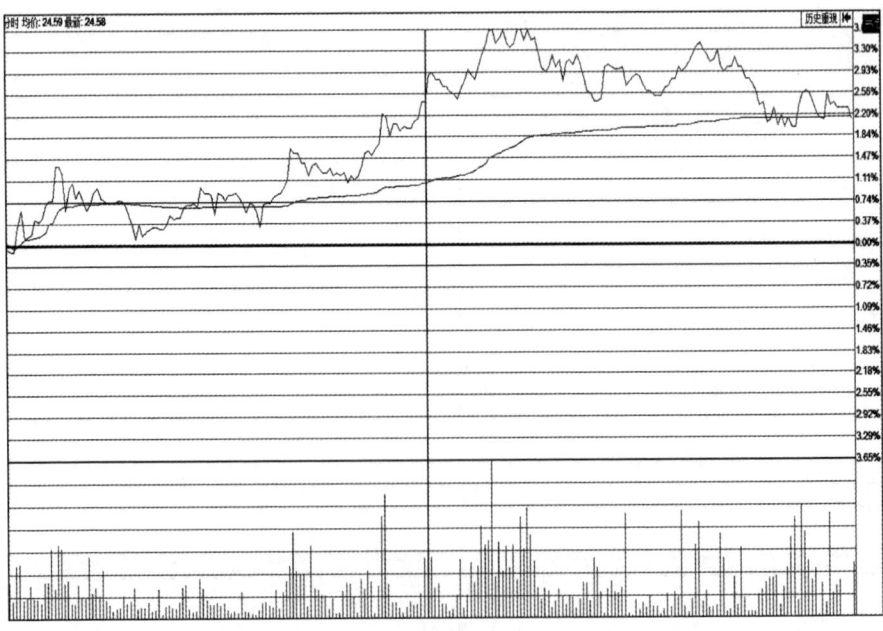

图 8-33

第八章
传统买卖点的另类解读

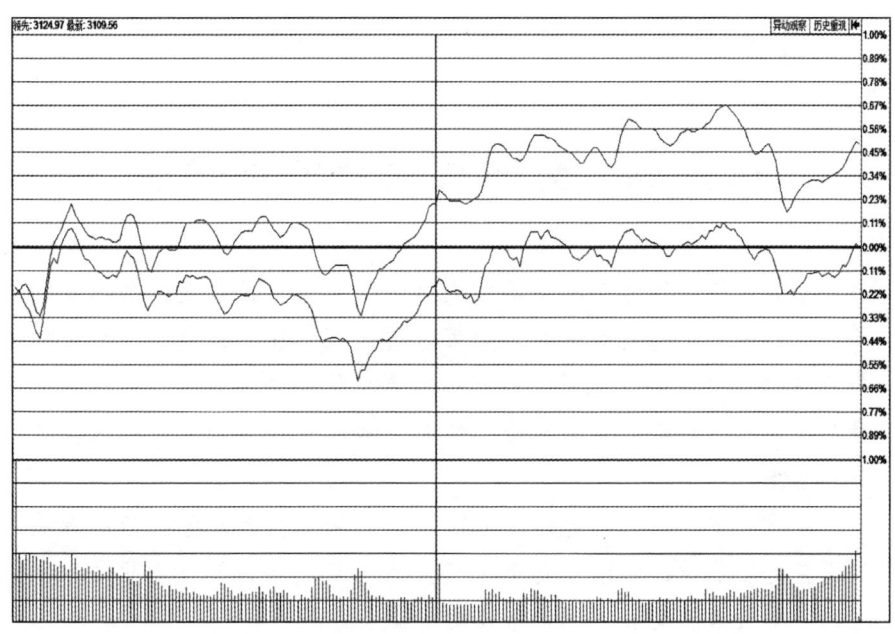

图 8-34

需要注意的是，从两幅大盘指数走势图(见图 8-32 和图 8-34)可以看出，中小盘股指数电脑显示中的黄线一直位于大盘股指数电脑显示中的白线之上，而且距离较远，说明中小盘股远远强于大盘股，这也是我们继续持有、继续观察的原因。

在第七、八章中，我们对传统的买卖点进行了分析论证，当然，存在必有其存在的道理，完全否定固然是非常不明智的，但完全奉为神灵也是不足取的。在采用其方法时，要时刻关注市场氛围的微妙变化，也就是大盘指数趋势的强弱变化。同时，对于分时图的验证作用，也是不可替代的。对于题材、热点、概念等的追逐也要同步而行，它们往往是引起一波涨跌趋势的引燃剂。

《孙子兵法·虚实篇》中有云："水因地而制流，兵因敌而制胜。故兵无常势，水无常形，能因敌而制胜者，谓之神。"意思是：水因地势高低而形成不同流向，用兵则要根据敌情来决定克敌制胜的方法，所以用兵作战没有固定不变的方式方法，就像水流没有固定的形状，能够根据敌情的变化而取胜的，就称得上用兵如神了。就交易操盘而言，解释不是为了自欺，分析并不是为了目的，化繁为简才是关键。

第九章　分时买卖点的再确认

分时走势图作为交易买卖的最后一个环节，往往是风险离我们最近的地方，其蜿蜒曲折的走势带来的是实际交易的盈亏，带来的是情绪心脉的波动。它可以最直观地体现价格的涨跌，同时也可以最真切地感受趋势的起承转合，最前沿地观察到市场主力的操盘技巧和意图。

在本章中，我们将继续对分时图进行研究，力求把风险的源头消灭在起燃阶段，帮助投资者在交易的当日能够做到红盘报收，从心态上更好地承受K线图价格波动所带来的得与失。

一、分时图的相对性

分时图是指数、板块、个股的动态实时(即时)分时走势图，其在实战作用中的地位极其重要，是即时把握多空双方力量转化即市场变化的根本所在。

分时图和K线图是市场波动的两种不同的表现形式，二者是彼此关联的。分时图是某一交易日的走势，它从最直接的角度证明或否定了对于K线的论断，而通过对于K线的分析，也可以有效地控制分时买卖点的风险。同样的分时图，发生在不同的阶段和位置，往往可以得出不同的分析结果的。位于同样阶段如吸筹、洗盘、拉升等，由于操盘手法不同，它们的分时图自然也不同。

如图9-1所示，该股在9月8日走出了左上角的分时走势图，单从分时走势图来看，价格不断上涨，量峰一峰高过一峰，而且回调期间的量能也是萎缩的。仅从当日及往日的K线图同样可以看出，该股在缩量回调后，放量拉升，并没有出现未来下跌的可能性。那为什么走出后期的走势呢？

由于次日大盘指数出现明显的缺口下跌，市场气氛低迷，成交量极度萎缩，同时时间恰好在双节期间(中秋和国庆节期间)，导致个股不得已跟随市场走势，等待发动行情的良机。

第九章

分时买卖点的再确认

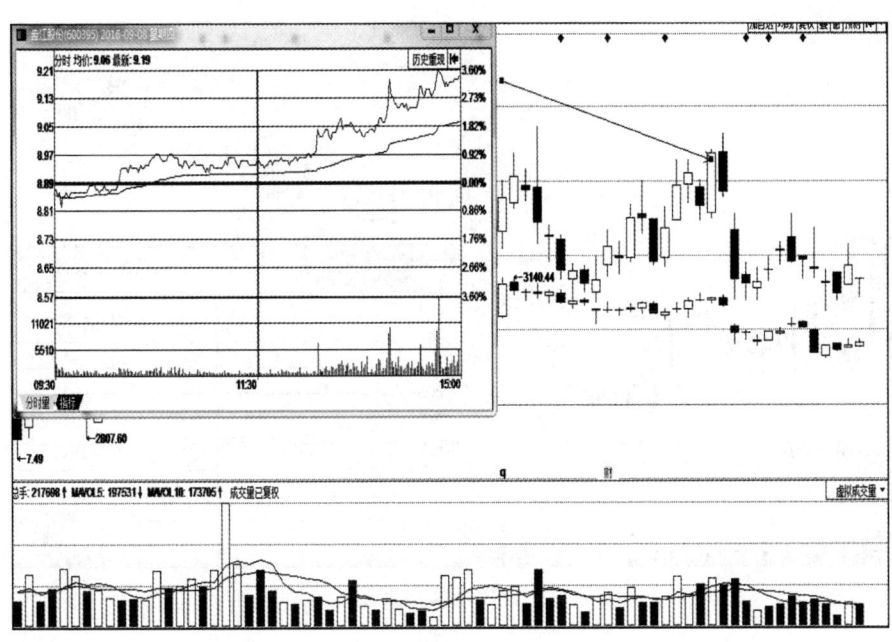

图 9-1

如图 9-2 所示,虽然大盘指数没有跌破前低,但该股却以一根近乎跌停的大阴线创出新低,在短暂横盘两周后,提前大盘拉升,涨幅明显强于大盘,但这根放量杀跌的阴线足以使对该股还抱有期望的投资者逃之夭夭。

该股在走出此诱空行情后,低点不断上移,连续阳线拉升脱离底部盘整,我们可在确定诱空行情后,回调低点买入。

从上面两个例子我们可以看出,由于分时图时间短、波动频繁、随机性强、易操纵,导致主力在操纵分时走势图的难度远远小于操纵 K 线图的难度,因此为了操盘计划的需要,主力可以勾画出不同的分时图,以达到诱多、诱空、扎空等目的。

因此,我们在分析走势图时,首先应该分析市场所处的位置,位置为王,这句话放在任何金融市场中也是真理。其次,我们要分清楚该股所处的市场阶段,以及当时的市场环境,在操作时要重视技术分析,但也不要把它当作放诸四海而皆准的真理。最后,我们甚至可以利用主力操作上的欺骗性来获取令人艳羡的利润。我们可以在主力诱空或诱多时先卖出后买入,这样不仅降低了我们的成本,而且占据了心理上的优势。当然,如果你的水平没有达到这个程度的话,还是在市场出现明显的信号时再买入也不迟,要量力而行。

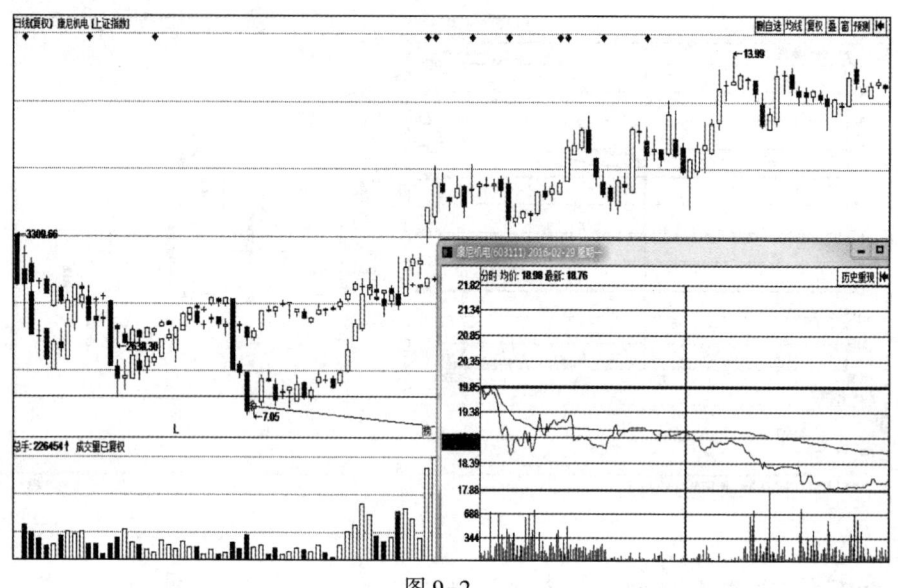

图 9-2

二、分时异动的研究

相对于 K 线的异动,分时异动的目的性更加明确、更加直观、更加具体。通过对分时异动的研究,可以相当程度地提高短线操作的成功率和收益率,可以更有效率地为中长线投资者提供市场波动的预兆。

分时异动在很多专业书籍中都有阐述,如分时高开低开、盘中急涨急跌、尾盘拉升砸盘、量能极端放大、急剧萎缩等,这里就不再赘述了,我们重点论述一下当大盘指数处在一个比较平稳的交易日,即大盘没有支撑股价发生剧烈波动的交易日内,个股在盘中发生异动的故事。

1. 分时线、均价线两者之间乖离不断扩大

我们还是先确定一个大盘指数的当日标准,以图 9-3 为例,是一个相对平稳的交易日,量能也没有异常,我们来看一下个股的反应。

如图 9-4 所示,该股在 14 点过后,分时走势与均价线的乖离不断扩大,在量能配合的情况下,走势非常健康。虽然个股低开,盘中甚至还有砸盘迹象,在用数笔大盘砸出坑后,马上拉回,最后收阳包阳的走势。

第九章
分时买卖点的再确认

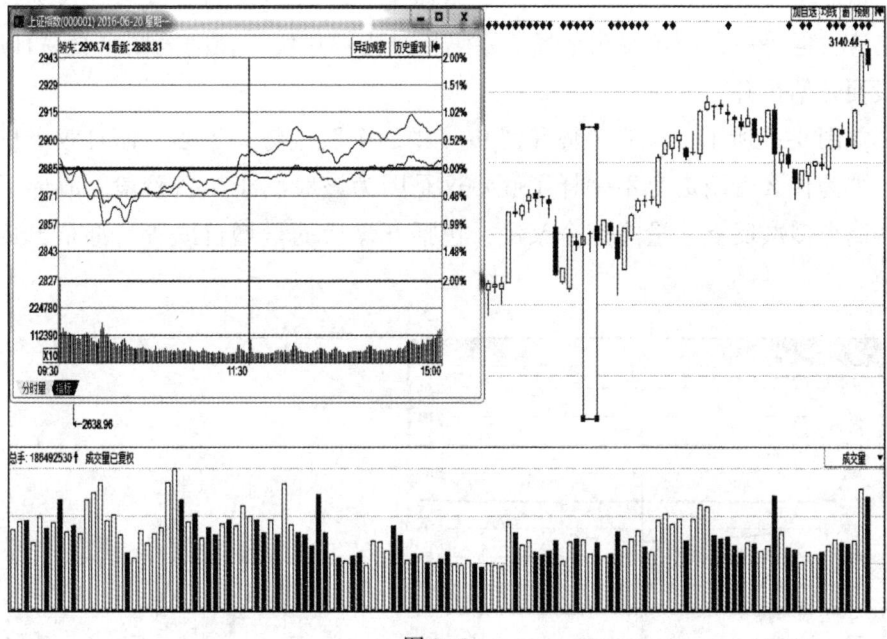

图 9-3

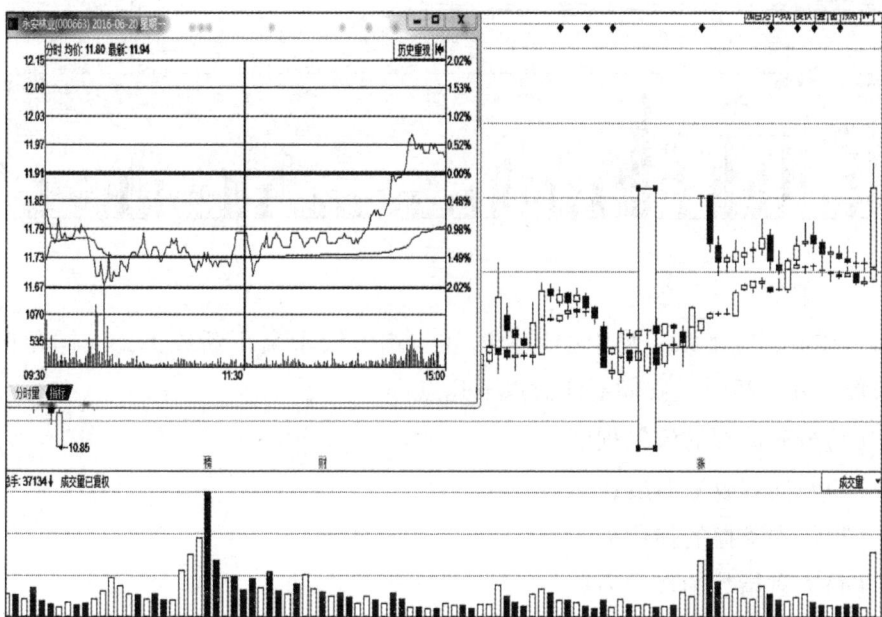

图 9-4

该股午盘的拉升，均价线没有有效跟上，一方面说明没有得到市场投资的响应，但另一方面也说明市场的筹码相对比较集中。在间隔四个交易日后，该股便开始拉升。

如图9-5所示，该股走势和图9-4中的个股走势差不多，而且收盘价更高，那为什么后期走势不一样了呢？这是因为该股属于出货阶段，波形不平滑，高点多次反复，量能配合紊乱，包括开盘后的量增价跌等，都是出货的迹象。

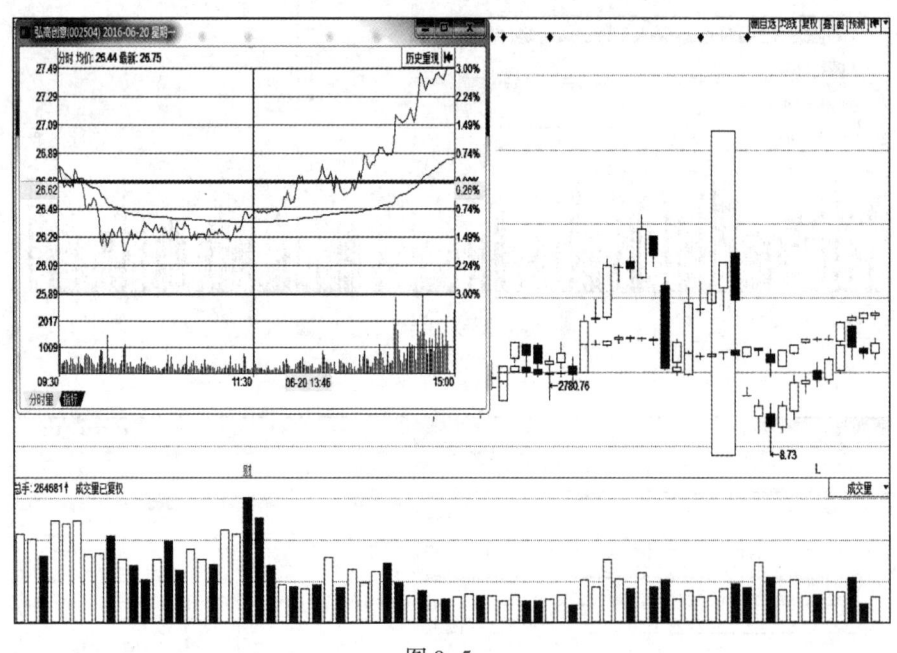

图9-5

同样的，在下跌趋势中如果分时线与均价线乖离不断放大，同样存在很多可能。在分析时，我们要注意以下几点：

（1）分时波形的流畅程度；

（2）量能要收缩有度；

（3）压力支撑的作用力；

（4）大盘指数的作用力。

在上涨趋势中，个股波形越流畅，量价配合越理想，突破压力越干脆，同时有大盘指数的配合，其趋势就越明显。在下跌趋势中，也是同样的道理。

2. 分时线、大盘线两者之间乖离不断扩大

如图9-6所示，该股连续两天的涨停，导致分时线与大盘线差距不断扩大，第三个交易日主力大肆出货，股价甚至没有突破前日的高点，导致追涨者无一幸免。

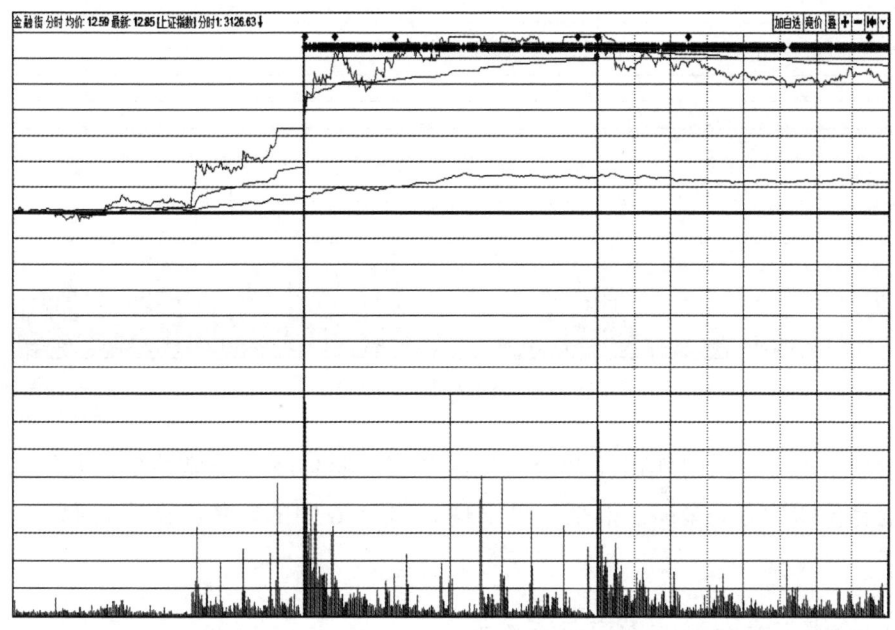

图9-6

短线主力操作时，经常出现这种情况。连续拉升，乖离不断扩大，风险也在不断积聚，回调幅度很小甚至没有回调，我们在操作中时刻注意这种情况，一般出现以下情况时，容易出现这种操作方式：

(1)经常出现连续数天急涨，然后急跌；

(2)过度放量，然后是放量滞涨；

(3)分时图中经常出现高开、低开、急涨急跌、拉尾盘、砸盘等；

(4)分时图中量能暴增暴减。

如图9-7所示，观察分时线和大盘线的位置关系，两者步步靠近，最后突破大盘线，这是一种相对健康的走势，说明市场有逐渐转强的趋势。

相对于短线主力，中长线控盘庄股或绩优蓝筹股在上涨趋势中，都会根

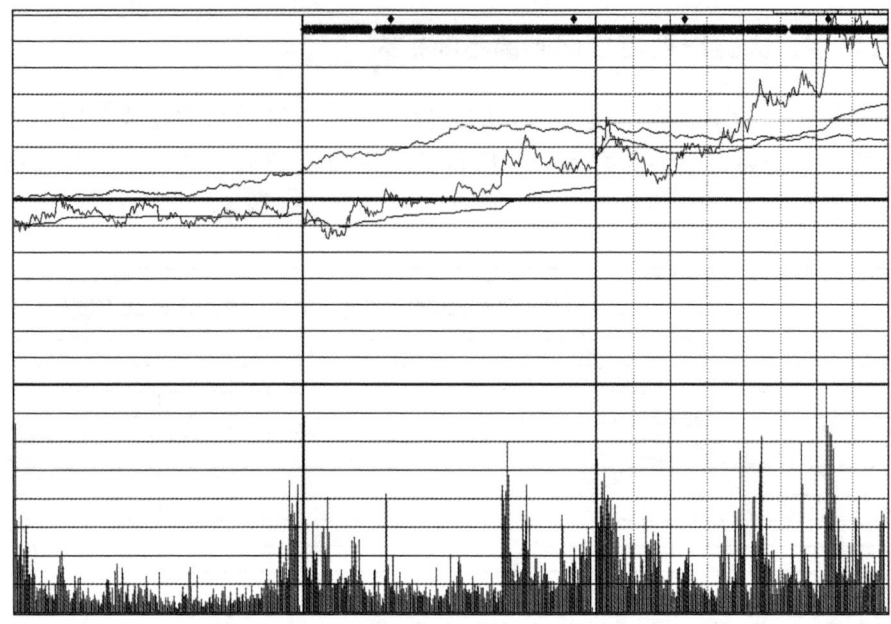

图 9-7

据市场的走势,适时作出拉升或回调的节奏,整体感觉非常稳健,投资者应该抱有长期持有的策略。但是一旦出现如图 9-6 中的走势,说明我们也该出局了。

3. 均价线、大盘线的乖离逐渐扩大

均价线代表个股的平均成本,大盘线代表市场的平均走势,结合个股所处的历史位置,可能会发生下面两种情况:

(1)如果均价线在大盘线上方,并且两者之间距离越来越大,说明大部分投资者是跑赢大盘的。当个股位于低位时,说明投资者对于未来的走势是一致的,都看好未来的走势;当个股处于高位时,说明主力在做最后的拉升出货,投资者应见好就收,以免暴跌。

(2)如果均价线在大盘线下方,并且两者之间距离越来越大,说明大部分投资者是跑输大盘指数的,当个股位于低位时,多是主力刻意打压股价,投资者可以按照左侧交易原则适当抄底介入;当个股位于高位时,多是市场趋势开始转弱,回调或下跌不可避免。

如图 9-8 所示,该股在近期的操作中,明显弱于大盘指数,考虑到该股

已经上涨了高达140%，在市场筹码明显转移到高位的情况下，近期连续走弱，说明个股已经濒临下跌趋势。对于此类高位滞涨的个股，投资者千万不要接即将飞落的刀刃。

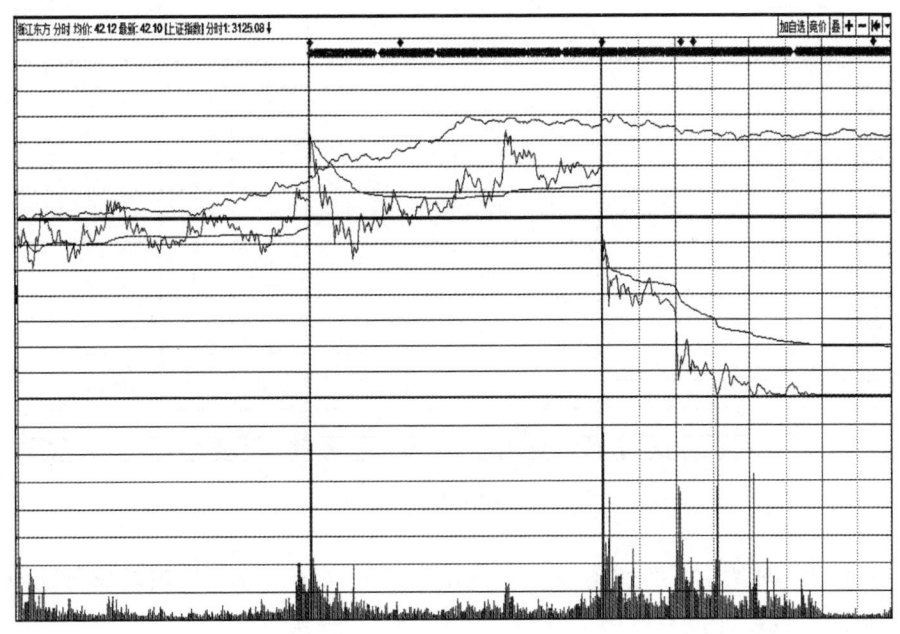

图 9-8

如图9-9所示，该股的分时线是台阶式的上升，和大盘线也逐渐拉升了距离，结合该股正处于底部的位置，投资者可以抱有长期持有的态度。

均价线与大盘线的结合，主要是判断当日个股的平均成本相对于市场中所有投资者的盈亏程度。单纯地分析两者之间的关系往往有失偏颇，需要结合个股在K线上所处的位置，这种方法主要是针对于中长线投资者的，对于短线投资用处不大。

4. 分时线、均价线、大盘线的向上乖离逐渐扩大

当分时线在上，大盘线在下，均价线在两者之间，说明市场的上涨得到投资者的响应，是个股处于强势的表现，如果大盘指数也是上行的，投资者可以按照右侧交易的原则适当追涨；如果大盘指数是下行的，就存在个股强势或主力吸引人气拉高出货等多种可能。

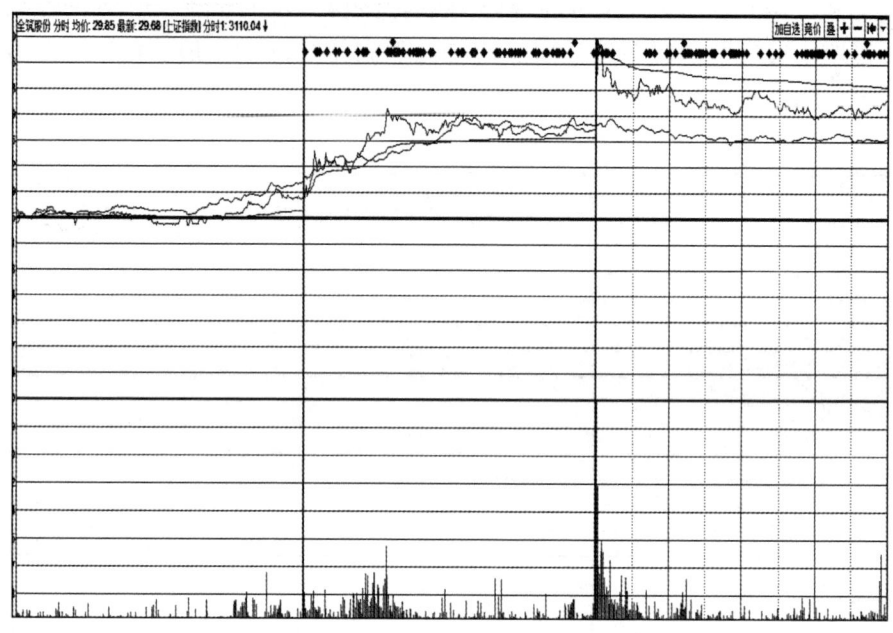

图 9-9

如图 9-10 所示,该分时图上三线排列整齐有序,分时线始终没有跌破均价线,均价线始终没有跌破大盘线,走势形态很完美。

5. 分时线、均价线、大盘线的向下乖离扩大

当分时线在下,大盘线在上,均价线在两者之间,说明个股的走势明显弱于大盘的,如果大盘指数是下行的,投资者可以按照右侧交易的原则逢高出货;如果大盘指数是上行的,就存在主力杀跌出货或压盘吸筹等诸多可能。

如图 9-11 所示,该分时图中三线排列向下,分时线始终位于两线下方,呈现出量增价跌的趋势,明显的弱势行情。

对于是杀跌出货,还是压盘吸筹,我们还需要结合其他分析方法综合分析,运用任何单一的技术分析进行操作都是盲人摸象,不得要领。

对于分时线、均价线、大盘线的研究,依然有很多的学问,在《裸 K 线操盘技法 1》一书中也有解释,各位读者可以参阅一下。

第九章
分时买卖点的再确认

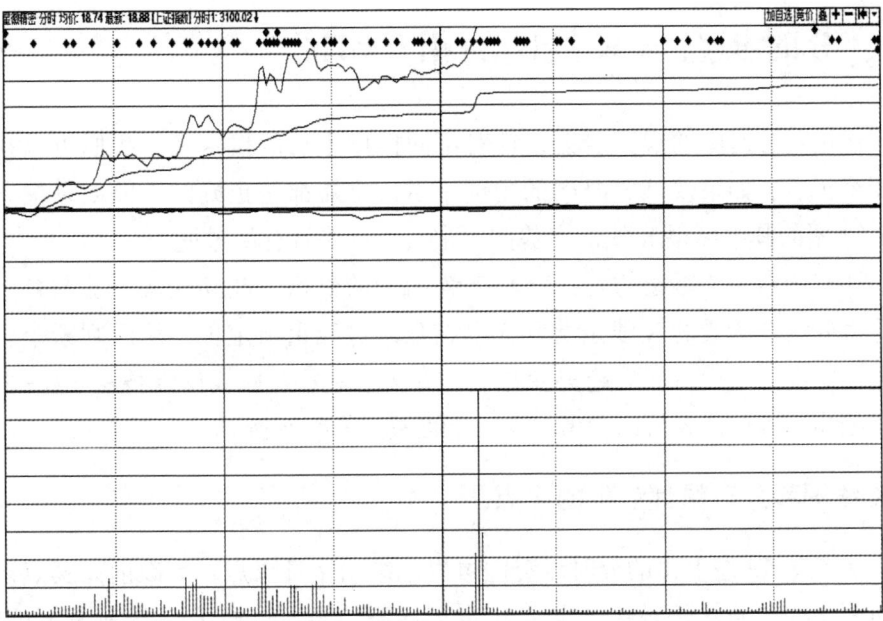

图 9-10

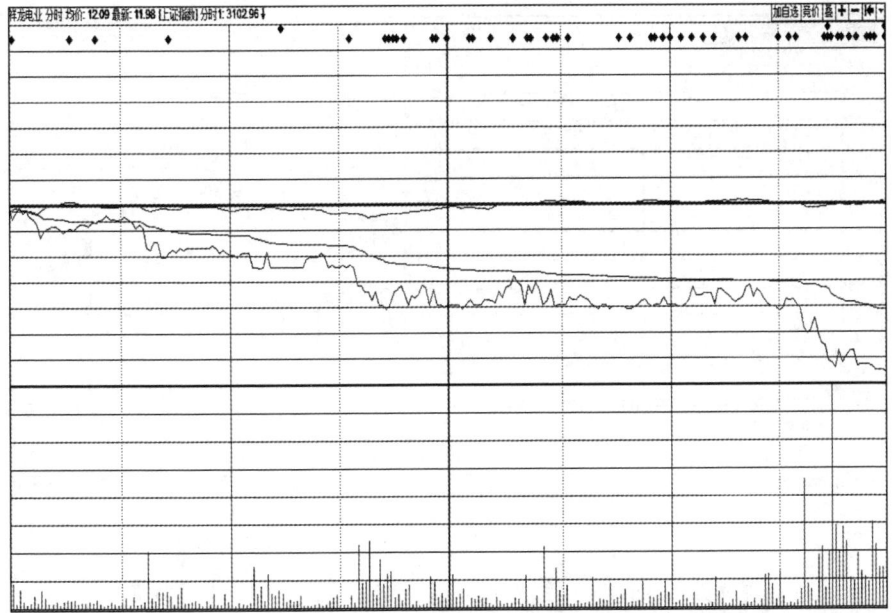

图 9-11

· 169 ·

三、分时买点与 K 线图的相互印证

通过对分时图的观察研究，针对不同操作手法的投资者，我们可以找到若干个买点，如果仅从分时图的角度来看，可能都是正确的，但如果把它当作 K 线图的其中单根 K 线的走势图，那买点可能就有待考量了。

还有一点需要阐述的是，分时走势图中的价格、波动振幅、涨跌幅、量能等都要结合个股的 K 线走势和大盘指数来进行重新定位，从而判断个股真实的活跃度，把握市场的趋势变化。这些内容在《裸 K 线操盘技法 1》一书中都有阐述，各位读者可以参考一下，下面具体介绍案例。

1. K 线图和分时图都认可的买点

从图 9-12 左上角的分时走势图可以总结出多种买点：突破前高卖点；缩量回调均线买点；箱体突破买点。全天涨幅、振幅、换手率分别为 1.46%、4.39% 和 1.74%，对比一下自大阳线起至该日的 K 线走势图，我们可以发现，该股呈现出缩量上涨的走势，虽然该交易日属于两阳夹一阴走势的次日，同

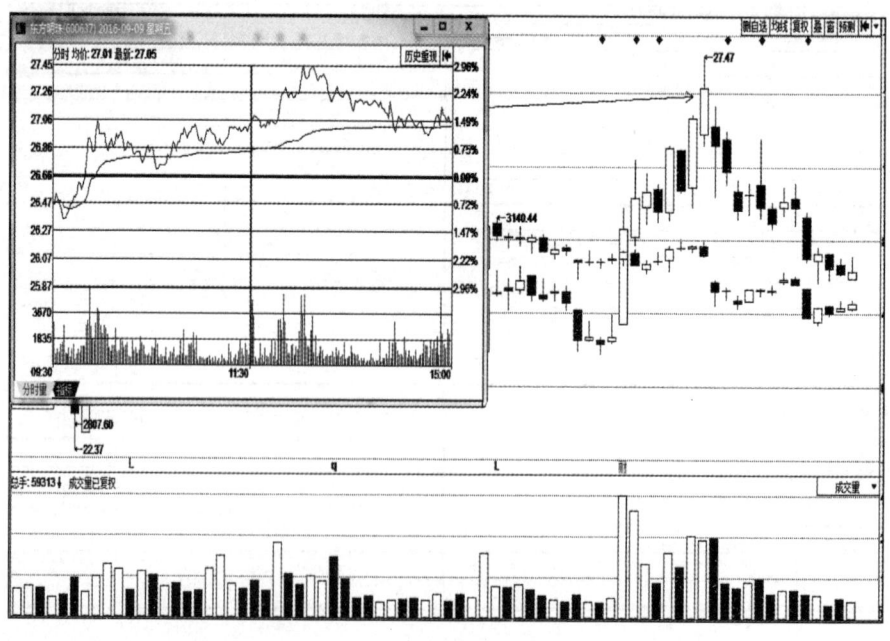

图 9-12

时该股也突破前期高点,那为什么没有构成我们的买点呢?我们来看一次该日昨天的分时走势图:

图9-13所示,在大盘指数相对较差的前提下,该日走出了量增价升的走势,但我们仔细观察可能会发现,该股明显呈推拉波走势,均价线没有有效跟上,而且上午昨收盘价以下的缩量,和午盘后回调期间的量能,明显是放大了很多。上午在形态不好的情况下,没有资金出逃,下午拉升后量能反倒出现了放大,明显是筹码出现了出逃。同时,尾盘的拉升也可以作为一个旁证。

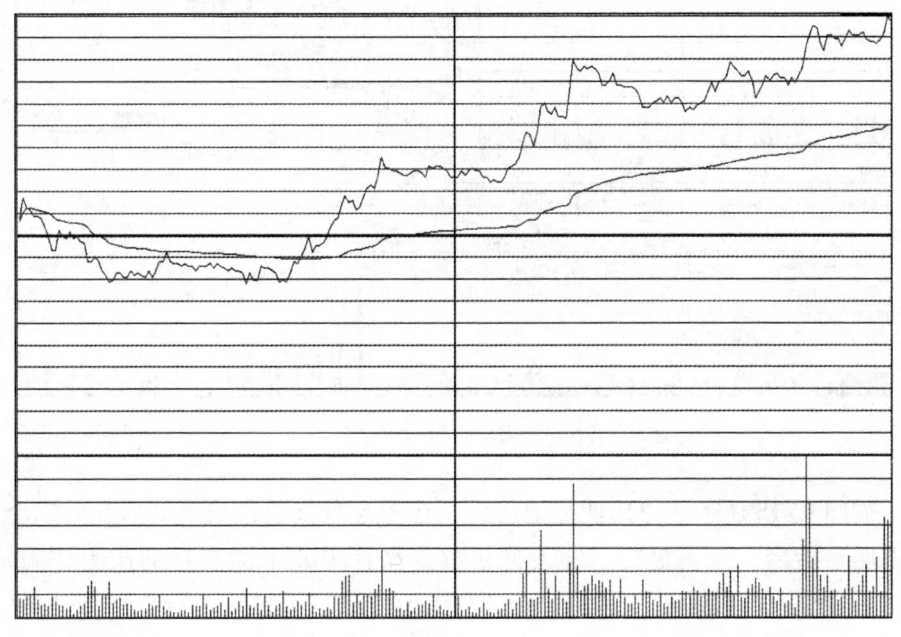

图9-13

无论从K线图还是从分时图,我们都认为是非常好的买点,但是后期的走势验证了我们的错误。因此我们在做分析时,要首先在两者的配合下,分清楚市场中主力的操作手法和操作阶段,这些都是进行技术分析的前提。

2. K线图及分时图都不认可的买点

我们再来看一个例子,如图9-14所示,为什么该交易日构成买点了呢?

看下面的大盘指数走势，大盘缩量横盘，并没有太大的波动，而该股的分时图却走出了和大盘非同步的走势。早盘的拉升明显有吸筹的迹象，下午的走势也明显逆势横盘。我们来看一下 K 线走势和大盘指数走势的对比：

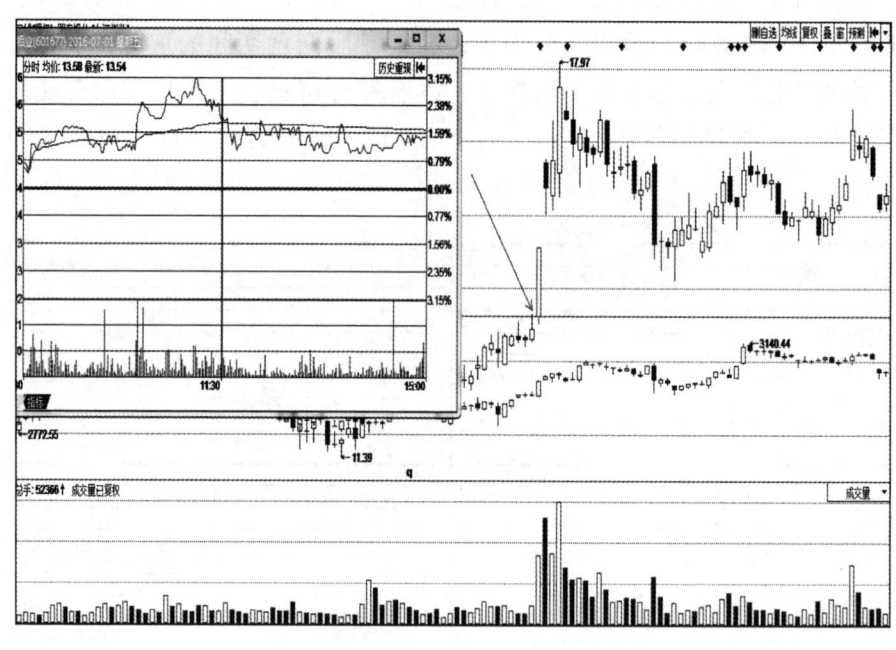

图 9-14

如图 9-15 所示，可以明显地看出，在随大盘指数创出新低后，后期个股底部明显抬高，而大盘一直在底部盘整，当日正处于前高点的压力位附近。从图中我们也可以看到，该股多次触及压力位而不突破，不具备出货的可能；在涨幅仅为 15% 的情况下，也不具备出货的空间，那么只有拉升一条路了。同时，从下面的量能来看，也有放量的迹象。

从传统的技术分析入手，该交易日无论从 K 线还是从分时上看，都不具备买入的条件，但结合我们的裸 K 线操盘技法，这儿反而是非常好的买点。

和上面的案例不同，这个例子在 K 线图和分时图都没有明确买点的情况下，通过我们的分析反而是登上主力拉升快车的绝佳机会。

3. K 线图认可，分时图不认可的买点

如图 9-16 所示，该股在突破前期高点，从 K 线图和大盘指数的叠加上我

第九章
分时买卖点的再确认

图 9-15

图 9-16

们也可以看出明显强于大盘，突破次日回调本该是个不错的买点，但是从个股的走势却不让人放心。高开低走的阴线，收盘价也跌破了昨日的均价线，后期更是温水煮青蛙的阴跌走势。那我们来看一下突破当日的分时走势图。

如图9-17即为突破当日的分时走势图，尾盘大盘指数小幅反弹，涨幅为0.62%，个股上涨近4%。但让我们不解的是，该股拉升过程中，对倒迹象明显，均线没有跟上，作图的迹象非常明显。结合次日放量高开低走，全天走势一直在均线下方较远的地方震荡下跌，逢高平仓是更好的选择。

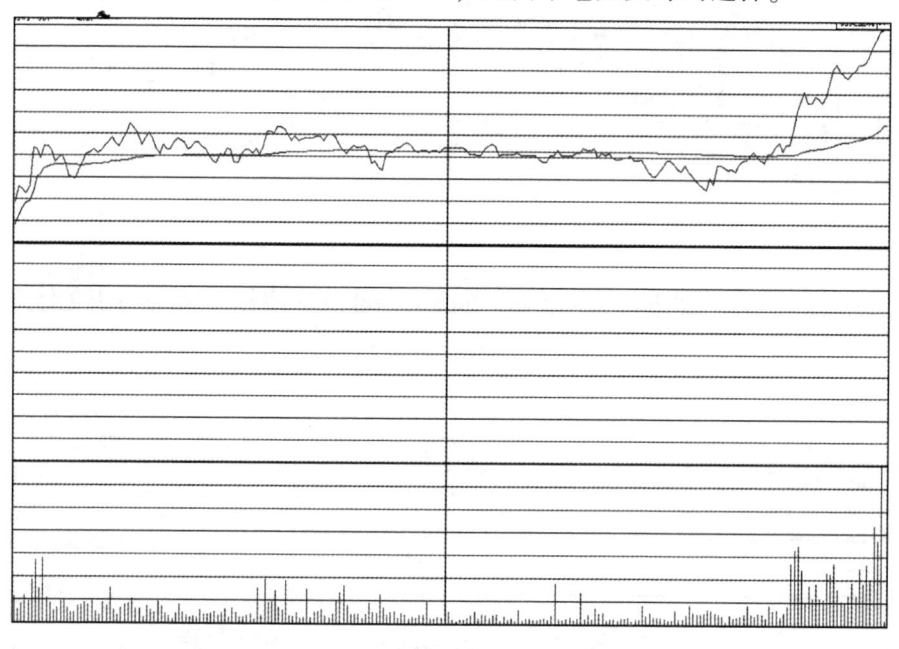

图9-17

从这个例子我们可以看出，从K线图上看，个股放量突破前高，次日回调本该是买点，但从当日及昨日的分时图都可以得出结论，所谓的买点实际上是卖点。从底部开始的反弹不过是下跌后的补仓，一旦对利润空间感到满意，主力出局也就在意料之中。

4. K线图认可，分时图不认可的买点

如图9-18和图9-19所示，该股在当日大盘指数走出长上影线十字星的同时，放量拉升，午盘后虽然大盘下跌，个股依然能收于均线之上。上午突破前高和下午的逆势强势横盘都可以说是非常不错的买点。那我们现在看看K线图的走势：

第九章
分时买卖点的再确认

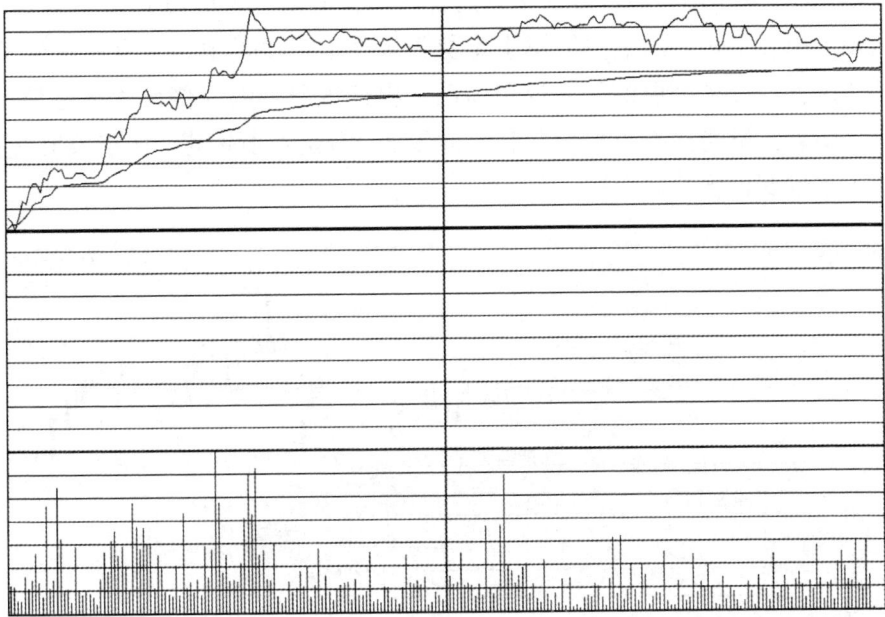

图 9-18

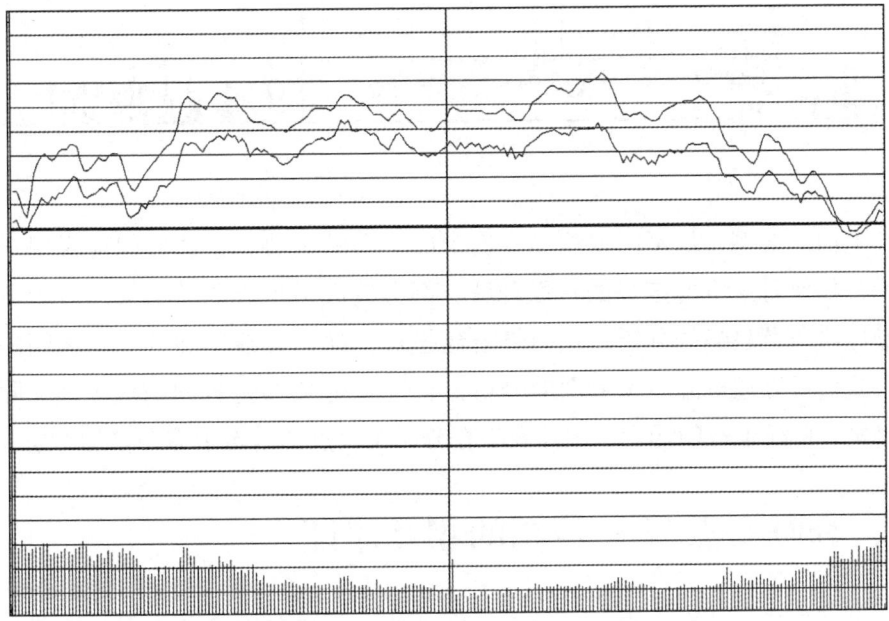

图 9-19

如图9-20所示，该股处于下跌过程的反弹阶段，从形态上看，该股位于头肩顶的第三个顶。虽然分时图上走势强劲，但过度的放量，反而暴露了主力的心虚，不过是个股的回光返照而已。次日该股继续对倒出货的走势，在出货完毕后，量能接着便萎缩下来。如果被分时走势所迷惑，不能及时止损，那么未来解套也将遥遥无期。

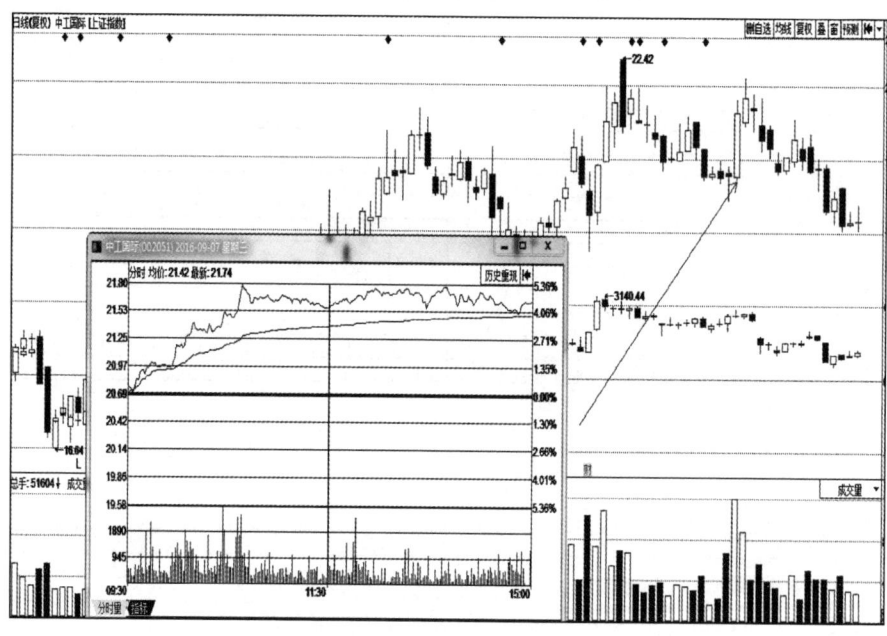

图9-20

上面的案例，从不同视角描绘出个股不同的走势，不约而同地说明一个道理，任何对于市场走势的片面理解，都会造成不可想象的后果。对于市场的操作阶段及趋势的分析，我们要结合起来。对于K线图和分时图之间的关系，我们可以通过分时走势图的分析，有效规避K线走势图的欺骗性，同时反过来，K线走势的异常，也让我们在分时买卖点的设定上需要多加考虑。

四、分时卖点与K线图的相互印证

无论你是中长线的忠实拥护者，还是偏好短线投资，结合实实在在的操盘，买卖的操作总要回归到分时图上。和买点不同的是，卖点往往掺杂了太多的心理因素。有些人总爱盯着自己的成本价，价格涨了就喜气洋洋，涨高了就得意忘形；价格跌了就垂头丧气，跌惨了就自我麻痹，这在操作上是非常不好的毛病。该买就买，该卖就卖，当市场走势没有满足我们对于未来的期待，没有符合对于未来的要求，卖出就必须得到我们有效的执行。

在传统的技术分析领域，我们经常听到"放量滞涨卖出""换手率达到20%卖出""长上影阴线卖出"等类似的判断，但是在实际操作中，却往往让我们不知所措，使我们落入市场的陷阱。因此，我们需要结合市场趋势、个股的属性、性格特征和操盘阶段，以及操盘者的交易系统进行综合分析决策。

就拿"放量滞涨卖出"这个条件举例，"卖出"作为动词，它有两个条件，"放量"和"滞涨"。放量时，换手率为多少，量比为多少；滞涨时，涨幅为多少，持续多长时间；等等，这些都是在操作中无法准确量化的数据和定义。成长股天性活跃好动，可能比绩优股放量程度更大；中小盘股资金进出频繁，滞涨的时间可能会比大盘股要短；大盘指数拉升时可能会比大盘一般时个股的涨幅更大；等等。因此，在股票分析领域，利用"统计学"得出的结果只能作为参考，而不能作为定理。

1. K线图和分时图都认可的卖点

如图9-21所示，左上角的分时图即为箭头所指处当日的走势，在早盘拉升创出新高后，震荡下跌，无论是头肩顶卖点，还是跌破均线卖点，下跌反弹均线卖点等等，都具备了。再看看K线走势图，个股跌破上升趋势线也是准确的卖点。但是后期的走势证实了，此波的下跌不过是主力借助大盘指数的下跌进行了洗盘的动作。虽然无理可讲，但有情可表。虽然此波反弹已经超过50%，但是没有出现大阴线、长上影线、十字星等异常的走势，量能上也没有出现极端放量的情况，说明此时不存在出货的可能。

如果我们在箭头处卖出也无可厚非，但如果后期没有再次买入却是非常遗憾之事。在双阴洗盘，缩量休整两天后，便以三连阳的走势拉出主力为散户挖的坑。回到坑沿后逢低买入，既避免了下跌趋势反弹的可能，又克服了追涨带来的风险，理当是非常安全而高效的买点。

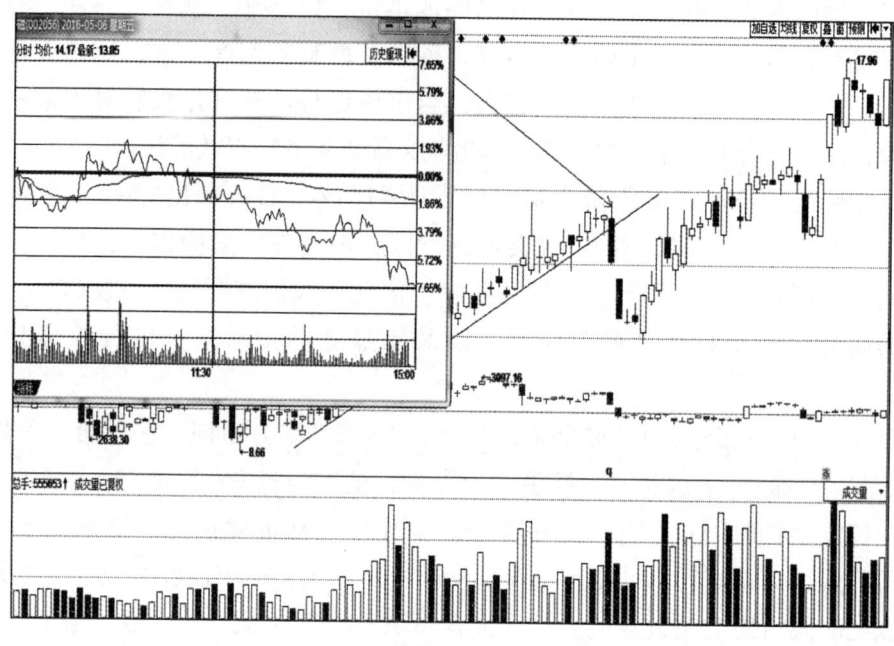

图 9-21

2. K 线图及分时图都不认可的卖点

如图 9-22 所示,图中左上角处即为盘中破新高 53.85 元当日的分时走势图,在刚刚突破前高的第三天收出长上下影十字星。从当日的 K 线图来看,个股走势一直强于大盘指数,在大盘大跌的当日,收盘仅仅下跌 1%,实乃强势的表现。从分时图上看,大盘震荡下跌,个股逆势横盘,虽然 11 点开始随大盘下跌,但尾盘却收回大部分失地,下午在明确止跌迹象时,反而还是不错的买点。

但后期的走势却让人捉摸不透,具体是为什么呢?如果你看下方的成交量可以看出点苗头,再通过筹码分布图的移动变换,就明白十之八九了。这是一个相对明显的滚动操盘模式。无论是阳线还是阴线,量能变化并不太大,说明主力操作周期很短,进出频繁。早盘分时图的强势横盘,吸引眼球,趁乱出局。尾盘的收回,不过是不想让图形太难看而已,隔日必会出掉前日买入的股票。

现在的作盘模式已经远远脱离以前那种"坐庄"的时代,所谓的"庄家"

第九章
分时买卖点的再确认

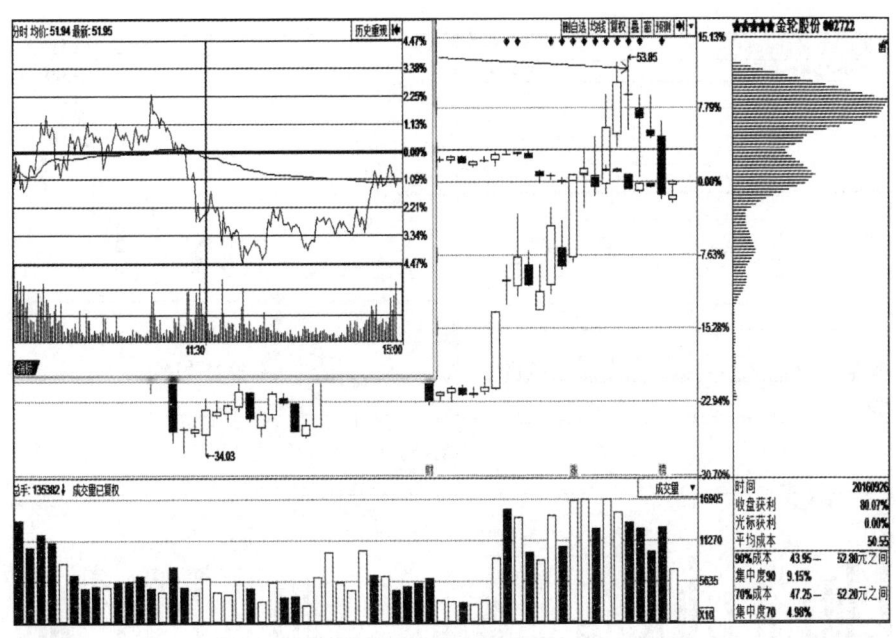

图 9-22

也被"主力"所替代。各种境外机构、公募私募、游资、保险资金等可能同时混迹于某一只股票,"混庄"时代可能是更为准确的称呼吧。"庄家"是形容对个股走势控制游刃有余的大型财团,而"主力"则是指对个股走势起最大影响作用的机构,可以看出,"主力"这个词还是更适合这个时代。因此,单纯地套用以前那种吸筹、拉升、洗盘、出货的模式是不合时宜的,长线控盘庄股和短线游资的模式肯定不一样,但可能同时存在于一只股票里。因此,根据自己的操作模式,寻找合适自己的个股,这才我们首先应该做到的。

3. K 线图认可,分时图不认可的卖点

如图 9-23 所示,该股在连续十三根阳线后收出小阴线,此处正好是前方高点形成的压力位,同时也跌破了上升趋势线,单纯地对于 K 线图来说,是个很好的卖点。但我们从分时图看,如果早盘半小时没有卖出的话,是可以再等等的。那么,此时在上影线处是不是更好的卖点呢?更是错上加错,那么我们看看当日的个股分时走势图和大盘指数走势图。

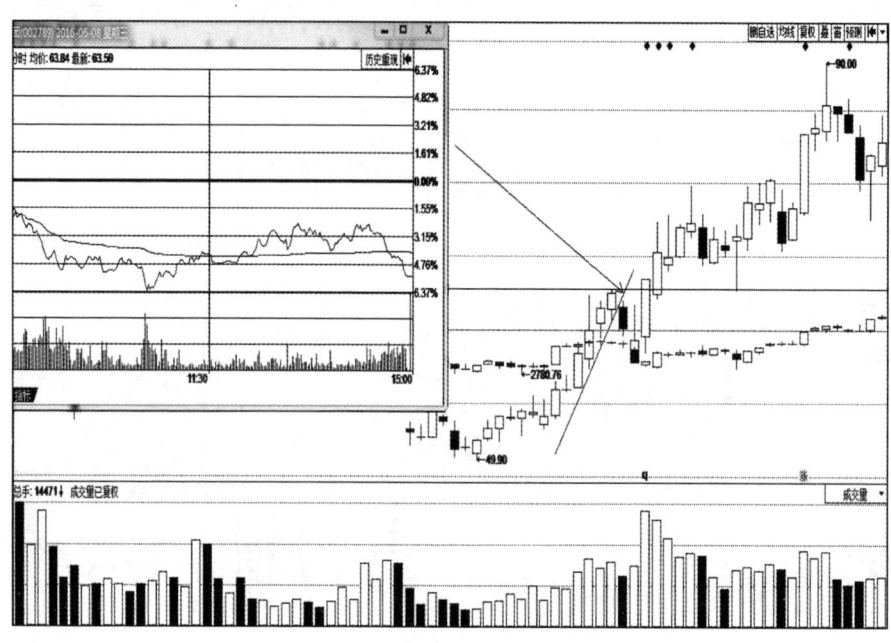

图 9-23

通过图 9-24 个股分时走势图和图 9-25 大盘指数走势图的对比可以看出，早盘和午盘早期的低开高走显示了个股的强势，如果不是大盘尾盘放量杀跌，个股极有可能会以阳线收盘，即便如此，个股尾盘的下跌也没有放出量来。从 K 线上看，个股最后以带上影线的假阳线收盘，量能也没有像大盘那样放出巨量。这些都证明了个股筹码的稳定性良好。次日个股便以涨停突破前高的方式宣告了拉升的序幕。

大盘指数的下跌往往让人感到厌倦，恨不得大盘天天收阳，但是往往在大盘不好的走势下，才能发现很多筹码稳定的股票。这些股票，一旦大盘指数走稳，往往会有让人惊艳的走势。所以，无论是短期下跌，还是长期阴跌，别再假寐了，提起精神，抓住这段选股的最好时间，为下一步的跑赢大盘奠定基础。

第九章
分时买卖点的再确认

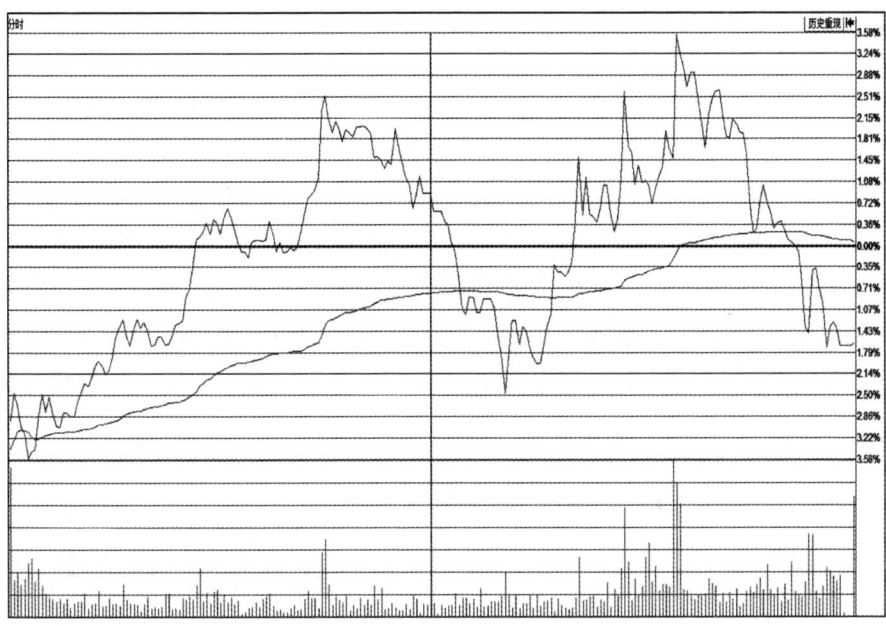

图 9-24

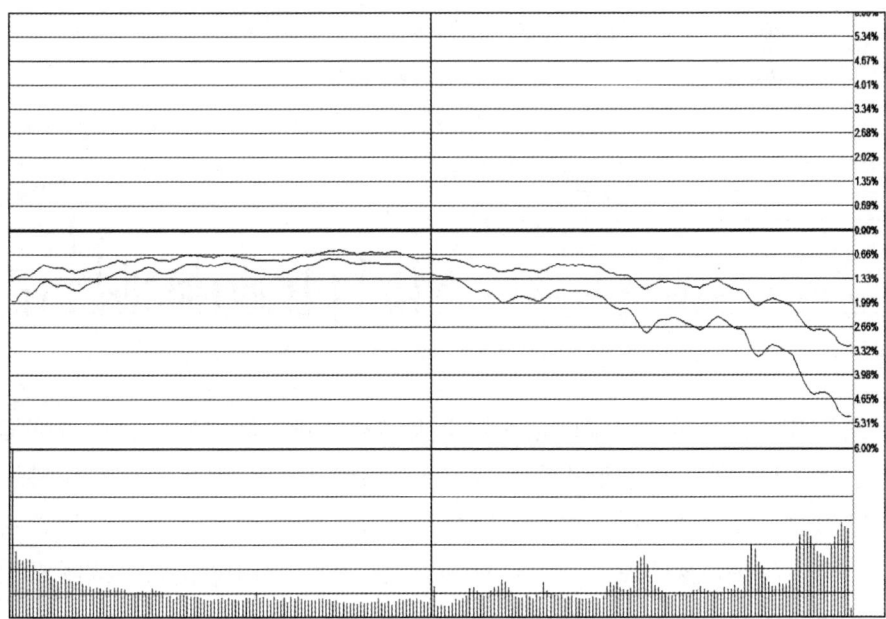

图 9-25

4. K线图不认可，分时图认可的卖点

在买卖点的处理上，分时图往往能优先于K线图中被发现。因为分时图是所有信息的第一来源。卖点作为一个交易环节的结束（融资融券等除外），如果能够提前发现，往往能够最有效地规避股价下跌的风险。

如图9-26所示，我们看到该股当天已涨停收盘，创出了近期的新高。从K线上看，按照传统理论，如果当日没有买入的话，次日回抽应该也是买入的机会。估计也会有许多人认为前期是利用双重顶形态洗盘，后续的拉升才刚刚开始。但是涨停后期的走势确实继续调整，为什么呢？我们来继续分析：

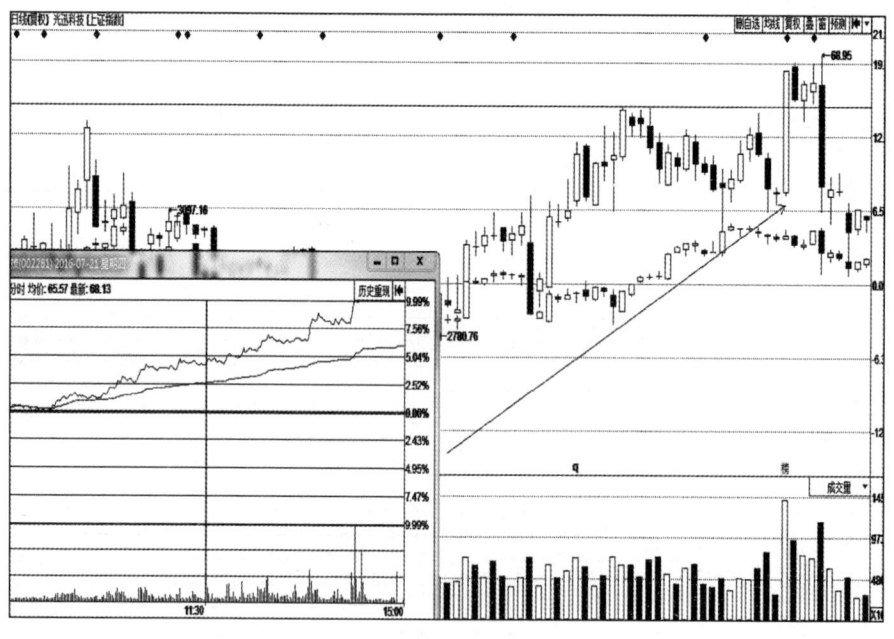

图9-26

先看K线，最显著的应该是一柱擎天的成交量。涨停昨日收出极端缩量的十字星，与涨停的放量形成了鲜明对比。本来放量是好事，但是如果缩量代表主力控盘程度高的话，那么此时量从何来，更何况当日的大盘指数走势一般，也不存在大盘的原因。带着疑问，我们看看分时图，如果该图发生在股价底部的话，是明显吸筹的迹象，但在涨幅达到30%的相对高位出现，而且是尾盘涨停，我们最好先观察再决策。

第九章
分时买卖点的再确认

如图 9-27 所示，一般涨停板的次日都伴随着高开，但该股却平开低开，这本身就是弱势的表现，盘中再也没有突破早盘的高点，盘中频繁出现尖角波状的下跌波形。因此，通过结合 K 线分析，我们判定为涨停洗盘行为。由于洗盘的时间我们无法判定，最好的决策是在小阴线当日先出来。

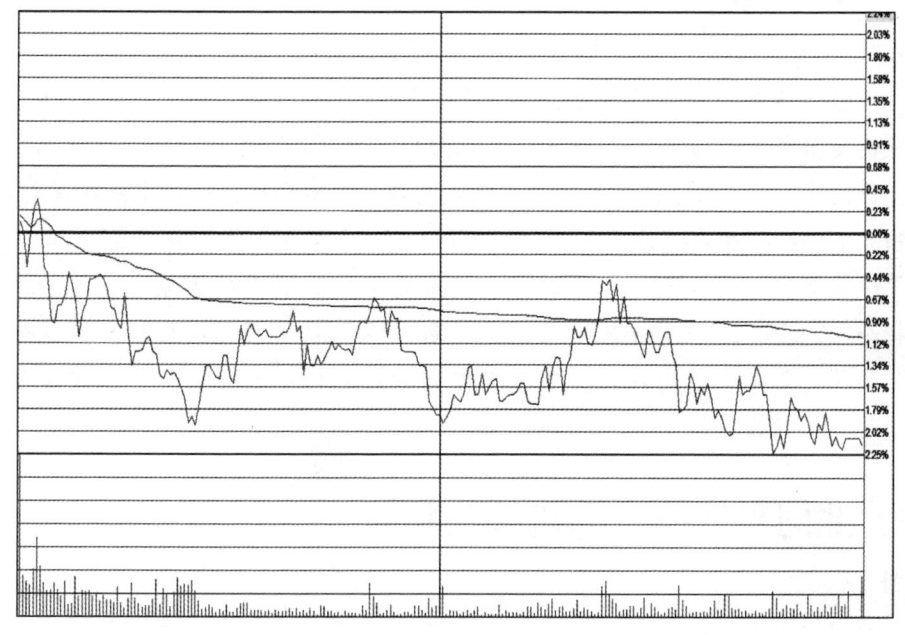

图 9-27

如果分时图中出现异常的走势，或者量能出现突变，我们千万不要视而不见，结合 K 线图，分析异常发生的原因。请不要固守趋势线未破、尚在箱体内部等这些原则，因为如果按照这些原则的话，可能已经跌了一段时间，到手的利润可能化为灰烬或者由盈转亏。

因此在观察分时卖点时，要结合当日的量能、波形、均线、盘口等特征，对比当日的大盘指数走势图，同时在了解个股所处的操盘阶段和趋势方向的基础上，准确把握卖点。

第十章 非同步性中的买点

我们常常谈到非同步性,但具体何谓非同步性呢?非同步性是指个股的走势和大盘指数的走势没有太多的相关性,走势不一致。当大盘指数上涨的同时,个股下跌或横盘;当大盘指数下跌的同时,个股上涨或横盘;当大盘指数横盘的同时,个股上涨或下跌,以上种种皆为逆势的表现。

在考虑非同步性买卖点时,我们也要考虑到周期的因素。对于长线投资者,可以选择周线甚至月线的逆势表现,对于短线投资者,还是以日线的逆势走势为出发点,如果仅仅是对数日内的投资者,要把握分时走势与大盘指数的逆势买卖点。

一、非同步性的行为机构的判断

逆势行为的产生,多伴随主力的主动性操盘行为,这里的主力并不一定是盘中起决策作用的机构投资者,也有可能是其他机构、游资甚至是大户等,他们都能对于走势起到搅局的作用。这就要求我们仔细区分和辨别,因为如果对其判断发生误差,将盘中游资或者个别大盘的投机性行为认定为主力的行为,那么往往会让我们轻则陷入徒劳无功的境地,重则可能被深度套牢。

那怎么分辨呢,主要还是通过逆势行为的力度和持续时间来综合分析。大户往往只能对分时走势起到影响,对于日K线或者更长的时间周期,却爱莫能助;游资或者投资公司往往能够影响日K线若干天,但对于周线或者月线,主要还是看主力机构的脸色;基金公司、保险、境外机构投资者往往在盘中起着中流砥柱的作用,除去个别偏好短线操作的私募基金,多是中长线投资者,偏好于大盘蓝筹股或成长股等。有的对于发现重组类个股独具慧眼,有的对于新能源、新技术、新工艺的个股情有独钟,有的对业绩持续高增长、扭亏为盈的个股有所偏好。所谓"人上一百,形形色色"。就是这个道理,不同属性、不同性格的机构投资者,不同性格、不同风格的操盘手,相互构成了个股不同的走势。他们对于经济情况的分析评估、对于外围环境的自我判断、对于大政方针政策的解读，都对大盘指数走势形成了潜移默化的影响，从而也就形成了中国股市的指数走势。

如图10-1所示，该股在涨停板的次日，高开拉升创出新高3.27元后震荡杀跌，最后以带长上影线的巨量阴线报收，收盘价低于涨停价，后期更是以连续杀跌收场。

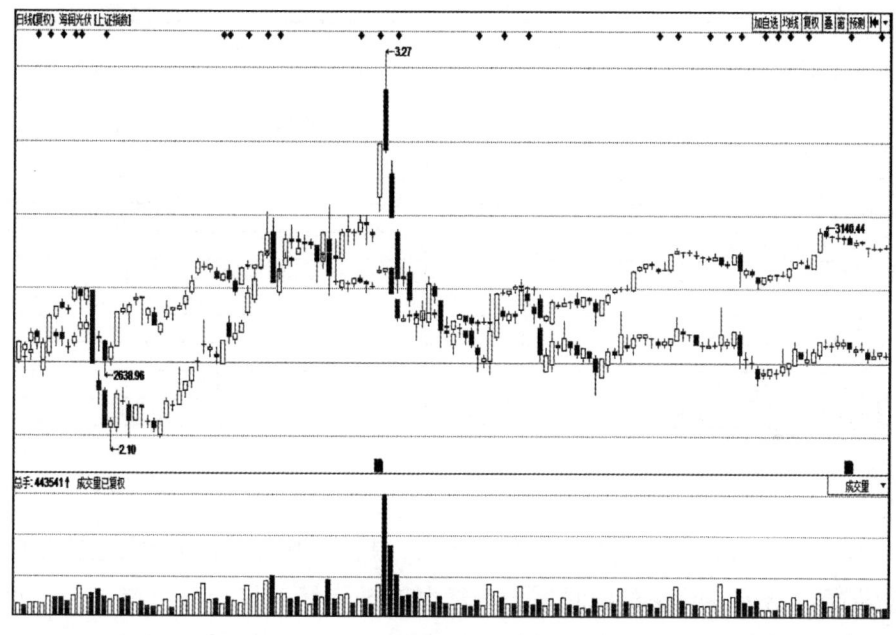

图 10-1

其实这不过是游资机构的操纵而已，并非突破拉升的开始，正是由于这种假象，才更容易方便游资在涨停次日把筹码派发出去，接货者也就是那些受到误导的投资者。因此，对于买卖点越明显的走势，我们越要提高警惕，等到走势有了明确的判断后再入场也不迟。

由于涨停当日直接高开拉升的走势，一般投资者根本没有买入的机会。次日的天量巨阴线，逐波下跌的走势，都让人们望而生畏，如果按照突破拉升买入，结果是直接把我们套在山顶上。

如图10-2所示，我们可以看到午盘后出现多根单量柱，从盘面波澜不惊的走势可以看出，多为某位大户在盘中买进或卖出，如果仔细查看成交明细，我们可以看出是买进还是卖出。但这并没有影响个股的走势，说明没有追究其成交属性的必要性。

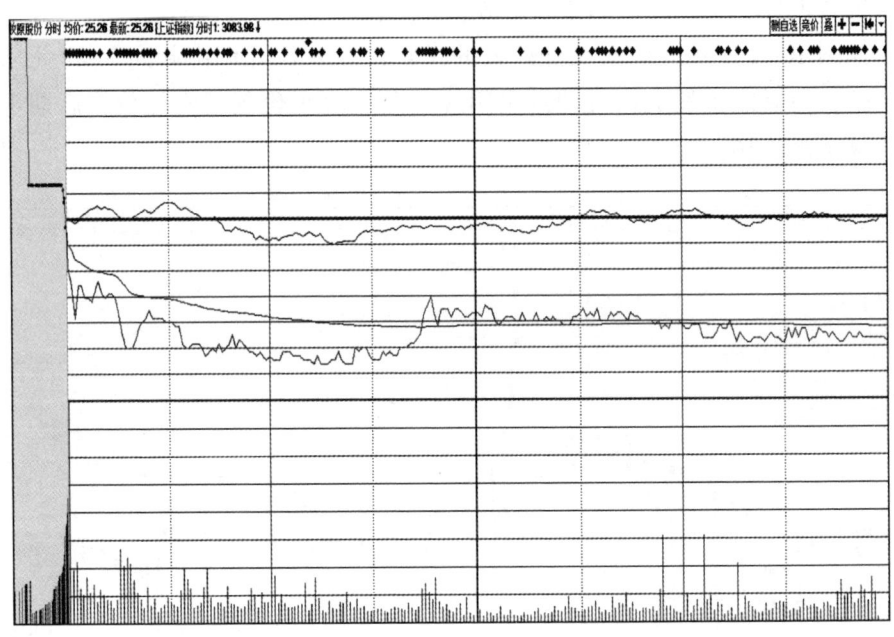

图 10-2

无论是 K 线走势图，还是分时走势图，趋势的改变都需要大笔资金的不间断进场或出场，或者对倒对敲。当然也不排除是老鼠仓的可能，但这个是从后期走势推断出来的，从盘面上我们(除当事人外)是无法判断的。

对于正常状态下的走势，我们无须判断主力的机构属性，但我们需要明白他们的投资风格，这就需要我们对其历史走势有个基本的判断，对前期的走势有个阶段性的准确定位，但对于类似上面的突发巨量、振幅极端放大等现象要有准确的认知，对于像价格的巨幅波动、明显放大或缩小、量能的异常突变等都要有起码的判断，同时越是乐观的走势越要提高警惕，对于难看的走势也要有个清楚的认识只有这样，能做到有所为，有所不为。

二、个股提前大盘同步放量

成交量作为大盘指数或个股价格波动的驱动器，在对趋势的研究上，往

第十章 非同步性中的买点

往比价格更有效。就类似我们判断风的方向，我们可以通过直观的体验感受到，同样也可以通过树叶、彩旗等的摆动方向来确定，而且更加贴切。个股提前大盘指数同步放量，往往代表着主力有开始运作的迹象，无论是打压洗盘还是拉升吸筹，无论是逆势下跌还是放量大涨，都表明主力开始了操盘计划中的下一个环节，我们自然有必要在这个最初的阶段，及时发现市场主力的目的，跟上主力的操盘节奏，进而第一时间搭上主力的顺风车。

图 10-3 和图 10-4 所示分别为同一时间内的大盘指数走势图和个股走势图。从图 10-4 中可以看出，大盘在创出 3140.44 点的新高后，便开始了一波下跌，更是以跳空阴线的方式跌破了双重顶的形态。再看看图 10-3，该股却在缺口当日开始了连续放量拉升。那我们看看前期有什么征兆呢？

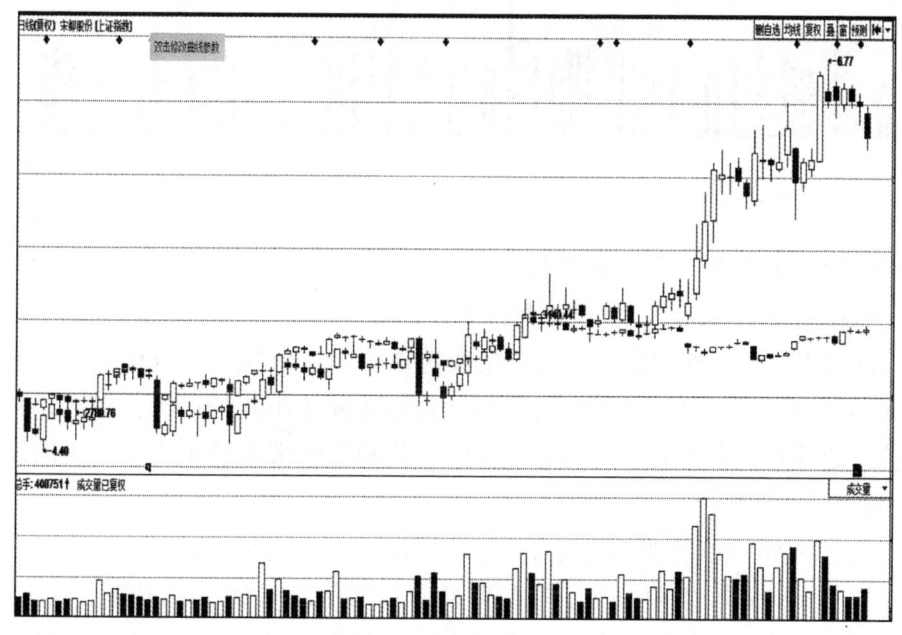

图 10-3

在前期的走势中，个股和大盘指数走势基本一致，个股保持着阳线放量阴线缩量的走势，即使受大盘走势影响收出阴线，但总能提前大盘收复阴线下跌区域。可能区别最为明显的是，大盘指数在构筑右肩低于左肩的双重顶时，个股走势明显有抬头的迹象。相对于大盘量能的波澜不惊，个股明显缩

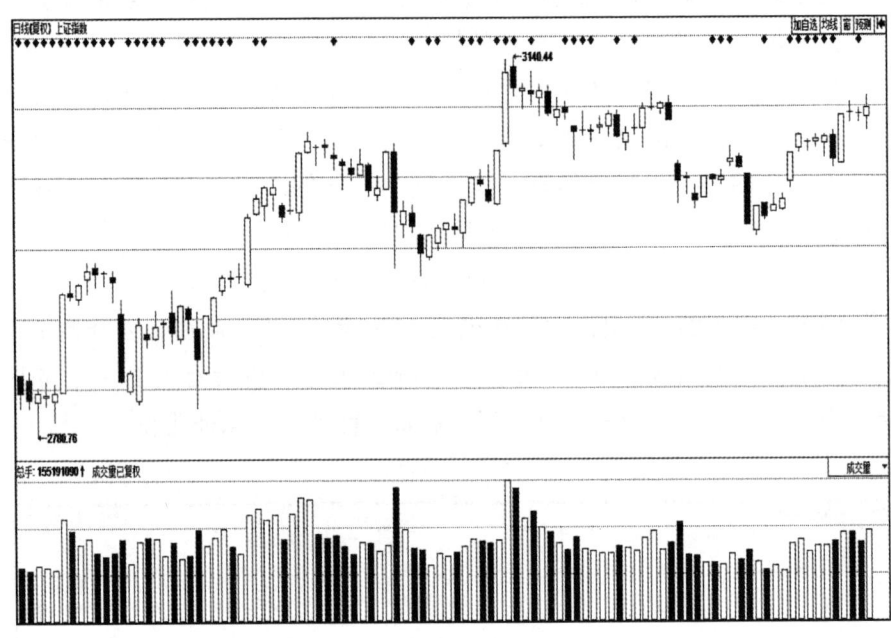

图 10-4

量，这种量能的不一致隐含着高度控盘的迹象。后期虽然大盘缺口式下跌，但个股已经时不我待了，连续放量拉升。

还可以发现一种现象，在大盘指数筑顶阶段，个股多次出现了长上影线的 K 线形态。从底部开始 10% 的涨幅让我们排除了出货的可能，那么只有吸筹拉升的可能。多次上影线的走势释放了获利盘所带来的压力。那我们来看其中的走势：

对于图 10-5 的个股分时走势图和图 10-6 的大盘指数分时走势图，早盘放量拉升，吸筹迹象明显。下午的回调，我们可以看到个股跟随大盘下跌，多次出现的量点及曲线的弯曲，都证明了震仓的可能。而且，个股的量能放量幅度明显比大盘要大，振幅也更大。多次出现的上影线，可以完全打消出货的可能，那么只等时机成熟，我们完全可以乘上主力拉升的快车，即便大盘指数没有给出充分的条件。

第十章 非同步性中的买点

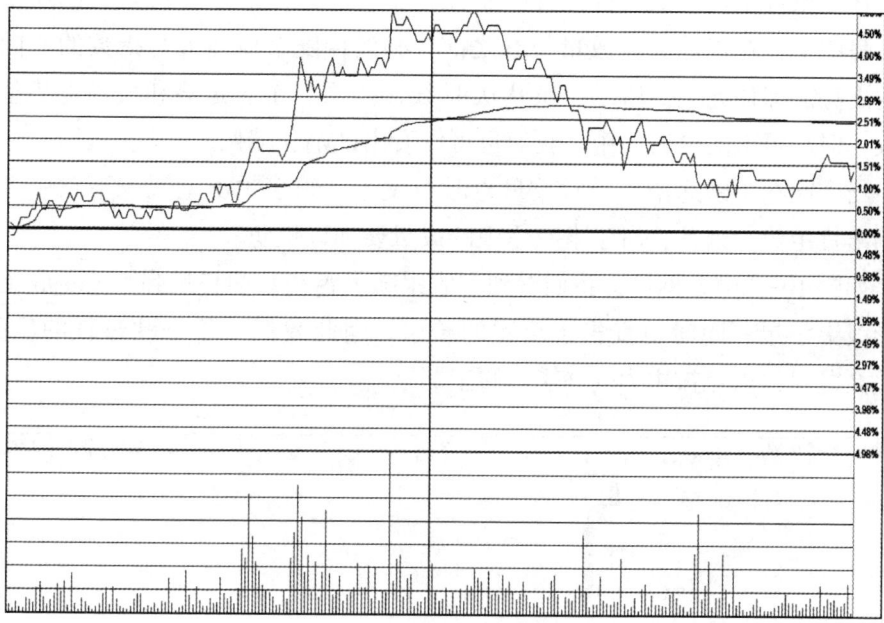

图 10-5

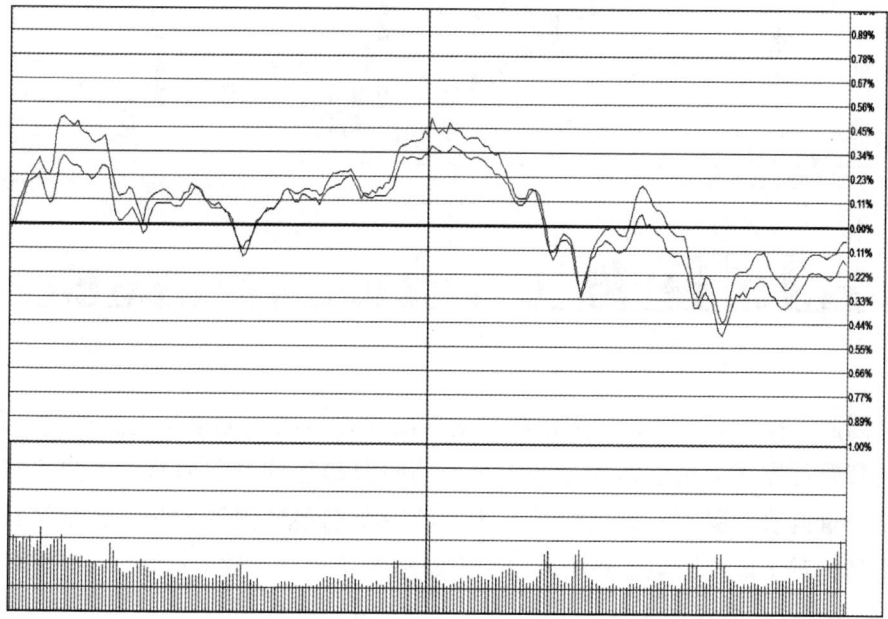

图 10-6

任何条件都构不成股价拉升的充分必要条件,无论是 K 线走势图还是分时走势图上,在提前大盘放量拉升之前,必然伴随个股与大盘指数的非同步性的走势。即便如上例所示,虽然从 K 线图上看,个股走势和大盘走势基本一致,但从每天的分时图中,我们也可以看出区别和端倪。

当个股在下跌途中,异常放量也时有发生,很多情况上属于下跌中继的对倒出货走势。因此,对于下跌途中的放量要加以提防。

如图 10-7 中方框处,我们看到个股跟随大盘指数弱势反弹,放量收出长上影线十字星,同时也宣告了反弹的结束。因此我们对于下跌过程的反弹,要提高警惕,以免被主力套在了山腰上。

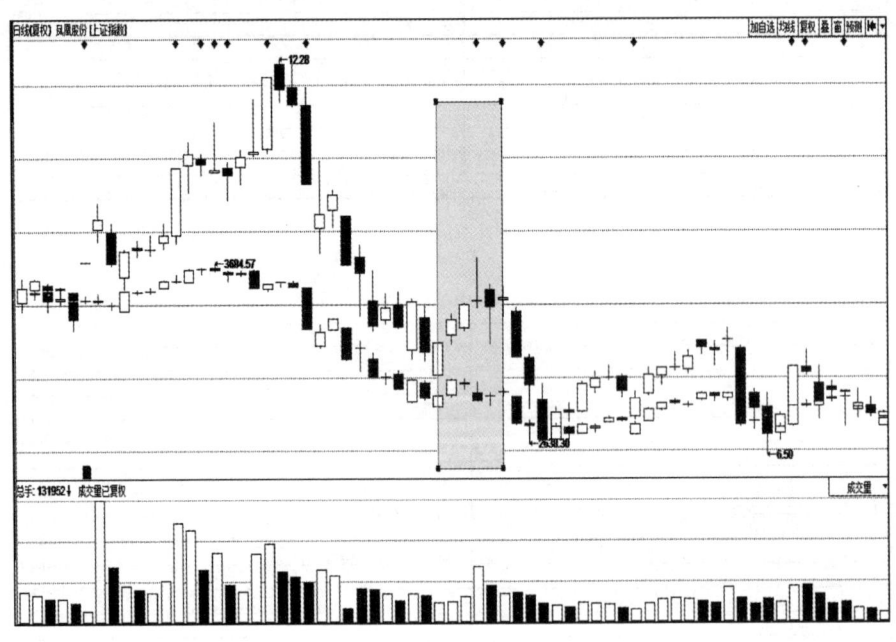

图 10-7

因此,提前大盘放量,多伴随主动性的操盘行为。无论是上涨还是下跌,我们都要首先搞清楚事情的来龙去脉,搞明白趋势的是非曲直。不要盲目地一见放量就追,更不要一见放量就跑。最后我们还要强调的是,放量是相对的,是相对于该股历史走势的放量,更是相对于大盘指数的放量。

三、个股提前大盘止跌

如果没有对走势的人为干预,个股和大盘指数的走势是同步的。提前止跌,自然是盘中主力不想让它下跌,无论是主力想反弹拉升出货,还是想震荡吸筹,后期都可能会走出强于大盘的走势。同时,还有放量和缩量一说,放量多伴随吸筹的行为,对于极端放量我们要辨明缘由再作决定。缩量多代表跌无可跌,散户筹码较少,主力较好地控制盘面。

提前大盘止跌,后续走势有两种情况:一种是放量拉升;另一种是继续横盘,等待时机。往往第一种走势短期内走势更强一些,后一种走势持久性更好一些。

如图10-8所示,该股在创出9.88元的最低点后,并没有跟随大盘指数创出新低,后期的走势也明显强于大盘。那么我们和大盘指数对比一下,如图10-9所示,可以看到大盘指数在下跌反弹阶段,量能保持萎缩的态势,个股虽然明显强于大盘,但量能也没有太大的变化,这时并不是我们买入的机会。在大盘跌破反弹的下沿,创出新低2638.30点时,该股逆势放量拉升,这才是最安全高效的买点。

图 10-8

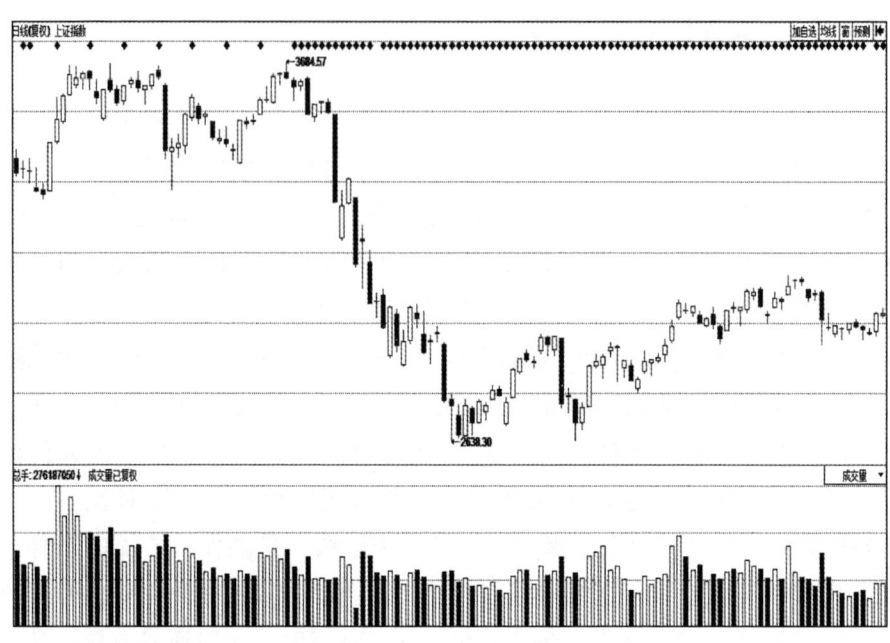

图 10-9

如图 10-8 所示，该股为什么没有突破上方的压力线？首先我们还是先看一下当时的指数环境，大盘指数在触底反弹到前期的下跌中继处，虽然这一阶段有放量迹象，但量能远未达到股价创出 3684.57 点的量能，说明量能在这里是个隐患。仔细观察它的走势，我们发现有两处低开高走形成的 K 线，一处为巨幅低开高走但收盘价低于前收盘价的假阳线，一处为小阴线收盘价的十字星，都说明多空双方的分歧严重，走势滞重。

我们再来看图 10-8，个股指数虽然提前大盘指数反弹，但在大盘开启反弹节奏时，个股保持缩量上涨的走势。我们知道，在个股底部初次反弹阶段，如果没有放出大量，很容易反弹失败，从而构成无效反弹或者双重底的结构。该例就是明显的案例，该股在大盘指数并没有反弹见顶时便提前开始了下跌探底。对于个股而言，前期的压力线即为出货点。

这是一个个股提前大盘反弹的案例，也是一个提前大盘下跌的案例，这也说明一个道理：强势股未必一直强于大盘，弱势股也未必一直弱于大盘。对于下跌中继和初期反弹的分析，在一定程度上对于股价的分析，起着至关重要的作用。

如图 10-10 所示，该股在大盘指数不断创出新低时，个股逆势止跌，没有跌破前期低点 8.53 元，但后期并没有马上开始拉升，而是等到大盘真正止跌后才开始拉升。我们可以看到后续该股的拉升幅度相对于上例中的个股要大得多，这就是以时间换空间的道理。

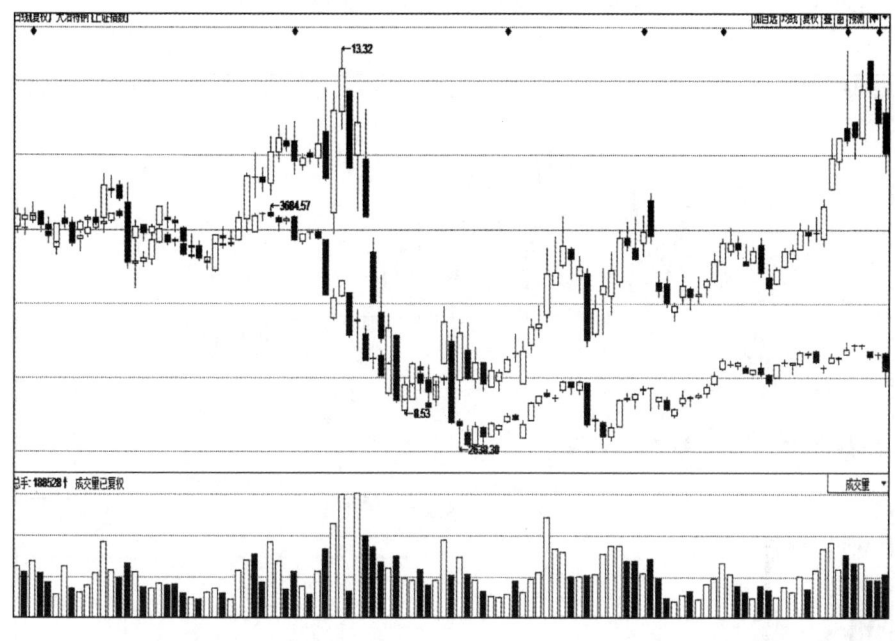

图 10-10

个股提前大盘止跌，就好像一块巨石，跟随着泥石流从山上滚到山下，它停滞了并不代表它会马上滚上去，需要有足够的外力才可以。这种外力可能是短时间的急剧爆发，也可能是持续一段时间后的爆发。主力是选择时间，还是选择空间，往往决定了主力的操盘手法，而我们就是去发现其存在的各种可能。

四、个股提前大盘拉升

不同于提前放量和提前止跌，个股提前拉升可能来得更为直接，除非主力获知重大利好或实力强悍，普通的主力断然没有这份敢为天下人先的勇气，尤其是在大盘指数趋势严峻的情况下。因为缺少筑底吸筹整理的过程，个股拉升的高度不会太高，后期可能会有再次下探的过程。

如图10-11所示，该股在大盘指数从3678.27点下跌到2638.30点的过程中，多次出现了逆势拉升，在大盘在顶部震荡的过程中也出现了多次创出新高的走势。如果我们没有发现走势里面的逻辑，无论是在大盘顶部震荡过程中，还是在下跌途中，都是很容易会被走势所引诱而套牢的。

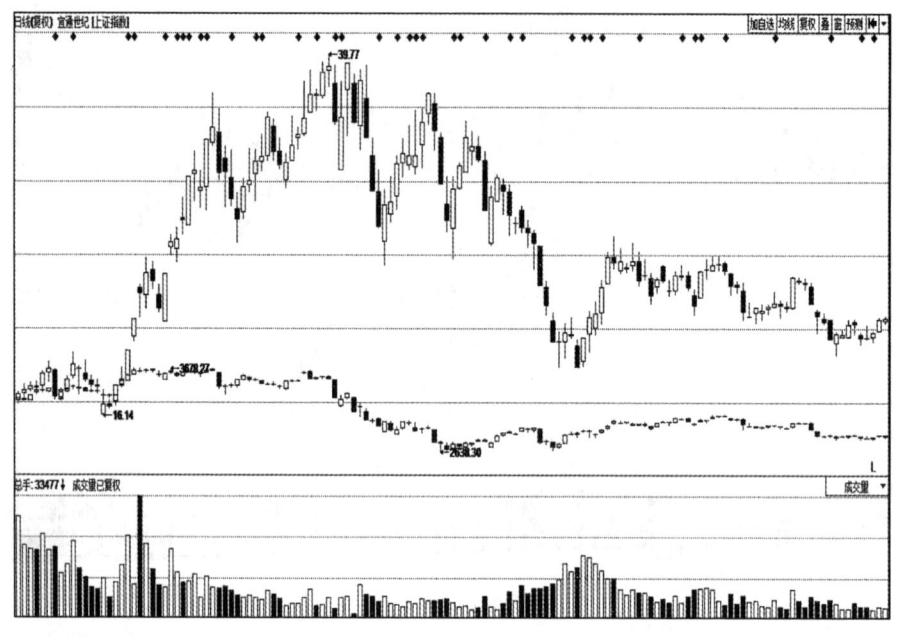

图10-11

在大盘指数见顶之前，个股连续强势拉升，多次出现涨停板，量能却呈现出量价背离的走势。如果该量价走势发生在长庄股身上，可能是控盘拉升的走势。但对于这种短线强势股，往往带有很大的风险。

当大盘指数在顶部区域时，个股多次出现不断突破前期高点的走势。按照我们前面的论述，大盘指数未破前高，个股逆势突破前高，往往是一种强势的表现，但如果把这个原则用在这只个股上面，却蕴藏着巨大的风险。该股的主力不过是借助强势的表现，吸引市场中追逐突破买点的投资者买入，从而实现筹码从主力到散户的倒手。

第十章
非同步性中的买点

可能使个股主力未能意识到是，市场的崩盘来得如此之快，如此之猛烈。连续三个跌停板的走势直接打破了个股的战略布局，不得已逆势放量拉升，同时补仓少量筹码，等到气氛合适，便立即变现出货。我们可以看到在大盘指数下跌途中，出现了三次的逆势拉升。待到主力筹码出货基本完毕，剩下的筹码直接砸盘出局。后面即使大盘从2638.30点止跌反弹拉升，个股依然跌跌不休，剩下的是一地鸡毛。

我们来看两幅分时图，分别是在大盘下跌途中，个股逆势补仓拉升和反弹拉高出货的走势图，看看两者有什么区别。

如图10-12和图10-13所示，通过比较两幅图，两者涨幅差距不大，但是我们明显可以看到，前者明显比后者拉升走势流畅，在当日的高位区域，震荡幅度后者明显比前者要小得多，而且有量能放出，向下的尖角波出现的频次更多。从日K线上看，后者的量能也小于前者。当然，前者也只是补仓性质的拉升，主力只是起到煽风点火的作用，分时线和均线线的距离不断扩大，波形的不平滑，这些都是其表现出来的特征。

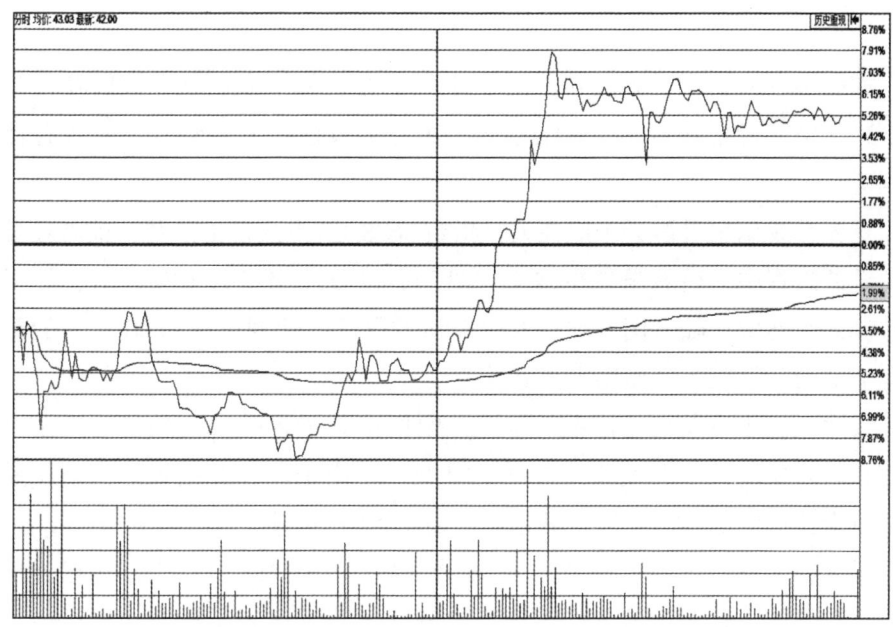

图 10-12

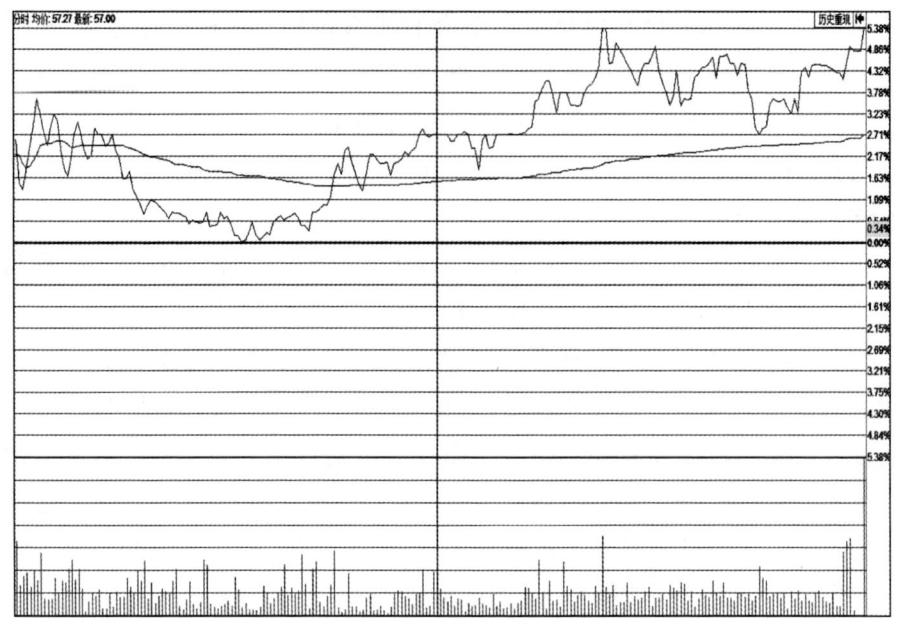

图 10-13

如图 10-14 所示，该股和图 10-11 中个股走势不同的是，该股在大盘指数下跌途中或者止跌后期，走出了强于大盘的波段拉升走势。那两者有什么区别呢？

首先，我们来看两只个股在大盘指数 3678.27 点之前的走势，前者处于急速拉升的过程中，后者虽然也强于大盘，但该股涨幅仅为 30% 左右，处于吸筹拉升的节奏中。随着国家重点发展水利工程建设计划投资 8000 亿元的重大消息的披露，该股才开始踏上拉升的节奏。

其次，由于后期大盘指数的暴跌，顺便达到了下跌洗盘的目的。在大盘稍有止跌迹象时，个股便连续拉升。图 10-11 中个股在此位置处，是反弹出货的节奏，这就决定了它的拉升幅度明显小于该只个股。

最后，大盘指数到达底部 2638.30 点止跌时，图 10-11 个股主力已经出货完毕，自然伴随着疾风骤雨的下跌。该股这才刚刚遇到了拉升的好机会，后期走出了 3 倍的行情。

这就是两者的不同，由于不同主力的操盘步骤不同，操盘节奏不同，且

第十章
非同步性中的买点

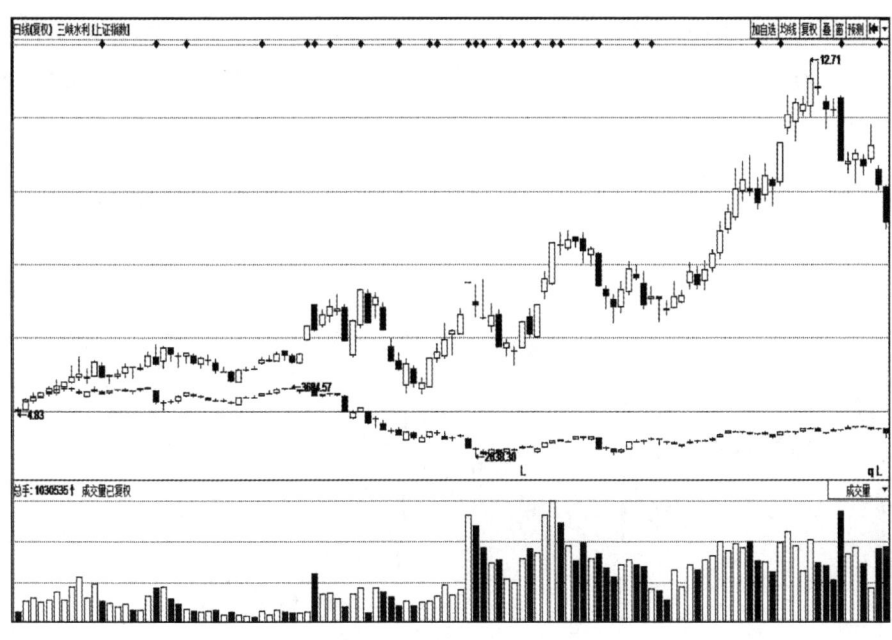

图 10-14

随之而来的消息也不同,导致出现了天差地别的走势。同时我们还要注意的是,前者由于处于反弹出货的节奏中,反弹过程中自然不会放量,一旦放量,反而是反弹结束的征兆。后者的放量拉升,往往是开启了主升浪的开端。请注意我们的措辞,前者是反弹,后者是主升浪。

五、个股落后大盘滞涨

个股落后于大盘,这种现象往往被人理解为弱势的表现,但是其中往往也蕴藏着无限的机会。某些个股往往采用这种方式进行洗盘整理,如果再加上缩量的条件,这种股票就更值得研究了。如果是放量,多数情况下是出货的需要,但往往也不尽然。因此,针对不同的个股,采用不同的应对措施。在股票投资的世界里,永远没有一成不变的真理。

如图 10-15 所示,从个股走势和大盘指数走势的叠加可以看出,个股明显弱于大盘,在方框内,个股更是放量杀跌,真是唯恐避之不及,最后在大盘上涨高达 10.73% 的基础上，个股逆势下跌 3.03%。相信绝大多数投资者都会在该股暴风骤雨的下跌中逃之夭夭。看到后面的走势我们就一目了然了，不过是主力的挖坑洗盘，但在当时，能有几位"投资大师"敢于得出这样与众不同的结论。

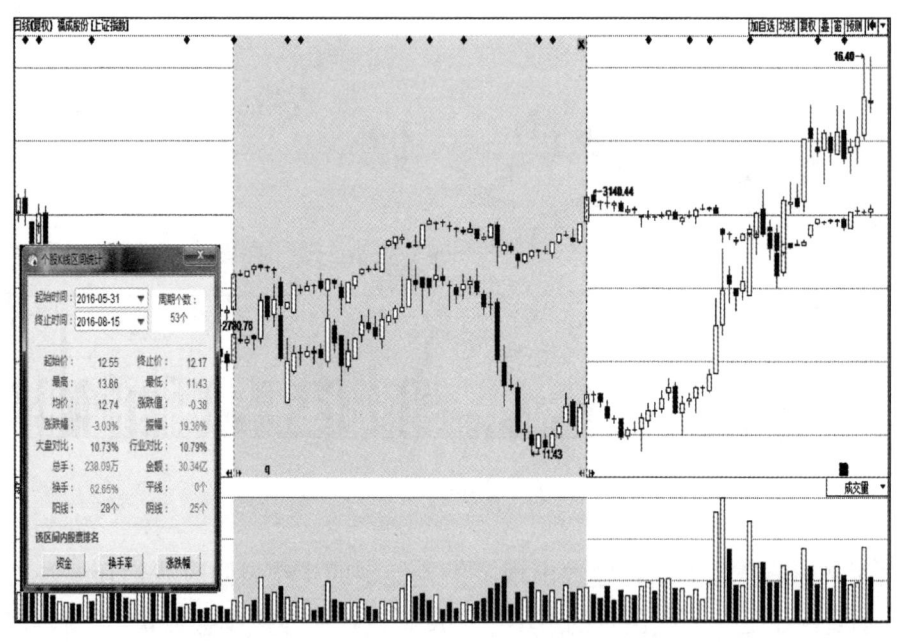

图 10-15

除了根据前期主力明显的主力吸筹迹象和涨幅有限的条件，我们还可以从下跌的阴线中寻找到蛛丝马迹。所以说，对于分时图的研究，往往能探查出通过 K 线无法觉察出的痕迹。

图 10-16 和图 10-17 分别为下跌过程中，量能放出的最大的阴线和收盘创出最低点的阴线。我们明显地发现两者的共同点，下跌的过程多为一笔或数笔大单打压而成，并没有主力出货的迹象，即便是大单砸盘，也多为主力对倒。波浪下行过程中，走势不流畅，量能也不配合，这些都是对倒打压洗盘的迹象。

第十章
非同步性中的买点

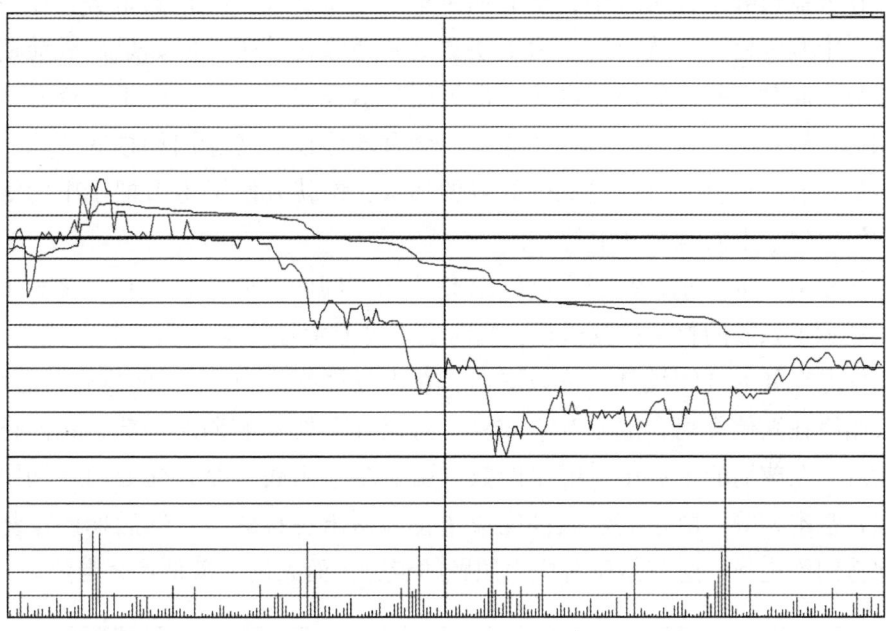

图 10-16

图 10-17

在大盘指数拉升过程中，个股如果呈现出震荡或者下跌的走势，往往更能使盘中筹码松动，从而使主力更快更高效地收集筹码，但如果该股前期走势强势，此时个股走势保持震荡，也更能吸引投资者抢筹。由于投资者认可前期的走势，会认为强者恒强的原理，会有部分投资者逢回调抄底买入，如果走势喜人，也会吸引到追涨爱好者的加入，这就方便了主力把手中的筹码派发给散户，下面就是其中的一例。

如图 10-18 所示，我们之所以把 K 线图区间的时间放得较长，是为了更好地展示个该股的整个操盘过程，同时也不可避免地压缩了大盘指数走势图。从图中方框处的区间统计，可以看出，在大盘涨幅为 10.59% 的反弹过程中，个股始终在高位震荡，涨幅为 2.65%。对比方框处及前期的走势，我们还可以发现，在前期的走势中，阳线的数目明显多于阴线，而方框处阴线和阳线的数目基本相等。由于高位震荡完成了主力的出货目的，方框后期的走势始终保持阴跌走势，这就是没有主力照顾的走势，而无论大盘是什么走势。

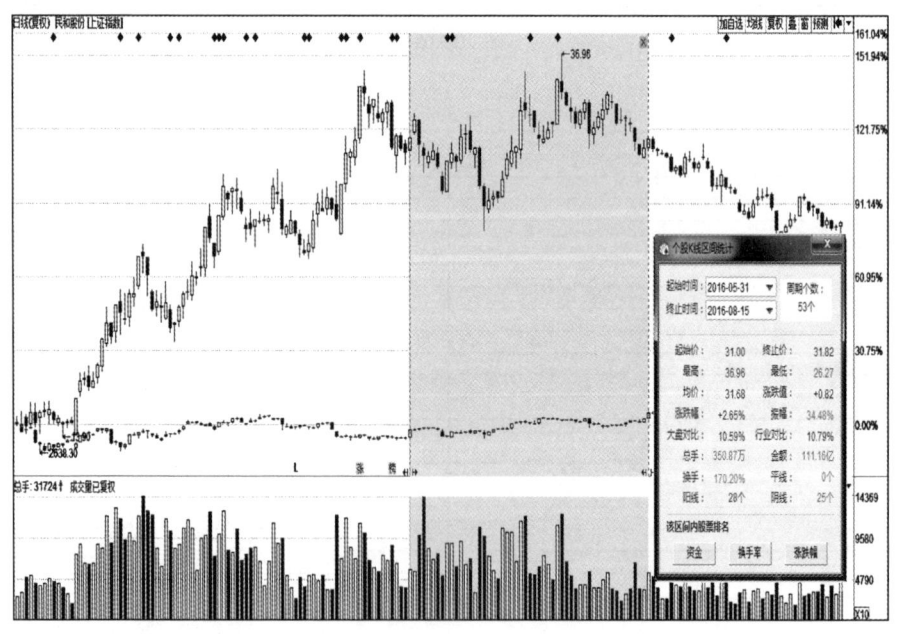

图 10-18

对于个股滞涨的走势，存在多种可能，下面简单举例作一介绍。对于任何一种走势，说它涨自然就有涨的道理，说它跌也会有它跌的缘由，所有的

第十章
非同步性中的买点

走势都不是一模一样的,就像天下没有两片相同的树叶一样。而从今天开始,又会产生更多不同的走势。在本书中,我们只是希望通过针对不同的情况,分别举例说明,能够起到触类旁通、醍醐灌顶的作用。所谓"师傅领进门,修行靠个人"就是这个道理,更何况在投资的世界里,本没有师傅一说,我们和你们一样,都是投资道路上的修行者而已。

六、个股主升浪买点

一般来说,在一轮行情中涨幅最大,上升的持续时间最长的行情为主升浪行情。按照波浪理论的定义,主升浪类似于第三浪。主升浪行情往往在大盘指数强势调整后迅速展开,它是一轮行情中投资者主要的获利阶段,属于绝对不能踏空的。

我们在讨论主升浪买点时,多是把形态、均线、指标等突破作为主升浪的买点。我们曾经多次强调过,个股的走势主要有两个决定因素:市场环境和个股主力意图。由于市场技术分析理论的广泛传播,形态、均线、指标的突破得到了很大的共识。有时候反而成了主力制造陷阱的机会。任何所谓的突破也未必是主升浪的开始,大盘指数的转暖、市场环境的走好都往往会带动个股的突破,那么这个突破就不是主升浪的开始。

主升浪的展开伴随着个股主力的主动性操盘行为,它和大盘指数没有必然的关系。大盘指数虽然能够带动大部分个股进入主升浪,但有时候主升的展开并不需要大盘的配合。因此我们在这里需要纠正这个误区,并非所有的突破都会把你带入主升浪的阶段中。

我们在这里讨论的并不都是类似2007年的大牛市中的主升浪,毕竟中国二十多年的股市,才产生了这么一次波澜壮阔的大行情。所谓主升浪行情,是指主力从开始进入拉升阶段到明确出货信号产生的整个过程,它不局限于时间,也不受时间限制。中短线的主力主升浪可以仅仅是1~2个月,长线混庄股时间可能长达1~2年。

那么这个买点应该怎么判断呢,主要有两个方面的调整。第一种情况是个股以大盘指数为参照物,当大盘指数出现特定见底K线、K线组合、K线形态时,个股走势明显强于大盘走势为开始,它是以大盘指数出现特定见顶K线、K线组合、K线形态时,个股走势明显弱于大盘走势为结束点,如果多次出现上述情况，那么买卖点的确定就更加明确了。第二种情况是以个股走势为基础，在某段时间内个股走势突破了前高点、前筹码密集区、颈线位等压力位时，而此时大盘指数弱于个股，并没有同步突破压力位。同样的，如果多次出现这种情况，那么买卖点的确定就更加具有说服力了。

　　如图10-19所示，上面的直线为大盘指数下跌形成的颈线位，下方为个股形成的颈线位。我们可以看到，大盘指数和个股在同步突破后，回调试探压力线。大盘触及上压力线，而个股则没有，我们可以在大盘回调结束拉升时买入该股。在短期顶部我们看到，个股提前大盘指数跌破大阳线，走势开始疲弱。从回调结束买入到跌破阳线卖出，大盘涨幅仅为3.67%的同时，个股涨幅高达19.01%。

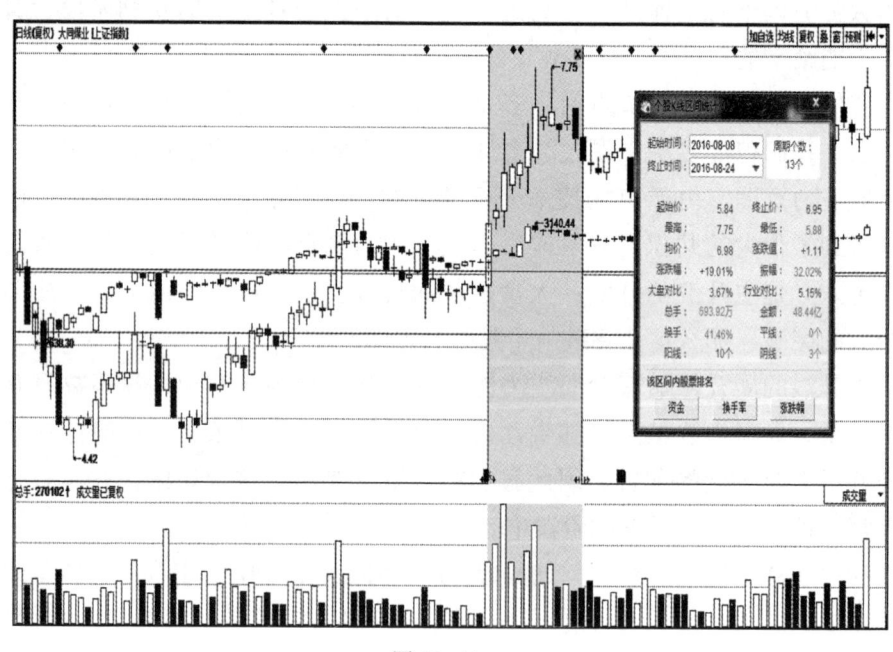

图10-19

　　上例是以大盘指数作为参照物为标准的，我们换一个角度来看，下面这个案例是以个股走势为基础的，看看两者有什么区别。

　　如图10-20所示，先看图中的两条横线，上方线段为大盘指数下跌过程中的反弹压力位，下方直线为该股下跌途中的反弹压力位。我们可以看到个股率先突破上方压力位，回调也没有跌破。后期，大盘指数创出了反弹新高

3097.16 点，个股在经历了一波反弹后，在大盘突破的同时，个股没有突破前高，反而提前大盘指数开始下跌。以图中两条竖线分别为主升浪的开始和结束，看一下它们的区间统计，我们会发现，在大盘指数反弹了 7.25% 的同时，个股涨幅高达 50.76%。虽然在后期，个股经过长期盘整后突破了高点，但我们成功地赚取了大部分的利润，后面不过是食之无味的鸡肋罢了。

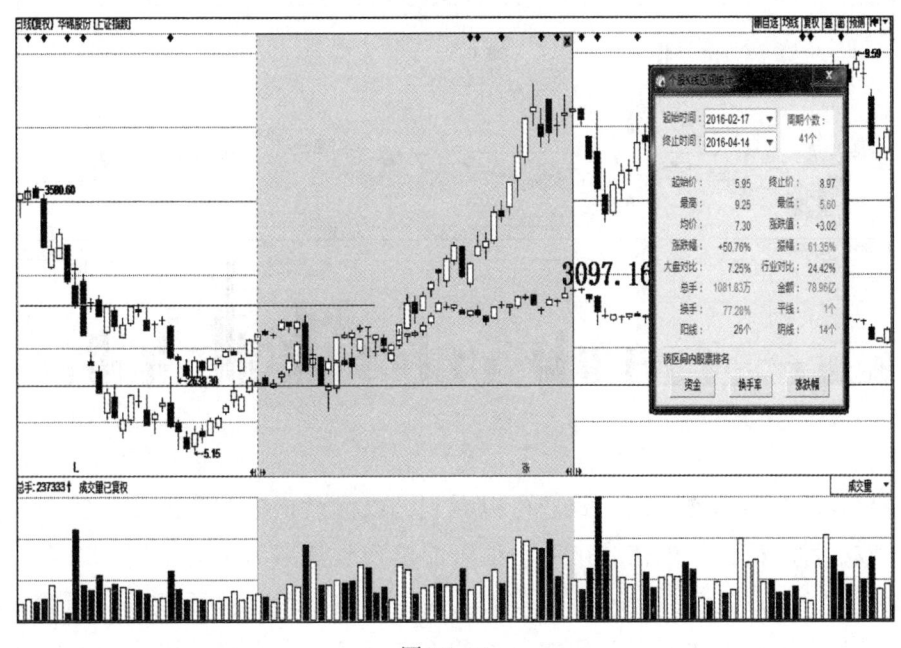

图 10-20

那我们从相对强度的角度来分析一下，分别选取几个重要的点位来作一对比：

如图 10-21 所示，A—E 分别为最低点、上涨中继高点、上涨中继回调低点、波段高点、卖出点。单从肉眼也可以看出，该股波段拉升一直强于大盘指数，两者之间的乖离越来越大。我们来计算一下，以 A 为基准，上述的相对强度分别为 0、8.88、10.60、57.49、54.16。从数字的角度上来看，相对强度也逐渐变强然后变弱，最直接地证明了 F 点卖出筹码是收益相对最大的卖点。

可能会有人说，为什么不从 A 短点买入，E 点卖出呢？毕竟没有人知道最低点和最高点在哪儿，就连主力也不未必能准确地判断高低点，因为市场的影响因素太多。

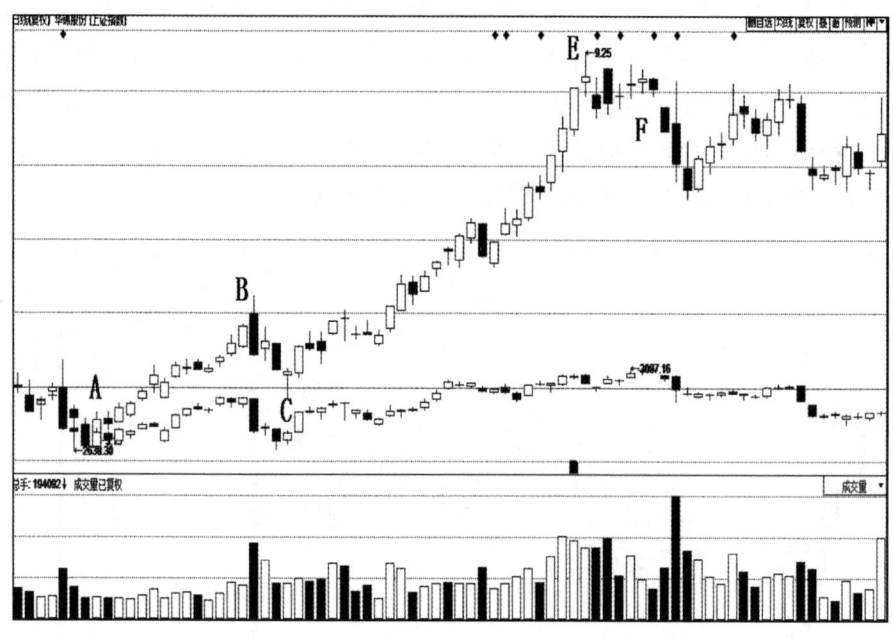

图 10-21

比较两个案例的区别,我们可以看到,以大盘指数为参照物,安全性较高,收益性较低,如果在弱市中,很可能出现收益率为负的情况。以个股走势为基础,更加灵活,但风险性较大,往往会被市场走势所欺骗。因此,我们在选择不同的方法时,要根据所处的市场环境、个人对于风险的偏好和资金的灵活性进行选择。

七、超跌反弹买点

很多人投资股票很喜欢摸顶和抄底,但是到底顶在哪里,底又在哪里,众说纷纭。并不是所谓的该股的市盈率达到某个数值就是底了,也不是股价达到了历史最低点就是底了。底在哪里,没有人能够知道,即使是市场中的主力,也不能完全判断正确,毕竟市场中不可预知的因素太多,因此常常出现投资者炒股炒到山腰上、山踝骨上的现象。

超跌反弹买点,就是因不合理的过度下跌所产生的短期上涨行情。由于无法确定底在哪里,我们不主张利用其下跌的幅度去判断底部的位置。我们

第十章 非同步性中的买点

一般常用的是利用 K 线组合结合指标的方式来判断，即当某个指标(如 macd、kdj 等)达到某个数值，同时出现类似覆盖线、早晨之星等 K 线组合时。但是有时个股的恐慌性下跌，套牢盘该卖的都卖了，其他深度套牢的都在"装死"，持币者也不敢买入，导致了个股极易被操纵，用很少的资金就能使 K 线形态形成某种组合，使某个指标形成超买，因此我们很容易掉入市场的陷阱。

那么我们怎样才能既买在市场的底部，又能最大限度地规避风险呢？首先，我们当然可以做超跌反弹，但是我们抓的不是一个点，而是一个区间；其次，个股的底部必须伴随主力的主动性操作行为，也就是主力认可了这个位置；最后，相对于大盘指数，个股的趋势有明确止跌的迹象。

我们还是先看例子：

如图 10-22 所示，该股在前一波下跌过程中，提前大盘指数见底 18.43 元，反弹后受到支撑止跌，以长下影小阴线略作洗盘，随后大阳开始主升浪行情。可以预见的是，没有主力资金的参与，个股走势会跟随大盘指数，后期的走势也不可能强于大盘。

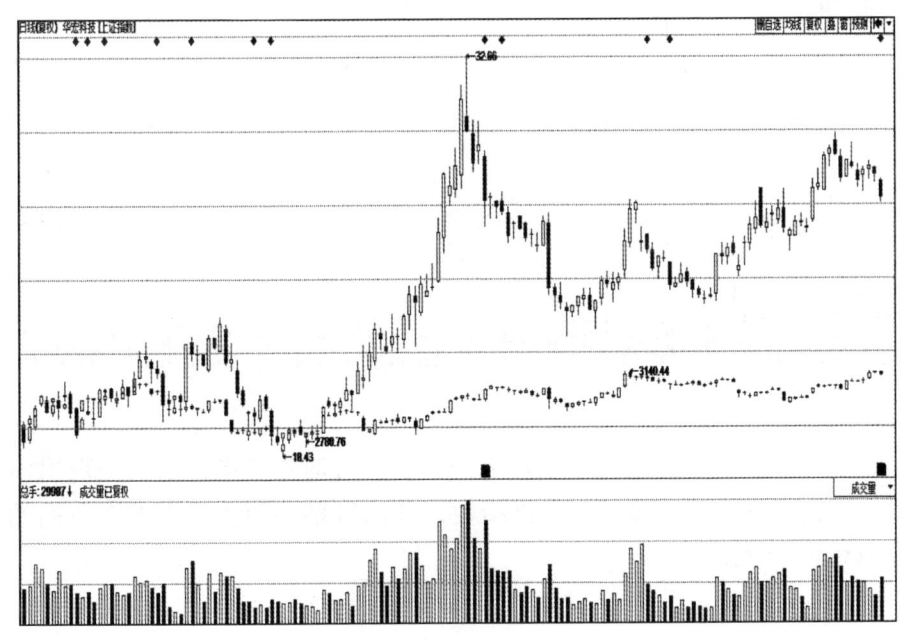

图 10-22

对于这只个股，风险偏好较大的投资者可以在大盘指数创出阶段新低

2780.76 点，个股走势确定没有创出新低时尾盘买入；风险偏好较小的投资者可以在个股回调不破前低时买入。

如图 10-23 所示，该股在持续下跌并创出新低 9.03 元的过程中，大盘指数一直在 2772.55 点上方波动。个股在最低点反弹后，回调没有跌破上一浪的低点，从图中我们也可以看到相对强度(大盘指数走势和个股走势之间的距离)是缩小的。从常理来判断，个股走势弱于大盘，肯定和主力的出货走势是同步的。同样的，如果没有主力资金的介入，个股的走势也不可能在短时间内跟上大盘走势的节奏。因此，在个股底部出现明确的反转组合，并且相对强度有明显变化时是相对安全高效的买点。

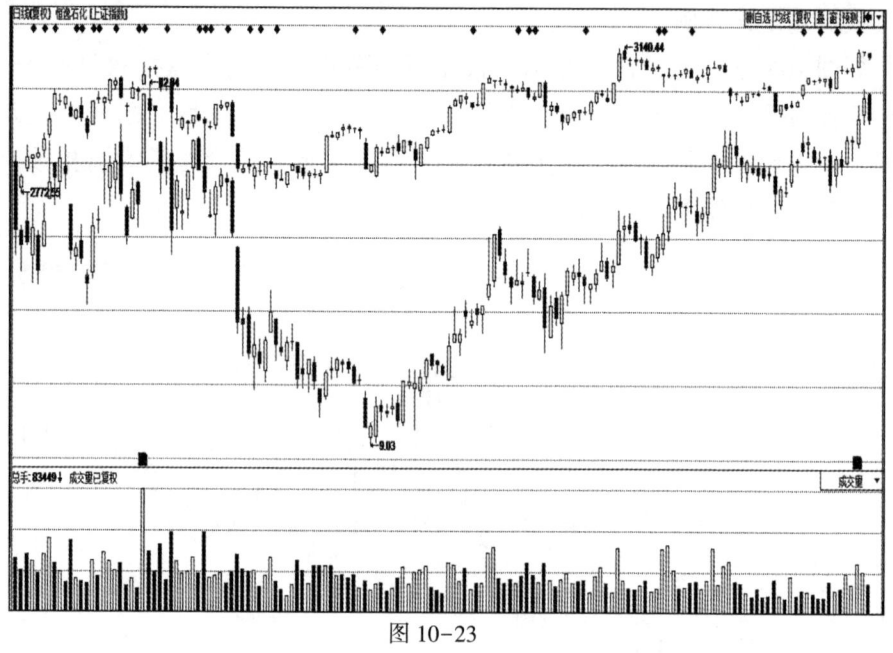

图 10-23

如图 10-24 所示，这是个股六天内的多日分时走势图，该股呈现出由高到低，再由低到高的走势，和大盘指数走势的区别差距太大，那么我们的买点应该突破下降压力线的位置。

和图 10-24 一样，图 10-25 为三日分时走势图，该股在前两天走势一直在大盘指数下方波动，偶有试探，也无功而返，对短期趋势来说，个股在突破大盘指数时是最具操作性的买点。因为没有主力的介入，个股走势不可能做到由弱转强，没有主力的操作，个股相对强度不可能由负变正。

第十章
非同步性中的买点

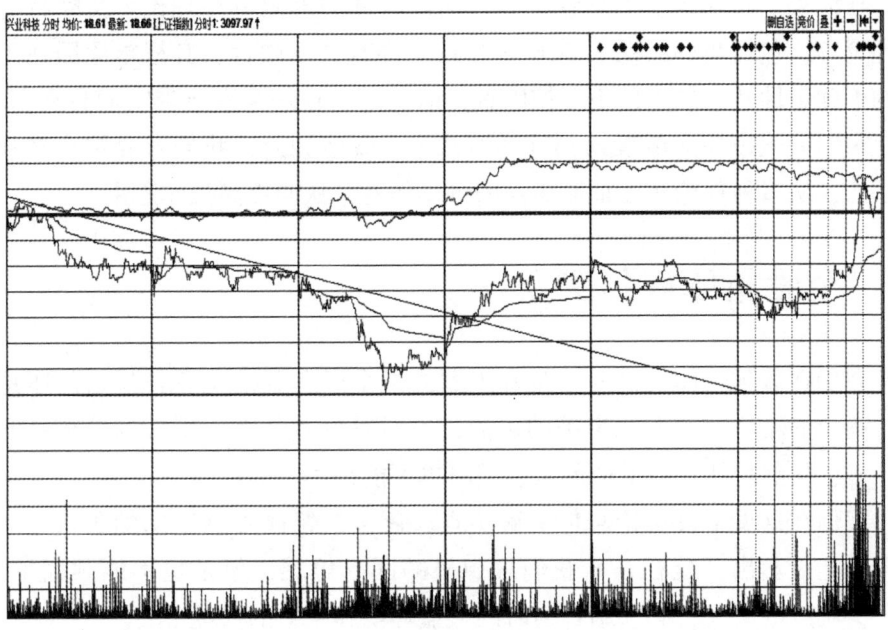

图 10-24

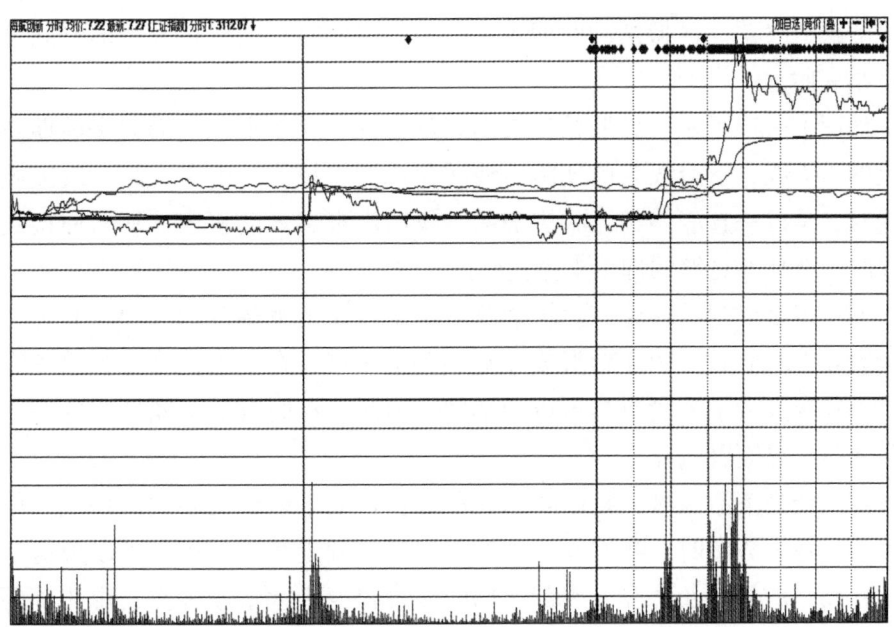

图 10-25

任何关于超跌买点的理论，如指南针软件的筹码分布理论、艾略特的波浪理论等，包括我们的裸 K 线操盘技法，都有其局限性，其根本原因在于底部的不确定性及市场中的不可控因素，但是由于超跌买点所带来的高利润率，致使很多人飞蛾扑火般投入到这场游戏中。既然如此，我们就要结合多种操作手法，从多种理论角度证明买点的可操作性，从而提高操作胜率。

八、个股箱体震荡买点

我们在谈到箱体突破时，常常想到的是个股所处的位置，是高位还是低位。高位的箱体固然有假突破的可能，但同时也有更上一层楼的希望；低位的突破，虽然可能是拉升的起点，同时也可能是诱多的反弹。

我们在这里不仅讨论箱体突破买点，还包括箱体震荡区间的买点。下沿买入，上沿卖出，是存在于我们思想里的固有思维，但是也不能顽固不化，对于买卖点的研究，必须结合当时的大盘环境和主力的操盘节奏。

我们常常容易忽略的一点是，箱体的区间大小。走势活跃的股票区间相对于走势不活跃的可能更大一些，在箱体内持续的时间也并不是越长越好，走势活跃的股票往往持续的时间更短一些，但同时，突破拉升后的空间可能相对小一些。

如图 10-26 所示，该股是比较明显的区间震荡个股，上沿线是前期高点形成的阻力线，下沿线为前期阻力线转化成的支撑线。由于在第一次突破下沿线时，是以一直涨停的方式突破的，我们没有买入的机会。那么回调到支撑线时，有什么足够的理由支撑我们买入呢？

通过黄金分割线理论，此轮个股下跌正好在上涨幅度的 61.8% 止住，大盘指数在 50% 止住，由于该股属于短线强势个股，在主力高位盘整出货完毕后，下跌幅度大于大盘也是可以理解的。因此，我们对于不同性质的个股判断强弱时，要因股而异。

在回调到下沿线时，我们看到数根带长长上下影线的阳线或阴线，但观察大盘指数走势图时，我们并没有发现出现此种走势的外因，可以说这是主力的主动性的补仓及洗盘。底部区域的缩量程度远远大于大盘，说明筹码的稳定性良好。同时，大盘指数回调后重心开始上移，也为主力后续的操作提供了条件，根据区间性个股的操作手法，在外围条件具备的情况下，兼具足

第十章
非同步性中的买点

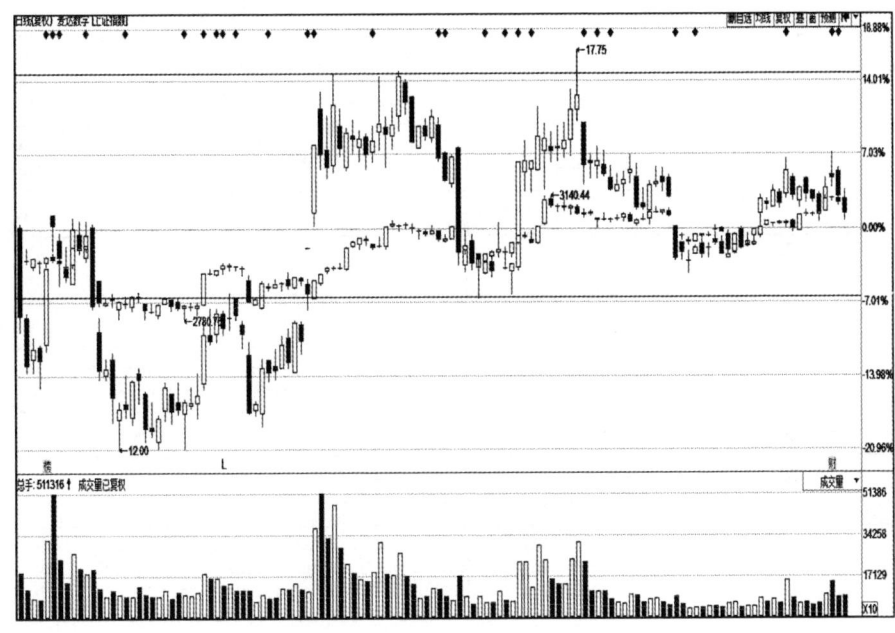

图 10-26

够的支撑作用，完全展开了拉升操作。

如图 10-27 所示，这是回调受到支撑后拉升的涨停大阳线。有意思的是，该股的拉升方式耐人寻味，午盘后的长波拉升在一定程度上说明主力的实力强悍，但同时也具有强烈投机性。投资者即便发现该股的拉升，也很难在盘中中低价位买入。根据图形判断，普通投资者的买入应该在 8% 左右。如果 8% 的数字针对长线庄股来说，可能并不算太高，但对于区间震荡幅度仅为 20% 的个股来说，可就不算低了。

在涨停板后的数天内，大盘指数先是连续两阳拉升，然后高位阴跌，与此同时，个股先是放量滞涨，然后是逆势放量拉升。主力先是宽幅震荡出货，然后是震荡拉升出货。针对于不同的市场环境，主力采用不同的方式从而达到相同的目的。因此，类似我们普通投资者面对不同的行情，要采用不同的交易策略。

针对于类似上面的区间性个股，由于其区间波动幅度有限，如果没有及时发现，一旦买入的价格处于震荡幅度的中上方，可能风险就比较大了；由于其筹码相对比较活跃，量能的缩放幅度较大，下沿线的连续缩量和上沿线

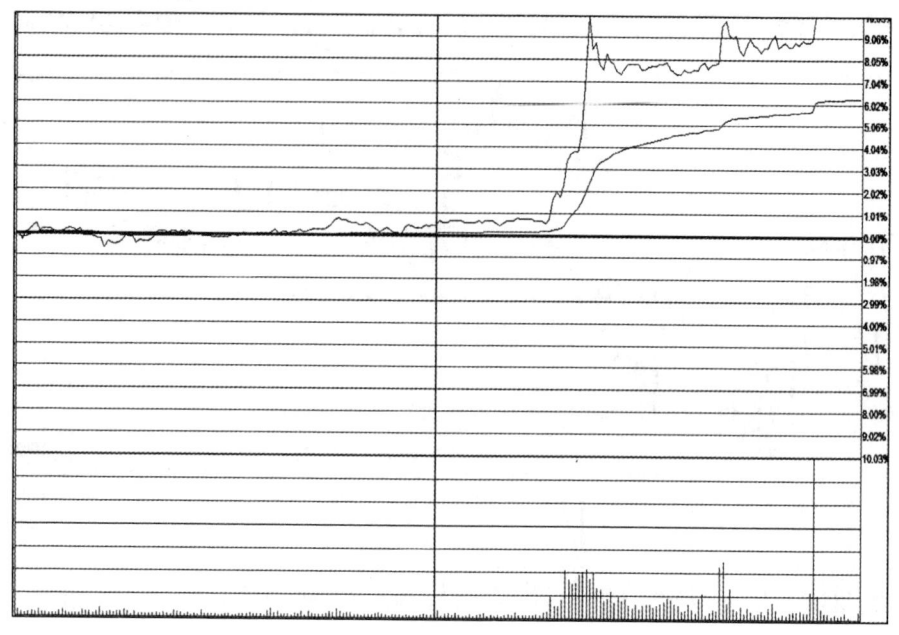

图 10-27

的放量滞涨都是买卖点比较关注的地方。

如图 10-28 所示，图 10-27 中个股属于短线区间性个股，该股属于长线控盘庄股；图 10-27 中震荡区间为 20%，该股仅为 10%；图 10-27 中量能变化幅度较大，该股量能差距较小；图 10-27 中震荡完毕后一地鸡毛，该股震荡完毕后大鹏展翅。

和图 10-27 相同的是，震荡的区间类似上图 10-27 中回调到支撑线的走势，但不同的是，当时图 10-27 的大盘指数是震荡上行，该股是震荡下行，这也从侧面说明从筹码的稳定性来看，该股比图 10-27 中个股要强势得多。

从图 10-28 中我们可以看出，大盘指数后期发生了跳空下跌的走势，然后便一直在缺口下方波动，该股不仅没有跳空缺口，而且很快走势企稳，并且重心上移。相对于大盘指数的连续放量阴线，个股量能反而呈现出缩量的态势。后期虽然放量突破了震荡区间，但当日的换手率仅为 0.69%，并且很快便脱离了震荡区间。

通过上面两幅图的对比，我们可以看到不同类型个股的操作手法。因此，我们不仅要学习这套《裸 K 线操盘技法 1》，更要学习各种经典理论。就类似

第十章
非同步性中的买点

图 10-28

我们学习兵器兵法，平常多学几种，到了战场，无论对方采用何种兵器，何种战术，都能做到从容应对，游刃有余。

在本章中，我们对七种不同的战法进行了解读，其中前四节都是根据市场的非同步性去捕捉买点，重点分析了发生异动的原因，异动发生前的种种假象，从而确定了后续的操作思路。后三节主要针对市场的主流买点，通过裸K线的角度去辨析真伪，同时针对个股不同的走势特点，提出相应的措施。

当然，这远远不能概括所有的买点，但希望这些阐述能够帮助各位投资者更深入研究。俗话说，"最美的风景永远在最深处"，最适合自己的投资方法，永远是在投资者经过了刚开始时的无知蛮干阶段，越过了进修充电阶段，逐渐的摸索探路阶段，然后是归纳成型的阶段，通过了初见成效阶段，最后才是柳暗花明又一村的境界。

第十一章 非同步性中的卖点

我们在上一章中，谈到了非同步性中的买点，买卖点的确定，构成了交易的闭环，其根本目的是更好地增加利润或者保证本金和利润。好的买点决定了你的持仓成本，也就是你初始风险的程度。好的卖点，更是回避风险的有效手段。

在考虑卖点时，很重要的一点就是忘记你的成本价。买入一只股票，唯一的理由是从技术面或消息面来看，判断出我买了以后，它明天会涨；卖出一只股票，唯一的理由是判断出它不会再涨了，还会跌，又或者有其他的强势股可以获利，可以把资金拿出来，换做其他的股票。而股票的成本价，永远不应该成为我们买入或卖出的理由。

一、提前大盘缩量

在技术分析领域，常常有这么一种说法："缩量是最好的指标"，这在一些情况下可能是正确的，如在底部吸筹的后期，上涨途中的洗盘整理等。但是依然会有令人困惑的地方，何谓底部，何谓吸筹的末期，量能缩小到什么程度为恰当。

正如上面所讲的，提前大盘缩量，首先要搞清楚的是，当前所处于的主力操盘节奏和阶段。针对某些长线高控盘庄股，在经过了前期放量吸筹后，会稳定地缩量上涨，这反而是主力高控盘的特征，如果突然放出巨量或者趋势走坏，就到了出货的时期。对于持筹相对较少的主力，缩量上涨往往意味着风险的即将到来。

那么量能缩小到什么程度算合理呢，很多所谓的高手都给出了自己的答案，如前期上涨前的量能、短期顶部量能的 1/2 ~1/3 等，这在一定程度上又犯了形而上学的错误。量能的缩小程度应该是以大盘指数量能的变化为基准，

第十一章
非同步性中的卖点

同时结合个股走势与大盘走势的相互影响来综合判断。

（1）如果当日个股和大盘的走势有明显的背离时，主力会被迫承受投资者由于市场恐慌所带来的抛盘，因而可能会造成量能的放大。

（2）如果当日个股和大盘的走势是同步性的，主力受到市场抛盘的影响要小得多。例如，在个股下跌趋势中，如果大盘下跌，个股承受的抛盘就会比在大盘横盘或上涨过程中要小。反过来如果个股处于上涨趋势中，个股所承受的抛盘要多于平常。

当然我们上面的判断是基于理想状态下，对于基本面上，个股的走势容易受到公开或非公开的上市公司、行业、国家政策等消息影响，对于技术面上，由于压力支撑、均线、指标、形态等理论的广泛普及，个股走势更是受到各种不同因素的影响。言归正传，我们还是来继续讨论提前大盘缩量的情况。

如图11-1所示，该股在大盘指数逐波放量上涨的后期，量能明显萎缩。在大盘创出3140.44点的短期新高后，该股价格和量能都没有创出新高，说明上涨的动能开始减弱。虽然在此期间，大盘上涨了10.53%，该股上涨幅度高达28.46%，但个股在创出阶段新高36.27元后，回调后的拉升并没有创出新高，此时是非常明确的卖点。

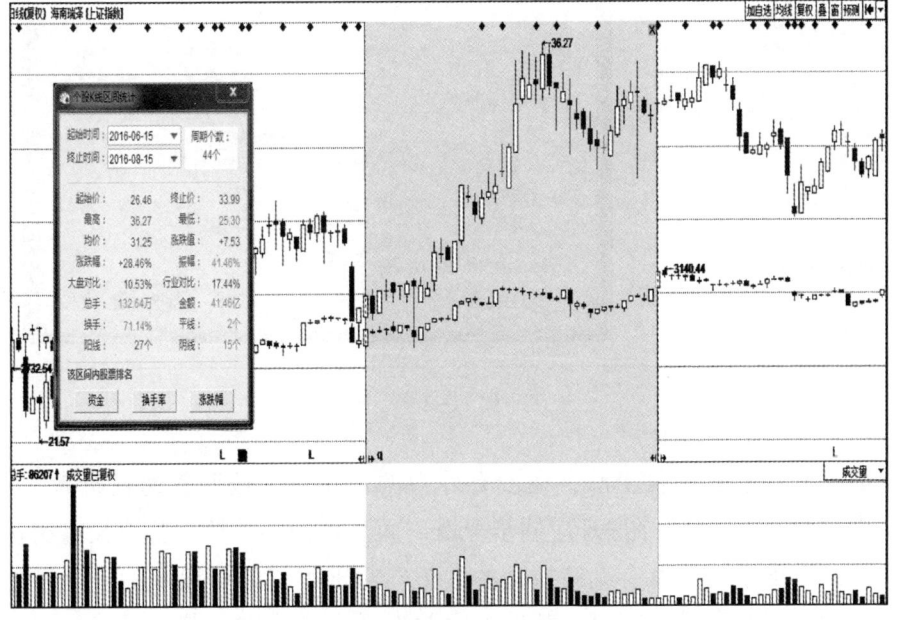

图11-1

那么在此期间,还有什么其他的迹象能够让我们看出些端倪呢?

(1)从振幅来看,股价波动的幅度是逐渐变大的,但大盘指数的波动在 3140.44 点之前的一段时间内,振幅并不大。

(2)从 K 线看,在个股短期顶部出现的带长上下影线的 K 线明显多于较之大盘出现的频率,说明个股在此价位上,多空双方的交战更加激烈。

(3)从回调幅度看,个股回调幅度明显大于大盘,而且回调结束后的拉升的相对强度小于回调时。

如图 11-2 和图 11-3 所示,回调和上升的相对强度分别为 -5.01% 和 -0.19%。通过数字我们可以看出,该股回调结束的最后一波拉升非但没有超过回调时的相对强度,反而相对强度出现了负数,也就是说,个股走势弱于大盘指数的走势,趋势的走弱一目了然。

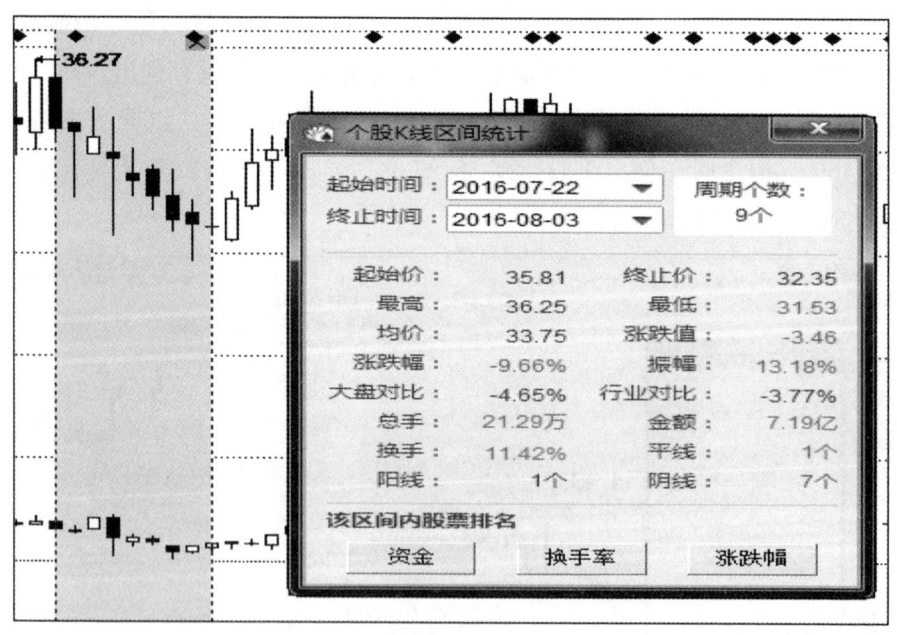

图 11-2

如果大盘指数放量上涨,在没有外力的作用下,按照普通投资者"看大盘,做个股"的习惯,个股理应同步上涨。而上例中的个股,甚至没有突破前高,可以看出主力并没有继续拉升的欲望,对于类似的个股我们应该按照弃弱逐强的原则来操作。同时,既然主力并不看好未来的走势,必然会在前期

第十一章
非同步性中的卖点

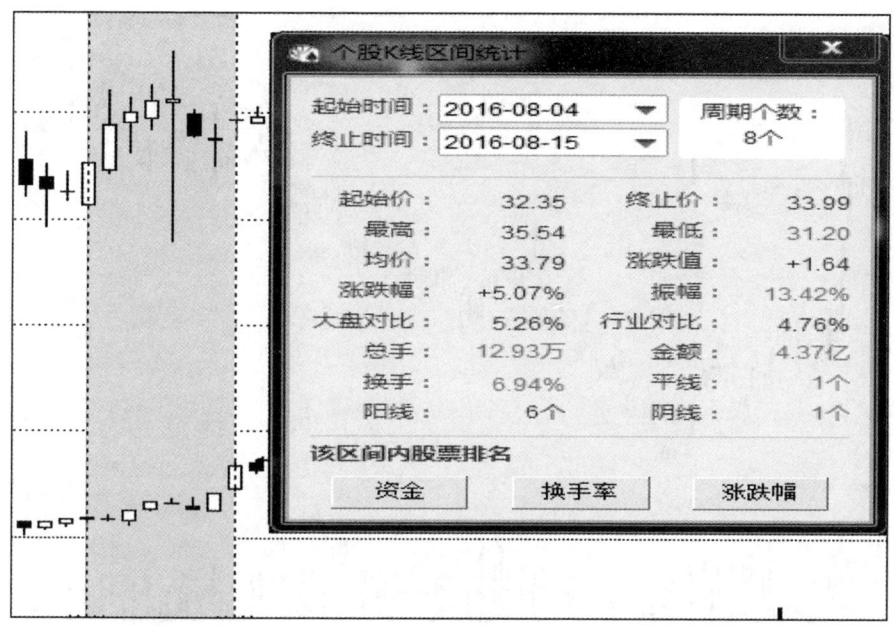

图 11-3

出现换手增加、增幅扩大、长上下影线频繁出现等出货的迹象，此时相对于未创新高的出货，反而是更好的清仓良机。

前面我们也提到过，对于主力高控盘的个股，在拉升期间走势和大盘指数的走势关联性往往并不强。在经过初期的放量吸筹后，在拉升的中期往往出现缩量上涨的走势，但是并不代表动能不足，只是因为筹码大部分集中在主力或者机构投资者手中，这是一种惜筹现象。但是如果到了拉升后期，K线和分时图上都出现了出货的迹象，这时我们应该毫不犹豫地清仓。

如图 11-4 所示，该股在经过前期放量的过程后，后期逐渐缩量，但价格一直保持上涨的趋势。可以看一下右边的涨跌百分比，对于这种长线高控盘股票，20%左右的涨幅是远远不够的，从长期趋势来看，个股还是会继续沿趋势上涨的。

对于这类股票，最关键的还是在于对个股属性的判断。这类股票常常会出现个股走势和大盘指数不同步、量能缩放和大盘不一致的现象，走势的规律性比较强，涨跌幅度和振幅相对比较小但能连续上涨等，一旦频繁出现类似的特征，大家需要多关注一下，要坚持长期持有的原则，你可能会获得意

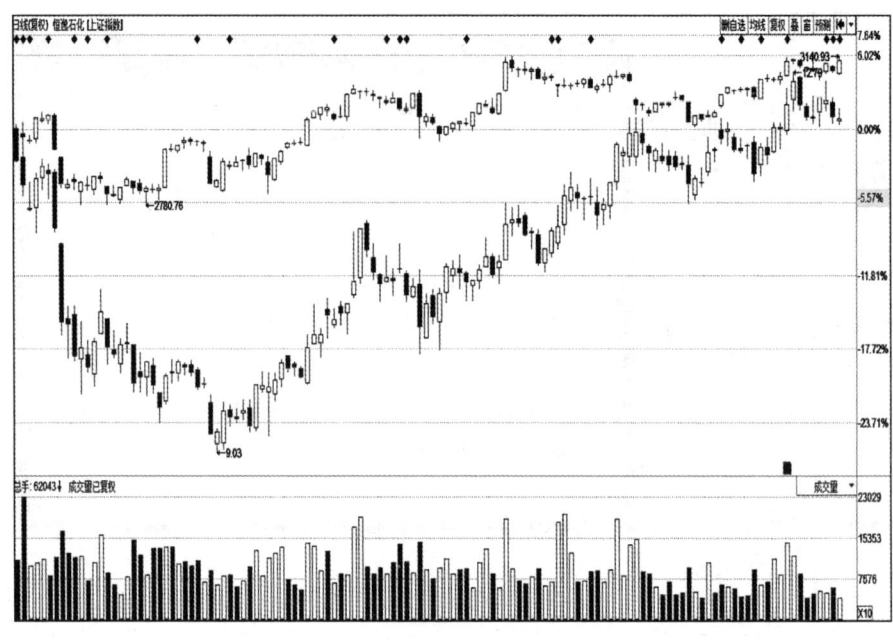

图 11-4

想不到的利润。同时当大盘走势震荡或疲弱的时候,此种股票是抵御风险最好的股票。

二、提前大盘止涨

在大盘指数不断破新高的同时,个股停滞不前,甚至开始回落,往往是个股走势转弱的标志。那我们需要面对的一个问题是,在个股停滞时卖出,还是大盘趋势掉头时卖出。这还是要看投资者的风险偏好,对于比较激进型的投资者可以提前卖出,去追逐强势股,对于稳健型的投资者可以等大盘转弱时卖出。

如图 11-5 所示,大盘指数从 2780.78 点反弹以来,到短期高点 3140.44 点截止,我们可以看到该股在创出新高 21.84 元后,回调后并没有跟随大盘创出新高,此时对于激进型投资者可以考虑卖出。在大盘在 3140.44 点经过休整后,并没有创出新高,并出现向下的跳空缺口,对于稳健型的投资者可以在大盘高点明显下移时卖出。

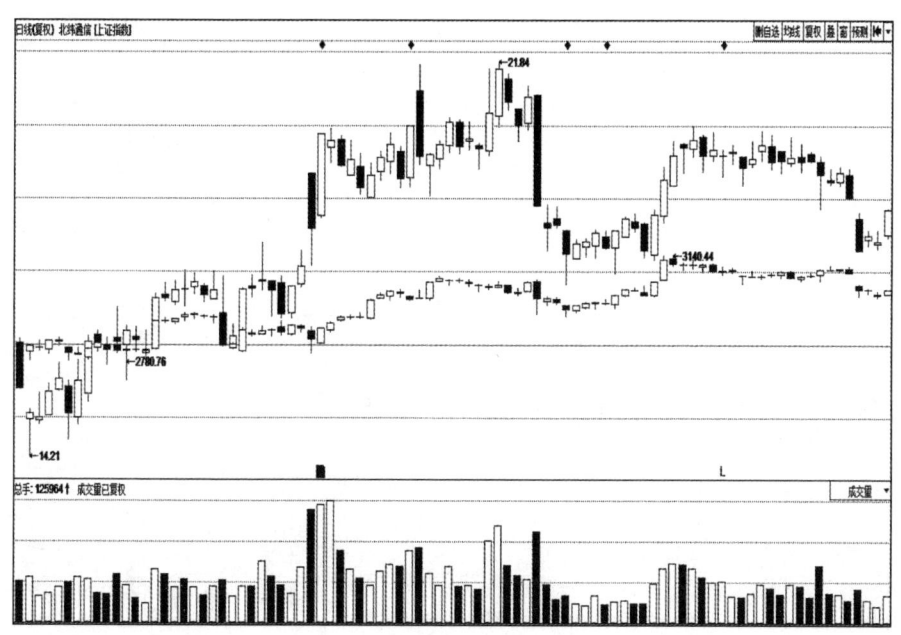

图 11-5

对于上面的例子，很多人忽略了一点，就是发生此现象的位置。"位置为王"永远是颠破不变的真理，如果在个股股价上涨的高位，发生此现象多半是走势转弱的迹象，而发生在个股股价的低位吸筹阶段，往往能起到洗盘的效果。

如图 11-6 所示，我们可以看到在大盘指数反弹到 3140.44 点的过程，个股股价出现了两次和大盘背离的走势。需要注意的是，虽然出现了和大盘相背离的走势，但量能却没有明显的变化，说明筹码相对比较稳定。量能呈现明显的阳线放量、阴线缩量，结合股价所处的底部位置我们也没有必要过于担心。

可能会有人说，由于后期的上涨拉升了 K 线图，所以直观看起来股价处于底部的位置，但如果我们回到当时的时间段内呢？

如图 11-7 所示，从该股通过图形右侧的百分比数，我们可以看出波动的区间在 8% 左右。在此区域内，频繁出现带上下影线的小阳小阴线或十字星，走势相对平稳，说明主力对于盘面的控制是比较得心应手的。

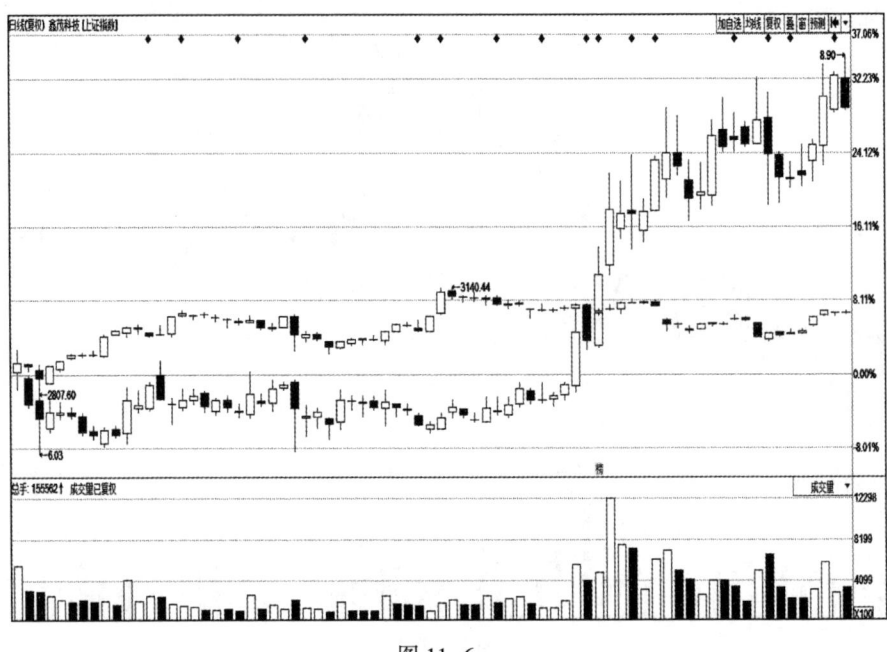

图 11-6

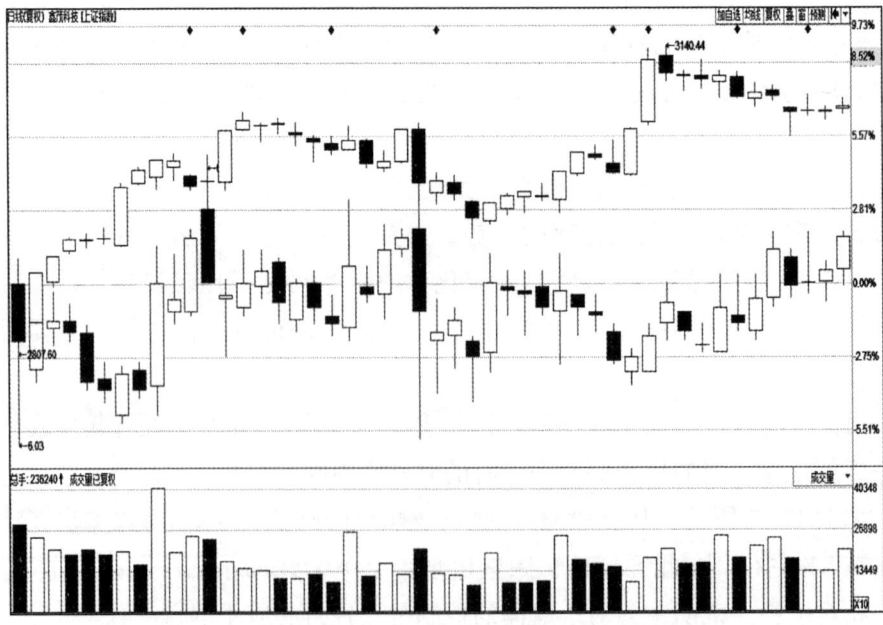

图 11-7

因此，当个股出现提前大盘止涨时，我们要做的不是盲目地卖出，我们首先要做的是通过和历史走势的比较，以及对主力操盘阶段的分析，判断出个股所处的阶段。这个阶段不仅仅是高位还是低位，还包括个股是处于吸筹阶段还是洗盘阶段，又或者是出货阶段，等等。

三、提前大盘下跌

我们的"三个提前"，并没有必要分辨得那么清晰，绝大多数时候是相互关联的，甚至是三合一的。下面我们来看看提前大盘下跌的情况，股价的波动往往是趋势转变最直接的体现，提前大盘下跌，往往代表主力提前预判市场会下跌的可能性提前行动，最后利用市场的疯狂出掉手中的筹码。

大盘指数往往代表市场的气氛，而到了拉升的后期，往往是市场最疯狂的时候。这时，有先见之明的主力早已闻到了人声鼎沸下衰败的气息，此时的出货往往能起到事半功倍的效果。这样的个股即便大盘竭尽全力拉出最后一波，后期的走势往往也是不堪一击。

如图11-8所示，任何所谓的主力或者机构投资者对于行情的属性有自我的判断，也正是由于每个人的判断不同，造成了不同的个股走势。该股的主力即使把此波的行情定义为反弹而非反转的行情，那么50%的盈利对于主力来说，可以说是圆满完成了自己的任务。

如图11-8所示，在大盘指数反弹到3140.44点的过程中，个股涨幅超过50%。到了拉升的后期，阴线数目越来越多，实体越来越大，在大盘震荡整理时，提前开始下跌，即使后期个股创出了新高，但依然改变不了个股的下跌趋势，只不过在下跌途中的次高位震荡出货而已。

仔细观察一下大盘指数和个股的走势，我们可以看到个股在55.87元左右的一段时间内，大盘指数是窄幅波动的走势，而且阴线的量能也是逐渐萎缩的。个股的走势却反其道而行之，在20%的震荡区间内大幅波动，持续量能堆积，以较复杂的双重顶见顶。对于这一段时间的量能和价格，个股和大盘，也是另一种形式的背离。

在个股市场底部时，主力为吸纳更好的筹码，故意制造出市场疲弱的假象，当投资者看到大盘指数不断上涨而个股却持续下跌时，为赶上上涨末

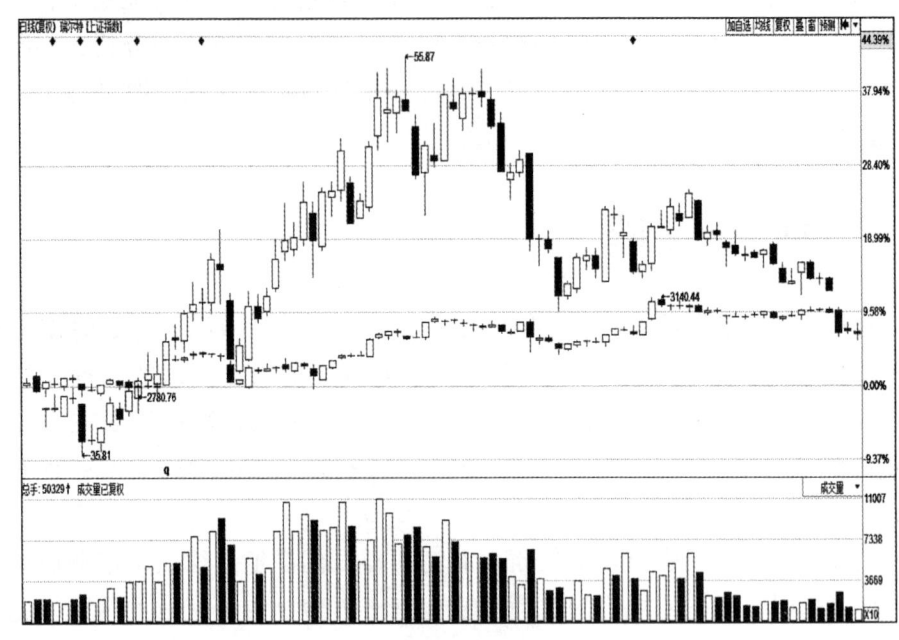

图 11-8

班车不得不弃弱逐强，主力也乐见筹码回到自己的手里。

如图 11-9 所示，该股在大盘指数连续上涨过程中，一直在低位震荡，甚至跌破新低创 35.67 元。后期连续拉升，但个股主力总是借助大盘震荡时连续大阴线下跌，实在让人感到厌恶。我们要关注的是，图中左侧股价大跌，主力并没有做好长期拉升的准备，不得已压盘吸筹。这时我们可以先抛掉筹码，等到该股创出阶段性地量后，再逐渐介入也不迟。

上面两幅图，在同样的大盘指数走势下，前者对于行情的研判趋向于短期，自然吸筹时间短，先于大盘指数见顶出货，而后者对于行情更加着眼于长期，借助逆势下跌，吸纳浮筹，在经过短暂整理后连续拉升，行情的涨幅远远高于前者。因此，对于行情的判断不同，在相同的指数环境下，个股走出了不同的走势。对于金融投资，没有绝对正确的理论，也没有绝对正确的数据，对于行情的研判需要个股的不同情况来分析、操作。

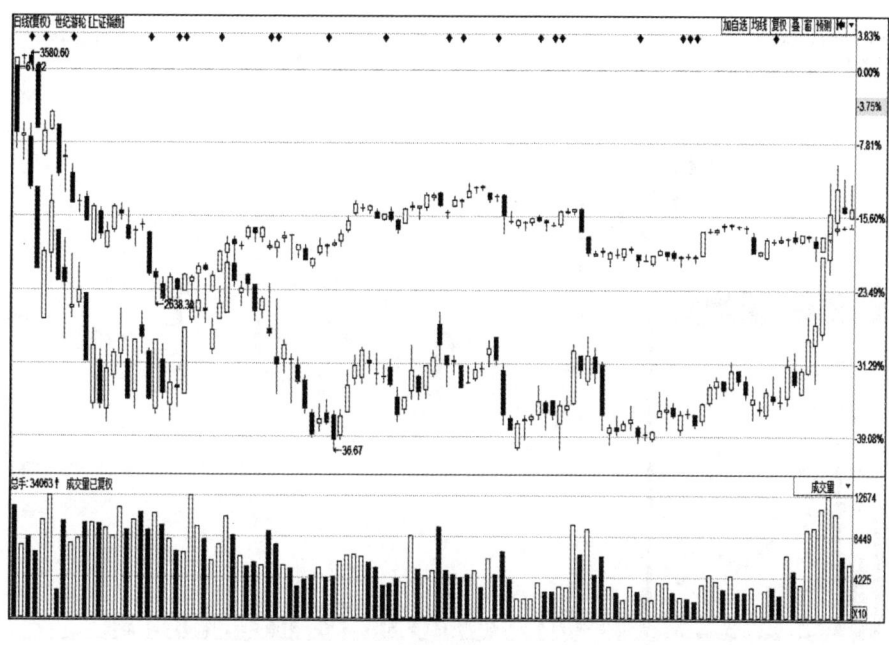

图 11-9

四、落后大盘滞跌

在上一章中，我们谈到了个股如果出现落后大盘滞涨时，其走势的可能性。在本章中，我们谈谈在大盘指数下跌时，个股出现逆势抗跌走势的情况。

在传统的技术分析领域，人们常常把都逆势抗跌作为个股强势的表现，这是可以理解的，而且这种情况也是常常出现的。利用大盘指数下跌所带来的恐慌心理，主力肆意地吸纳普通投资者的筹码。当主力达到满意的控盘度或者大盘有明确止跌拉升的迹象时，此时的主力可以说是毫不费力地拉升，后期股价的涨幅往往令人咋舌。我们还是先看一个例子：

如图 11-10 所示，我们先看该股大盘指数下跌过程中的区间统计，在大盘跌幅达到 4.18%，行业跌幅达到 6.47% 的同时，个股微跌 0.44%，而且重心不断上移。那为什么该股后期没有出现急涨呢？

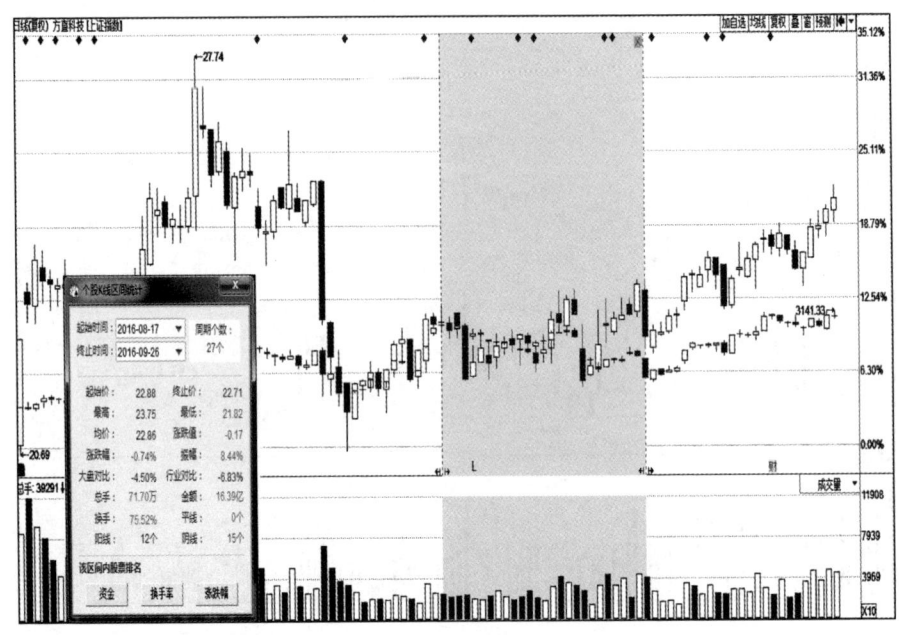

图 11-10

我们从最左侧来看，个股从最高点 27.74 元下跌至最低点，筹码经历了从分散到聚集的过程，也就是顶部出货完毕后，后期是整理吸筹的过程。虽然在大盘指数止跌后，没有出现急涨的走势，但后期的走势明显强于大盘，出现明显阳线放量，阴线缩量的走势。仅用肉眼来观察，我们也可以看出个股与大盘之间的差距越来越大，即相对强度逐渐变大。我们再来看一下区间右侧的走势，较之以前的波动明显有规律，起承转合非常有序。可以看出后期的控盘度较之以前有了明显的改善，对于走势的掌控也比较得心应手。从个股最低点算起，涨幅虽然达到了近 18%，但真正的主升浪还没展开，后期的涨幅肯定会让你满意。

大盘指数的下跌，如果投资者手中的个股没有下跌甚至上涨，人们心中的第一念头往往是担心补跌，这种担心是必要的，但这种担心是有前提的，此时的个股应该处于历史走势的高位或者阶段性的高位。上面的案例，个股处于短线出货完毕后的整理阶段，重心的上移只能说明主力吸纳筹码的迫切性。

第十一章
非同步性中的卖点

我们来看这个例子，如图 11-11 所示，在相同的时间内，该股无论是波动的幅度，还是波动的次数，都远远大于大盘指数。从历史走势来看，个股处于相对高位；从主力操盘阶段来看，个股处于诱多出货阶段。此时的所谓强势不过是钓鱼的鱼饵、诱人的毒蘑菇。如果我们担心类似这种股票，是完全有必要的，而且是必需的。

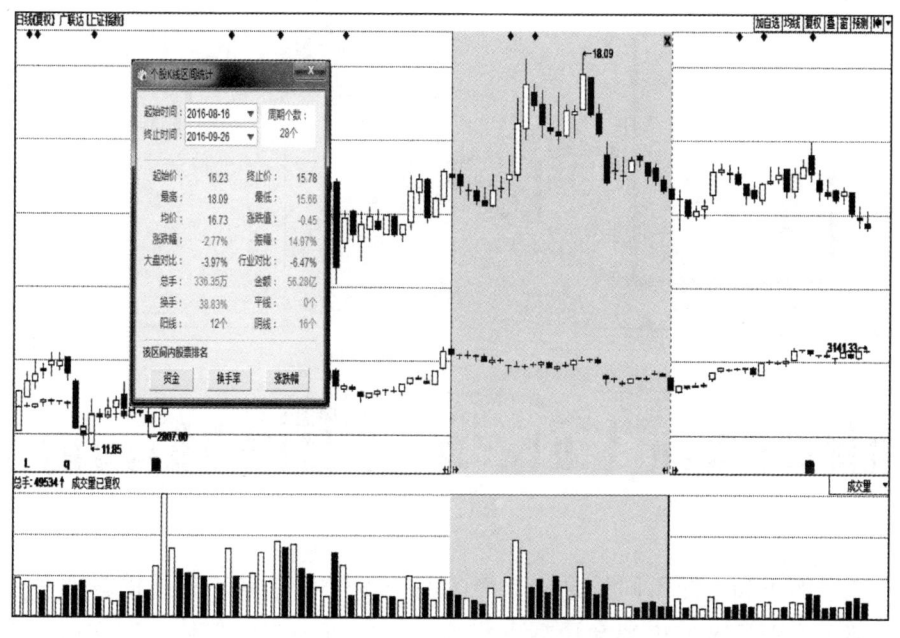

图 11-11

仔细观察我们也可以看出，主力连续多次利用大盘下跌过程中的止跌或反弹，连续多阳拉升，不断创出新高。后期的三连阴及跳空缺口，毫无顾忌地把主力的意图大白于天下。但这也并非无迹可寻，从连续量缩价涨以及频繁出现的上下影线，还有高位的宽幅震荡都无不明明白白地告诉我们，下跌的时间指日可待。

如图 11-12 所示，同样的大盘指数环境，不同的主力，个股的走势往往也与众不同。该股属于为期 2 个月的短线操作。如果利用如图所示的这种统计方法就不合理了。在大盘处于高位及次高位的盘整过程中，主力也同期完成了吸筹及拉高出货的过程。股市有句谚语"顶部三天，底部三月"，说的就是这个道理。在经过近两个月的吸筹整理，经过连续三天的大阳拉升，以及高位的双头出货，这三个阶段后，后期的走势更像是无人照看的小孩——太不像话了。

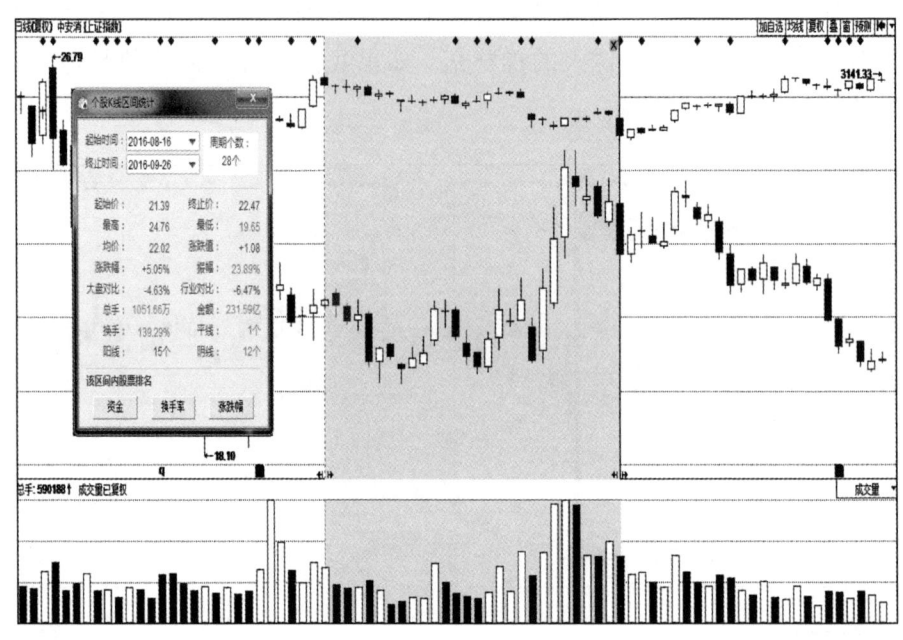

图 11-12

这个例子和上面不同的是，上面的两个例子都是基于长线操盘的某一阶段，两者分别是吸筹极端和拉高出货阶段，其所表现的强势有真有假。但这个例子是短线操作的案例，这种操作方式对于大盘的要求并不太高，只要不是急涨急跌的行情就可以，但对于普通投资者的要求就高多了，既要抵御连续拉升的贪婪，又要克服持续下跌的恐慌。

对于落后大盘止跌的情况，首先我们要通过对个股历史走势的分析，判断个股的周期属性，也就是判断在以前的走势中，是中长线为主还是震荡短线为主；其次，根据现阶段的量价关系及分时走势的研究，判断个股此时的操盘阶段，是处于出货阶段，还是处于吸筹阶段，以便真正地判断出其所表现的强势是真是假，是坚定持有还是逢高减磅。

五、主跌浪卖点

按照传统的定义，在一轮行情中跌幅最大，下跌的持续时间最长的行情为主跌浪行情。按照波浪理论的定义，主跌浪类似于第三浪。主跌浪行情往往在大盘下跌趋势反弹结束后迅速展开，它是一轮行情中投资者亏损最严重的阶段，属于绝对不能参与的。

但是投资者在操作时，常常把主跌浪看做上升趋势的回调，从而把主力出货当成洗盘，被牢牢地套牢在山腰上，不知道要等到何年何月才能解套出局。

在讨论主跌浪卖点时，我们如果严格按照跌破趋势线、均线死叉、MACD指标背离等条件来操作，可能此时行情已经下跌一段时间了，手中的筹码盈利已经减少甚至浮亏，此时清仓出局，对我们的心理要求也是非常巨大的考验。

由贫穷变富有，在适应一段时间后，我们都可以坦然接受，而由富有变贫穷，常常却是我们无法承受的，很多人也由于受不了打击而走上了绝路或不归路。这些简单的道理在我们日常生活被一次又一次地验证。在金融投资市场中，由于巨额亏损、财富蒸发所带来的巨大心理压力导致投资者走上绝路的实践，并不罕见，这也从侧面验证了资本市场的残酷与血腥。

对于有幸经历股价大幅上涨所带来的财富暴增的投资者来说，对于下跌的恐惧，恐怕早已被不断增加的账户市值蒙蔽了双眼，每一次的下跌都会被当成回调看待，心里不断安慰自己黑暗总会过去，不断地从行动上去寻找股价可能上涨的蛛丝马迹，然而市场却一次又一次地教育着我们。随着账户市值的由红变绿，随着盈利转为亏损，然后变成巨额浮亏，最后由以前从事短线投机变成注重长线价值投资，这些不过是自欺欺人、自我安慰的把戏。于是，我们很长时间不再打开我们的账户，甚至忘记了股票代码。

可能很多的投资者都会很熟悉这样的流程吧，但这样的游戏总是如影随形，周而复始地伴随我们左右。于是我们开始远离这个万恶的市场、开始诅咒市场的无情，诅咒主力的可恶、诅咒政府的无能，偏激的心理在不断地蔓延，这样的人群越多，对于资本市场的印象越是负面，于是从事金融投资的人变成了好逸恶劳、投机取巧的傻子骗子。

在众多的投资书籍中常常大言不惭地写着，要严格按照跌破趋势线卖出的原则，严格遵守均线死叉卖出的纪律操作，等等。但是如果把他们放在那个位置，把他们放在那个时间，他们真的能泰然自若地卖出吗，他们的心情能够安之若素吗？所谓知易行难就是这个道理，无论在资本市场，还是在社会生活中，都是适合的。

有句话常被人提起，会买的是徒弟，会卖的是师傅。但是如果没有好的买点，没有一定的盈利空间，止损卖出总比止盈压力大得多。在保证买点合理的同时，我们应该怎么去高效而快捷掌握主跌浪的卖出技巧呢？

无论投资股票的时间长短，人们常常喜欢探讨未来大盘指数的走势，但是大盘指数只是我们衡量股价强弱的标杆，把握此时此刻个股的股价强弱远远比测评标杆重要得多，把握股价相对于大盘指数波动时的趋势变化才是掌握买卖点的关键核心所在。

如图11-13所示，我们以三个点A—C分别为个股创出阶段新高及两次反弹的高点。如果我们持有该股A—B点、B—C点、A—C点三者的相对强度分别为1.09%、-5.04%、-3.97%。从运算的结果可以看出三者之间的强弱变化为A—B>A—C>B—C，因此可以判定，个股的趋势和相对强度是逐渐减弱的，如果持有该股，B点是最安全有效的卖点。

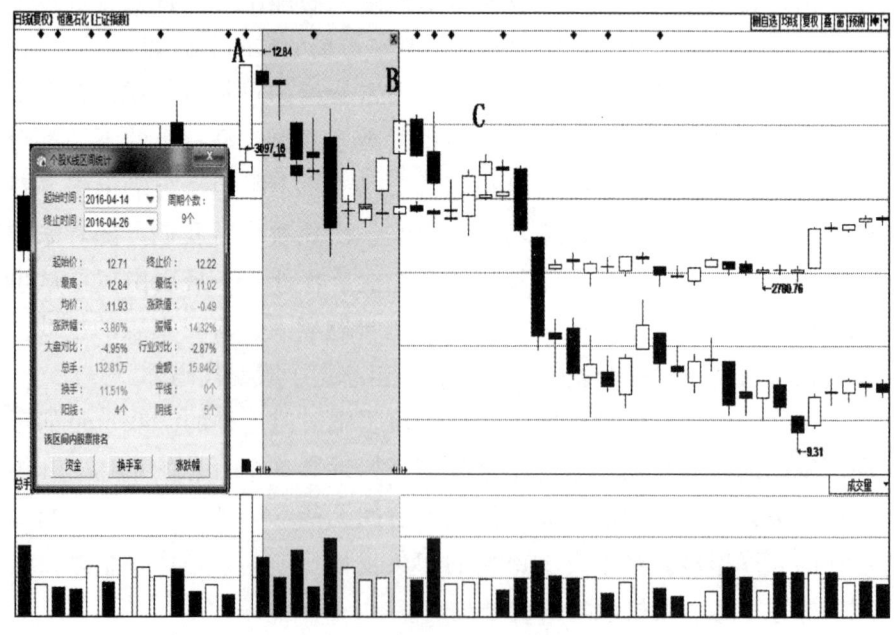

图11-13

第十一章
非同步性中的卖点

单从趋势我们也可以看出，A—C 点是呈现出明显的高点时逐渐下降的；单从量价关系来看，B 点及 C 点相对于 A 点来说，是反弹而不是反转，明显反弹缩量卖出的走势。因此 B 点也确定了上升趋势的结束，是合理的卖点。

上面我们是以个股作为标准的，从而判断买卖点，下面我们以大盘指数作为标准，来判断一下个股的买卖点。

在下跌趋势中，如果把下跌和反弹的相对强度作对比，后者的数值无法大于前者，那么趋势可能进入下降通道。同样的，如果把下跌和再次下跌的相对强度作对比，后者的数值大于前者，可能会进入下跌加速通道。当然这两个条件并非都要满足才满足卖出的条件，我们只是说明下跌趋势形成的某些现象。

如图 11-14 所示，我们以大盘指数的收盘价 A—D 日为标准，分别为最高点、下跌低点、反弹高点、反弹后下跌低点。我们先来比较一下 A—B 点及 B—C 点，它们的相对强度分别为-0.8%和 1.41%，两者相差不大。再来比较一下 A—B 点及 C—D 点的相对强度分别为-0.8 和-5.71%，从两组数据的对比我们也可以明显看出趋势的强弱转变。

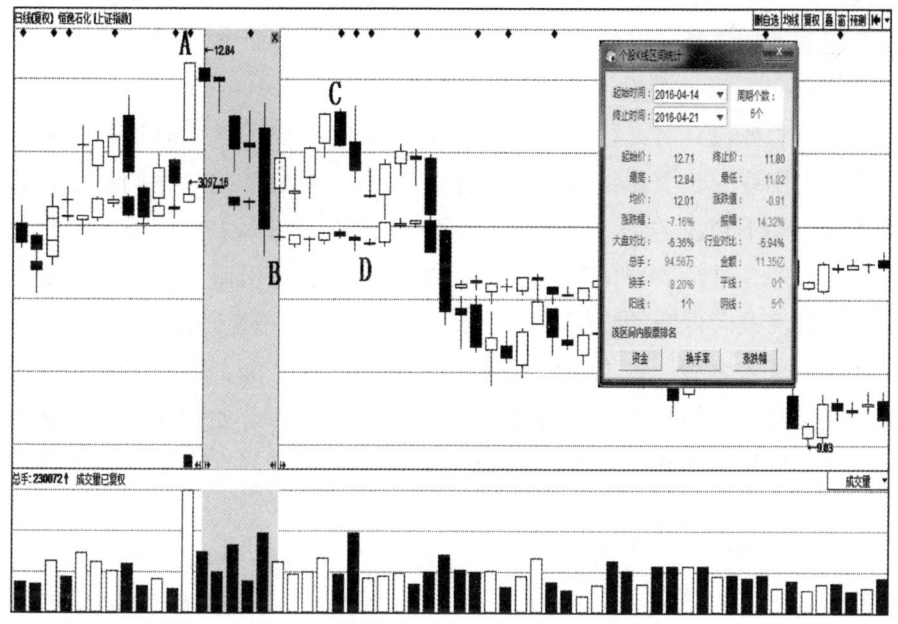

图 11-14

上面我们以同一只个股、同一段区间分别采用不同的方法来判断，得到相同的结论。当然这些条件并非是趋势转变必须具备的，只是在此时可能会出现的现象，帮助我们提前做好卖出的预警。在讨论主跌浪买卖点时，要把趋势理论和相对强度理论结合起来，要把技术分析理论和主力行为学说结合起来，有效地捕捉安全而高效的卖点。

六、急速拉高卖点

俗话说，"最危险的地方往往是最安全的地方"，这是因为这些危险的地方最容易让人自我麻痹，以为是最放心的地方，从而疏忽大意。在个股技术急速拉高时，随着证券账户市值的不断攀升，投资者对于心中的期待不断放大，而往往忽略市场气氛最热烈的时候是主力出货最好的时机。

中国历史上最鼎盛的时期是唐玄宗时期的"开元盛世"，然而那也是唐朝从繁盛到没落的转折点；清朝从入关到乾隆时期达到了顶峰，但只不过是封建制度最后的回光返照；二十多年的中国股市在2007年达到了历史性的6124点，也开启了从6124点到1664点的大熊市。"居安思危"的道理人人皆知，但真正能够做到急流勇退的能有几人，不过是在2007年做了黄粱一梦，到了2008年，不过是满地鸡毛。

在股价急速拉升时，往往是主力拉高出货的阶段，这个时期往往伴随跳空缺口、大阳线、长上影线等，但如果我们细心观察，此时我们反而可以从容地买入，买不到没关系，一会就掉下来让你买，追不上没关系，一会回调让你买。这就是这个阶段的特征，用连续的大阳线吸引眼球，用宽幅震荡来满足喜欢追涨或者低吸的投资者的要求，仿佛最后的结果是皆大欢喜。

在我们买入之后，可能我们的账户市值会急速上涨，但有时也会快速翻绿，当我们对于价格的波动已经了然于心时，股价却开始掉头向下。由于对于股价波动的惯性认识，让我们对每一下跌都漠然置之，最终走向了深套的地步。

在股价急速拉升时卖出，这自然需要很大的克制力和纪律性，前提是必须对股价的上涨有客观而准确的认识。急流勇退往往比断臂求生困难得多，但我们首先要知道前方是激流险滩，随时有葬身的危险，这样就会减轻我们很大的压力。

第十一章
非同步性中的卖点

如图 11-15 所示，我们可以看到在前期的走势中，大盘指数和个股相互缠绕在一起，到了后期，个股以四天三涨停板的方式连续拉升，短期内涨幅高达 30%以上，而相对应的是大盘走势相对平稳。无论从前期走势，还是和大盘对比来看，涨跌幅、振幅、量能都出现明显的放大，相对强度（个股与大盘指数的距离）也在不断地放大。

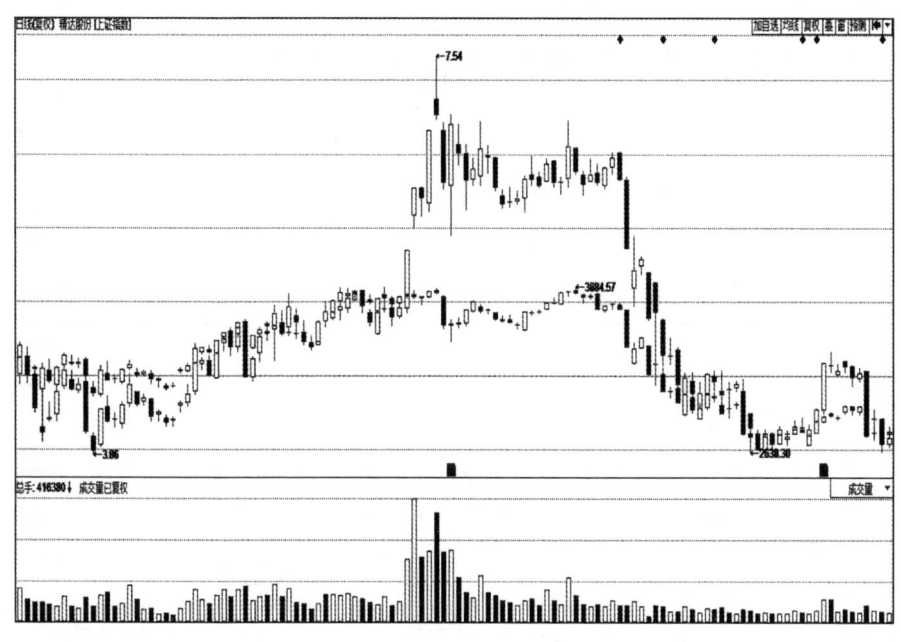

图 11-15

一般长庄股拉升过程中多以慢牛姿态或者以波浪方式为主，很少出现涨停板。如果出现了涨跌幅或者振幅过大的走势，一般到了拉升的末期，而该股在经过近两个月的吸筹后，出现类似走势，多为短线拉升出货走势。既然为短线操作，我们便不应该对其后续的高度做太多的幻想。类似的个股拉升高度一般在 30%~50%之间，因为如果涨幅太小，就没有利润来源；如果涨幅过大，就可以引起过多的获利盘。

既然对个股的操作方法做了判断，那么针对其买卖点也就相对明确了。一旦分时走势出现明显的主力出货迹象，就应该及时清仓。如果等到跌破趋势线、跌破 5 日均线、MACD 高位背离等条件时，手中的利润可能已经损失大半了。我们来看一下该股收盘价创出阶段新高时当天的分时走势图：

如图 11-16 所示，在前日涨停板的情况下放量高开，短暂回调后五浪拉升至涨停板，注意下方的成交量，明显缩量对倒拉升。涨停板打开后，由于当日大盘指数走势并没有太大的波动，而该股却逐波下跌，多次出现尖角波砸盘，在相对高位出现此类走势是相当危险的。由于涨停板的示范效应，投资者要么在早盘拉升过程中追高买入，要么在涨停打开后的回调过程中买入。最后当日以长上影小阴线报收在最低点，无论是追高买入，还是回调买入，都被套在了高位。后期的走势再也没有给他们逃跑的机会。

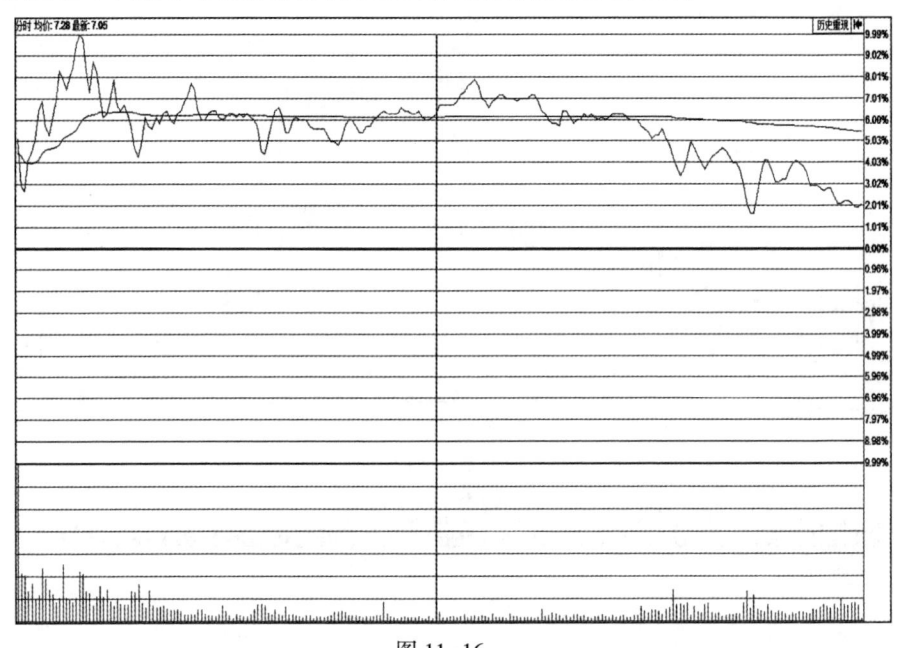

图 11-16

由于该股属于短线操作，大盘指数当天的走势是可以忽略的，但在分析时，我们要大致考虑当天的氛围，同时结合个股的实际情况，在风险来临之前全身而退。

如图 11-17 所示，该股在创出 9.72 点的高位区间内，也同样伴随涨跌幅、振幅、成交量等放大的情况，后期以跳空缺口的方式开启下跌通道。

与上面的个股比较有以下不同：

(1) 前者吸筹时间短，后者时间长，而且在吸筹过程伴随高抛低吸的操作。

(2) 前者涨幅仅为 30% 左右，后者涨幅高达 50% 以上。

(3) 前者高位震荡时间较长，后者持续时间短。

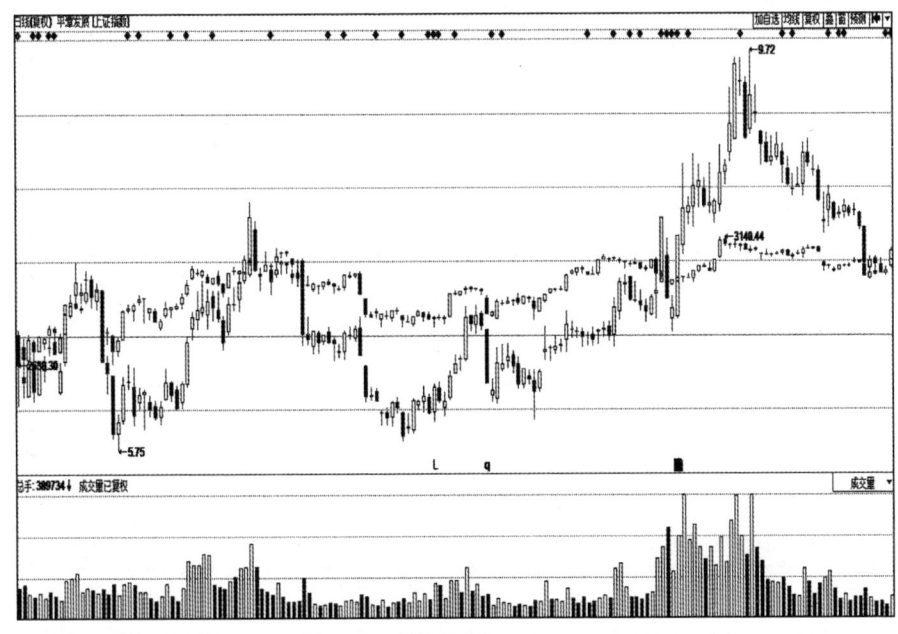

图 11-17

这主要还是由于主力的操作手法不同而引起的差异。由于后者在吸筹过程中伴随短线操作，可以获得一定的利润，因此主力可以选择恰当的时机展开拉升操作；同样由于后者在拉升过程中是以滚动操作的模式展开的，所以涨幅相对更高，也导致了在高位时主力并没有太多的筹码，这也正是持续时间短的原因；由于前者拉升到高位需要震荡出货的过程，所以持续时间比较长，否则一旦下跌，利润就会损失殆尽。

图 11-16 是个股创出收盘价新高的交易日的分时走势，下面我们来看一下图 11-17 中个股创出盘中新高的交易日的分时走势。

如图 11-18 所示，虽然该股和图 11-16 中的个股同样走出了先拉高后缓跌的走势，但相对于前者，该股走势明显呆滞，没有类似前者频发出现的尖角下跌波。

两者都是出货的走势，但前者更加明显，更加肆无忌惮，后者主力筹码已经不多，波形相比前者稍加平滑。从两者的分时走势我们也可以看出，前者的出货需要的时间更多，需要以更加激进的方式进行，由此导致的图形更加难看，后者由于滚动操作的原因，主力手中筹码不多，顺势出货就可以了。

通过两只个股从 K 线到分时的比较，我们可以看出，不同的主力操作手

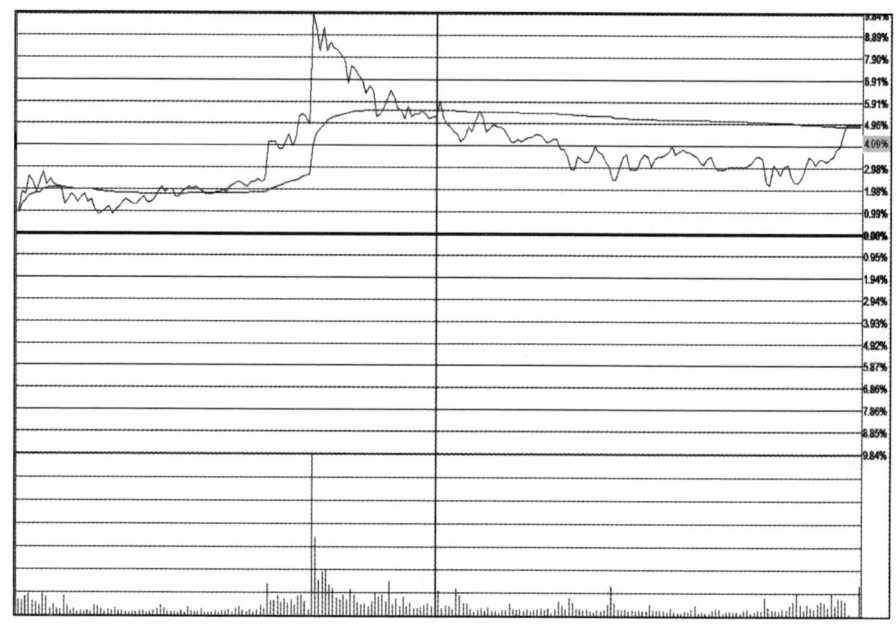

图 11-18

法,吸筹、拉高、出货的方式都不同,虽然都是拉高出货的走势,但持续时间和波动幅度都不同,因此我们也应该采取不同的操作方法。

对于急速拉高的卖点,我们还需要注意一点,不要把主力开始展开主升浪当成拉高出货。这一点我们可以通过前期的震荡幅度、时间、主力操作方式来区分,震荡时间越长,振幅越小,展开主升浪的可能性就越大,如果前期伴随主力明显的吸筹迹象,那么我们就更加确信是获利的机会而不是火中取栗了。

当然在急速拉高过程中出货,无论当时是否盈利,都会带来很大的心理压力,但一个成熟的投资者如果想要获得丰厚的利润,必然要承受其重,这也是资本市场带给人们的磨砺和魅力所在。

七、箱体震荡卖点

箱体的卖点一般包括两点:顶部上沿线和跌破箱体下沿线。在箱体中震荡的个股,当股价上升到顶部受到卖盘的压力过大,故而形成卖点;当股价跌破箱体的底部时，箱体的支撑线变成了压力线，故而形成卖点。

当股价在箱体内波动时，此时的市场环境和氛围如何，往往能够有效地判断未来的股价的方向；当前箱体的位置如何，处于股价操盘的哪个阶段，在一定程度上能够决定趋势的延续性。

如图11-19所示，该股位于短线的相对高位，在个股从35.88元高点回调后，大盘指数依然继续放量拉升，但该股反弹没有突破前高，同时量能出现快速萎缩，拉升动能不强，此时逢高卖出是最好的时机。

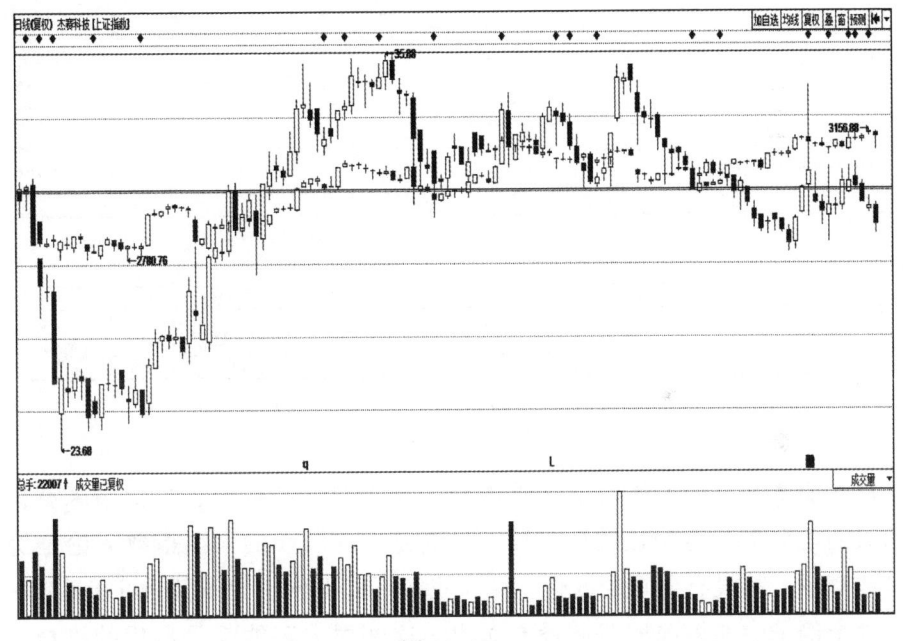

图11-19

可是在第二次回调到下沿线时，连续两条放量的大阳线使人蠢蠢欲动，结果再次被套牢在高位。为什么两条大阳线会是诱多的行情？下面我们分析一下。

如图11-20和图11-21所示，两天分别走出带下影线的中阳线和带上影线的大阳线，换手率分别为0.91%和2.79%。先看第一幅图，虽然大盘指数在午盘稍加拉升后横盘，但该股放出前日的两倍量能，午盘明显地推拉波的拉升，均线与分时走势曲线的乖离过大，都表明主要是散户的追高买入。后面的第一幅图，当日大盘指数量价相对平稳，而该股在昨日两倍量能的基础上，再次放出昨日三倍的成交量，虽然价格涨幅达到了5%以上，但涨幅是在开盘后这个投机性的时间拉升的，在后面保持横盘震荡的走势，再也没有力量推到更高的涨幅。

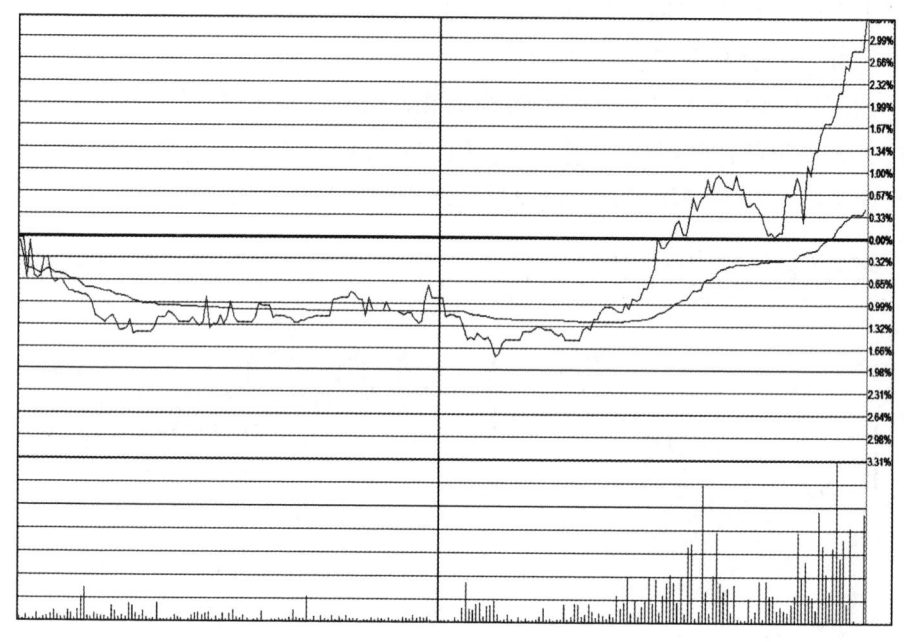

图 11-20

从量能来看，过度的放量严重透支了继续拉升的动能；从价格来看，连续两天的走势都具有明显的投机性。关键是，这两天的大盘指数无论是价格还是成交量，都没有明显的变化，从而我们可以得出主力作盘的可能性较大。

这个例子中如果前期我们没有卖出，这两根大阳线就是最后的机会，千万不能认为走势有再次启动的可能。通过这个例子我们也可以看出，由于箱体多属于中继形态，有时主力借助我们对于箱体认识的一致性，人为地制造骗局，从而达到诱多或诱空的可能。如果我们能够第一时间准确把握，当然可以从容买入，但如果我们对于未来的趋势方向没有判断，可以稍等一下，市场自然会给出价格的方向。

如图 11-22 所示，从这只个股的走势我们可以很清楚地看出图中震荡区域不过是清洗浮筹而已，而跌破下沿线也让众多的技术分析爱好者唯恐逃之不及。后面的走势让前面卖出的投资者懊悔不已，那我们如果把时间拨到跌破下沿线的次日，来看一下该股 K 线走势：

第十一章
非同步性中的卖点

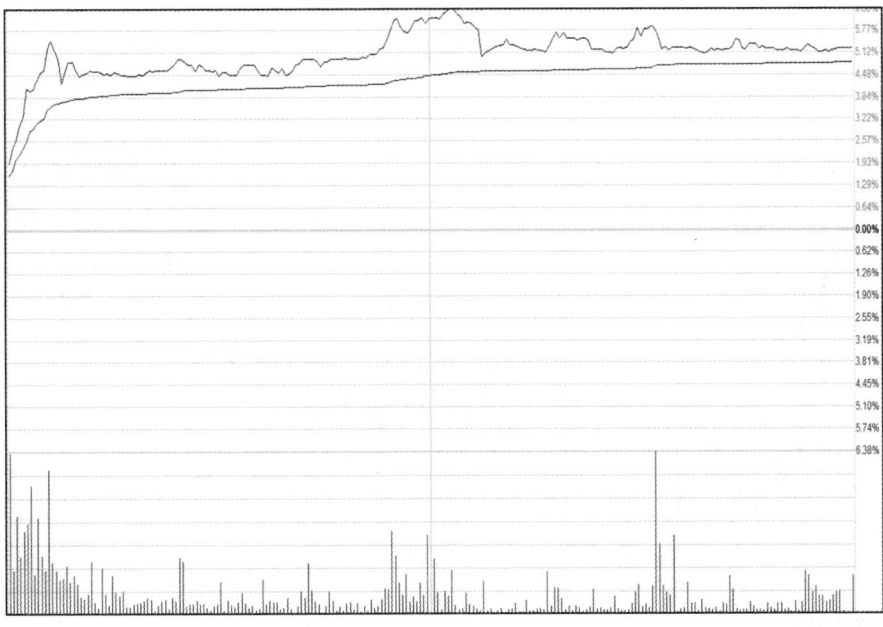

图 11-21

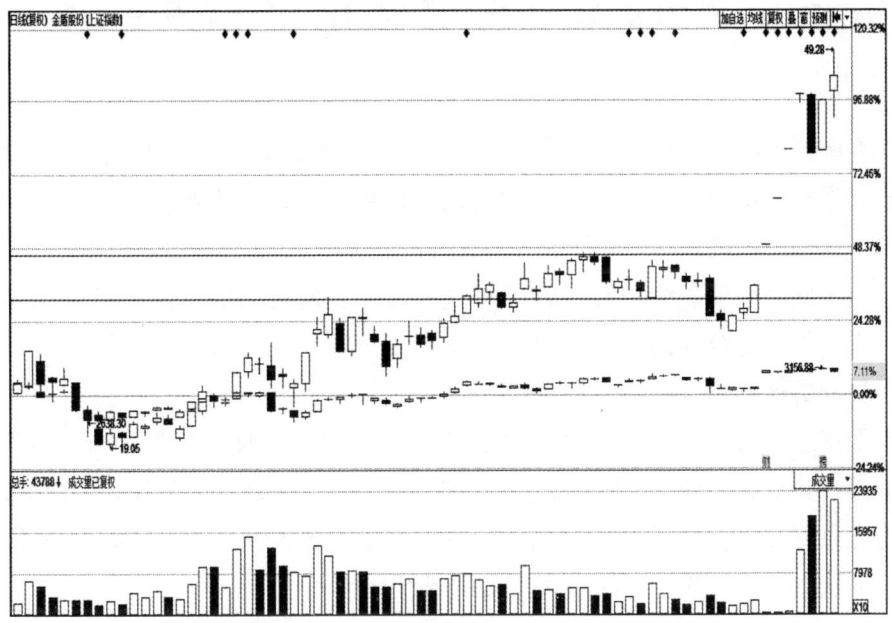

图 11-22

如图 11-23 所示，对于涨幅近 50% 个股，在趋势明显走缓的状态下，而且在上涨过程中，量能一直萎缩，跌破高位的箱体下沿本无可厚非，这也是体现了我们纪律性的特征。

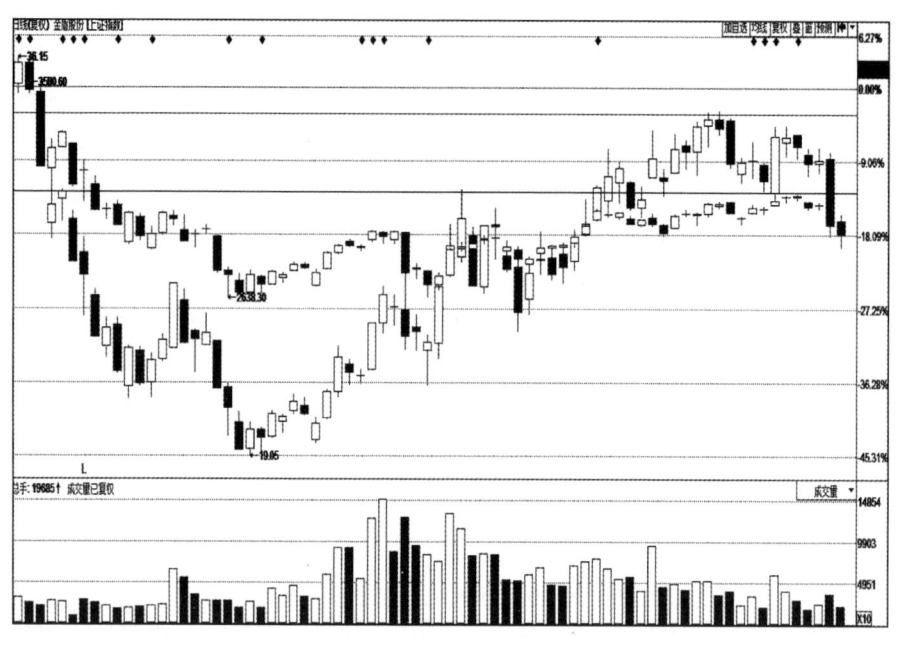

图 11-23

在图形走出来以后，可能会有很多人嗤笑卖出的决定，嘲笑我们的稚嫩，但是如果同样的图形出现在他们的面前，他们会无动于衷吗？即使他们没有卖出，这倒反而确认他们对于纪律性的缺失，对于风险的漠视。

由于此时跌破颈线位时，处于短线的高位，而且面临的前期的筹码密集区，卖出是相对合理的决定，但如果我们要持续关注该股的话，可能会发现主力异动的蛛丝马迹。

如图 11-22 所示，该股在跌破箱体下沿线的当日及后续四天内的换手率分别为 4.48%、2.57%、1.87%、2.36%、3.25%。从数字变化我们可以看出，量能先急剧萎缩，然后逐渐放量，K 线也走出了 V 型反转的结构，在阳线覆盖小阴线时，便是我们再次出手买入的时候。

很多的所谓分析师、股市高手、操盘手等都喜欢照着现在的走势，分析技术分析的种种迹象，画出横平竖直的所谓支撑阻力线，解读主力所谓的操

第十一章 非同步性中的卖点

盘步骤，但是如果真的把他们放在了所谓的吸筹阶段，他们就能够慧眼识珠地买入吗？如果把他们放在洗盘阶段，他们就会笃定得一直持有吗？把他们放在所谓的出货的阶段，他们就能保证急流勇退吗？永远不要高估对于自我的判断，对于纪律的遵守、对于心态的坚守、对于风险的管理，每个人都需要千锤百炼的过程，每个人都需要熔炉的冶炼。不是每个人都能拥有千金散尽还复来的勇气，不是每个人都拥有"任尔东西南北风"的逍遥。修行的路上，怀着严谨的态度、谦虚的胸怀、开放的心态，随时准备迎接暴风雨的到来，随时感怀花开花落的淡然，对待涨跌其心如山之不动，看待盈亏其性如水之无常。

第十二章　从量能里发现异动

俗话说,"先有量,后有价",量价关系始终是技术分析领域最核心的要素,在众多的书籍中,都对其作了连篇累牍的解读,我们在这里就不再赘述了。

量能的异动,不仅包含和以往个股历史走势中的量能急剧变化,而且也包括和大盘指数量能变化的不同。前者比较好理解,说的是此时处于阶段性的量能是高位还是低位,后者指的是个股量能相对于大盘指数量能的变动幅度,如在大盘指数量能连续放大的同时,个股量能较为稳定或者逐渐缩量;当大盘指数量能稳定的同时,个股量能却出现明显的放量或缩量;当大盘指数量能逐渐萎缩的同时,个股量能却呈现稳步上涨的格局。

我们《裸K线操盘技法1》一书中,谈到了个股走势中的异动表现,在本书中,我们将对量能的异动作详细的解读。

一、大盘缩量,个股急剧放量

对于急剧放大的成交量,如果股价位于趋势底部,意味多头发力,股价可能会止跌企稳;如果股价位于趋势高位,往往代表多头力竭,趋势有逆转的可能。这是传统技术分析对其作出的解释。

急剧放量包含两个方面,一是我们通常理解的,相对于历史走势的放量;另一种是相对大盘指数的放量。如果某只个股在大盘指数急剧缩量的同时,量能变化不大甚至稍有放量,即使可能相对于前期的量能算不上巨量,但对于我们的理解也应该算入急剧放量的行列里。同样的,当大盘放量或者平量时,个股异常放出巨量同样也算如此行列,这个我们留在后面再讲。以上现象的发生,必然伴随主力的主动性行为,因为在通常情况下,个股的量能变化是和大盘指数同步的。

那我们先来看大盘指数的缩量的情况,此时大盘可能会发生在波段底部、拉升途中、高位区间、下跌中继等不同的阶段，个股主力敢于放量，必然会有不同的操盘意图，我们在这里分别作一下讲解。

1. 当大盘处于底部区间时

当大盘指数位于底部区间的缩量时，代表市场的筹码相对比较稳定，持股者早已心灰意冷，持币者袖手旁观，市场一片萧瑟冷寂。可仍有个股蠢蠢欲动，成交量偶尔或者间歇性地放大，这多伴随市场的不甘寂寞，后市必然有意想不到的事情发生。

如图 12-1 所示，该股在处于大盘指数底部区域内，成交量萎缩，相对应的是该股却走出了小型的 V 型反转。以涨停板为界，前期无论是股价还是量能，基本和大盘走势同步，甚至弱于大盘。在连续两根大阳线之后，量能有所下降实属正常，但依然高于大阳线之前。从量能的整体趋势来看，是阶段性的放大。同时后期股价回调幅度不大，也排除了主力试盘的可能。

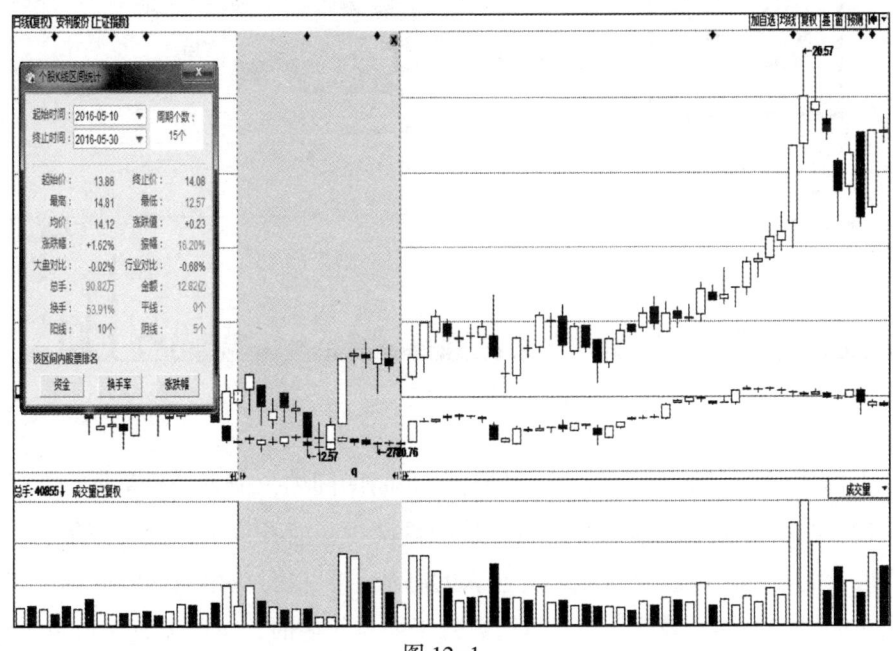

图 12-1

虽然在大盘指数涨跌没有变化的情况下，个股仅上涨了 1.62%，但从量能和价格的角度来看，该股即将步入上升通道。

当大盘指数处于底部时，如果量能出现异常的放量，多是主力最后诱空或者主力开始试探性地上涨，如果属于诱空，在操作中，不要急于冒进，要等到趋势有明确止跌迹象时才可以尝试性地介入。类似上个例子，前期走势弱于大盘，股价创出新低，明显带有诱空的味道，我们来看一个更加明显的案例。

如图 12-2 所示，该股在大盘指数筑底期间，继续延续下跌趋势，阴线放量阳线缩量，从后面的走势来看，不过是挖坑的陷阱罢了。从前期的上涨幅度不到 50%，个股也没有明显的出货动作等多个方面，我们也可以发现走势的细枝末节，从而参悟出走势的可疑性。

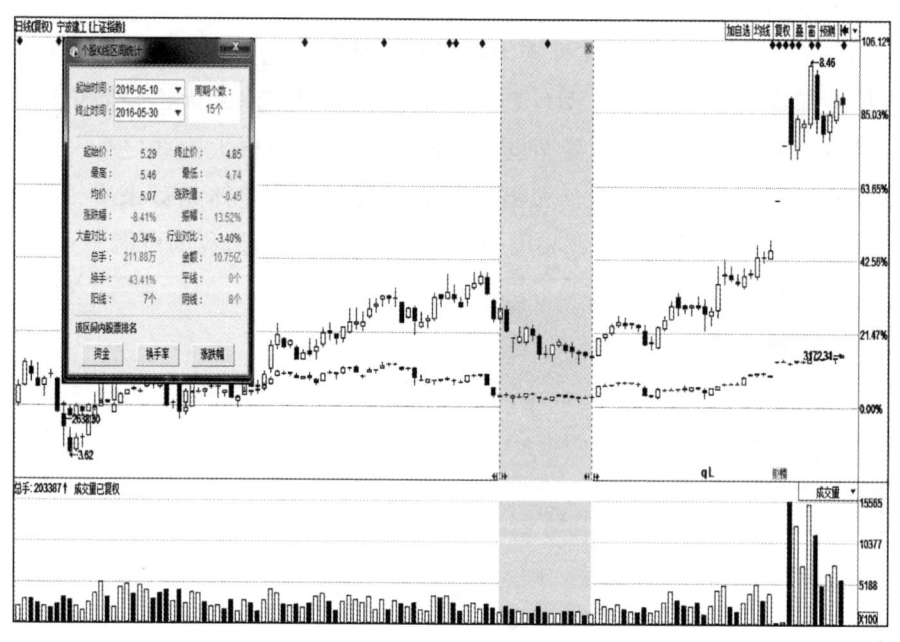

图 12-2

上面的两个例子，在大盘指数同样的时间区间内，前者是放量上涨，后者是放量下跌；前者是提前上涨，后者是砸盘洗盘；前者位于股价的底部，后者位于股价的腰部。虽然后期都走出上涨的趋势，但它们在相同的时间内，走势却出现明显的差异。因此，在大盘指数处于缩量筑底时，个股无论是放量上涨，还是放量杀跌，都必然伴随主力的主动行为，我们要擦亮自己的眼睛，参透走势的玄机，透析走势后面所隐藏的秘密，切不可盲目地见涨就追，见跌就杀。

最后需要注意的是，对于个股放量下跌的走势，一旦确定为主力出货的行情，投资者不要抱洗盘或者挖坑的幻想，及时止损方为王道。但这种情况发生的概率很少，除非个股发生"黑天鹅"事件，对宏观经济政策、行业冷暖、个股消息等有先天优势的主力必定对市场的底部有提前的预判，同时由于资金的优势，也让他们在判断有所偏差时能及时改弦更张。作为普通投资者，我们没有必要承担主力判断失误所带来的风险，我们需要做的是，踏上主力乘风破浪的帆船扬帆远航，骑上主力千里宝驹策马扬鞭。

2. 当大盘指数处于拉升途中时

不同于处于筑底阶段，大盘指数在拉升途中出现的缩量，多带有欲扬先抑的味道，此时短线的获利盘已经出尽，套牢盘也消失殆尽。如果此时个股能够提前大盘有所表现的话，后期大多会有强势的走势。我们在选择类似的股票时，多关注一些前期走势比较稳健，尚未出现急拉的个股，同时在此期间，能够从容应付大盘走势的个股。

如 12-3 所示，图中所示区域恰为大盘指数量能出现缩量的走势，多为小影小阳线或十字星，成交量多小于 1500 亿元。此时也正是国庆和中秋双节期间，盘面正在做方向性的选择。而从该股的区间统计上可以看出，量能相对于前期是明显放量的走势，股价重心也在不断上移。在大盘指数开启反弹节奏后，该股涨幅也远远强于大盘走势的涨幅。

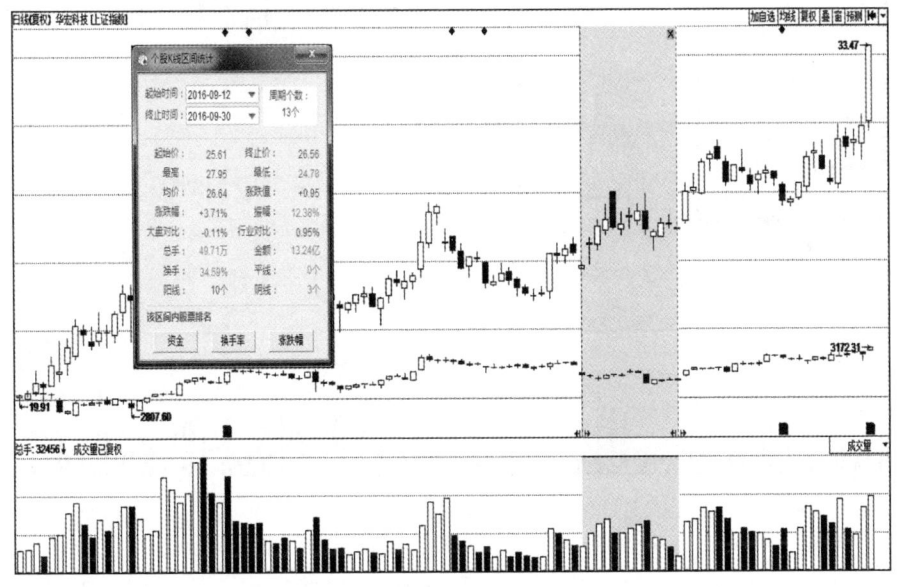

图 12-3

仔细观察我们也可以看出，在区间内右侧，该股随大盘指数收中阴线，后期的大盘走势呈现缩量的走势，而该股明显缩量的幅度更大一些。其中9月30日当天的个股换手率是大阴线当天的27%，而大盘换手率仅是同一交易日的70%，可见该股的筹码稳定性远比所有个股的平均值要好得多。10月1日开盘之后，该股迅速收复大阴线，延续稳步上涨的走势。

以区间内大阴线为标志，左侧个股保持放量吸筹的走势，右侧随大盘走势缩量洗盘，左侧是强势的表现，右侧则帮我们验证了筹码的属性，更是强势的表现，同时也更加确认了未来的方向性。

如图12-4所示，该股在相同的时间区间内走出放量下跌的走势，虽然后期该股曾创出新高29.30元，但不过是昙花一现。我们注意到该区间的走势中，个股阴线放量，阳线缩量，明显有主力出逃的迹象。由于该股涨幅已高达80%以上，此时的主力获利丰厚，而且在前期对倒拉升的过程中，筹码不断从主力转移到投资者手中，此时清仓出局相对于面对市场抛售的压力是更好的选择，后期的反弹不过是最后的回光返照而已。

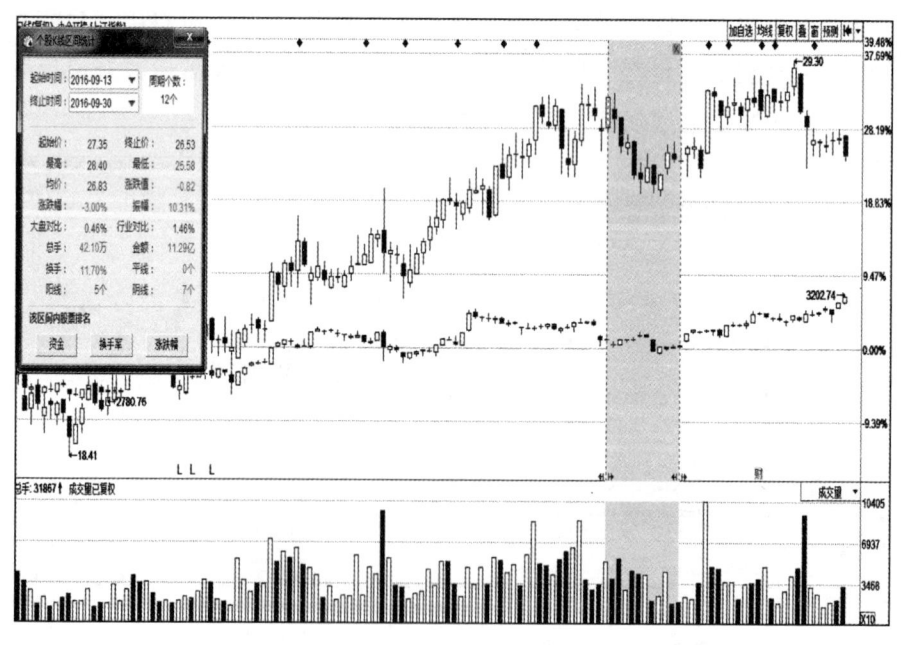

图12-4

对于这两个例子，在大盘指数回调途中，前者相对大盘强势，后者弱于大盘；前者明显放量承接抛售的筹码，后者选择清仓出局；前者后期走势强于大盘，后者明显滞涨。归根结底，还是由于处于个股不同的操盘阶段，在此区间，前者涨幅仅为30%左右，处于拉升阶段；后者涨幅超过80%，处于出货区间，这才是市场走势差异的根本。

最后，对于在大盘指数拉升中继过程中，出现的放量下跌走势，一旦确认为出货行情，要及时清仓，以免耽误行情，影响资金的使用效率。一旦出现类似情况，一方面可能是主力对于未来行情判断失误，另一方面可能是主力资金量紧张或者其他情况。

如图12-5所示，该股在大盘指数上涨趋势中的回调阶段，连续阴线下跌的走势把主力震荡下跌出货的目的暴露得一览无余。近两个多月的阴跌，主力的筹码早已所剩不多，也不需要再把自己的目的遮遮掩掩了。对于类似的股票，我们却常常会被走势中偶尔出现的反弹所诱惑，以至于被套牢在走势的慢慢下跌途中。

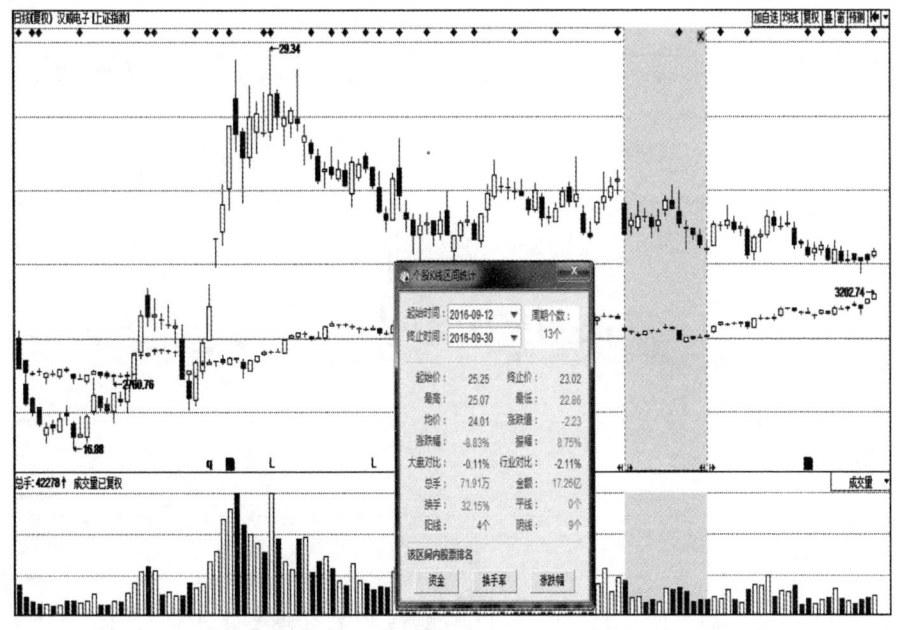

图 12-5

在大盘指数拉升途中，通过对回调阶段的研究，可以观察个股在面对市场发生变化时的应对策略，进而辨别出主力对于当前盘面的态度，从而分析未来的市场走势。技术分析只是一种工具，任何迷信技术分析或者所谓的技术分析无用论都是偏激而盲目的，它就如我们看病时医生使用的听诊器，只有用心聆听趋势的脉动，把握趋势的心跳，才能对症下药，从而药到病除。

3. 当大盘处于高位期间

当大盘指数位于阶段性的高位时，按照传统的技术分析理论，由于跟风盘不足，导致出现缩量止涨的走势，这和大盘处于低位时的情况刚刚相反，底部的缩量往往是买盘不足导致的。如果此时个股量能的变化幅度远远大于大盘，那么该股后期肯定有着不同于大盘的走势。我们还是用案例来说话：

如图 12-6 所示，大盘指数在创出 3097.16 点的同时，虽然由于量价背离导致走势萎靡不振，但该股连续放出阶段性巨量，面对市场的抛盘勇敢承接，这也同时导致主力的成本逐渐升高。正是由于该股强势的表现，我们可以把止盈点提高一些。

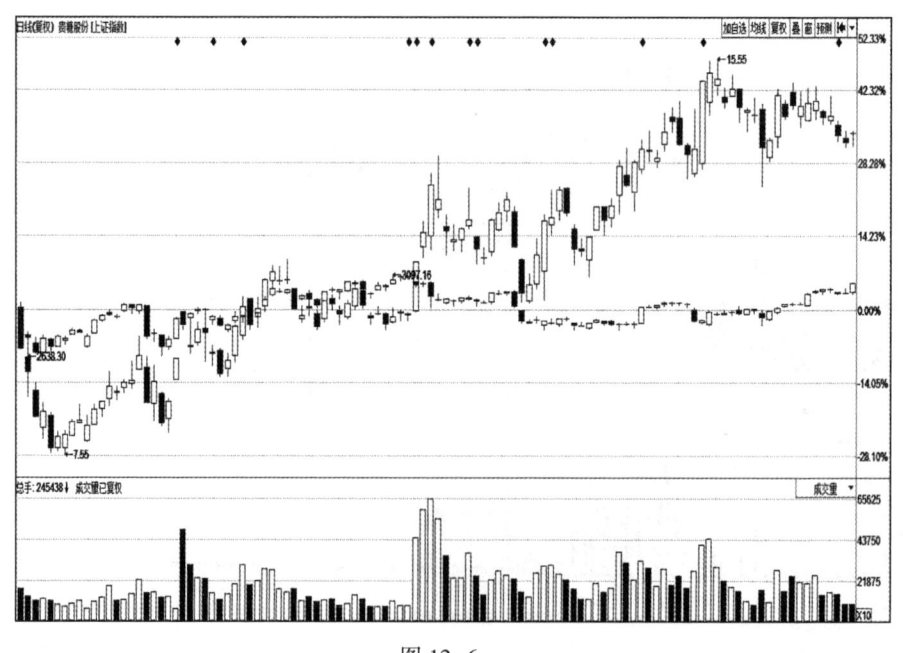

图 12-6

大盘指数在有了一定的涨幅后，往往投资者盈利丰厚，稍有风吹草动便会草木皆动,那为什么会出现缩量的走势呢?对于市场趋势辨别能力更强的主力,可能在拉升的过程中已经开始提前出货,也正是由于主力和机构资金的逐渐退出,大盘指数后期的涨幅也就越来越缓慢。因此,高位的抛盘多是普通投资者的筹码,如果此时某只个股能够放量上涨,大多为主力志存高远,敢于承接抛盘。

如图12-7所示,在相同的时间内,同样的放量上涨,为什么后期的走势会让人大吊胃口?虽然个股和大盘指数同步创出新高,但个股在拉升的后期出现连续放量的走势。从K线上看,涨跌幅和振幅明显变大,上下影线明显增多,滚动出货的迹象非常明显。从量能上看,连续的堆量,从常识上讲,如果在股价的高位,连续放量往往会导致后续走势乏力,后期反弹的明显缩量也印证了这一观点。

图 12-7

通过比较这两只个股,前者的放量仅持续了四天,后期量能很快开始稳定上扬,后者堆量的走势造成交投过度活跃,继续上涨乏力;前者在放量之前的走势是缩量稳定的,走势也有条不紊,后者放量之前的走势阴线阳线相互交错,走势稍显滞重。从这两个方面我们都可以看出,主力对于个股控盘程度，前者明显好于后者，前者的期待涨幅也远远高于后者，这也导致后期结果不同。

对于在高位发生的个股放量上涨现象，我们要时刻警惕，明察秋毫，千万不要被个股当时活跃的气氛所感染，要仔细分析放量背后的原因。此时的放量虽然伴随诱多的可能，但也同时存在获利的机会，把握那些前期收放自如、调控有度的个股，如果对于行情多有疑惑，那么可以等待行情明朗时再介入也不迟。

上面我们提到的是大盘高位缩量，个股放量上涨的走势，如果个股放量下跌，多代表个股主力提前出货基本完毕，利用最后的余量砸盘出货，后期的走势可能就是一江春水向东流了。

如图 12-8 所示，我们可以看到，大盘指数在阶段高点 3097.16 点位附近出现缩量走势时，个股已经处于下跌反弹的次高位。由于该股是短线操作的行情，对于出货主力采取的假突破及反弹诱多出货的方式。对于短线操作的个股，在有了一定涨幅后一旦有出货的苗头，同时结合大盘有走缓的迹象，我们要及时清仓出局。

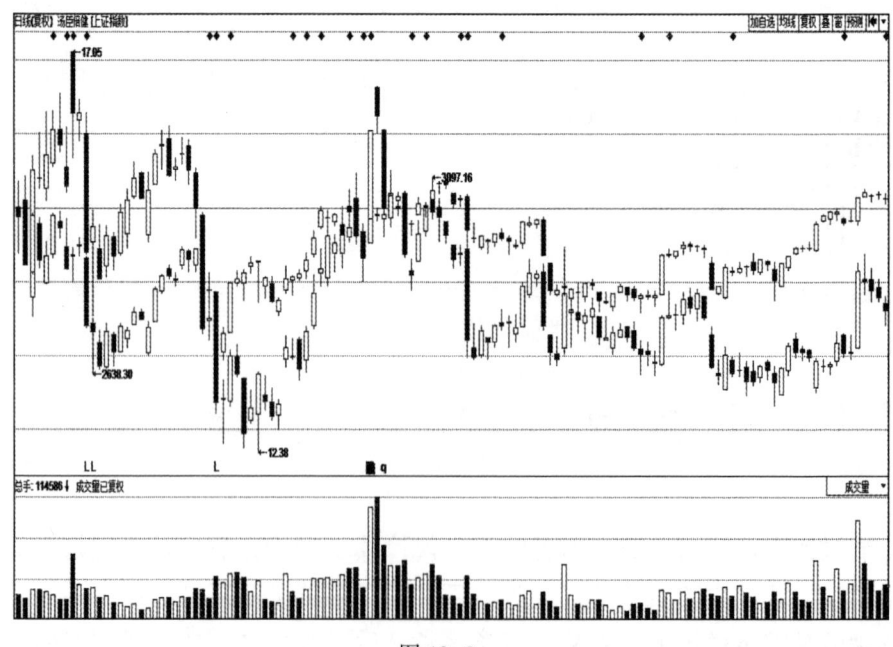

图 12-8

4. 当大盘在下跌中继时

当大盘指数处于下跌中继时，市场中多数主力为使技术图形不至于太难看，往往会用少量资金作盘，而普通投资者往往心存幻想，不断地补仓然后砍仓，循环往复。因此，我们在对待下跌中继中发生的个股放量情况，首要的任务是区分是主力诱多出货的行情，还是主力承接筹码着眼未来的行情，然后才能审时度势，应付自如。

如图 12-9 所示，图中所示区域为大盘指数回调过程中的缩量反弹区域，个股保持相对于前期量增价涨的走势。虽然大盘起起落落，但从趋势上看，该股始终保持震荡上扬的走势，后期的涨幅也远远高于大盘。

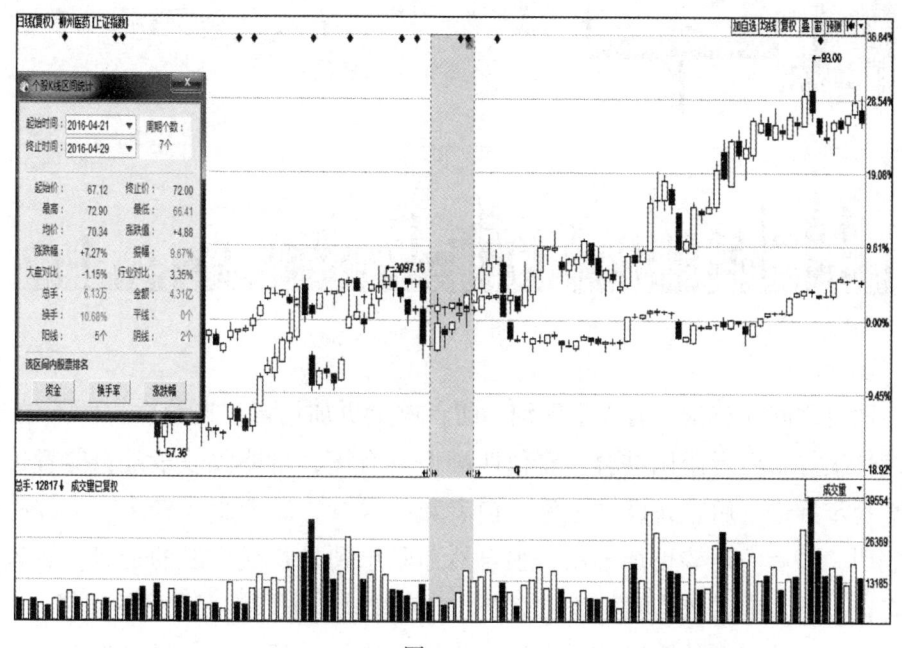

图 12-9

在区间左侧，个股利用大盘指数的弱势回调洗盘，但连续萎缩的量能表明市场的浮筹已经殆尽，后期的拉升也就理所当然了。对于这种稳健走势的个股，虽然出现急涨急跌的可能性不大，但如果论抵御风险的能力，肯定值得你拥有。

同样区间的反弹，如图 12-10 所示的个股远比图 12-9 的个股涨幅要高得多，量能也好像比较配合。但后期连续下跌的走势让人感到不知所以，为什么会出现这种情况？从根源上讲，这只个股处于顶部出货阶段，此时的连续拉涨，不过是构筑双重顶出货形态的后一个顶而已，甚至是利用创出新高来诱多出货。

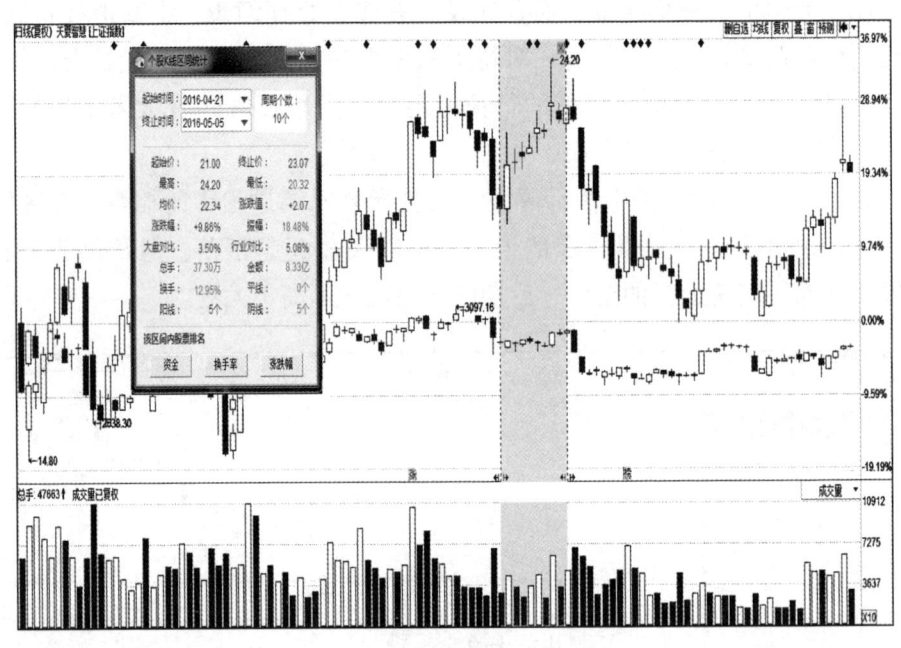

图 12-10

两者之间在放量上有以下区别：前者放量更加均衡，连续放大而不过度，持续性很好；后者阴阳结合，看似匹配但不有序，量能收放紊乱；前者价格走势稳步推进，后者跳跃式上涨；前者影线较少，后者影线较多。从种种迹象表明，前者的走势更加健康，很自然地联想到是长线庄股的走势，后者更加亢奋，结合前期较为明显的出货走势，实在让人不敢抱有太多的幻想。

对于下跌中继的个股放量上涨，我们不能仅看某一天的量价配合，而应该从走势的稳健性上去观察，量能台阶式上涨，价格稳步推进，阳线多在最高价附近收盘，阴线盘中有抵抗动作等，这些都是区分此时放量是否合理的特征。千万不要被某一天的行情所诱惑，要用大局观的角度去看待行情的方向性和持续性，把握大方向的走势自然能赚到杯满钵满。

还有一种情况，当大盘下跌缩量时，个股放量杀跌，这种情况的出现，无论是主力砸盘出货，还是强势洗盘，都应该先出来，以免市场回撤幅度过大，造成不必要的损失。

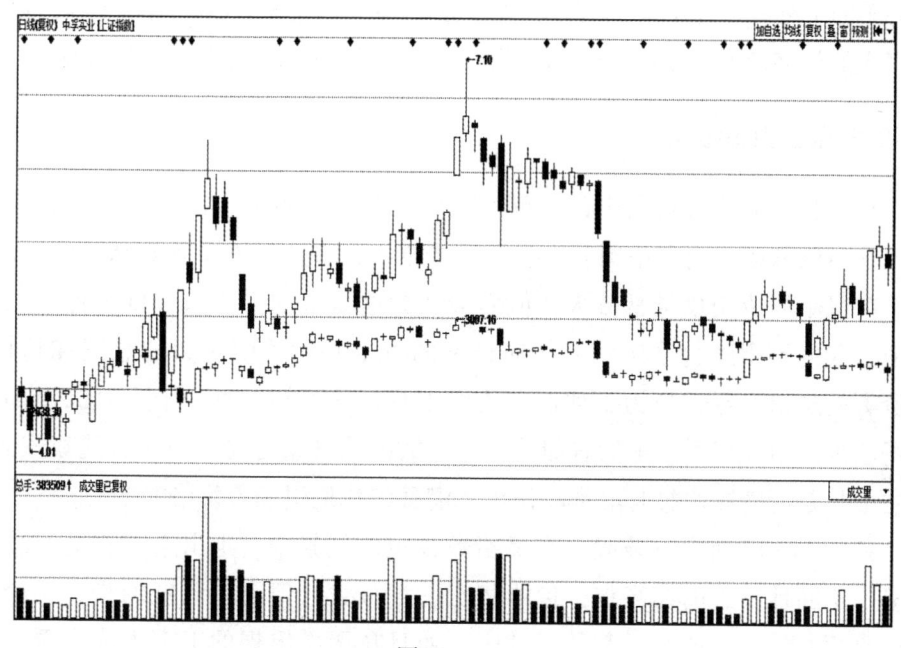

图 12-11

如图 12-11 所示，该股随大盘指数同步创出新高，但在大盘下跌中继阶段，个股明显重心下移，阴多阳少，走势明显弱于大盘，对于类似股票，要及时卖出，以免深度套牢。

对于大盘缩量、个股放量的情况，无论此时大盘指数处于阶段底部、拉升途中、高位区间还是下跌过程等，都伴随风险和机会，大盘的涨幅越小，此种情况伴随的机会越多，大盘的涨幅越大，此种情况伴随的风险也就越大，对于任何的位置，我们都不能掉以轻心，是机会我们要毫不放过，是风险我们要敬而远之。

二、大盘平量，个股放量

在大盘指数走势平稳、量能均匀的状态下，如果此时个股能够放出相对大盘更大的放量幅度，说明个股的多空趋势发生转变或者加速，其中胜利的一方往往决定未来市场趋势的方向。在大盘的拉升及下跌趋势中，多会发生这种现象。在上升趋势中，多数股票的主力主动性地买入不断抬升股价，导致大盘重心不断上移，多是强势的表现；在下跌趋势中，大多数股票抛盘不断，以低于买入的价格卖出，导致大盘不断下跌，趋势不断下行，多是弱势的表现。

1. 在大盘上升趋势中

在大盘指数上升过程中，出现个股异常放量的走势，往往会让该股收到引人注目的效果。由于中国股市投机性严重，大多数投资者具有从众的心理，如果某只个股成交量异常放大，他们会认为这么多的人买入，自然有买入的理由，我何不跟随大众呢？但任何异常的发生必然伴随主力的意图和目标，投资者的从众心理也成为了他们利用的工具。殊不知，每一个主力机构都是市场心理的研究好手。虽然看似放量，多数的成交量还是来自于普通投资者，而主力只是起着顺水推舟的推动作用，潜移默化地引领着价格的走势。

如图 12-12 所示，该股在大盘指数稳定的气氛中，走出连续放量上涨的走势。不断地突破前期高点，量能相对前期放大。但令人可疑的是，无论阳线还是阴线的当日成交量都明显放大，而且从屡次出现的上下影线来看，个股当天的波动幅度较大，形成短线出货的走势。

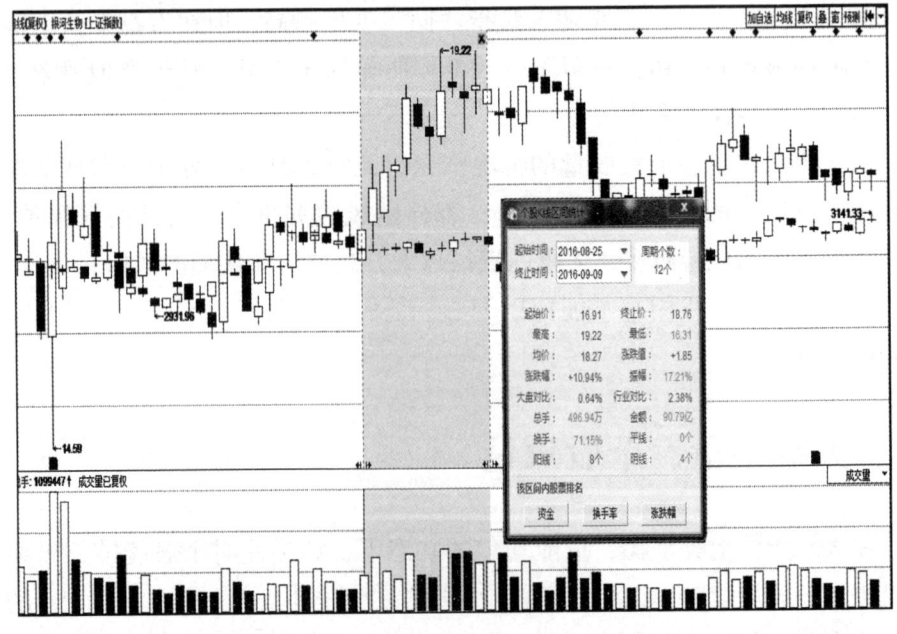

图 12-12

第十二章
从量能里发现异动

当然,并不是每次出现类似情况都是主力出货的变现,我们在本书列举案例时,都是把风险放在低位,提醒每位投资者,无论是初入道的"股市菜鸟",还是历经沧桑的"股市达人",风险的管理是每一位投资者必须遇到的难关,是每一位想要长期留在资本市场的投资者必须渡过的难关,因此我们在举例时,都会把在此情况下,可能出现的风险——揭示,能够为你的风控之路提供一份参考和保障。

如图 12-13 所示,该股在此时间段内同样走出放量上涨的走势,而且走势很有规律,即使出现阴线,很快也能收复失地。和图 12-12 不同的是,该股是长线高控盘庄股,成交量很少有超过 1% 的机会,走势稳步向前推进。对于此类股票,要么是一个或数个关联机构占有绝对控盘,要么是业绩优良,众多机构持股,对于未来的走势共同看好,大盘指数的走势对类似的股票影响并不太大,它们有自己的节奏,自己的步骤。它们虽然出现连续大阳线或者涨停板的可能性并不大,但它们稳健的走势是我们获得长线高收益的保证。

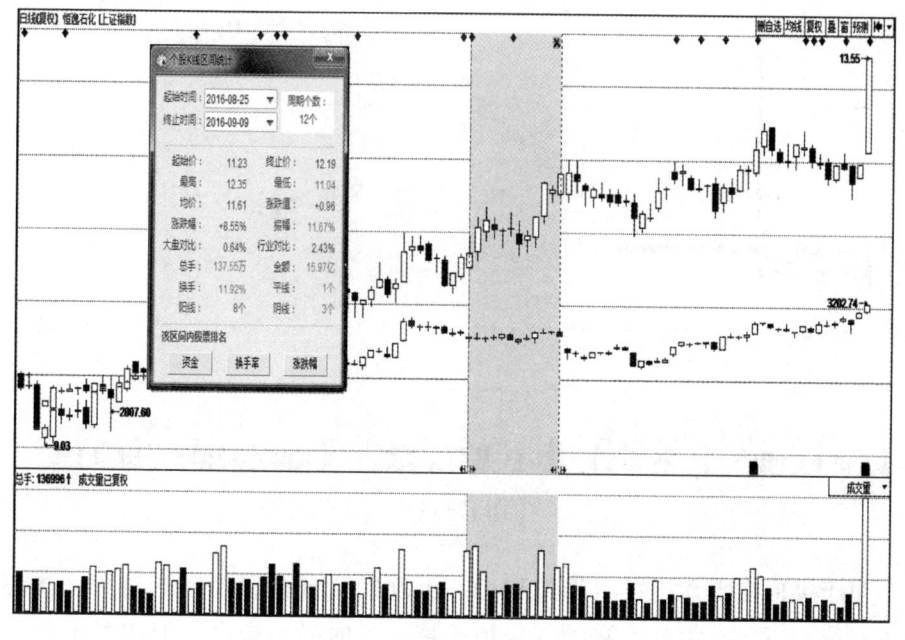

图 12-13

在大盘指数平量上涨过程中,如果出现个股异常放量,我们首先从历史

· 251 ·

走势及与大盘指数走势对比中,判断个股的属性,是短线个股(见图12-10),还是长线高控盘个股(见图12-11),又或者其他的可能,其次判断个股所处的操盘阶段,是短线出货阶段(见图12-10),还是吸筹拉升阶段(见图12-11),又或者其他的可能,最后根据上述的判断,如果是短线股,要快进快出,对于长线股,坚定持有,根据不同的类型,选择不同的操盘手法。

上面两个例子都是放量上涨的走势,如果在大盘平量上涨时,个股下跌放量呢?

如图12-14所示,该股在大盘指数拉升过程中延续震荡下跌的走势。我们可以看到区间左侧虽然股价不断创出新高,但该股在创出44.46元的高点后,后续即便个股反弹,也没有触碰到顶部震荡区域的下沿线。区间右侧的走势,更是明显地弱于大盘。

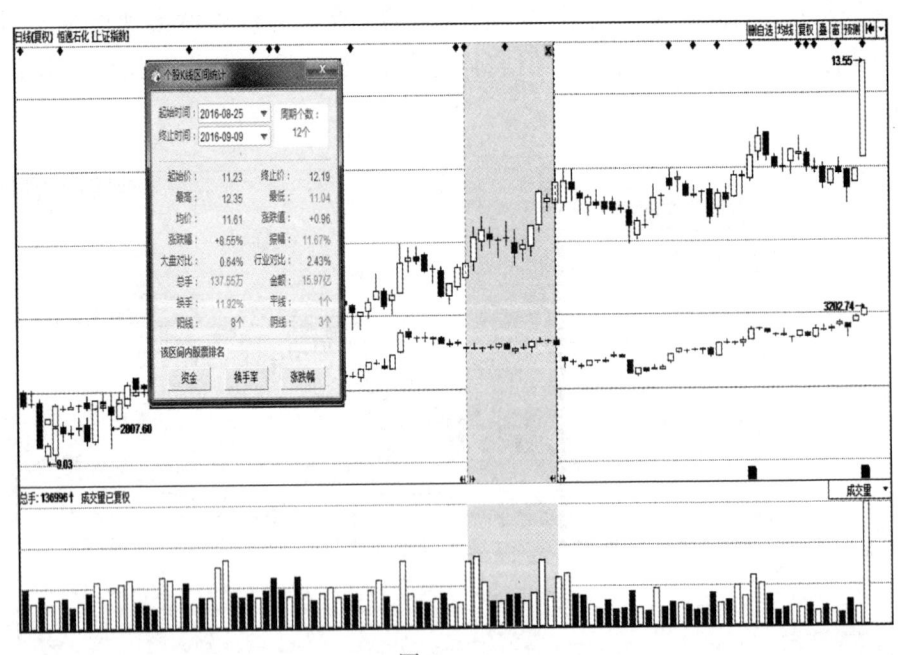

图12-14

对于类似在大盘指数上涨过程中,出现的这种个股走弱的迹象,我们要认真对待,不要被大盘上涨的气氛所迷惑,及时撤出资金,追逐其他收益率更好的股票。

2. 在大盘下降趋势中

当大盘指数由升转跌进入下降通道后，无论个股处于操盘的哪个阶段，是高位出货阶段，还是拉升过程中，又或者处于出货结束后的下跌阶段，都会引发市场中的抛盘的出现。如果大盘指数平量下跌的话，后期一般会延续下跌的趋势，此时属于下降趋势的中继阶段。即使反弹，高度也有限，即使下跌，底部还未知。如果此时某只个股出现放量上涨或杀跌走势，可能会引发市场的跟风盘追涨或恐慌性抛盘，更加速了股价见顶或见底，因此对于下降趋势中的放量，我们要格外留神，以免市场诱多或踏空的风险。

对于个股出现放量反弹的迹象，除应用传统市场技术分析理论进行分析外，还要结合个股趋势和主力意图来进行综合判断。在大盘指数下跌过程中，个股放量拉升可能是主力强势，也可能是主力诱多反弹，我们来看一个案例：

如图 12-15 所示，我们看到所示区域处于大盘指数下跌尾端，但个股在后期并没有随大盘创出新低，甚至重心稍有上移。不同于大盘的平量下跌，个股呈现阳线逐渐放量，阴线逐渐缩量的态势，这也是和股价的走势趋于一致。从后期的走势我们也可以看出，该股涨幅远远大于大盘。

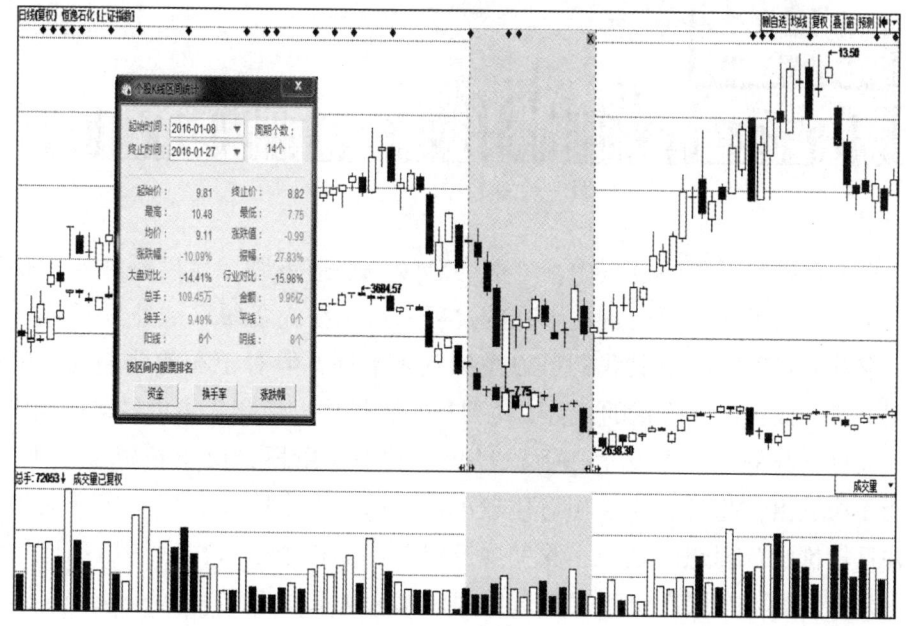

图 12-15

· 253 ·

对于获利幅度较大的主力，往往会在大盘指数跌势企稳时，再次反弹拉高继续出货。这种股票，一旦主力的余货清仓完毕，后市的行情如果没有主力资金的介入，走势一般都会弱于大盘。

如图 12-16 就是其中一例。虽然在此区间，大盘指数的量能没有太大变化，但个股无论是阳线还是阴线，都明显放量。在大盘创出最低点 2638.30 点后，大盘止跌后以慢牛走势展开行情，此时的个股却在数根缩量小阳线后放量暴跌，这就是主力利用反弹出货完毕后的表现。

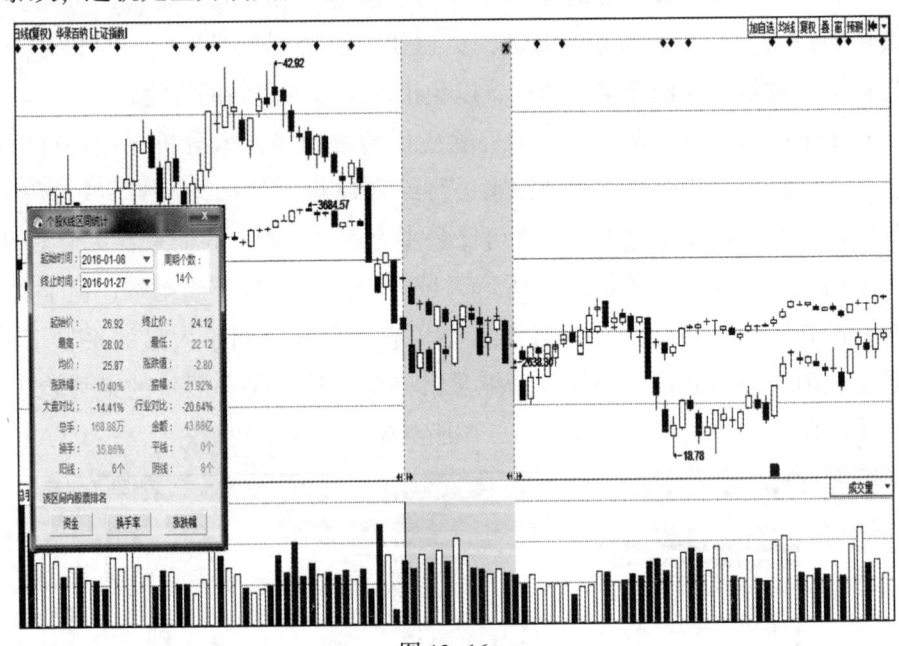

图 12-16

在大盘指数下跌的过程中，一般会延续先快速下跌，然后缓跌或止跌反弹，接着放量下跌，最后止跌企稳的过程。对于在大盘缓跌或止跌反弹过程中，继续放量下跌的个股我们可以做到置之不理，但对于在此前期间，出现阴阳交错，而且出现堆量的走势，也要提高警惕，以免落入主力诱多的陷阱。

大盘指数平量，多发生在下跌过程中的中继阶段，由于新资金未进场，量能无法放出，此时的气氛相对比较沉闷。如果有个股在此期间出现放量止跌并且量价配合理想的走势，我们要及时关注，在个股再次回调出现地量时轻仓介入；如果个股出现连续堆量反弹，无论从 K 线走势图还是从分时图上观察，都有明显的出货迹象时，我们及时逢高清仓。

无论是大盘指数的上涨阶段，还是其下跌阶段，平量的出现多代表趋势的延续。对于途中可能出现的大盘指数趋势缓涨或缓跌（包括滞涨回调和止跌反弹），对于持股者和持币者而言，都是很难得的操作机会，但其前提是对于此阶段个股走势的正确认识。对于持股者，要及时在个股上涨趋势变弱时，克服贪婪及时退场，在下跌期间的反弹诱多时，抵制诱惑断臂求生。对于持币者，要在个股趋势加速时，克服恐惧勇于追高，在下跌末期的止跌反弹时，艺高胆大及时进场。

三、大盘放量，个股急剧放量

大盘指数缩量上涨或平量上涨，代表资金的存量博弈，而放量上涨则意味新资金的不断进场；大盘指数缩量下跌或平量下跌，代表多空博弈比较均衡，而放量杀跌则意味多杀多的行情。大盘指数连续放量多发生在起涨阶段、拉升末期、下跌初期等不同的阶段，而偶尔放量可能发生在趋势的任何阶段。

当大盘指数放量时，市场气氛比较活跃，各类投资者不断进场。如果此时个股急剧放量，并且远远超出大盘的放量幅度，往往对于主力的操盘目的能起到事半功倍的效果，当大盘处于起涨阶段时，个股如果急剧放量，往往代表主力的目的志存高远，有着更远大的目标；如果大盘处于拉升末期，往往意味主力能够借机出货，此时往往会出现诱多的行情；如果大盘处于下跌初期，无论主力此时是上涨还是下跌，都需要谨慎对待；如果大盘处于下跌末期，往往意味主力的最后一跌，也就是黎明之前最黑暗的时间。

但是这些都是确定无疑的吗？这也不尽然，那我们具体按照大盘所处的阶段分别研究。

1. 当大盘处于起涨阶段时

如图 12-17 所示，该股在大盘指数回调后的起涨阶段，连续放量拉升，多次出现涨停板。从前期股价回调过程中整齐的走势与萎缩的量能可以判断出，主力的成本股价在区间第一个涨停板附近。后期主力连续对倒拉升的走势，对市场氛围并没有太大的要求，只要大盘不是特别差就可以。类似这种由于利好导致主力连续对倒拉升的行情，我们要把它和强势吸筹的中长线股区分开来，连续的堆量和急涨急跌的行情是其最主要的特征。

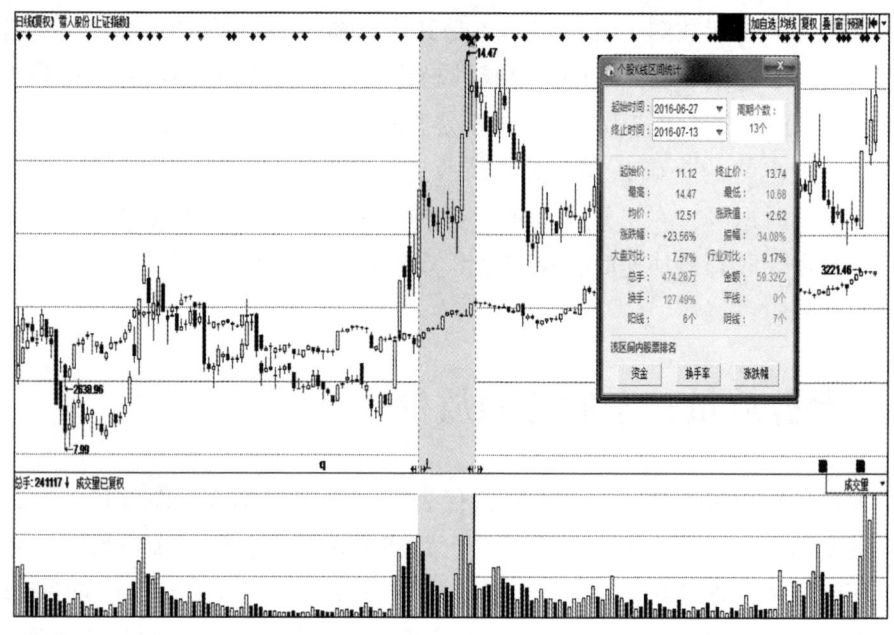

图 12-17

对于类似这种异常的行情，如果在有确定利好的前提下，前期主力并没有足够的时间吸纳筹码，往往会采用这种激进的方式来拉升和出货。可以承受较大风险的投资者可以轻仓追涨，但要及时止盈，因为这类个股涨得快跌得也快。

如图 12-18 所示，相同的时间区间内，该股同样出现放巨量的走势，但和上面的个股不同的是，该股是强势吸筹形态。该股在经过一段时间的洗盘整理后，不断创出新高，这也从侧面证实了两者的不同。图 12-18 和图 12-17 的个股，前者的走势和量能放大幅度都小于后者，一般不会出现涨停板，后期大多会回调洗盘整理，但幅度不会太大，这对于我们投资者来说，是非常好的买点。对于后者来说，此时可能就是卖点了。

短线个股相对于中长线个股，走势和量能都会更加激进一些，因为它必须制造热烈的市场氛围，吸引普通投资者投机买入。中长线个股可能也会出现连续拉升的走势，主要是因为前期主力没有吸纳太多筹码，不得已采用这种方式，后期肯定会有洗盘整理的过程。因此，我们在判断量价关系时，对于急剧的量能变化，要在分析判断的基础上对症下药，不要被市场走势的良好态势（包括 K 线走势图和分时走势图）所吸引，要保持一颗理性而客观的心态对待个股走势。

如果个股此时处于放量杀跌时呢？相信这种情况发生的概率并不大，因

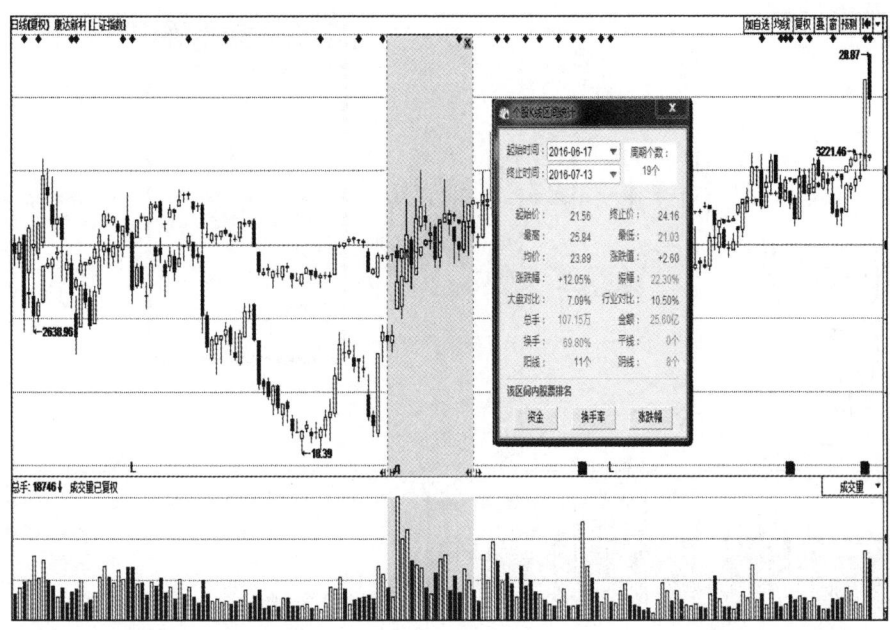

图 12-18

为即使是主力再无心护盘的个股,在如此热烈的气氛下,纵然依靠普通投资者的力量,也足以使股价的重心不断上移,但是一旦大盘指数涨势趋缓,这种个股的走势也会很快转涨为跌。

图 12-19 就是其中一例,此时正是主力的次高位横盘出货阶段,在市场气氛的烘托下,成交量依然保持和头部相差不大的等级。从这一区间的走势来看,阳线的放量没有明显的持续性,而且多带有上影线,连续阴线的量能也没有缩小的态势。这也反映了主力作盘和散户作盘的特点,主力作盘更有目的性,走势更有规律性,普通投资者由于是游击战,缺乏统一的指挥,显示行情很躁动和盲目,涨跌缺乏连贯性,同时易跌难涨,一有风吹草动便丢盔弃甲,造成走势涨得慢跌得快。

2. 当大盘处于拉升末期时

当大盘指数处于拉升末期时,反而是投资者最为亢奋、最为无所无惧的时候,此时个股连续放出巨量,存在主力借机拉高出货的可能,同时,主力看好个股的未来吸纳投资者的抛盘也不失为一种可能。由于主力或机构投资者对于消息具有先天的预知性,往往能够根据不同的市场环境采取不同的

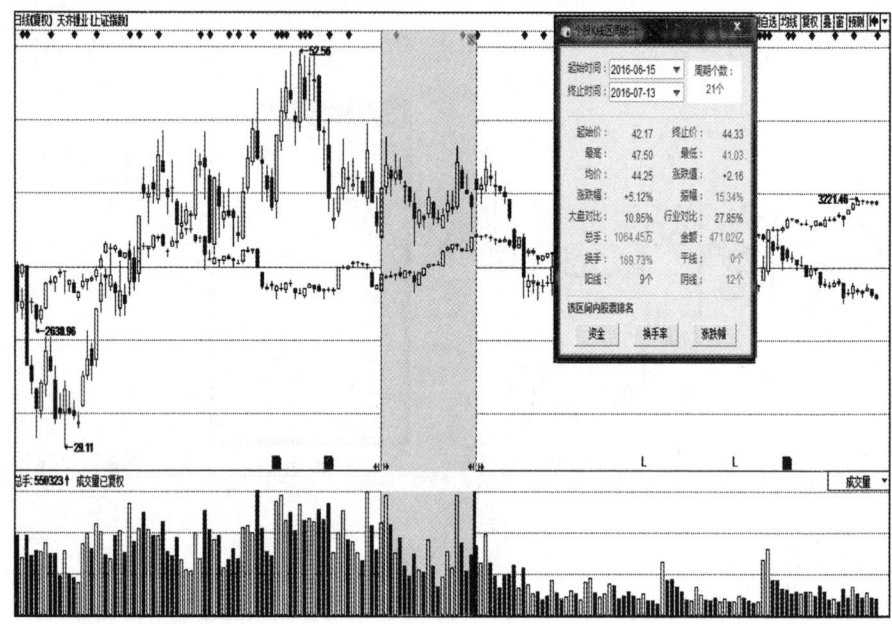

图 12-19

操盘手法,投资者先天对于恐惧或贪婪的心理特征也往往在主力拉升之前,乖乖地交出自己的筹码,看着原先看好的股票一飞冲天,而大多数投资者对于先前抛出的股票,如果让他再次追高买入,在心理上往往是非常抗拒的,因此在大牛的拉升过程中,我们眼睁睁看着一再错过。

如图 12-20 所示,图中方框处即为大盘指数下跌过程中的反弹头部,是以复杂的双重顶形态构筑而成,量能上是前顶放量后顶缩量。我们来看个股在此期间的表现,在前顶期间个股放量幅度明显过于大盘的幅度,在后顶区间个股缩量幅度明显高于大盘的幅度。从整体趋势来看,这是个股利用大盘反弹而进行的自救行情,前顶的急剧放量也是主力的拉高出货行情,后期甚至利用诱多继续出货。大盘构筑后顶期间,个股由于出货基本完成,对于行情也是任其自生自灭,没有主力关照的走势自然也是跌跌不休。

如图 12-21 所示,同样的时间区间内,个股同样是在大盘指数前顶期间放量,同样是大盘后顶期间缩量,但所代表的意义可能就是天上地下了。通过对比我们可以很清楚地判断出,前顶明显的拉高行情,后顶是明显的清仓行情。由于主力在拉升后期采用对倒的方式拉升,到了大盘指数的后顶时,手中的筹码已经不多,这才有了后期一泻千里的砸盘走势。

第十二章 从量能里发现异动

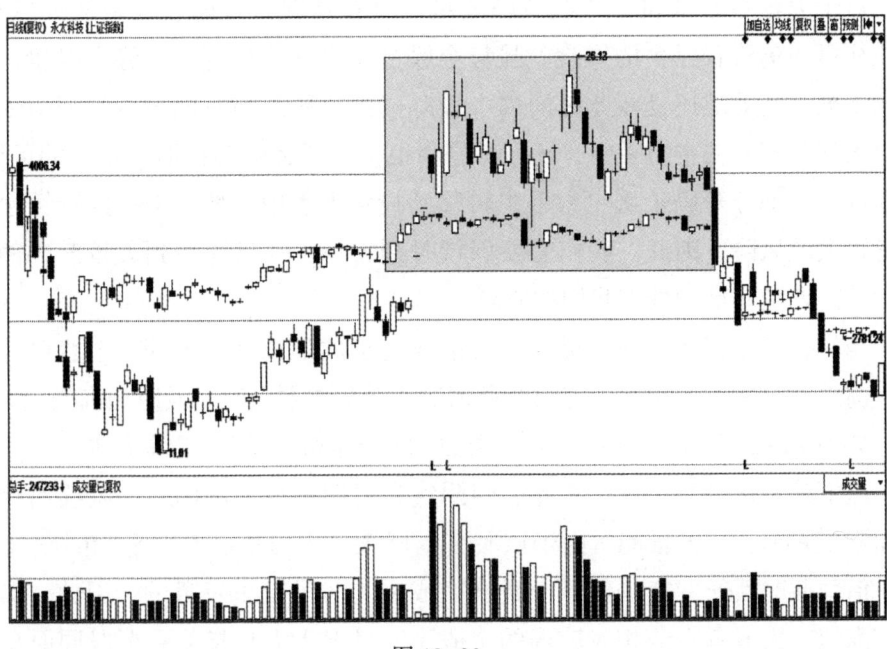

图 12-20

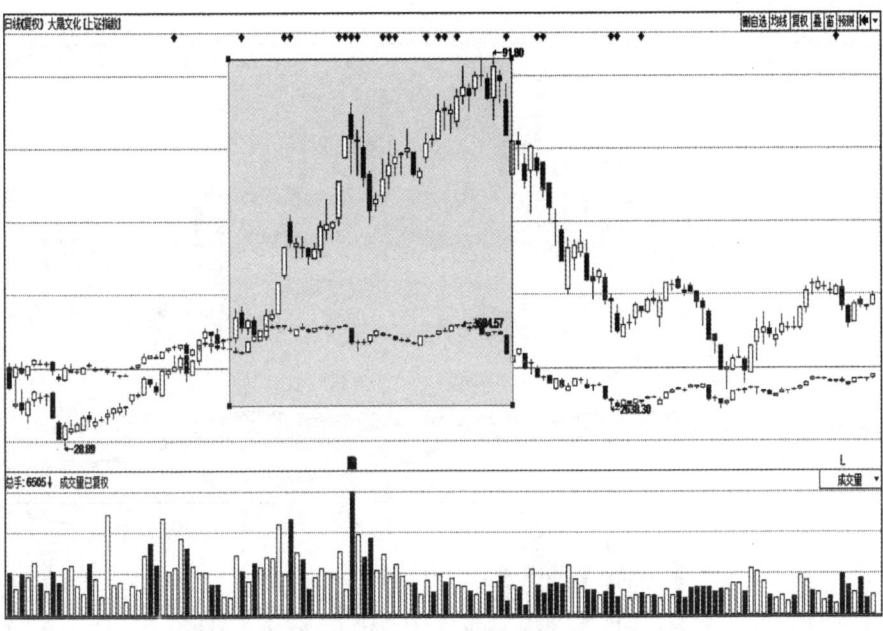

图 12-21

对于大盘指数放量，个股急剧放量的这种情况，可能会被很多人忽视，但往往里面蕴藏着巨大的风险。强势个股可能会继续拉升，弱势个股也可能一蹶不振，其关键还是在此区间内个股筹码的归属及当时的盈亏情况。如果此时大部分筹码在主力手中，且当时盈利很少，那么就存在继续拉升的可能。如果此时大部分筹码正从主力手中转移到投资者手中，那么未来的行情也能就有很大的风险。因此，我们需要保持时刻警惕，一旦注意到大量筹码的转移，就需要随时准确处理我们的股票。

当然，还会存在这种情况，大盘指数处于放量拉升的末期，个股已经开始提前放量杀跌，这相对于前面两种情况，走势更弱，我们及时撤离资金。

如图12-22所示，该股在大盘指数构筑头部的区间，提前大盘见顶，提前大盘下跌。从量能上看，在此区间阴线数目明显增多的同时，阴线始终保持和阳线相差无几的量能。由于该股涨幅巨大，主力早已不在乎"鱼尾"上的肉。借助此时活跃的市场气氛，最终完成主力的最后出货目的。因此，对于前期涨幅巨大或者走势相对较弱的个股，一旦发生大盘指数和个股同时出现筑顶的迹象，一定要第一时间平仓出局。因为这种个股，下跌的走势往往如瀑布一般倾泻而下。

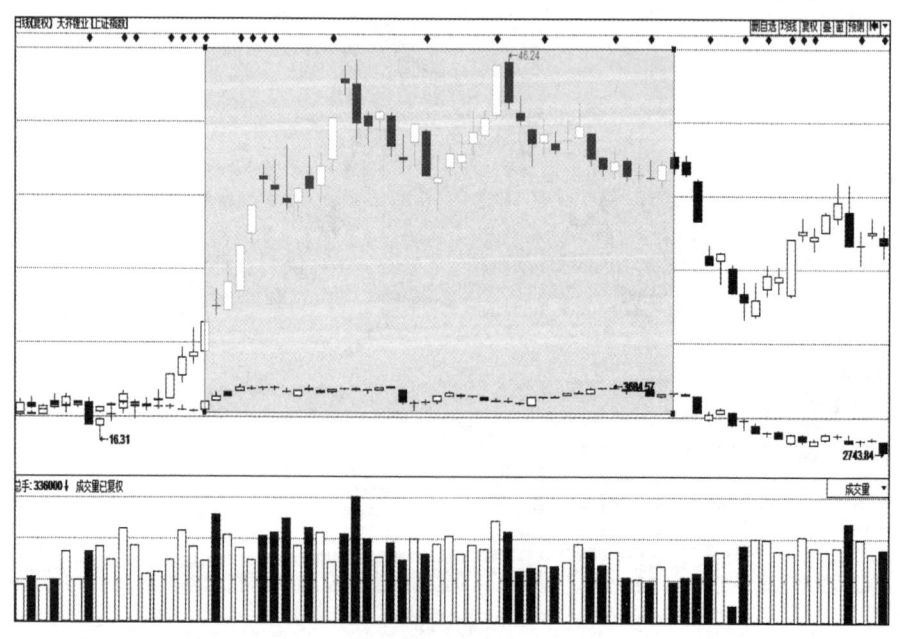

图12-22

3. 当大盘处于下跌初期时

当市场中大多数主力在完成顶部第一阶段出货后,此时投资者依然沉醉于沸腾的气氛中,开始放量杀跌,这多为主力和机构投资者出货所致,当然也不乏一些保持理智的投资者。因此,也造成大盘指数和个股同步放量杀跌。如果此时个股以数倍于大盘放量的幅度杀跌,极有可能是主力砸盘出货所致,但也存在主力极度看好个股后期走势,敢于承接市场抛盘,利用大盘的下跌制造恐慌气氛,贪婪地吸纳投资者手中的筹码。对于这两种情况的可能性,如果有准确的判断力,当然可以搭上主力拉升的快车,如果对于行情的走势模棱两可,还是放弃为妙,毕竟有着较大的风险。

如图 12-23 所示,该股此区间内的跌幅高于大盘指数,是可以预料到的。由于前期大盘反弹期间创出阶段新高 3097.16 点,该股依然位于前头部之下,可见反弹之力度较之市场中绝大部分个股较弱。从后续的下跌幅度创新低 9.25 元,我们也可以看出来。

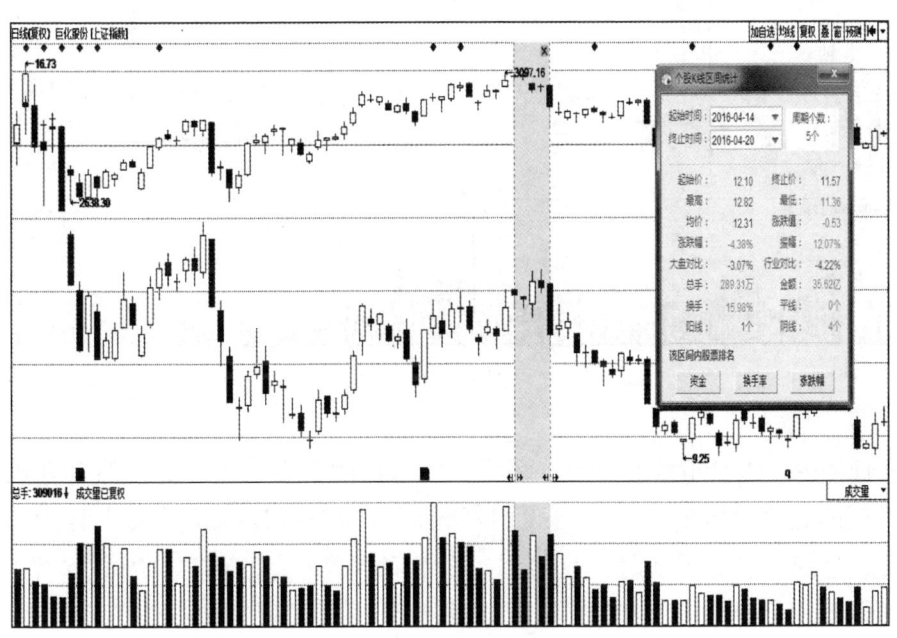

图 12-23

对于在大盘指数反弹期间,对于同步反弹个股的趋势量化,主要还是看反弹期间的涨跌幅度，强者恒强，弱者恒弱，在一定的时间段内还是有效的。当然我们通过后期反弹结束的个股的相对跌幅，也可以得出同样的结论。

如图12-24所示，该股在同样时间内跌幅大于大盘指数，那为什么后期能不断走出新高呢？对于图12-23中个股，该股此前虽然同样没有突破前期高点，但屡次出现的上影线，明显有欲扬先抑的效果，后期涨停收复区间内跌幅的走势，也有很大的确定性。对于图12-21中的个股，离前期高点有一定的价格距离，对于连前高都没有勇气试探的主力，我们是没有必要在其身上浪费太多的时间和精力的。

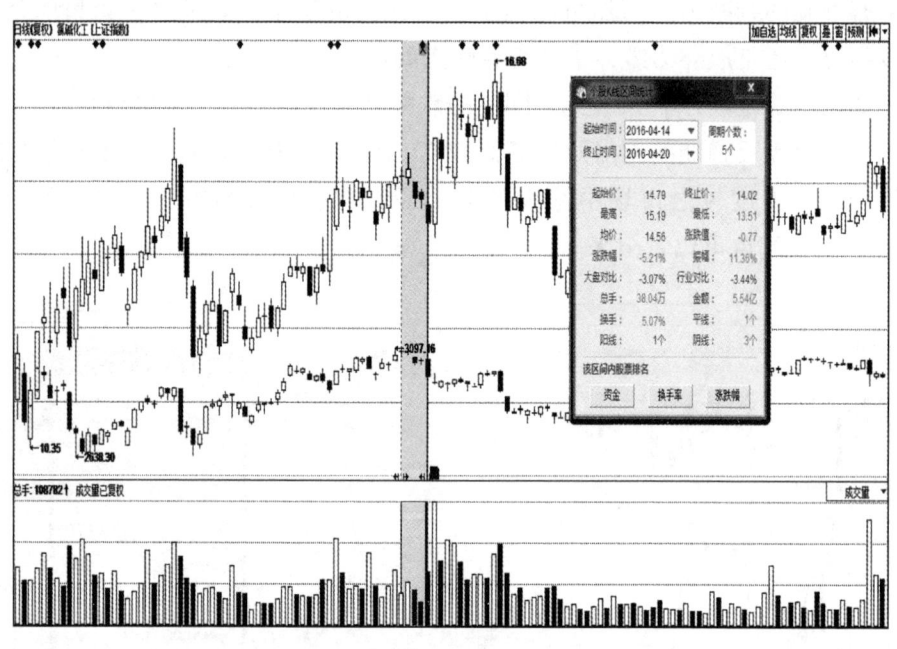

图12-24

任何强于大盘指数的个股，必然伴随市场的主力行为，也自然会在前期或后期的走势中体现出来。当我们每天面对强势股连续拉升的走势中自怨自艾，埋怨自己的无能时，我们为什么不能本着考究的态度，细心琢磨走势中的蛛丝马迹呢？这个世界从来不缺少强势股，只是缺少发现强势股的眼睛。

当大盘指数处于放量下跌初期时，如果出现个股放量上涨的走势，对于普通投资者来说，追高买入往往具有很大的心理压力，这时我们需要做的：

是对于个股未来走势的准确判断；是继续强势拉升还是逢高减磅。

如图 12-25 所示，该股在大盘指数下跌区间构筑传统双重顶形态洗盘期间，重心明显上移。任何的大牛股都是稳步上涨的，急涨急跌往往会是昙花一现。利用市场氛围的改变、大盘指数的回调、洗盘抬高普通投资者的成本，为将来出货奠定基础，这是洗盘的本质，也是投资者能够趁机上车的机会，就看看你有没有慧眼，能否把行情看得清清楚楚、明明白白。

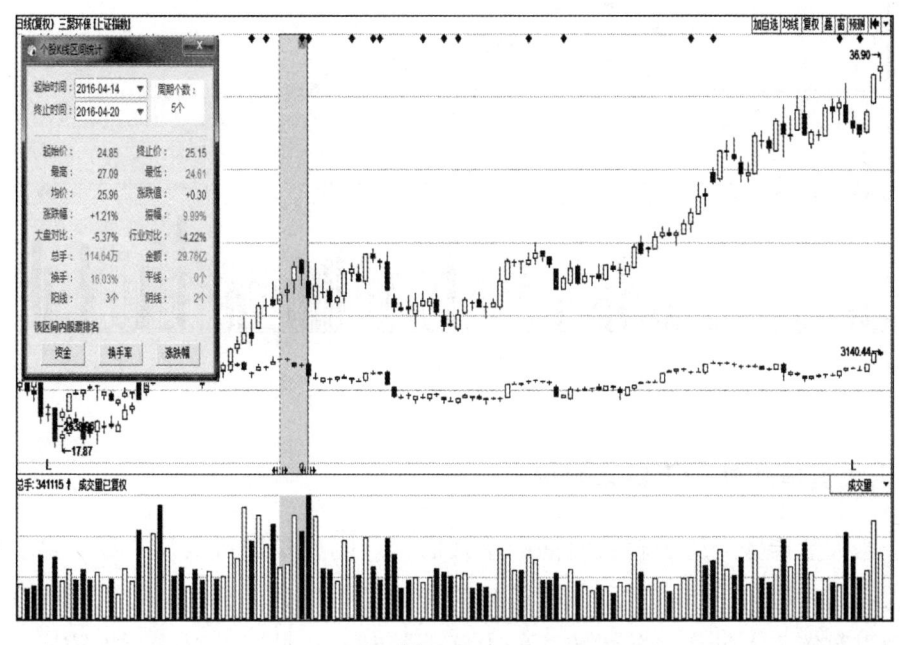

图 12-25

如图 12-26 所示，该股和图 12-25 所示个股有着本质的不同。该股在大盘指数筑顶期间连续以 5~6 的量能拉升，在如此指数环境下，投资者对于追高多有忌惮，主力不得已震荡出货。后期在回调后继续拉升，是由个股的短线滚动操作的本质所决定的。

在弱势环境中，短线个股或滚动操作个股常常会是偏好风险的投资者的首选，但其中巨大的风险也常常蕴含其中。对于稳健性的投资者不如多选取一些长线高控盘的庄股，虽然急涨的可能性不大，但其上涨的持续性及回调较浅的特征往往能够跑赢大市。

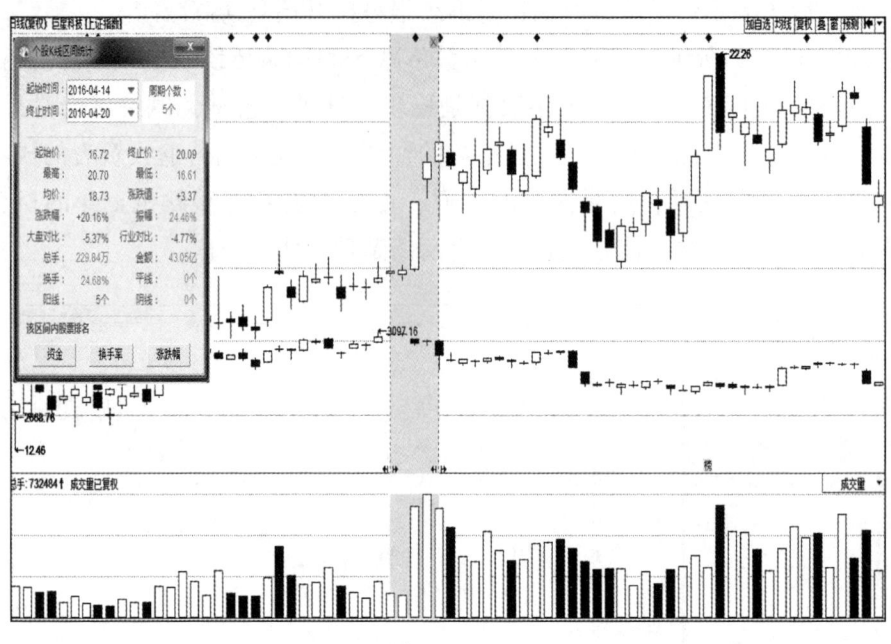

图 12-26

4. 当大盘指数处于下跌末期时

当大盘指数经历了较长时间的杀跌后，急剧放量完成最后一跌，这也构成大盘筑底的第一步，对于下跌趋势的完结也不是必须存在的。当个股在此期间以数倍于大盘指数放量幅度的力度杀跌时，其见底的意味更加浓厚。如果个股放量反弹，对于主力的魄力，我们自然是由衷地敬佩，但对于个股的分析诊断，不能有丝毫的放松。

如图 12-27 所示，该股以天量筑底的方式完成最后一跌，结合前期出现的涨停板，如此放量实在耐人寻味。在经过了近三个月的筑底期间，后期拉升幅度接近翻番。我们再观察底部区间，也出现类似涨跌停板和大阳大阴线等急涨急跌的走势，这和主力的操盘性格有关。盘升大阳吸纳获利筹码，急跌捡拾恐慌性抛盘，K线震荡恐吓追涨杀跌盘，主力的手法大开大合，后期在大盘筑底期间，走势也是凛冽盘升。

对于和大盘指数同步放量杀跌的个股，可能此时个股的跌幅远远大于大盘，但随着大盘的触底反弹，个股也多会保持止跌迹象，此后我们可酌情根

第十二章
从量能里发现异动

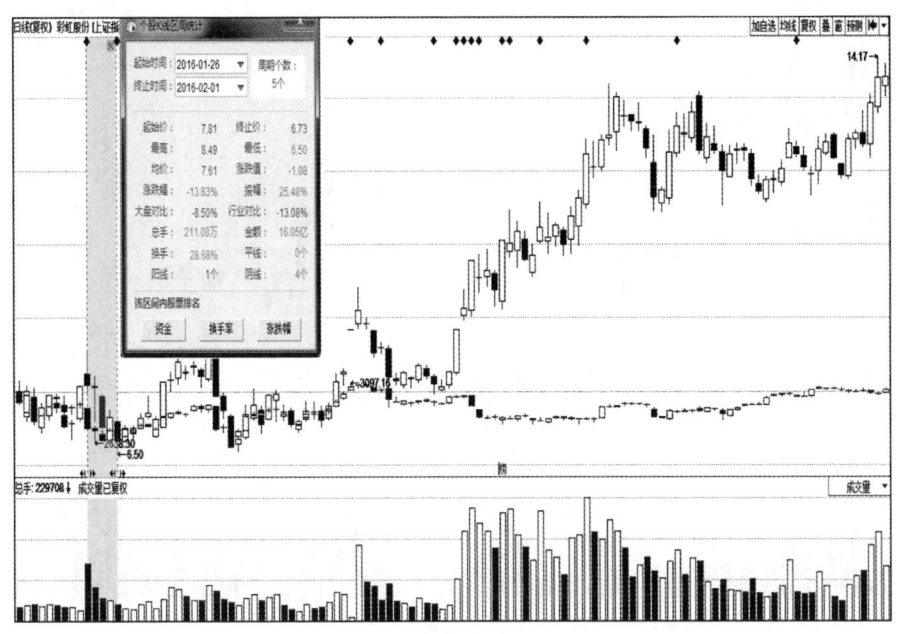

图 12-27

据个股的表现再进行下一步的判断。如果此时急剧放量反弹，后期能否保持强势走势？我们还是先看一个案例：

如图 12-28 所示，该股在大盘指数放量杀跌之际，出现明显的止跌迹象。从区间统计来看，无论是相对于大盘指数，还是从行业对比来看，个股是相对强势的。从大盘指数创出 2638.30 点，个股没有跌破前低 9.15 元，也可以看出该股的强势表现。从量能上看，连续巨量承接大量前期恐慌性抛盘和少量前期抄底盘。后期的走势，也是不出意料的强势。

对于大盘放量下跌，个股急剧放量下跌或者上涨，都会是风险相对较小的操作。但如何判断大盘指数是最后一跌，却成为难倒投资者的问题。这可以从量能和价格下跌幅度来看，从连续地量下跌到放量下跌，从缓慢阴跌到急速下跌，都代表空头的衰竭。也可以从政策面消息和市场人气来看，政策面的明朗，人气的极度低迷，都是最后一跌的特征。还可以从龙头股的破位下跌来看，常常会给投资者带来沉重的心理压力，促使投资者普通转为看空后市，从而完成最后一跌。

从上面两个例子我们可以看出，无论是短线强势股还是长线高控盘庄股，

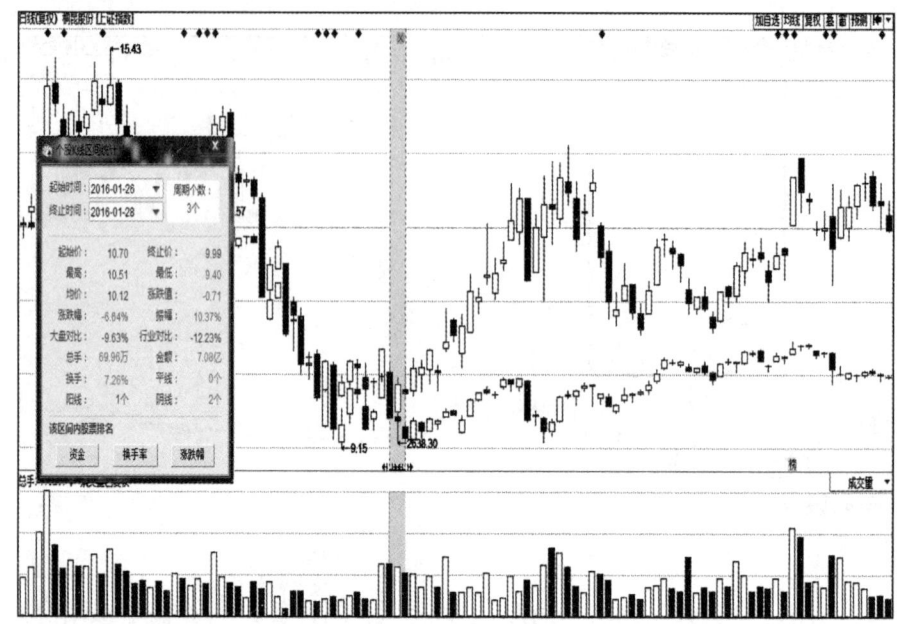

图 12-28

都会对大盘指数的放量杀跌有所忌惮,面对汹涌的抛盘,多数会采取回调走势然后伺机而动。随着大盘的止跌企稳,即使是弱势个股,就算后期会继续下跌,此时多数也会有止跌企稳的迹象。

四、大盘缩量,个股急剧缩量

在本章的第一节中,我们对大盘缩量、个股放量的情况进行了一一列举,讲解了大盘指数在底部区间、拉升途中、高位期间及下跌中继不同位置下的缩量,个股不同的表现。如果此时个股急剧缩量,又会是怎样的表现?

1. 当大盘指数位于底部区间时

当大盘指数经历一波波澜壮阔的下跌行情后,随着空头消失,多头尚未进场,走势和量能逐渐趋于平淡。市场人气不同于下跌时的焦虑,投资者开始逐渐接受和默认该价位。在大盘缩量走势下,人们对于走势的关注度已近乎跌到零度,此时个股出现的极度萎缩更是不会被人察觉,也就是所谓的地量,那我们来关注一下地量出现时个股的走势表现。

如图 12-29 所示，图中方框处正处于大盘指数底部区间，大盘量能是前波段最高成交量的 0.29%，该股在此区间量能萎缩至最高点的 0.08%。因此从历史走势和大盘量能萎缩幅度来看，都属于地量中的地量。后期该股随大盘拉升而反弹，量能也在逐渐放大。

图 12-29

在技术分析理论中，人们常说地量是最有价值的指标，最无法欺骗的指标。但是所谓的地量只有出现在个股的底部位置，并且大盘指数也处于相对安全的位置，后市才更值得期待。如果其地量能同时达到个股阶段性的最低量和相对于大盘萎缩更大的幅度，这对于地量的应用就如虎添翼，更为自己操作加分了。

如图 12-30 所示，该股和上例一样，图中方框处无论是相对于历史走势中的成交量，还是相对于大盘指数量能萎缩幅度，个股量能都符合地量的标准，但后期并没有我们所期待的止跌反弹，甚至跌破了地量时的价格。地量并非股价上涨百试百灵的灵丹妙药，它同样存在局限性，同样也需要符合其他条件。

如图 12-31 所示，该股在大盘指数缩量期间缩量下跌，跌幅高达 14.50%。为什么会发生这种现象，该股和上面两只个股又有什么区别？从前期的走势可以看出，在此区间，正处于个股下跌过程中反弹出货完成后的砸盘阶段，同时正值限售股解禁，这就不难理解了。

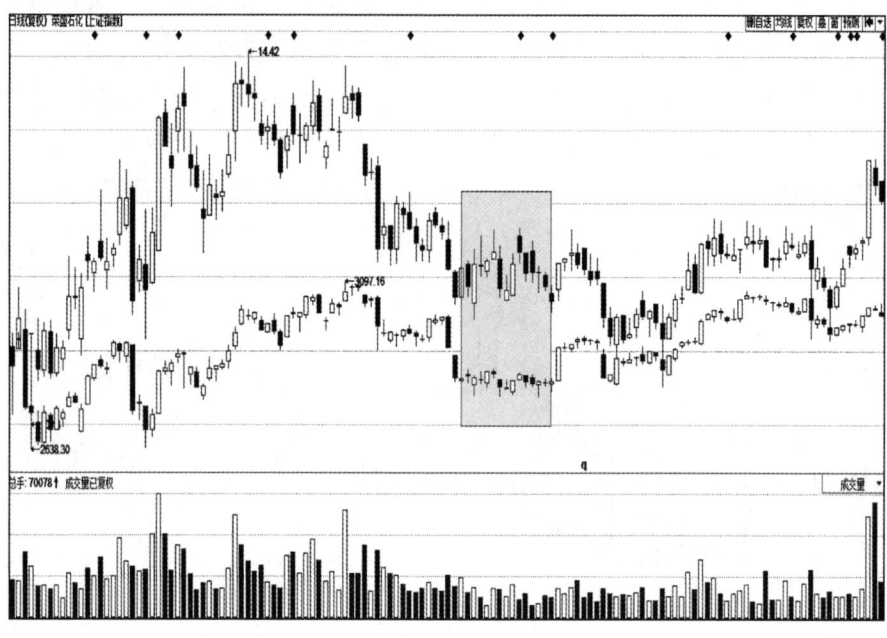

图 12-30

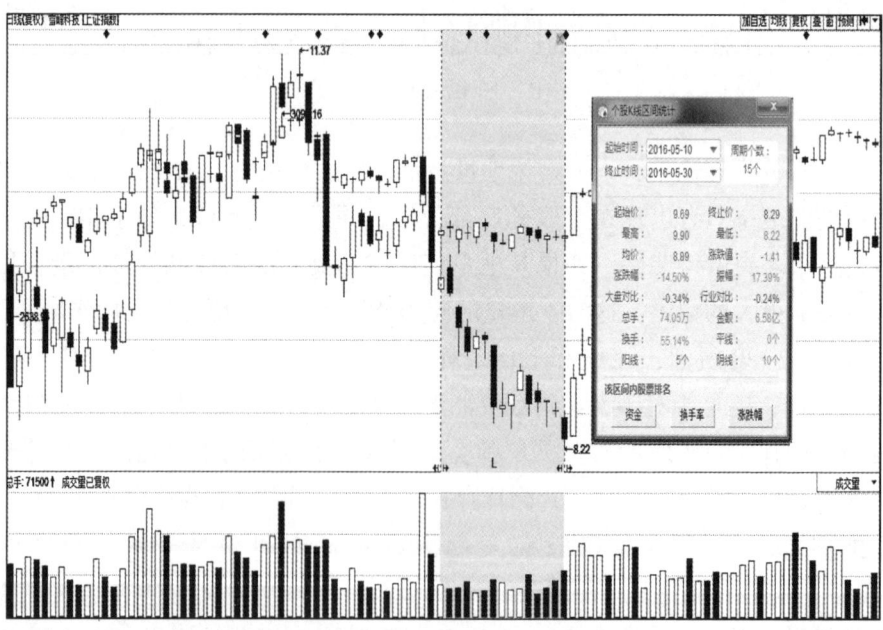

图 12-31

对比上面三个案例可以看出，三者强度是依次减弱的。可见，在大盘指数底部缩量阶段，个股急剧缩量并不是个股触底反弹的充分必要条件，即前者的出现并不能保证后者一定能出现。因此，在实战操作中，不要抱有大盘和个股同步缩量筑底，后市就必然会涨的观点，对于此种现象的发生要有客观的认识，要搞清楚个股缩量的发生原因，对个股整体的走势要有准确的判断。如果能够准确而快速地解读趋势的发展，地量买入法无疑是最高效的买点。

2. 当大盘处于拉升途中时

从主力行为学说上看，趋势的发展伴随着吸筹、回调、拉升、洗盘、拉高、下跌、反弹、砸盘八个阶段，这也和波浪理论中的"五浪上升、三浪下跌"相吻合。当大盘指数拉升途中出现缩量走势时，多发生在回调和洗盘阶段。其所起的作用，是筹码所有者的交换，即抄底买入者获利出局，低吸买入者回调买入，从而提高个股的平均成本。缩量的出现代表这个交换过程的完成，后续趋势自然便会展开。

当个股处于大盘拉升过程中的回调时，出现急剧缩量的走势，是不是就代表个股的洗盘动作更加完美，后续的拉升就没有顾虑呢？我们还是以案例的方式讲解各种可能性。

如图 12-32 所示，该区间是大盘指数拉升过程中的回调区间，量能萎缩到前期最高量能的 1/3。相对应的是，该股在跌幅远远大盘的同时，量能跌至前期的不及 1/10。结合量能和价格两个方面，此时伴随主力的主动性操作行为。结合前期的走势和大盘环境，我们可以将该区域定义为强势洗盘区域，通过急跌使前期获利盘止损出局，使技术分析爱好者在跌破颈线位或反弹时破位出局。该区域也成为后期股价回调的重要支撑位，两次回调都没有跌破该支撑位。

相对于传统技术理论中，对于前高低点、均线、形态颈线位等作为压力支撑线，在对股价的走势起着阻挡股价上升或下跌的作用而存在。但在实际应用中，伴随主力主动性操作行为的趋势线或区域，往往对股价的后期走势起着更加不可替代的作用。因为在不发生非系统性风险的前提下，主力肯定不会允许回调到强势拉升或洗盘区域，以防止筹码的丢失或投资者低位回补，也更不会允许股价反弹到主力拉高出货或反弹出货区域，以免投资者逢高点或反弹出局。

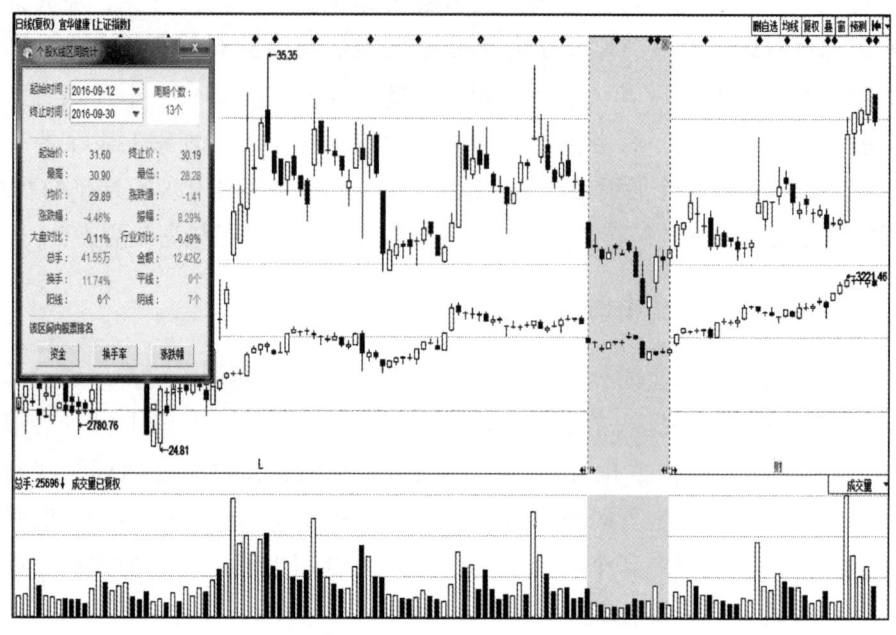

图 12-32

如图 12-33 所示，在相同的时间区间内，该股和图 12-32 中个股的涨跌幅都小于大盘指数，此股的量能也出现从 6.75 元起涨以来的新低，这就是所谓的缩量阴跌天天跌。由于该股前期涨幅相对较高，在下跌到该区间时，始终保持阴跌的走势，所谓的缩量也被后期更小的地量所覆盖。该区间内频繁出现长上下影线，盘中放量下跌但尾盘总能收复大部分跌幅，这些掩饰的动作都无不向我们揭示出主力出货的迹象。

从这两幅图的对比可以看出，在同样的时间区间内，都出现明显的下跌，但前者出于洗盘的目的，后期很快收复跌幅，重新回归上升通道。后者出于震荡下跌的目的，虽然盘中收复当天的大部分跌幅，但不断阴跌的走势掩盖不了主力出货的真实目的。

如图 12-34 所示，该股在此区间先放量后缩量，区间内右侧量能达到了自拉升以来的最低点，该股是根据大盘指数的走势而随机应变的典型案例。在区间内左侧区别于大盘的缩量，个股连续放量拉升，吸筹迹象明显。到了区间右侧，主力采用随波逐流的方式洗盘，量能也随之萎缩到底，此时正是最好的买点。

第十二章 从量能里发现异动

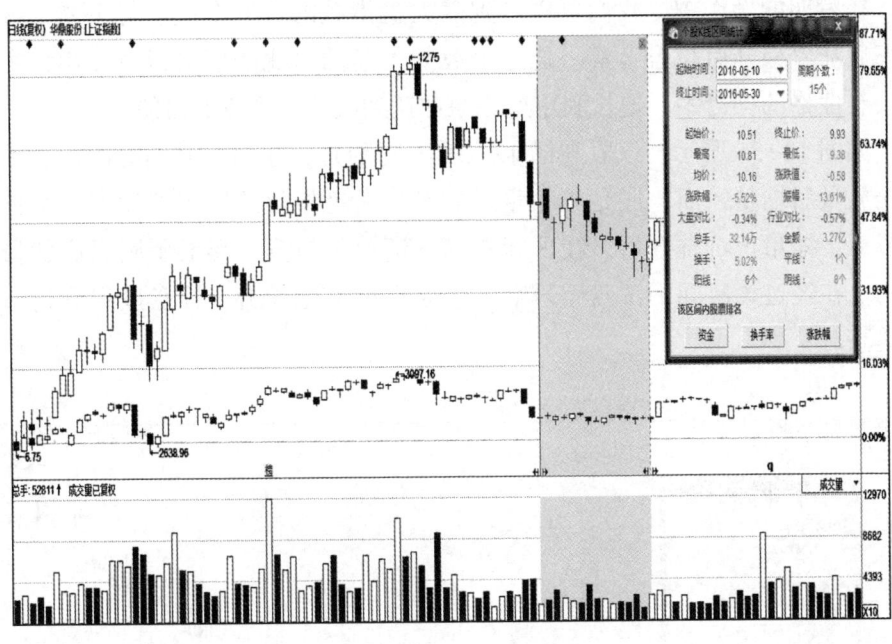

图 12-33

图 12-34

在后期的操作中，我们可以看到随大盘指数的拉升个股逆势下跌，洗盘结束后涨停板开启拉升节奏。通过个股与大盘的对比我们可以总结出，主力是很有性格的操盘手，擅长利用逆势原理达到吸筹和洗盘的目的。

如图 12-35 所示，该股和图 12-34 不同的是，在同一时间区间内，前者是先放量后缩量，而该股是先缩量后放量。大盘指数的回调并没有打乱该股的节奏，缩量挖坑洗盘后，在区间右侧逐渐放量拉升，形成了圆弧底的量价结构。在经过该区间的洗盘整理后，个股后期缩量拉升，控盘度得到进一步的提高。

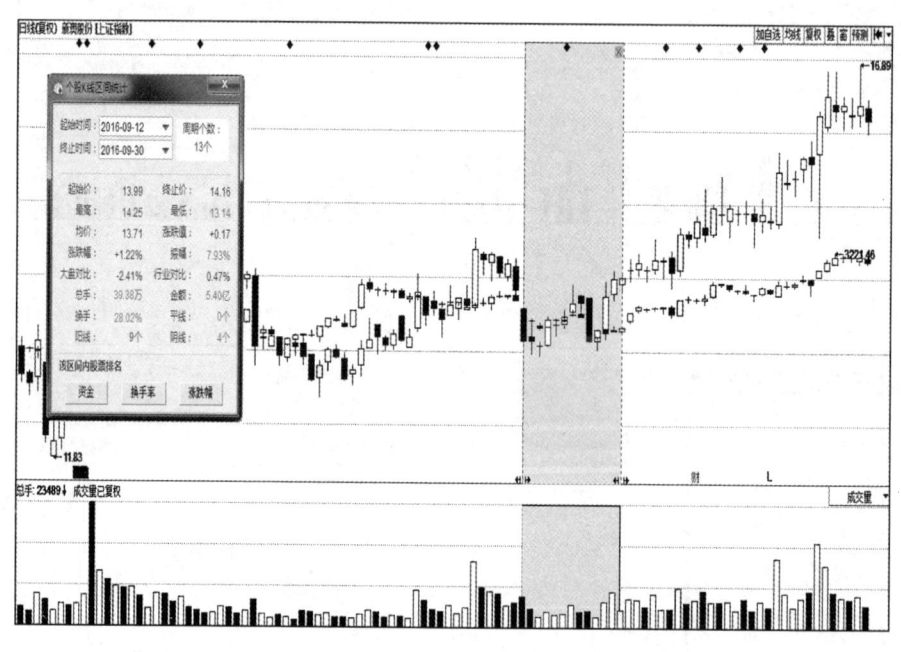

图 12-35

以上两例不同的是，前者善于利用市场的逆势效应得到自己的目的，后者基本上多是和大盘同步的。前者的股价和量能的变动幅度可能更为剧烈，涨幅相对较高，后者涨幅相对有限，但是走势相对稳健。结合个股的历史走势，结合与大盘指数的对比，去发现主力的操盘性格，捕捉走势跌宕起伏的规律性，从而作为未来走势的参考，以提高以后的操作胜率。

对于在大盘指数缩量回调阶段，不同的主力会采取不同的操盘节奏。筹码不足的可能会继续拉升，吸纳由于大盘回调所带来的市场抛盘，稳健为主的可能会先适应大盘的节奏，然后再谋后路。有的假借风势，有的顺势而为，不同的操盘风格，造就了不同的走势。但对于个股处于下跌阶段的缩量，我们要及时清仓出局。所有这些，都在于我们对趋势的正确认识，以及对操盘阶段的准确把握。

3. 当大盘处于高位期间时

当大盘指数经过一波波澜壮阔的行情，走到高位期间时，如果发生缩量的走势，通常意味市场的跟风盘不足，人声鼎沸的气氛逐渐平静下来，此时买盘和卖盘都在等待在市场给出进一步的提示。如果此时个股发生急剧缩量的走势，是多头不足，还是空头不济，在对前期走势进行判断后，我们需要作出有理有据的判断。

需要注意的是，所谓大盘缩量，是相对于上涨和高位整理阶段的。毕竟在高位出现类似地量的可能性并不大，我们需要观察的是个股出现急剧缩量时，后市走势的可能性。

如图12-36所示，从价格上看，大盘指数在创出反弹新高3684.57点时，个股并没有同步创出新高。从量能上看，个股在大盘最高点附近时，量能萎缩到前高点9.50元时量能的14%，大盘量能缩小幅度则为51%。在此期间，个股正处于次高位震荡出货阶段，由于主力筹码并不多，借助日常的波动就可以完成剩余筹码的出货，也就没有拉高的必要，因此造成量能的萎缩，这也是后市跌幅较大的原因。

如图12-37所示，该股在大盘指数位于3684.57点的同时，量能虽然没有达到阶段性的地量，但它相对于前期拉升阶段和前高位阶段是缩量。在大盘构筑双头形态筑顶时，个股虽然没有突破前高，但面对即将下跌的风险，也尽力的做好护盘工作。无奈大盘急跌，只能先随着大盘回落。我们可以看到个股提前大盘止跌反弹，个股继续下跌，而该股缩量反弹，充分显示了主力的控盘良好。

图 12-36

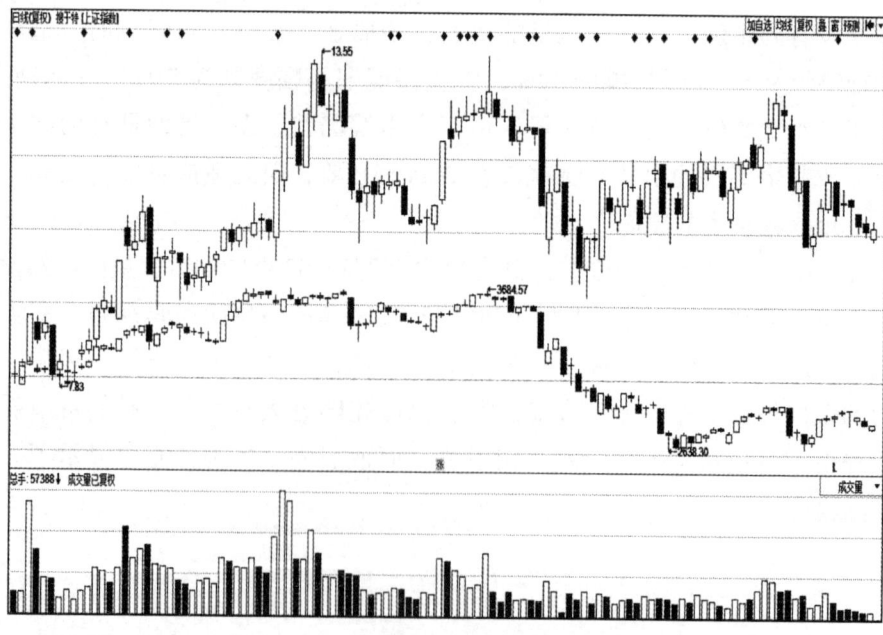

图 12-37

如图 12-38 所示，该股和图 12-37 中个股一样，采取先回调后反弹的思路，不同的是，该股处于拉高出货阶段，尚有足够的筹码等待出尽。在大盘指数下跌的后期，个股继续拉升完成前期没有完成的任务。

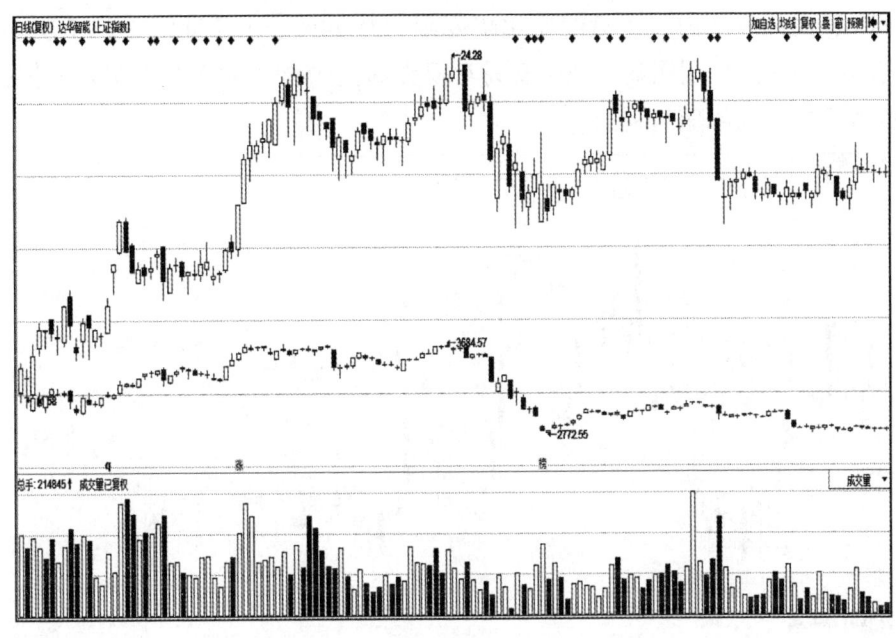

图 12-38

当大盘指数在构筑双重顶、头肩顶、圆弧顶等时，在后期会出现缩量的走势，对于这种相对明确的下跌信号，个股主力大多数会在前期完成出货动作，因此后期常出现量能急剧萎缩，这对于投资者来说不是好的信号，我们应该及时出局。对于正处于拉升或洗盘阶段的个股，面对后市大盘汹涌的下跌，也多会随大盘回落，待时机成熟谋定而后动。对处于出货阶段但尚有余货的个股，在后期止跌后常有反弹的机会，新手切勿进场，因为后市的风险不可预测。

4. 当大盘处于下跌中继时

当大盘指数由升转跌进入下降通道式，多次出现疑似地量见底，但后期总是被更低的量能所掩盖，因此，对于下跌阶段的地量研究要倍加小心。我们对下跌阶段地量的研究，主要还是为了捕捉市场中强势反弹或者长线庄股回调洗盘阶段的个股。对于前者来说，存在一定的风险，但它短时间的利润往往相当可观；对于后者来说，是希望在大盘指数下跌趋势中捕捉稳定的利润,并且可以长期持股。

如图 12-39 所示,图中方框处即为大盘指数从阶段高点 3097.16 点下跌过程中出现的地量区间,个股成交量随之出现地量,此时量能为前高点量能的 13%,而同时间内,大盘的变化幅度则为 0.74%。由于此时正位于前期筹码密集区,支撑作用明显,两个交易日反弹高达 15%。对于类似买点的把握,伴随高风险,也伴随高利润。

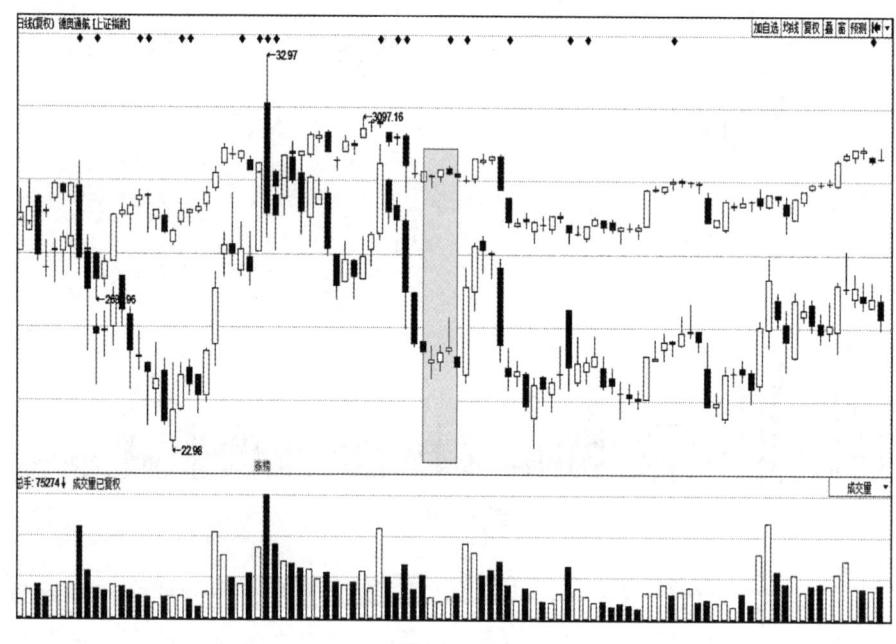

图 12-39

如图 12-40 所示,该股在大盘指数回调区间,量能同样出现自拉升以来的最低点。由于大盘从 3097.16 点以来跌幅较大,导致该股不得已缩量洗盘,但很快用涨停板收复失地,重归上升通道。对于类似长线控盘庄股,由于前期市场大跌,个股不得不挖坑洗盘,我们可以在个股拉升到坑沿上时买入,定能获得长期稳健的收益。从该股后期的走势我们可以看出,长期上升的趋势虽然短期内无法获得暴利,但从长期来看,收益是相当不错的。

如图 12-41 所示,该股在和上两例同样的时间区间内,出现缩量的走势,但随着大盘指数反弹的结束,个股同样放量跌破反弹区间。虽然个股同样出现缩量的走势,但此时的缩量并非筑底的标志,也非长线控盘庄股的被迫回调洗盘,而是下跌趋势的缩量弱势反弹。

第十二章
从量能里发现异动

图 12-40

图 12-41

通过上面三个案例的讲解，对于在大盘指数下跌中继出现的缩量时，个股出现急剧萎缩的局面，我们要细致地调查缩量发生的原因，以便于在个股后期出现放量上涨或下跌，及时跟进或及时止损。如果出现类似的走势，无论是上涨还是下跌，我们都要保持警惕，因为这种操作是具有高风险的。

对于大盘缩量，个股缩量的走势，我们在这里就大盘所处的不同阶段简单作了讲解，随着大盘指数从低位拉升到高位然后下跌，操作的风险也不断增加。对于每一个阶段的分析，我们首先要分清楚大盘缩量的本质，是买盘的不足还是卖盘的缺失，然后判断个股此时的缩量表现是源于自我意愿的体现，还是外在的压力，从而在量能发生变化时及时跟进操作。

当然，世界上没有相同的走势，就像世界上没有相同的两片树叶。每一种走势，都有不同的原理，都有不同主力在操作，后市也会因为各种不同的原因走出不同的走势，我们在这里只是简单介绍几种比较常见的，也算是抛砖引玉，以启发每位投资者作更深入的思考。

五、大盘平量，个股缩量

当大盘指数量能以连续平量的方式出现在上涨或下跌趋势中时，常常意味涨跌趋势会依然延续下去，而此时个股出现缩量走势，是主力控盘程度高导致的，还是盘中只有普通投资者在博弈？是趋势的延续不需要量能的支撑，还是趋势的方向随时有可能逆转呢？

大盘指数平量，无论对于主力机构还是普通投资者，他们对于大盘方向的认同是一样的，而此时个股发生的缩量，是主力无意做多，还是本不费力，是空头无意进场，还是稳操胜券呢？我们需要一一讲解其中发生的各种可能性。

1. 当大盘处于上涨趋势时

当大盘指数处于上涨趋势时，个股出现缩量走势，可能是主力控盘程度高，量能的产生是筹码在投资者之间的转移，是相对健康的走势，也可能是个股的上涨趋势走到末尾，量能不足无力支撑股价上涨。

如图 12-42 所示，大盘指数在此期间稳定上涨，个股涨幅明显滞后于大盘，量能也呈现出萎缩。由于此时个股接近于前高点区域，最容易犯的错误就是把其归纳为双重顶的形态。当量能萎缩到自 50.24 元反弹以来的新低时，筹码基本清洗干净，上涨也就及时来到了。在此区间，通过逆大盘上涨而下跌，达到了洗盘的结果。

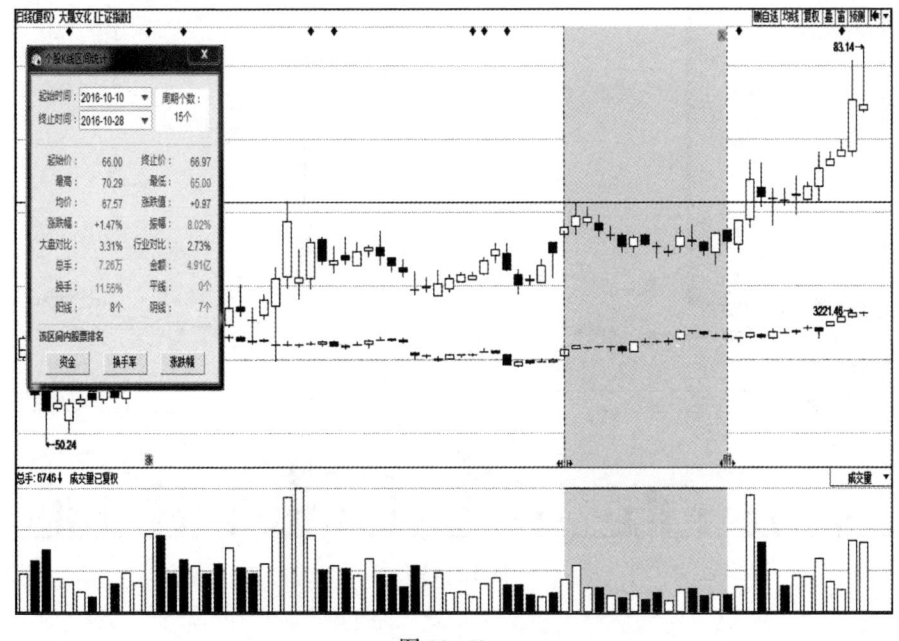

图 12-42

对于如何有效避免被主力清洗出来，需要我们结合前期的涨幅、在此区间内有没有明显的出货迹象等多方面来考虑。由于主力控盘度较高，该区间价格与 50.24 元仅仅 20% 的涨幅也是不足以出货的，且没有明显的出货迹象，我们可以结合分时走势进行确认，在确定了洗盘后，投资者可以逢放量当日或突破前高点时买入。

如图 12-43 所示，该股虽然算不上高控盘庄股，但在主力留有底仓和少量资金滚动操作相结合的模式下，个股不断创出新高，量能却不断萎缩。控盘度较高的个股多采用先放量后缩量最后巨量上涨出货，或者高位震荡出货的模式。控盘度较低的个股，类似图 12-43 这种，多采用先放量后缩量的方式拉升，因为主力筹码较少，滚动拉升操作中已派发不少，因此出货常采用阴跌或急跌的模式。

如图 12-44 所示，该股在大盘指数稳定上涨期间，逆势下跌 4.49%。在高位时量能明显萎缩，后市更是以连续放量阴线跌破趋势线。个股在阶段高点区域重心明显下移，十字线上下影线频繁出现，随着支撑被跌破，主力出货的目的暴露无遗。

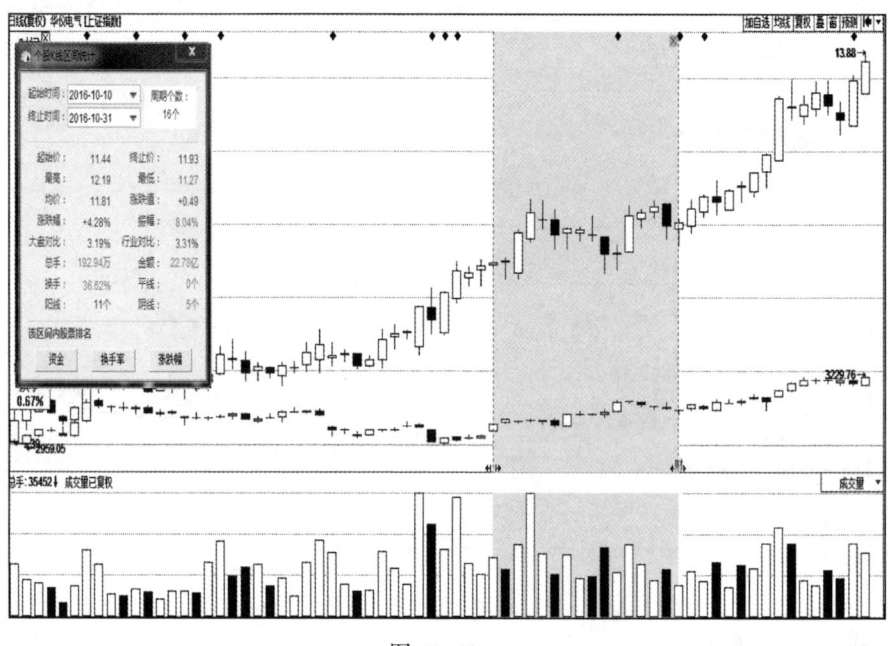

图 12-43

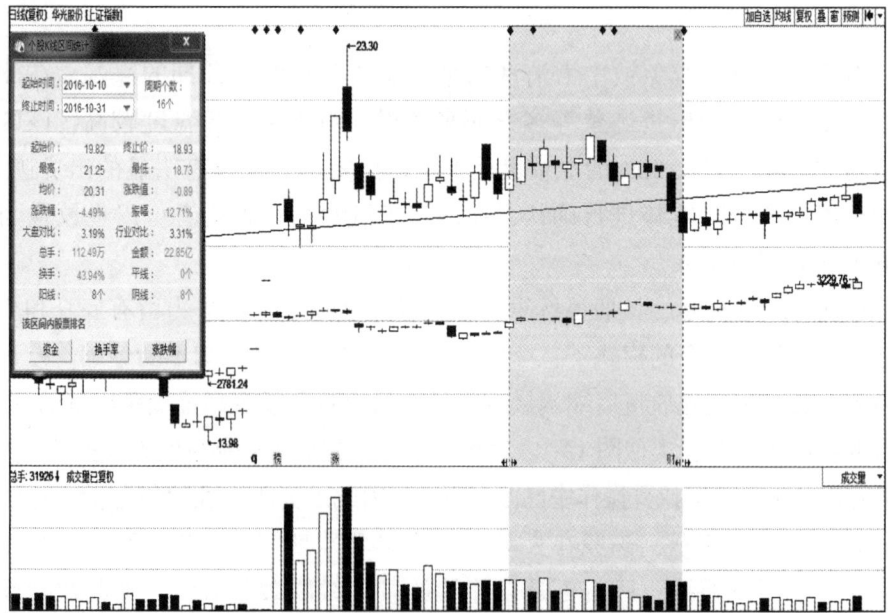

图 12-44

上面三个案例，主力持有的筹码比例是不断下降的。筹码较多的个股，走势的独立性越强，筹码较少的个股，反而需要借助市场气氛完成出货。因此，对任何个股，在其所处的操盘阶段及主力的持筹数量，都要有个相对的判断，这样才能对走势有客观的判断，避免在洗盘过程中乖乖地交出筹码，在高位帮助主力完成出货动作。

2. 当大盘在下跌趋势时

当大盘在下跌趋势时，常常出现连续平量下跌的走势。对于个股出现的缩量现象，我们不能盲目地确定为个股出现止跌的迹象，更不能先入为主地认为存在反弹的可能。对于在大盘下跌趋势中的分析，一定要秉着实事求是的原则，千万不要为偶尔出现的下跌担惊受怕，也不要为间歇出现的反弹而喜出望外。

如图12-45所示，该股在大盘指数稳健回调区间走出小型的圆弧底形态，量能先缩小后放大，其最小量能仅为前高点的1/3。从前期的放量吸筹，到后期缩量的上涨，证明了主力高度控盘的属性。从区间右侧的量能迅速萎缩，也侧面论证了筹码的归属性。

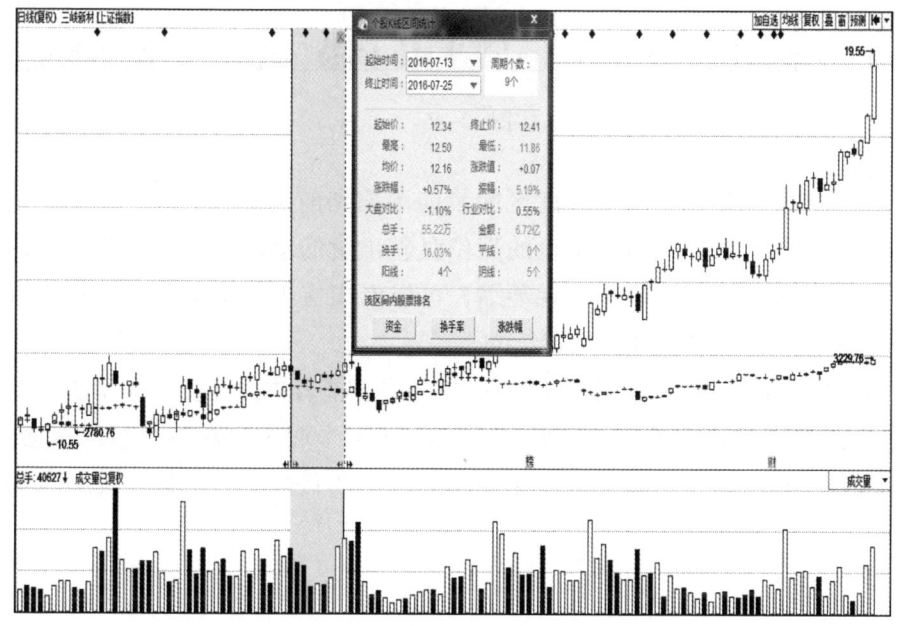

图 12-45

如图 12-46 所示，该股正处于大盘指数的回调期间，大盘量能均匀，下跌趋势完好。个股走势和大盘基本保持一致，略有上涨，但成交量迅速萎缩至地量。从连续的上下影线可以看出，主力在盘中会适时操作，但不会改变其洗盘目的。结合前期个股明显的吸筹动作，后期的走势令人期待。

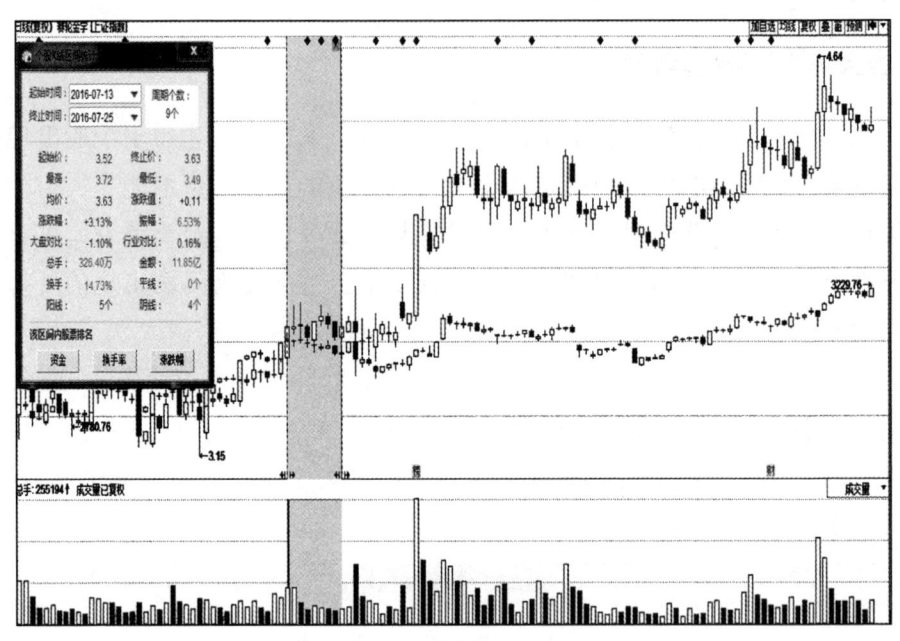

图 12-46

如图 12-47 所示，该股在此区间量能萎缩到前期拉升之前的量能，走势明显弱于大盘指数。从前期明显的高位盘整出货的动作，以及在此区间内个股走势大幅波动，但量能却出现萎缩，可以看出主力的出货基本完成。次日涨停收复跌幅后，个股便开始持续的下跌。

如图 12-48 所示，和图 2-47 不一样的是，前者主力还会多少维护盘面一下，不让盘面显得太难看，而如图 12-48 所示个股主力却不会想那么多了，在前期拉高诱多出货后，主力已无须隐藏自己的目的，后期是连续缩量阴跌的势走。

第十二章 从量能里发现异动

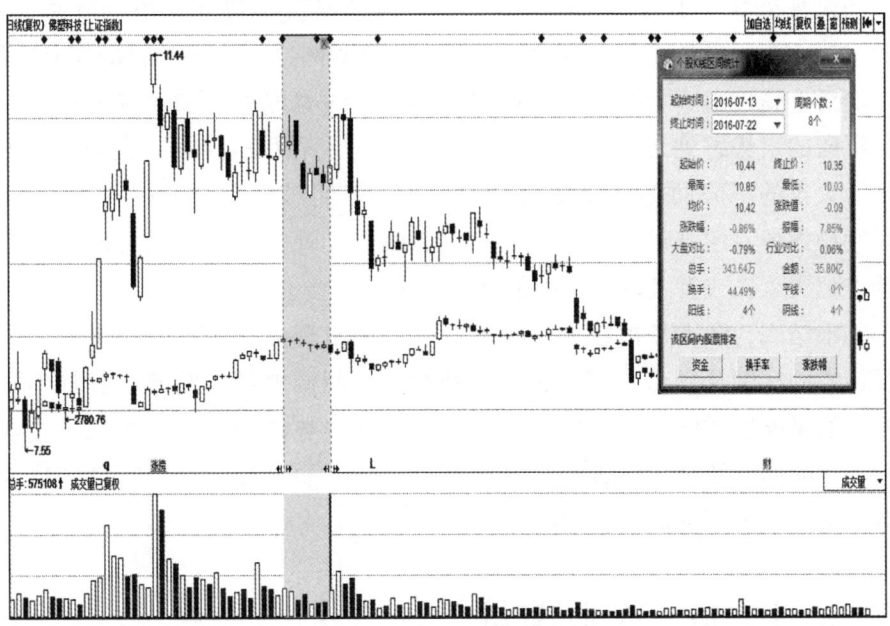

图 12-47

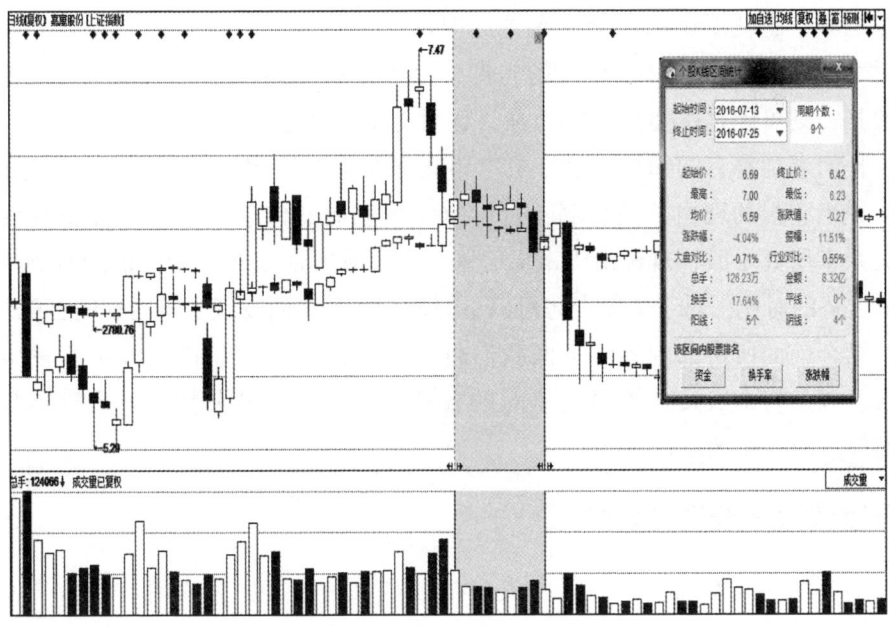

图 12-48

当大盘指数处于短期回调趋势时，连续阴跌的走势导致市场气氛沉闷。个股量能萎缩，更是让人兴趣全无。以上四个案例分别位于个股的拉高吸筹、回调洗盘、高位出货和阴跌出货阶段，其风险性也逐渐增加。我们往往对于这种沉闷的走势感到乏味，但对于个股的研究，千万不要掉以轻心，主力不会因为大盘的平静而随意改变自己的企图，我们对于个股走势的准确判断，是后续操作盈亏的基础。一旦主力开始大幅主动性操盘，可能我们就没有在好的点位买入，或者及时在反弹的高位卖出的机会了。

归根结底，在大盘指数上涨或下跌过程中出现缩量走势时，个股主力会根据持筹的比例及操盘步骤来选择强势拉升、回调整理、反弹出货等不同的措施。如果能提前做到准确判断，就能及时在强势拉升时追高买入，或者在回调整理时回调补仓，或者在逢高反弹时出货。如果我们对于行情走势模棱两可，可继续等待更加明确的信号。

六、大盘放量，个股缩量

由于市场中绝大多数的个股是和大盘指数同步的，如果此时有个股在大盘放量时，出现缩量的走势，无论此时是上涨还是下跌，都值得玩味。如果此时大盘强个股弱，可能是欲扬先抑，也可能是萎靡不振；如果此时大盘弱个股强，则可能是主力控盘能力强，也可能是回光返照。

任何事情都有两面性，这在资本市场显得尤为突出。任何走势，说它强，可以说出它强的理由，说它弱，也可以说出它弱的借口。结合大盘指数的量价关系来研究个股，规避由于市场气氛对于个股所带来的影响，也同时利用与大盘走势的对比，对于个股走势可以更好地量化，进而发现走势内在的玄机。

结合前面所讲的内容，下面我们将一一讲解对于大盘指数放量所发生的阶段，以及有个股发生缩量走势时的各种可能。我们先来看一下大盘指数在起涨阶段时，个股不同的表现。

1. 当大盘位于起涨阶段时

如图12-49所示，该区间内大盘指数在双重底筑底完成后放量拉升，该股在此区间，虽然个股涨跌幅小于大盘，而且量能相对于前期走势及大盘放量幅度都是缩量的，但正因如此，反而体现了浮筹较少的特征。结合前期明显阳线放量、阴线缩量的走势，主力吸筹的迹象相当明显。类似这种股票，我们千万不要局限于数日内的走势，要把目光放远，后期的涨幅肯定会远远超乎我们的想象。

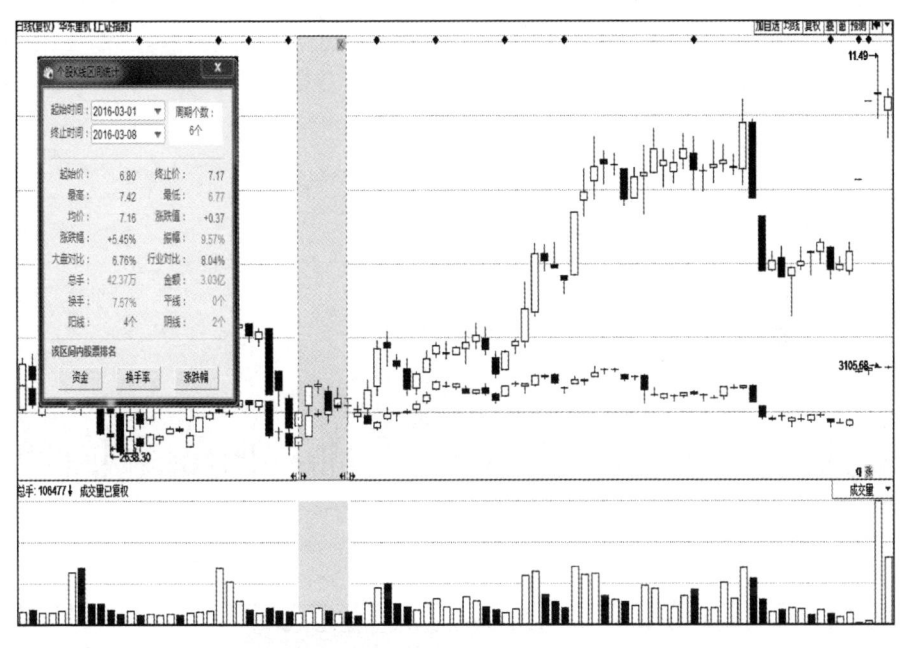

图 12-49

当个股处于底部时，出现缩量的走势，要么是主力控盘度较高，要么是主力压盘吸筹，前者侧重于短线走势，后者长线相对更有优势。前者涨幅相对于后者较小，自然高位持续时间也就更短。

如图 12-50 所示就是后者其中的一例，该股相对于图 12-49 走势更弱，在区间左侧甚至跌破前低，而且量能保持缩量企稳的走势。从该股与大盘指数的波动对比也可以看出，该股波动更加剧烈。相对于前者的缩放自如，该股明显沉稳老练，走势更加敦实，有欲扬先抑的效果。但后期的走势，远远跑赢大盘，这就是用时间换空间的说法。

上面的两个例子都是针对上涨趋势的个股，只是由于各自操盘手法不同而导致成交量分布不同。而图 12-51 中个股在此区间内是呈下跌趋势的，同样出现缩量的走势，在此只能勉强定义为弱势反弹，后期即使大盘指数继续上涨，个股依然延续下跌趋势。

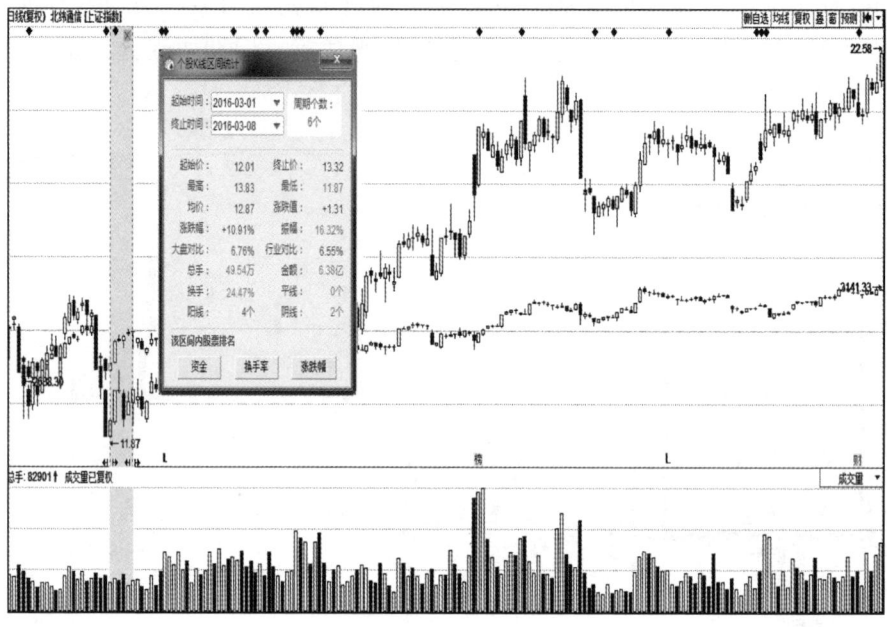

图 12-50

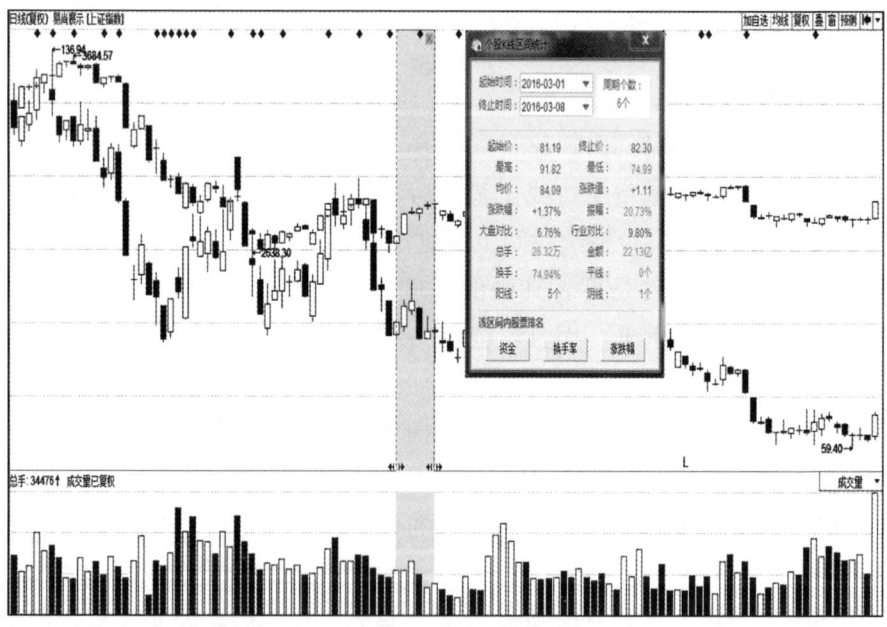

图 12-51

对于下跌趋势的个股，如果大盘指数有放量启动的迹象，个股会相应地反弹一下，但不要指望其幅度多高，量能也不会有所放大。

对于在大盘指数放量起涨阶段，发生的个股缩量走势，如果前期个股有筑底或拉升的迹象，多是主力刻意洗盘为之，也可能是主力对于行情的走势出现误判，我们可以等量能萎缩到前期大盘放量之前的量能，一旦盘中放量上涨可及时跟进。对于在下跌趋势的个股，可趁个股弱势反弹时逢高出局，以免被深套。

2. 当大盘处于拉高末期时

随着大盘指数的不断攀升，在后期往往会出现急速放量拉高的走势，此时可能是投资者最没有风险意识的时候，即使感觉到风雨欲来，也想尝试一把火中取栗的感觉。如果个股出现缩量上涨的走势，其后走势往往提前大盘止涨或提前大盘下跌；如果个股出现缩量横盘的走势，说明该股已经到了出货的末期；如果个股已经开始缩量下跌的走势，其后伴随的往往是走势的急跌。

如图12-52所示，在大盘指数连续放量创出阶段新高3097.16点，该股却没有继续承接前期的涨势，紧跟的是连续三根带上下影线的缩量小阳线。在前期涨停板之后便开始拉升出货的行情，此时个股不过是应景而已，接着便是三根大阴线。

图 12-52

对于涨幅较大的个股，一旦在大盘指数放量拉升见顶阶段，个股出现缩量的走势，无论是涨还是跌，我们都要注意到危险已经向我们逼近了。

如图12-53所示，该股在同样的时间区间走出下跌的趋势，虽然后期曾数次突破前高点，但此时却是主力的第一出货时间。量能没有放大，是因为还没有大规模地派发筹码。对于类似行情，我们要及时撤离，千万不要贪恋"鱼尾"行情，肉少而且刺多，一不小心可能伤到喉咙，甚至危及生命。

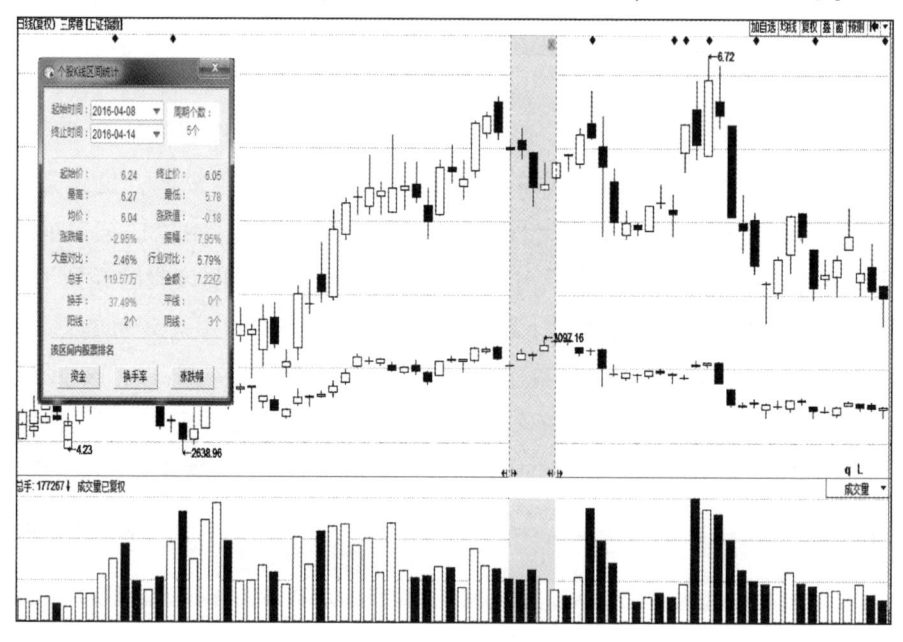

图12-53

我们在保证及时出局的同时，还要注意的是，不要贪恋后期主力的诱多行情，而不计后果地杀入战局，这样留给你的可是带刺的玫瑰、有毒的蘑菇而已。

对于长线高控盘庄股或者机构占绝大多数流通盘的个股而言，由于其走势的对立性及趋势性，在大盘指数高位放量期间，也有发生缩量走势的可能性。无论是涨还是跌，我们做的只是坚定持有。因为此类个股即使回调，幅度也有限，我们没有必要过于斤斤计较两三个点的行情，图12-54就是其中的一例。

对于发生在大盘放量拉升末期的个股缩量走势，如果不是类似于图12-54中的个股，我们还是先出来为妙，即使后期有反弹，但那风险和利润是不成比例的。如果我们此时在前期获得了足够的利润，此时不要放大自己贪婪的

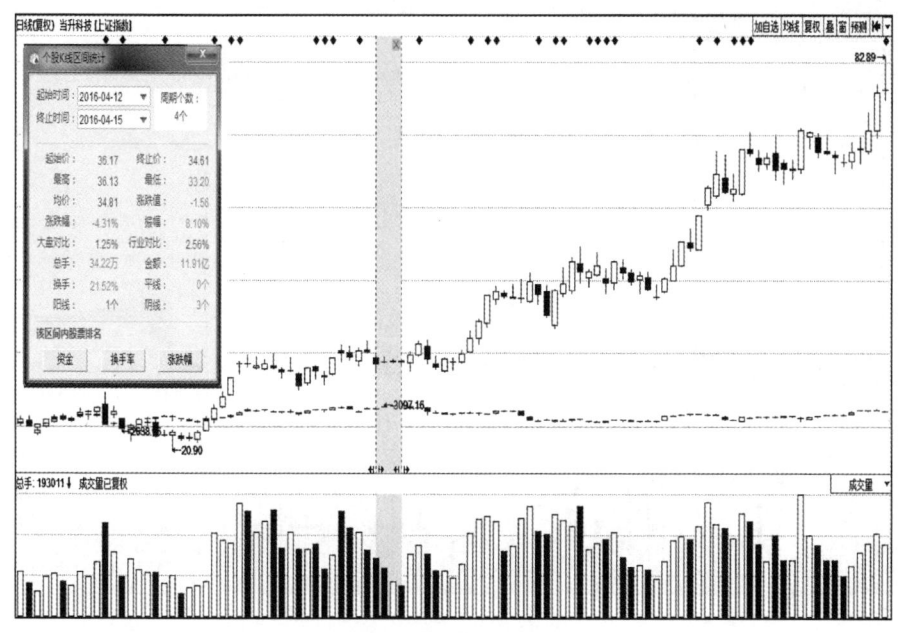

图 12-54

个性，要敢于急流勇退。即使我们前期被砸空行情，我们也不要有弥补的心理，机关算尽太聪明，反误了卿卿性命。

3. 当大盘处于下跌初期时

当大盘指数处于下跌初期，随着成交量的不断放大，市场恐慌情绪在蔓延，此时个股如能保持缩量的走势，必然有其特殊的原因。我们所要做的就是识别走势的可能性，在稍纵即逝的机会出现时，能够做到有资金可以介入，而不是全仓被套无可奈何。

如图 12-55 所示，该股在大盘指数放量下跌的时间内大跌 10.17%，但让我们起疑的是量能的相对萎缩。在这个相对起涨点已有 50% 左右涨幅的相对高位，在大盘如此杀跌气氛下，在个股跌停板的走势中，量能竟然没有释放出来。我们来看左侧的筹码分布图，此区间正是筹码密集区，从缩量的走势我们可以判定筹码的归属性，肯定为主力所有。因为普通投资者在如此的"高位"，在如此的"跌势"中，是肯定会卖出的，然而量能的萎缩让这种可能变成不可能。

我们在《裸 K 线操盘技法 1》一书中提到了筹码理论的误区，那就是无法

图 12-55

准确判断筹码的属性,在这里我们给大家提供了新的方法,利用个股和大盘指数的非同步性,以及两者之间量能的差异性,可以从侧面判断筹码是主力所有还是散户所持。

为方便大家更好地理解,我们再举一个不同的案例。如图 12-56 所示,该股在同样的时间区间内微跌 3.20%,让我们质疑的不仅是跌幅远低于大盘指数,而是在大盘连续两天放量过程中,4 月 21 日比 4 月 20 日的个股量能萎缩了近 2/3,这相对于大盘的量能变化明显幅度过大,同时在常理上也不合逻辑。仔细想想,4 月 20 日的暴跌抛盘肯定绝大多数来自普通投资者,次日量能的萎缩也说明一旦投资者抛盘一出,盘面立刻平静下来,这只能说明筹码大部分集中在主力手中。

相对于大盘指数量能变化的幅度,过大或过小都有会其背后的原因。相对于均线、指标、形态等不同的方法,利用个股与大盘之间量价变化的幅度差异,我们可以更加直观形象地分析和判断未来走势的合理性。

如图 12-57 所示,和以上两例相同的是,同样的区间内,个股也出现相对缩量的走势,但后期的走势却和前面大相径庭。该股在前期采取滚动操作的模式来操作,到达高位时,筹码已所剩无几。后期即使下跌,量能也无法释放出来。

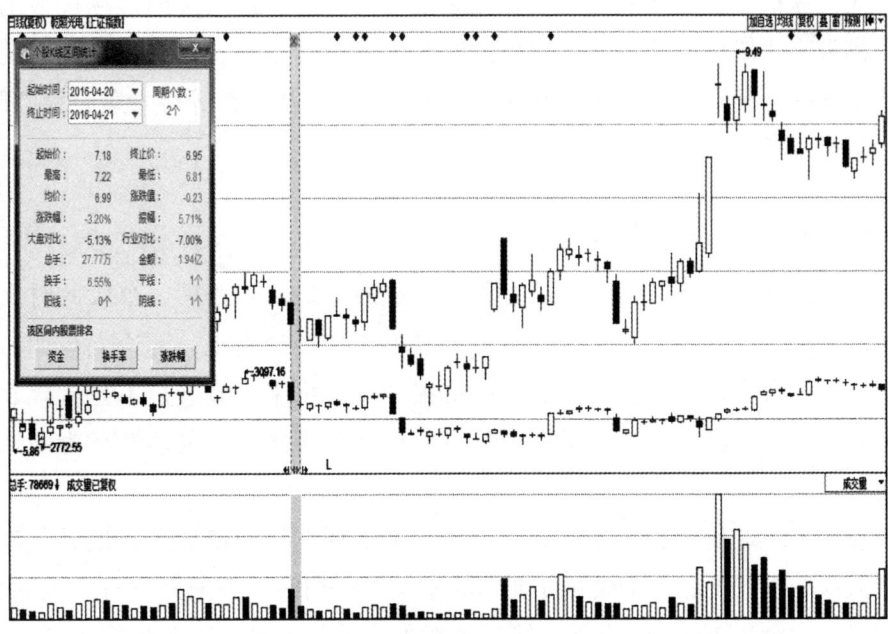

图 12-56

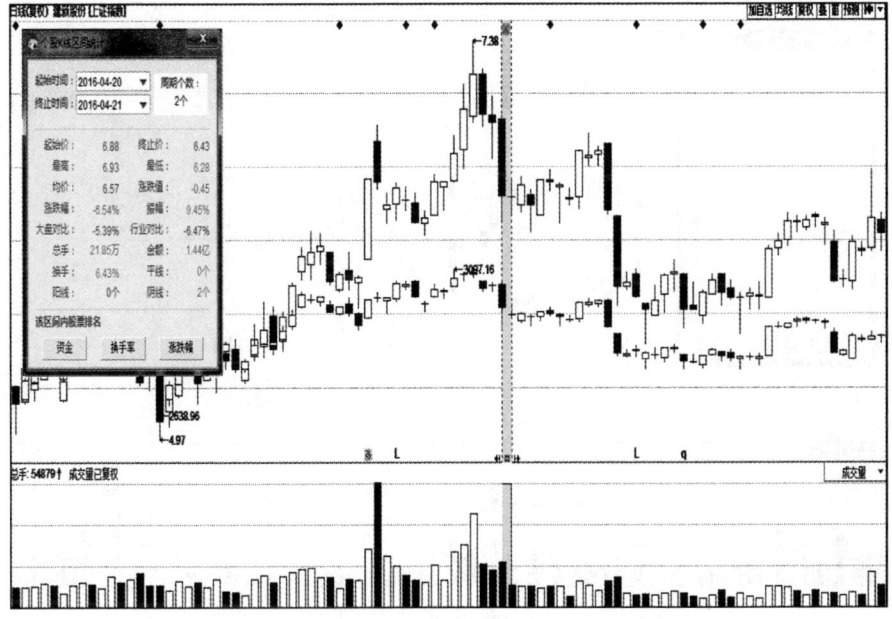

图 12-57

在大盘指数放量下跌之际,绝大多数主力为避免被迫接纳市场过多的抛盘,都采取放任自流的态度。如果此时出现缩量的走势,在排除下跌末期及出货完毕的个股外,多代表主力对于行情的意犹未尽,在等待大盘企稳之际,个股后市可期。

4. 当大盘处于下跌末期

当大盘指数经历漫长的下跌过程,完成放量最后一跌后,个股此时出现缩量的走势,在一般意义上,是主力控盘筹码较高的表现,无论大盘如何表现,只要主力按兵不动,个股的量能就很难释放出来。但这是不是就代表个股见底了呢?这也不尽然,还是要看主力什么时候暴露出主动性行为的蛛丝马迹。

如图 12-58 所示,大盘指数在上涨趋势的回调以三浪展开,最后一浪以放量大跌的形式见底。个股在此期间的量能虽然相对于前期并没有太大变化,但相对于大盘从 3097.16 点下跌第一浪时的个股量能来看,明显缩小了不少。后期个股主力在摸清市场脉络后,迅速扎空式上涨。

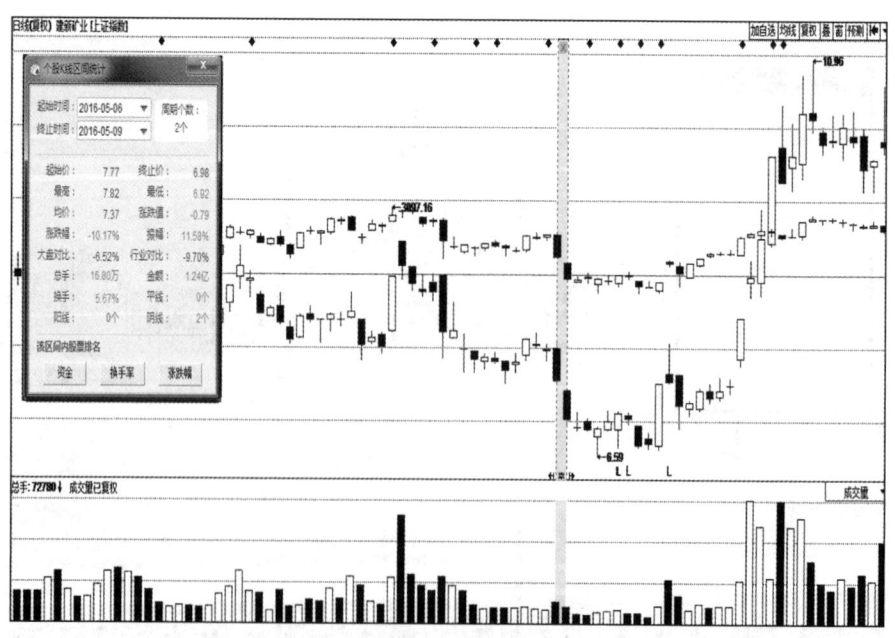

图 12-58

第十二章
从量能里发现异动

当个股出现缩量走势时，我们不能盲目地买入，需要等待后期更加明确的信号才能保证资金的高效使用。但凡事要因股而异，如果在个股上升趋势中出现类似的情况，我们可等大盘指数稍有企稳时介入，以免错过后期的主升浪行情，下面就是其中一例。

如图12-59所示，该股虽然在此区间内跌幅远远高于大盘指数，而且量能也没有萎缩，但在如此大盘气氛下，能做到不放量就实属不易了，我们可以得出个股的上涨趋势尚未结束。在大盘回调的第一浪中，个股连续放量收阳线，此后的相对高位也没有明显的放量出货迹象，我们可以初步断定，个股的主升浪还未开始。

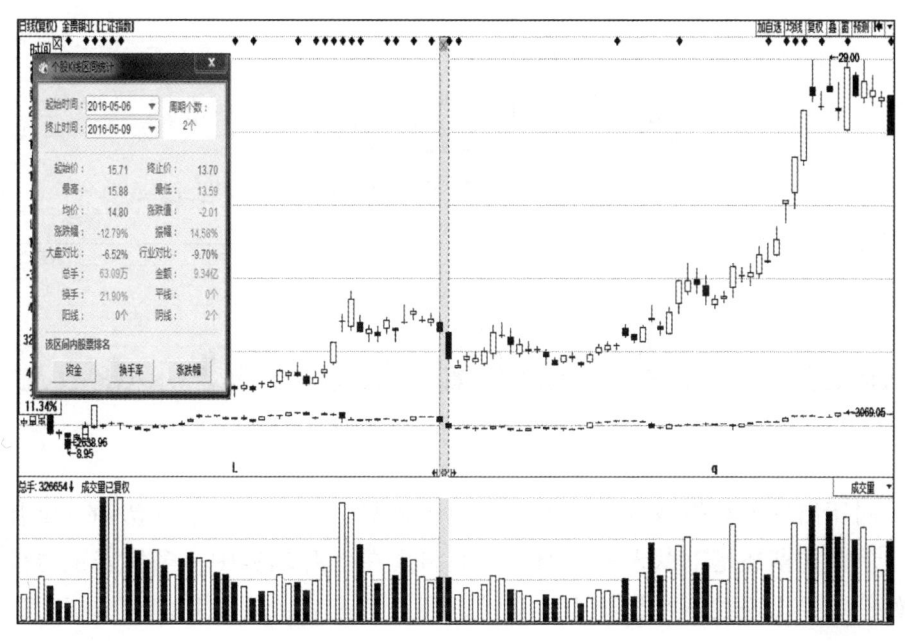

图 12-59

在大盘指数最后放量下跌时，大部分个股会由于投资者的恐慌性抛盘而导致下跌，对于下跌趋势的个股我们要及时出尽；对于和大盘同步的个股，我们要待大盘企稳时再介入也不迟；对于前有强势表现的个股，我们可等个股有企稳迹象时及时介入。

如图12-60所示，这是个较为极端的案例，但也代表了一个类型。该股由于停牌时间过长，大盘指数在此期间跌幅巨大，个股复牌后连续跌停板补跌。我们通过该区间的左侧可以看出，部分未出尽的主力采用拉高继续出货的走势。在此区间内，大盘放量杀跌，此时的个股缩量并不代表主力的控盘较高，反而是控盘较低的表现。因为从跌停打开后的时间里，个股两根连续萎缩，主力套牢筹码已经出尽，对于这样的行情主力只能是任其自生自灭了。

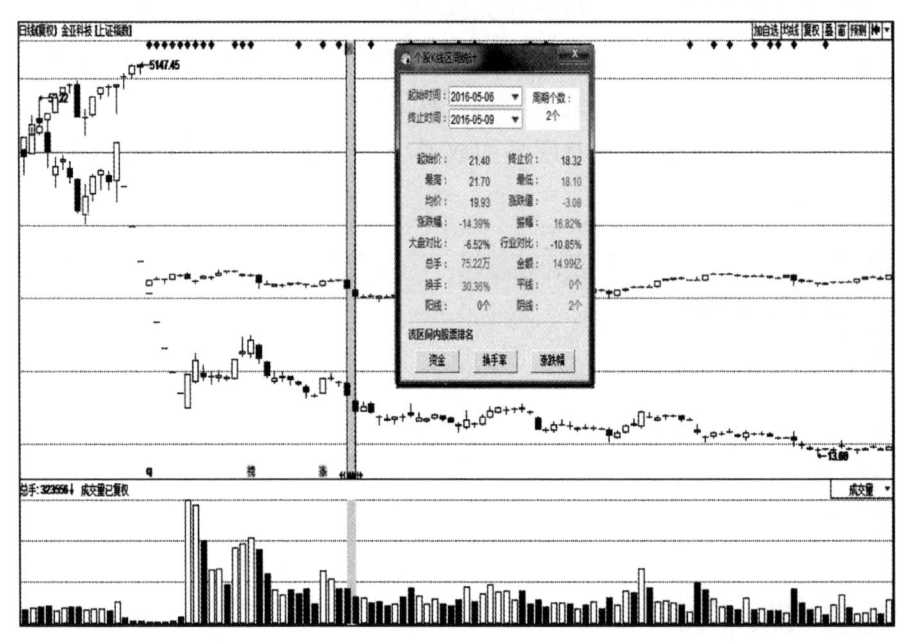

图 12-60

对于出现大盘指数放量，个股缩量的走势，无论是在上升初期、拉升末期、下跌初期还是下跌末期，如果个股出现在上升趋势中，多代表主力控盘良好，如果出现在下跌趋势中，常常是阴跌的走势。因此我们在分析时，首先要分析此时的大盘放量处于何种阶段，然后判断个股是何种趋势及处于何种操盘阶段，最后才是确定我们的操盘思路，是追击还是放弃，是继续持有还是砍仓出局。

我们在本章中，对于各种可能性进行了逐一解析，当然，每一种走势都是独一无二的，我们只是摘取了其中的六种可能性。大盘指数的放量可能出现在任何阶段，个股的缩量在走势的任何阶段出现都不奇怪，我们只是选取了可能给个股带来趋势转折的类型，最大限度地帮助投资者在多转空时及时清场，在空转多时及时进场。通过对个股量能的异动，我们往往可以察觉出通过 K 线走势图所不能了解的主力控盘程度、操作风格等，进而在对未来走势的把握上提供尽可能的帮助。

当任何一幅完整的趋势走势图摆在你面前，相信能够对走势的细枝末节进行推理的投资者大有其人，但让我们通过对过去及现在行情的分析，进而推断出未来走势的可能性，能够做到这一步的人可能就很少了，这是我们经常容易忽视的。我们只有多读、多看、多想，把任何行情发展的可能性都印记在脑海中，再经过不断的实践总结，形成相对完善的交易技法，才能形成所谓的小成。当我们把自己的性格脾性、人生观、价值观等等融于我们的交易中，形成独有的交易系统，这就是所谓的中成。而当我们对待价格涨跌如花开花落，对待资金赚亏如行云流水，趋势自在心中，对于交易如吃饭睡觉一般溶于生命，这就是所谓的大成。投资交易永远没有所谓的成功者，投资的使命也就截止到生命完结之时，因此我们保持谦虚、谨慎的态度对待交易的每一环节，就像对待生命一般对待我们的每一笔交易，就像对待我们的亲人一样对我们的每一份资金。

第十三章　同步性个股的异动原理

当我们在讨论同步性和非同步性的时候，经常提到主力的主动性行为，即是主力在操控，然而得出这个结论必须有一个最基本的条件，那就是这只个股潜伏着主力。

要研判是否有主力的一个要点就是非同步性行为，两者是相互依附、互为因果的关系。这里我们说的主力包括两个方面：

(1) 在个股的流通盘占有能够控制盘面的足够筹码；

(2) 该股大部分的筹码都被机构投资者所持有，形成了形式上的控盘。

实际上大部分个股没有主力，或者说没有连续性的主动性行为。即使存在主力，参与的方式也和以前不同。以前主力在参与的阶段会一直运作股价，不过现在持有的筹码少了，对于股价的影响力就会减弱，所以目前操盘手对于股价的运作是间歇性的，也就是主力认为需要时才进场运作。不过在运作时还是有连续性，比如会连续运作几个交易日甚至更多天。

我们经常以为只要有大资金的机构就是主力，这是错误的，因为很多大资金不会连续运作个股，还有一个重大差异就是这些大资金在一段时间内只能进行单向交易而不是像主力操盘手那样进行双向交易，因此研判主力是否参与运作的特征除了非同步性外，还有以下特点：

(1) 非同步性连续出现，这里连续并不是指从主力进入一直到退出，而是指一段时间比如几个交易日。

(2) 交易的双向性，指多次出现买卖双向的连续交易。

我们在本书及《裸K线擦盘技法》一书中都提到了个股的逆势，以及价格、量能、消息等的异动，这些都可以作为主力的存在特征。

一、同步性变非同步性

同步性和非同步性并不是独立地存在于个股上的，有时同步性变成非同步性,有时非同步性变成同步性。对于同一只个股,主力行为可以使同步性变成非同步性,同样可以使非同步性变成同步性。前者往往存在于主力的拉升或出货中,后者常常伴随吸筹或洗盘等动作。

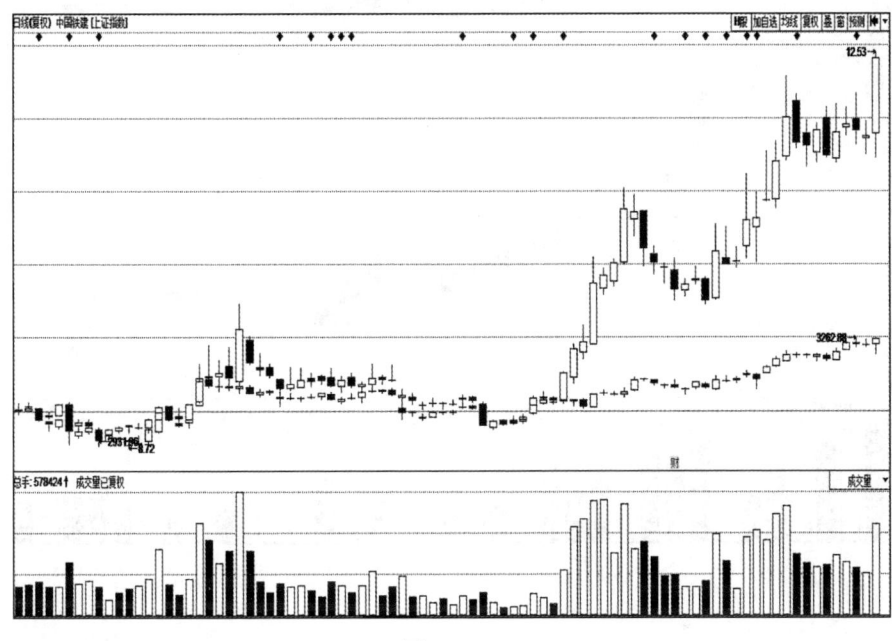

图 13-1

如图 13-1 所示,该股在前期走势中和大盘指数基本同步,后期强势吸筹拉升,逐渐由同步性变成非同步性。

在个股主力吸筹完毕准备拉升时,在主力判断行情走好准确拉高吸筹,都会使个股的走势逐渐脱离大盘指数的牵绊,开启上涨模式。那么买点应该怎么判断呢?

(1) 个股量能从急剧萎缩到逐渐放大或急剧放大;

(2) 个股走势从大盘指数下方向上突破时。

如果量能连续放量 3 天或急剧放大 2 倍以上,个股走势逐渐脱离大盘指数向右上方逐渐发散,那么个股走势往往会逐渐强于大盘,进入我们所说的主升浪行情。

图 13-2 和图 13-3 所示分别为图 13-1 中个股两次洗盘区域的 K 线图,前者采用逆势回调洗盘,后者采用同步制造假头部形态的方式洗盘。前者由于涨幅较小,抛盘较少,而且量能萎缩较快;后者由于涨幅较高,抛盘较多,

量能较为均匀，说明后期面对的压力更大一些，未来走势可能更加滞重。

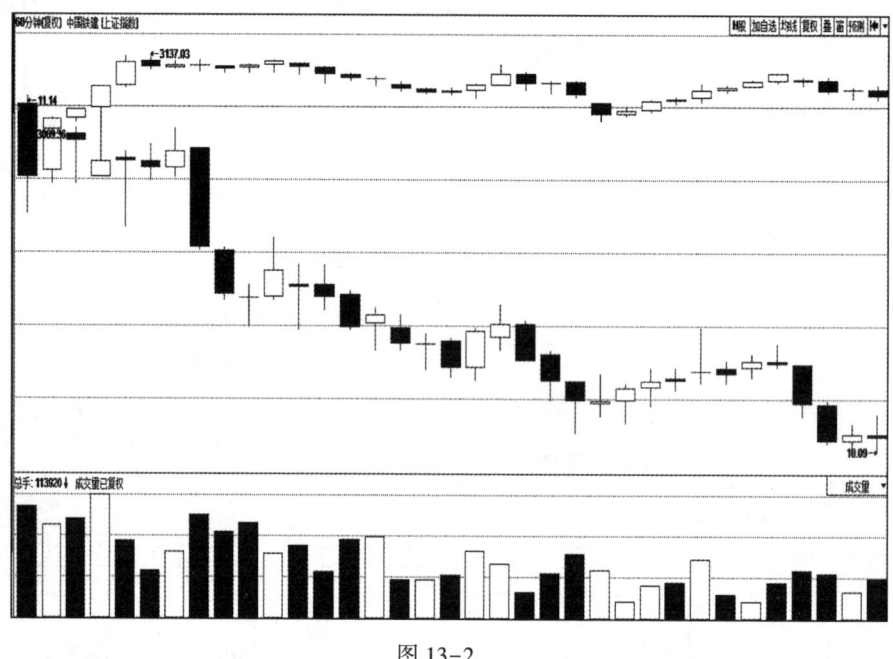

图 13-2

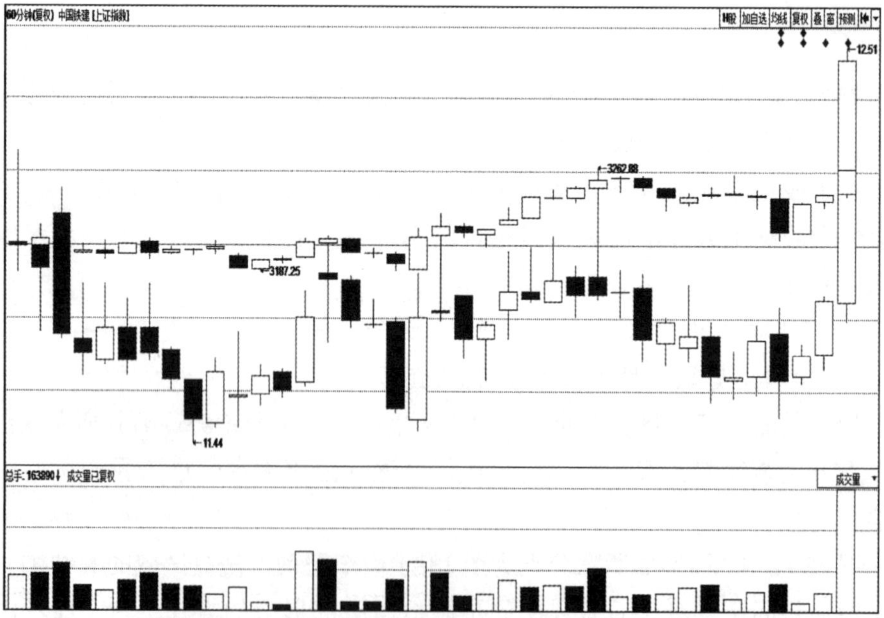

图 13-3

第十三章
同步性个股的异动原理

从这个例子可以看出，该股吸筹拉升，逐渐脱离大盘指数上扬，在首次回调区间，个股弱于大盘，然后继续拉升，拉升的角度已有所放缓，再次回调时，个股采用震荡方式的洗盘，但此区间的量能放大，因此我们对于后市的操作需要更加谨慎。

如图13-4所示，该股在前期和大盘指数走势叠加缠绕在一起，随后以连续两条阴线从上而下跌破大盘走势，可见走势明显疲弱，个股也由同步性变为非同步性特征。此后该股的下跌角度及持续时间明显高于大盘指数，那么在下跌后的反弹，个股的相对强度有没有明显改善呢？

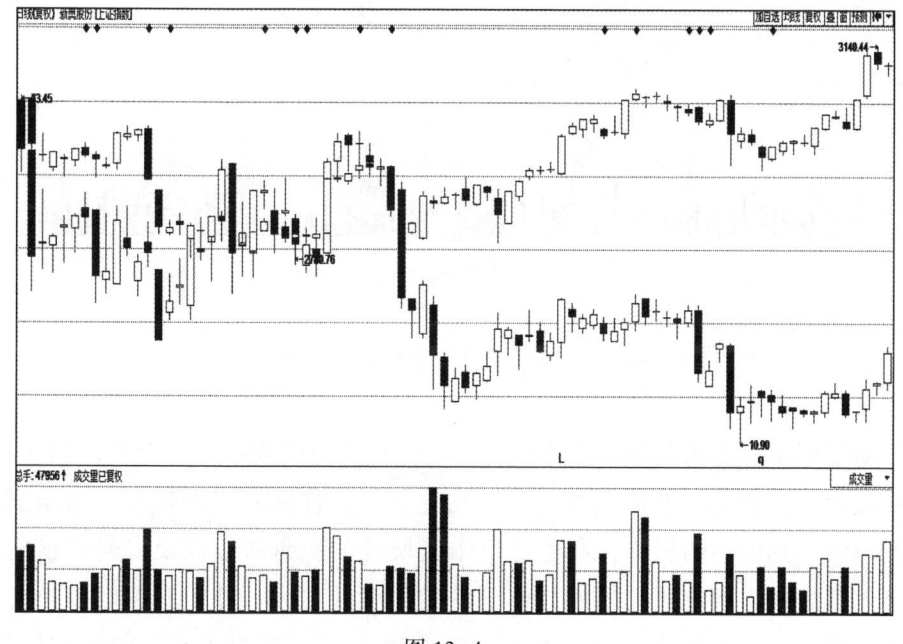

图13-4

如图13-5所示，该股在反弹区间的涨幅也明显低于大盘指数，可见个股的下跌趋势依然在延续。后期该股下跌到相对低点10.18元后才真正触底反弹，扭转了市场的下跌趋势。

当个股处于下跌趋势时，我们可以在确定了趋势中的反弹，或下跌波段中相对强度有了明显的改善，也就是某一段时间的涨幅大于大盘指数同期幅度，或者跌幅小于大盘之后，再将其纳入我们的自选股也不迟。同理，当个股在上升趋势中的拉升波段中，相对强度开始明显下降，也就是某一段时间

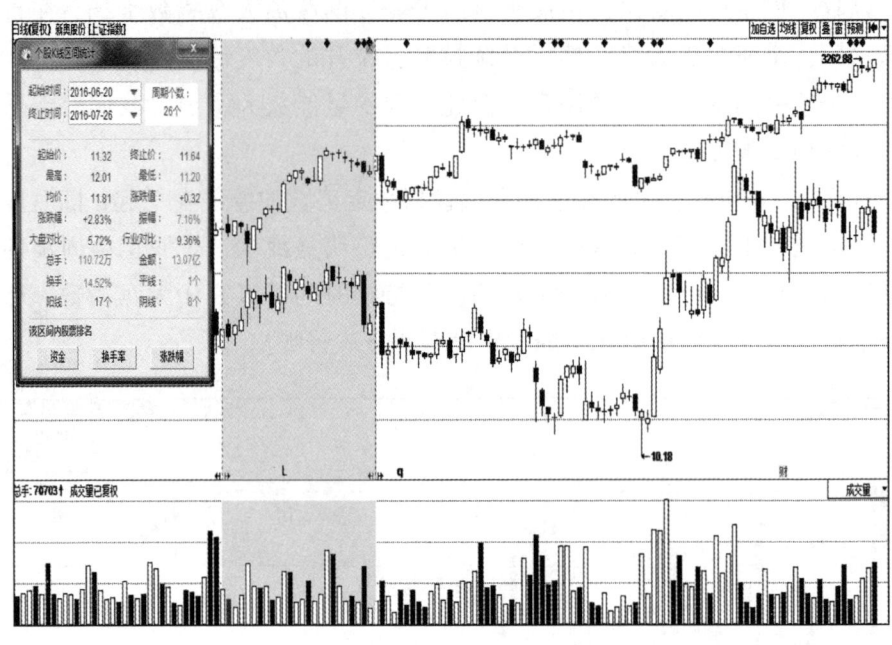

图 13-5

内的涨幅小于大盘同期幅度,或者跌幅大于大盘,我们就可以开始考虑卖出的准备了。

对于同步性变为非同步性特征的个股,我们分别列举了两个不同的案例,我们发现,其转变必然伴随主力的主动性行为,伴随筹码的转换。对于其转换的理解,其核心的思路,在于此时个股所处的操盘阶段以及筹码交换的属性,处于高位出货阶段的转换,其下跌的可能性更大,处于底部吸筹拉升阶段的转换,上升的概率可能更高。对于筹码由主力转为普通投资者的转换,往往蕴藏着风险,对于筹码由普通投资者转为主力持有的个股,后市往往储藏着机遇。

二、非同步性变同步性

当个股走势和大盘指数从同步性到非同步性时,往往代表主力操盘动作的进一步展开,而从非同步性到同步性,往往意味主力减少或者放弃了主力的操盘规划,常常发生在股价的筑底阶段或者洗盘阶段。

第十三章
同步性个股的异动原理

在经历一波波澜壮阔的下跌行情后，该股走势逐渐归于平静，由于市场氛围缺乏上涨的气氛，随着主力采用底部震荡吸筹的方式，股价逐渐由下跌时的非同步性转变为筑底的同步性。在个股处于上涨的中继洗盘区域，主力采用放任自流的方式洗盘，当投资者判断趋势走软时抛出筹码，于是又一波行情呼之欲出。到了波段高位区域，主力在拉升末期提前开始部分筹码的出货工作，在高位主力只需要根据盘中的涨跌，煽风点火地引导股价波动从而达到继续出货的目的。在下跌中继的反弹中，由于此时个股走势与大盘指数乖离过大，为吸引投资者补仓或者抄底资金介入，主力开始随着大盘指数的反弹人为制造筑底的假象，从而将最后的筹码转移出去。

如图13-6所示，该股在从相对高点10.87元下跌后，与大盘指数走势之间的相对强度逐渐变小，后期逐渐黏合在一起。我们再看图形右侧，个股在利用涨停板初期拉升吸筹后，回调期间和大盘走势也是基本同步。

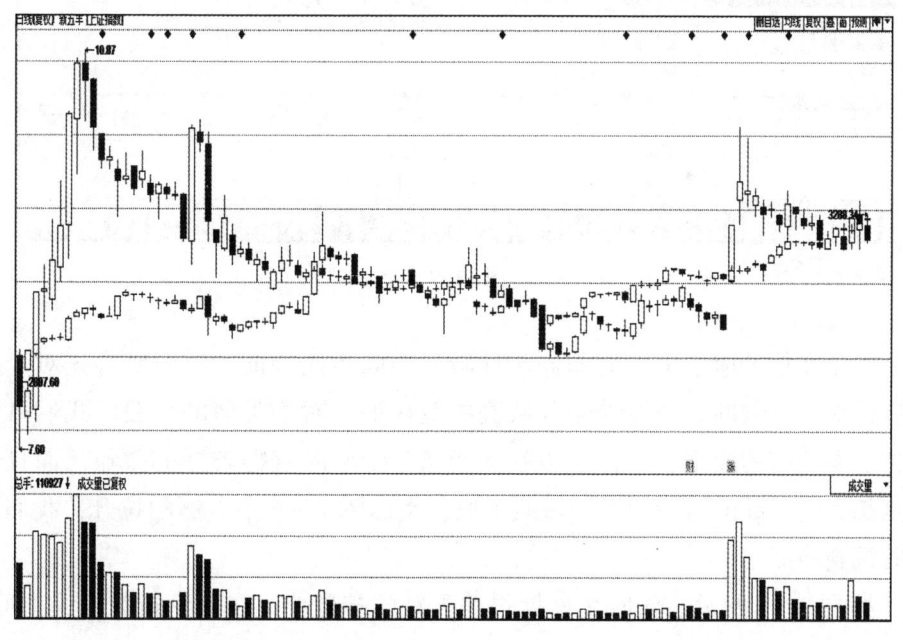

图 13-6

在趋势的演变中，一旦发现个股从非同步性转变为同步性特征，我们要及时出场，甚至只要个股与大盘指数的相对强度有减弱的迹象，我们就应该把我们的手指放在卖出键上，一旦行情有变，立马清仓出局。

如图13-7所示,该股拉升过程中多次进行短期洗盘动作,仔细观察我们会发现,每次下跌期间的大盘指数走势都出现回调,量能也出现缩量,与此同时主力采用随波逐流的方式洗盘,利用大盘的回调使筹码得到换水的效果,只是利用少量筹码维护盘面的规律性。

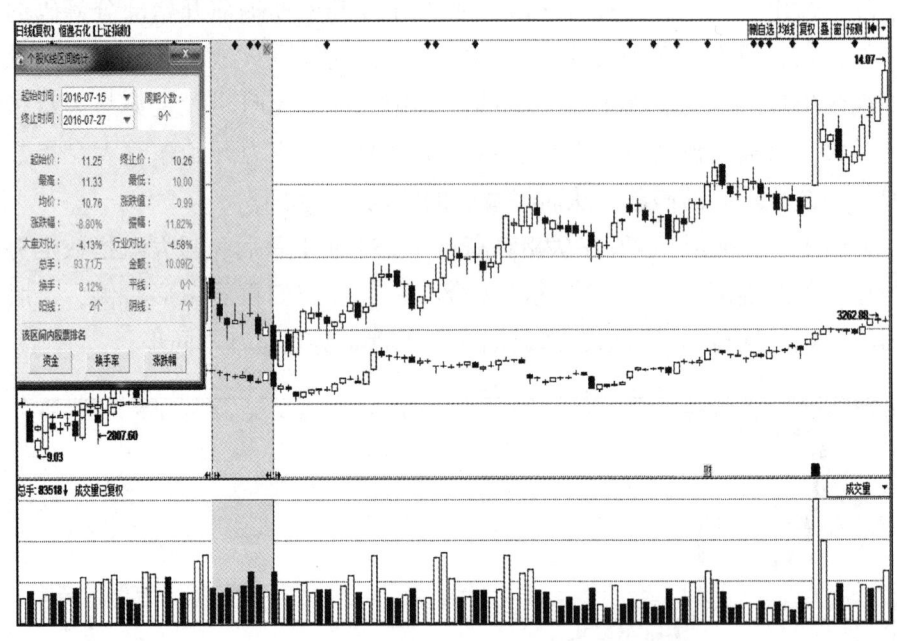

图13-7

对于在拉升途中出现的非同步性转变为同步性特征,我们要首先对个股的属性作一个判断。该股处于长线高控盘庄股,对于类似的个股,我们可以坚持长期持有的原则,不仅可以在大盘指数上涨时获得较好的收益,而且可以抵御大盘下跌的风险。对于短线个股,类似图13-6中右侧的拉升,我们要及时调仓换股。

如图13-8所示,该股在前期提前下跌的基础上,在大盘指数反弹期间,同步反弹后继续下跌。我们从图形中也可以看出,个股从下跌初期的非同步性转变到反弹期间的同步性,从反弹期间的同步性转变为下跌末期的非同步性,该股下跌趋势也随着后期资金的介入而结束。

对于类似下跌途中的非同步性转变为同步性,也伴随个股的反弹,如果我们在下跌初期没有及时离场,反弹期间是最后的逃命时机。

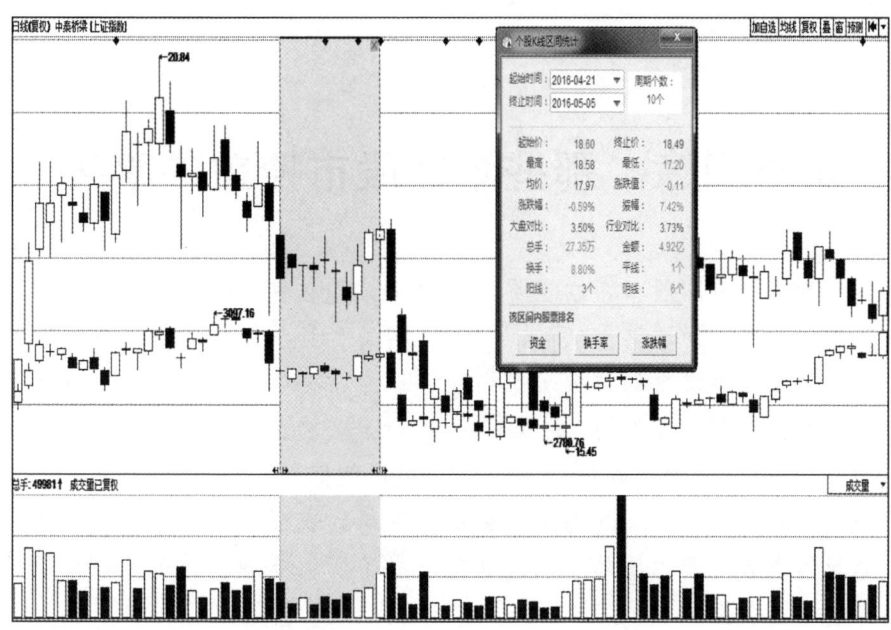

图 13-8

对于同步性与非同步性之间的转变，其根源还是在于主力的主动性行为，我们不要在其相互转变时，盲目地进场或离场。首先，我们要针对不同的个股有基本的判断，是属于短线股，还是长线股；是对倒拉升股，还是高控盘庄股，等等。同时，根据自己的操盘习惯（喜欢做短线、中线还是长线），结合个股在不同的操盘阶段（拉升、洗盘、出货），等等，在行情走势与我们的判断和预测不符后，及时改变自己的操作思路。

第十四章　那些年被股市掩盖的事实

如果把中国股市放在世界经济史上，那么仅仅开创了二十多年的中国股市，尚还属于"新兴事物"，有其自身从懵懂时期到成熟时期的一个健康发展的过程。中国经济作为以公有制为基础的市场经济体制，与所谓外来的"资本市场"的融合，自然伴随着刮骨疗伤的过程。作为在"大锅饭""国有经济""投机倒把"等观念下成长起来的我们，对待资本市场的态度，肯定与参与到充分市场竞争中的欧美市场投资者有着本质的区别，这就形成了所谓有中国特色的中国股市和中国股民。

那么中国股市和欧美股市有着什么区别？中国股民和欧美股民又有着什么区别？我们现在具体分析一下：

一、中国股市和欧美股市的区别

1. 投机性不同

以美国股市为代表，中国股市的投机性远远高于美国股市，2016年的换手率达到了1000%，而美国不过200%。美国投资者把股市当成投资场所，他们可能对于技术分析没有国内投资者那么精通，但是他们对于他们持有股票的公司却如数家珍。他们对于股市年收益率20%就非常满足了，在前几年有一部比较火的书籍《如何把股市变成提款机》，这本书把中国股民的形象刻画得淋漓尽致。由于中国股市投机成分高，导致波动非常大，造成的错觉是股市很赚钱。但是股市和所有的生意都是一样的，一赚二平七亏钱，这是做生意的规律，也是股市的规律。

2. 市盈率不同

由于美国 GDP 的增长幅度基本在2%左右，而中国较长时间保持6%~8%

的增长，甚至某段时间内超过了10%，这就是中国的平均市盈率高于美国的原因，这也是在国外上市的中国公司的市盈率远远低于在国内上市的同类型企业的市盈率，以及导致许多公司从国外退市后再到国内上市的根本原因。

3. 组成结构不同

美国股市是典型的"机构市"，而中国则散户居多。机构市多空双方博弈均在机构之间展开，更容易达成"均衡市"，而散户居多的市场，机构与散户的力量是不对等的，更容易造成散户成为被猎杀的对象，而且市场更容易剧烈震荡。

同时，上市公司的质量也不一样。美国股市作为一个全球开放的市场，世界各地优秀的企业为其提供了保质保量的上市资源，而国内的股市是个相对封闭的市场，缺乏世界知名的优秀企业，即使国内的好公司，国内也未必能留得住。

4. 投资者心态不同

美国拥有全国统筹、全国覆盖的社会保障体系，使用居民能够享受从摇篮到坟墓的足够的保障，再加上美国居民更加注重养老需求的家庭理财，因此投资目标更加长远，投资更加理性。而中国的投资者在缺乏完善的社会保障的基础上，普遍缺乏安全感，导致更加急功近利，希望短期盈利、赚大钱、赚快钱，甚至一夜暴富，这种心态造成了中国股市"投资不足、投机有余"。

5. 公司分红不同

在美国，上市公司主要以现金分红为主，而且分红的主流模式都是"按季分红"，即一年分红四次，只有少数公司分红一次或两次，当然也有公司不分红。但是在中国，不要说按季分红，一年分红两次都是个案，大多数上市公司一年分红一次，而且分红水平不高，带有很高的"象征性"，很多公司都是不分红的。因此，二级市场的投资者只能利用价差来赚取投资收益。

6. 监管政策不同

美国证券市场的监管有很多值得我们学习的地方，如有效地做到了有法可依，有法必依，执法必严，违法必究。反观中国的IPO，各种虚假财报和欺诈上市的新闻不绝于耳。同时，美国的金融市场更加健全，交易品种更加丰富，股票市场和期货市场、货币市场，国内市场和国外市场都是联系在一起的。因此，无论从制度设计，还是从投资品种的多样性上，都是值得我们学习的。

7. 牛熊交替周期不同

由于中美股市存在上述重大的差异，才直接导致了中美两国股市交替的周年，周期性差异巨大。美国股市的运行周期一般表现为"慢牛短熊"，而中国股市的运行格局一般表现为"快牛慢熊"。美国的慢牛一般可以维持 5~7 年，其熊市一般为 1~3 年。相反，中国股市的牛市短则不足 1 年，长则不超过 3 年，而熊市则长达 5~7 年。从本质上讲，股市是经济的晴雨表，经济增长的质量好坏，是决定股市长期趋势的基本面，它对股市牛熊交替的周期性特征也具有决定性的影响。

二、股市中被掩盖的事实

尽管中国股市设立至今只有短短二十多年历史，但市场发展速度非常快，它已经成为全球市值规模第二大的市场。如此快速发展的市场，却被广大投资者抱怨赚钱太难，赔钱太快。因此，在很多人的眼里存在股市不赚钱、国家管得太宽、中国股民素质不高等，诸如这样或那样的误区，我们有必要掀开这些被掩盖的事实。

1. 中国股市不赚钱

上证综指的表现低估了 A 股市场真实的投资收益率。自 1990 年 12 月 19 日上交所正式开业以来，从仅有的 8 只个股，经过二十多年的发展迄今 A 股市场已有 3000 多家上市公司。期间上证综指涨幅高达 29.0 倍，年化涨幅为 14.0%，同期 A 股(流通市值加权)涨幅为 74 倍，年化涨幅为 18.2%，所以说上证综指的表现低估了 A 股市场的真实投资收益率。这是因为：其一，中小市值凭壳价值和并购重组优势更易获得高涨幅，但上证综指成份股多为大市值蓝筹股。其二，上证综指在指数编制时未考虑分红收入。以 2015 年末的成份股为例，其中 761 只年内实施了分红，年分红收益率 43.2%。

为进一步衡量 A 股市场真实的收益率，我们以两种方式计算上交所开市至今 A 股市场收益率。方式一：每年年初买入等额的所有 A 股，A 股等额投资涨幅为 576 倍，年化收益率为 28.0%；方式二：每年年初买入等量的所有 A 股，A 股等量投资涨幅为 256 倍，年化收益率为 24.0%。因此，我们无论采用等额还是等量的方式买入 A 股，其投资收益率已经超过了巴菲特 21% 的历史年化收益率。

那为什么我们总是感觉赚钱难呢，这还要从我们自身找原因。

2. 中国股民素质不高

在中国股市中，人们总喜欢拿投资者教育说事儿，似乎中小投资者之所以受到损害，是因为他们文化层次太低的缘故。但从笔者的观察来看，中国股民的素质一点也不低，他们勇于拼搏，灵活机动，胸怀祖国的优秀品种，值得各行各业学习。

深交所金融创新实验室就 2014 年初至 2015 年 3 月 31 日之间的深市个人投资者开户情况进行了分析，结果显示，深市高中及高中以下学历新开户投资者占比仅为 19.67%，大专及大专以上学历新开户投资者占比高达 65.19%，本科及本科以上新开户投资者占比达 33.34%，低学历投资者开户占主导的局面已一去不复返。

我们的股民勇于承担起上市公司筹资的任务，帮上市公司解决资金难题。同时中国股市没有强制分红机制，他们也没有过分要求。中国股民也承担新概念的传播和使用者，同时也有自己制造概念的能力，石墨烯、量子通信、智能穿戴等，通过他们的口口相传，已经变得家喻户晓。他们是价值投资的信奉者，他们对国家大政方针、产业构想、公司业绩如数家珍，同时对于技术分析，他们也刻苦钻研，形态、指标、量能，在他们口中念念有词。

这就是我们可爱的中国股民！向他们致敬！

3. 蓝筹股比绩差股投资价值更高

在成熟市场，蓝筹股价值确实比绩差股的投资回报率更高，巴菲特也是通过慧眼识别蓝筹股而获得长期的高回报的，那么 A 股的蓝筹股表现如何呢？

上证 50ETF、上证 180ETF、沪深 300ETF 作为蓝筹股的组合代表，自 2007 年以来的 9 年时间里，表现远不如非蓝筹股指数要好，其中上证 50 指数最差，只有 2200 点左右，还不到 2007 年 10 月的一半，而过去 9 年来，沪深所有股票的平均涨幅已经超过 100%。

当占上证综指权重较大的蓝筹股风光不再时，指数的涨幅就会落后于个股的平均涨幅，因此过去的蓝筹也不是现在和将来的蓝筹了。由于本土的投资者投资理念不同于成熟市场的投资者，喜欢炒新炒小炒题材，喜欢炒重组概念，结合中国股市是以普通投资者为主的资本市场，这也是导致绩差股涨幅往往大于传统蓝筹股的原因。

4. 国家干预过多

由于 2015 年至今的监管政策趋严，国家对融资融券、股指期货、伞形信托、配资等管控力度加大，导致指数行情暴跌。对于国家干预市场过多的呼声越来越多。

无论任何国家，都会在必要的时候对股市进行政策性干预，这是为了抑制过度投机或促使市场回暖的需要，也是为了维护股市稳定和社会稳定的需要。只要股市稳定，股市的融资功能才能得到正常发挥，资源配置才能继续优化，国民投资才能出现良性循环。

但是，中国股市作为一个蹒跚起步的新兴市场，各类幕后交易、股价操纵、虚假披露、权钱交易等违法行为比比皆是，且大众投资者尚不成熟，时常处于一夜暴富、漠视风险的状态，导致股市常常动荡不安，大起大落，影响了股市正常的融资配置功能和社会秩序的稳定，于是中国股市的政策性干预比其他西方国家要频繁得多。

翻阅国内沪、深两市大盘的历史走势，无论是一轮牛市的起点还是一轮熊市的开端，都带有政策的烙印。从本质上来说，中国股市尚没有脱离"政策市"，管理层的行政性干预仍将作用于股市，以维护证券市场的健康发展。

5. 散户亏钱是因为缺乏保护

根据历年来媒体对于散户盈亏的调查结果来看，亏损、持平、盈利的比例一直保持在 7：2：1 左右，也导致很多年以来，个人投资者始终对管理层的抱怨不绝于耳。

很多人都认为散户亏钱的原因是因为管理层的无能，发行和交易制度过度偏袒，内幕交易，以及市场操作行为监管不力。

第十四章
那些年被股市掩盖的事实

的确，中国股市仍处于不成熟阶段，在制度和监管上仍有不少漏洞和问题，但这并不是导致散户亏钱的主要原因。我认为，过度交易，谋求以快速赚取价差交易为目的的短线交易是散户亏损的主要原因。从行为学上分析，大部分交易都是因为人性的贪婪或恐惧达到一定程度而触发的，这就导致交易越多，亏损概率越大的结局成为必然。

市场的监管者显然已经发现了散户亏钱的主要原因，因此从保护中小投资者利益的角度，就可以理解为何市场人士一直呼吁的股票T+0交易规则一直没出台，因为该交易制度一旦推出，散户的交易量将再度大增，亏损率会更高。

在救市过程中，对股指期货的管控、暂停新股发行、"国家队"救市资金的入场等，都是为了保护投资者的利益，维护市场的稳定。因此，把亏损的所有责任都推卸给管理层是不合理的，实际上已经有些过度保护了。

6. 上市公司股价取决于业绩

看一个公司，普通的投资者往往习惯于研究其已经获得的业绩，并且作出公司发展趋势的判断。这种思维方式容易让人陷入对已知利好的极度放大，以及对已知利空的极度恐惧，这两种情绪都是影响价值发现的。资本市场一个鲜明特点就是"利好出尽，利空出尽"的价值转换，市场会很聪明地记录已经存在的信息，这些大部分已经融入和反映到股价之中。所以，顶级高手往往通过研究上市公司向前战略布局的进取心来判断公司的价值进化，比如：一个公司想投资教育，顶级投资者就会去研究投资方向的成长性；一个公司切入供应链金融，顶级投资者会去调研这个业务的天花板和制胜要素，总之，高手们都是通过研究公司的新业务作投资判断，这让他们的思维更敏锐、结论更准确。

三、被误解的投资理念

最近经常和读者朋友交流，发现很多投资者朋友之所以在股市中徘徊不前，有时并不是不能很好地选择股票或者设定买卖点，更让人揪心的是一些似是而非甚至是根深蒂固的错误理念一直在思想深处误导我们，让我们在行动中裹足不前，使我们始终游离于成功的大门之外，不得其法。

1. 要学会预测大盘走势

很多朋友和笔者交流的第一句话往往是：大盘走势你怎么看，明天大盘怎么走，等等。综观世界上的很多投资大师，巴菲特注重价值投资，索罗斯专注于成长性，他们都没有一个把精力放在预测大盘走向上，连股神巴菲特和索罗斯都毫不犹豫地承认：如果投资依靠的是市场预测，那他们一定会破产。而在国内，如果你不能对未来的走势说出个子丑寅卯来，那肯定被认为是菜鸟级别的。

影响市场走势的因素纷繁芜杂、盘根错节，尤其是一个初具规模、各类机构投资者充分竞争的市场，其走势更是难以琢磨。因此，连大师都望而却步的预测，我辈凡人岂能精通？因此，笔者认为，这是浪费精力、费力不讨好的事情，而且还是最终对预测造成重创的第一致命错误理念。

在裸K线系列丛书中，其核心理念就是把大盘指数走势作为衡量个股走势或其所属的行业、概念、热点等板块的标准和工具，由此判断出个股的活跃属性，进而通过不同个股与大盘指数走势的非同步性捕捉交易机会；而不是把大盘指数走势的分析和预测作为要点，因此这样很容易陷入自以为是的误区。

2. 大盘涨了我就能赚钱

很多朋友都关心大盘指数短期的涨跌，认为大盘涨了，我就能赚钱。其实大盘的涨跌影响因素很多，先抛开你能不能判断出大盘的涨跌不说，即使大盘上涨，你认为你就能真的赚钱了吗？2015年上证指数上涨到5000点以上，跑输大盘的比比皆是。

我们不要担心大盘指数下跌，有涨就有跌，涨跌循环才是股市逻辑。其实，任何股市市场总有20%的股票业绩高速增长驱动股价上涨，从而规避牛熊转换。所以，做投资首先要看好自己买的股票。从基本面上看，要关心自己买的公司的价值的持续性、稳定性和成长性如何，以及估值与成长性的匹配度如何；从技术面上看，要关心公司走势的独立性、抗跌性和规律性，以及走势和大盘的匹配度如何。

所以，我们要把时间用在重要的事情上面。想想日本泡沫经济崩盘后，大盘几十年没有创出新高，但是像武田制药这样的优秀公司上涨了上千倍。

就拿最近的三聚环保来说,三年十倍的行情,在此期间,大盘从5000多点跌到2000多点。扪心自问,你还需要唯大盘指数马首是瞻吗?

3. 不要把所有的鸡蛋放在一个篮子里

这是很多投资者的通病。一个只有十几万元资金的投资者,他的账户上居然有30多只股票,每次他都笑嘻嘻地说着,反正每天都会有涨的。其实,这种事情在很多散户身上都有,首先,分散化投资只能说明,你对其中的任何一只股票都是没有信心的,这种为了买而买的理念本身就是错误的。其次,一旦大盘指数发生系统性的风险,就会覆巢之下,岂有完卵,所有股票都会被套牢。再次,人的经历是有限的,不同的个股,不同的行业、概念、领域等,所处的走势阶段也不同,很容易让人顾此失彼。学习一下我们伟大的毛主席,审时度势,重拳冲击,集中优势兵力打歼灭战。原则上100万元资金以内的投资者,买入品种最好不要超过三个。

在本书的后半篇中,我们将针对不同个股在不同阶段的走势进行详细的解读,以便于投资者在不同的市场走势中把握收益率更高、风险更小的股票。

4. 风险越大,收益越大

在投资领域,有个著名的等式:风险=收益。当然,在很多时候风险和收益是成正比的。当你在经历不断的学习、实践、纠错、归纳总结后,当你成为有成熟交易系统并坚定执行的投资人后,你就会发现,风险和收益并不是正比关系。很多投资者热衷于权证的操作,并美其名曰"富贵险中求",可是,那些暴发的神话所带来的"财富效应",最终给那些权证投资者带来了无尽的伤害。

裸K线操盘技法,作为笔者自成一派的交易系统,也是笔者在长时间的归纳学习和实战操盘中的总结概括,在不确定性发现确定性,在波动中寻求稳定性,无论股市涨跌浮沉,总能让你找出一条通过盈利之路的捷径之门。

5. 短线交易,频繁操作

普通投资者就像农民,农民就要干农民的活,就是要在上一轮收货后休息到开春,翻完地后重新播种,种子播种在地里,等到长高、成熟了,便是收获的季节,然后开个篝火晚会,把珍藏的好酒拿出来,感谢政府,感谢上市公司，感谢主力机构，感谢父母亲朋，感谢曾经帮助过我们的人！

如果你难不住寂寞，时不时想把种好的玉米苗，拔出来看看是不是长得好，这反而影响了它的正常生长，最后留给你的可能就是颗粒无收。

笔者在初入股市时，盲目地认为自己已经做好了技术方面和心态的准备，频繁操作，虽然胜率还可以，但耗费了太多的精力，反而没有跑赢大盘指数，最后成给证券打工的了。在不断地犯错纠错、再犯错再纠错中，不断地成熟，不断地完善，笔者也希望自己能够一直留在市场中，而不是被潮起潮落弄得满身是伤。

6. 价值投资＝长线投资

实际上这是一种很普遍的误区。首先，不同的行业，不同的盈利模式，处于不同阶段的公司估值方法是不一样的。对于传统行业和新兴行业，对于周期性行业和成长性行业，估值模式都是不一样的。同时，对不同行业的估值，也不能简单地看市盈率。比如，对于互联网公司可能相当长一段时间内是不赚钱的，但是不能说它们没有价值，因此对互联网公司的评估，只能看市值、商业模式、用户数、行业空间。

由于价值是变化的，因此当上市公司发生了不利的变化而影响了企业长期价值的成长性时，我们应该第一时间卖出。很多朋友买了股票，不是对企业的行业属性、盈利模式、经营状况一无所知，就是跟着走势上下坐电梯，还自以为是价值投资。

对于基本面流派和技术流派，两派自诞生之日起，一直在争论不休。我们的裸K线操盘技法，并不盲目地推崇技术分析，也不会刻意贬低基本分析，我们始终坚持的是理念是"抓拐点"，在技术分析图表中，通过与大盘指数的走势比较，抓行业或个股的趋势拐点；在基本面分析中，通过对宏观经济状况和产业发展方向的研究，抓业绩或估值的拐点。

7. 绝不满仓

这个理念应该是各类投资者都认同的吧！不过请记住，这是给大户、机构大资金来说的，而且相对于行情某些阶段、中小投资者来说，并不适用。手头资金有限，不满仓，你能赚多少，留在银行里，吃利息吗！其实即使机构、大户，也没有几个能执行的，不但自有资金满仓，而且借钱满仓，看看融资融券多火爆就知道了。

中小散户资金就那么点钱，留在银行里你也成不了有钱人，还不如在行情明确的阶段里，激进地操作一把，说不定下一个步入大户室的就是你了。

8. 盲目补仓摊低成本

这也是很多投资者朋友容易犯的毛病。首先我们要了解股价下跌的真实原因，是大盘系统性下跌，还是该股主动下跌。如果是受到大盘下跌拖累，在明确止跌迹象时再补仓，不要盲目地一下跌就补仓，不要到了战场上才发现子弹用完了，再后悔也来不及了。如果该股是主动性下跌，要分清下跌的原因，是主力刻意挖坑，还是市场趋势走坏，这要根据涨幅、价位、量能结合市场主力行为来判断。如果是前者，补仓是有必要的；如果是后者，要谨慎，防止再次被套。

9. 个股走势是由庄家决定的

很多做投资的朋友，总爱把大把时间花在研究庄家的行动上，试图搞清楚庄家的每一个操作阶段。其实，中国股市发展了二十多年，已经过了"坐庄"的时代。在现在的"混庄时代"，每一只个股都有各种大大小小的机构投资者，即使是资金量最大、对于走势最有发言权的主力也不可能完全控制股价的走势，而且也很容易受到外来机构的打压或抢筹，同时还要防止证监会的调查。

因此，我们不如把研究重点放在对趋势、上市公司、国家产业扶持政策等的研究上。这样我们在持有股票时，也可以做到平静地对待股价的涨跌。

10. 不敢买价格高、涨得多的股票

因为价格高，所以不敢买，这是典型的散户心理。其实，便宜无好货，正是因为股票好，才会出现高价位。市场资金是最聪明的，他们不会无视价值的洼地，至于涨得多的股票，行情是有惯性的，这就是所谓的强者恒强。任何行情，抓龙头板块、龙头股总不会错。

很多对基本面一知半解的投资者，总喜欢买市盈率低的股票。但我们在前面也提到过，估值是需要各方面的原因的，行业的属性、周期性、行业所处于的阶段等，都是必须考虑的问题。

当然，每一位投资者性格不同、对资金的大小和看待程度不同、投资经验不同等，可能都会有自己的操作系统和理念。随着时间的延续，我们都在不断地完善我们的交易系统，在不断地规范我们的操作理念，同时也在不断地促进中国的资本市场走向成熟。

第十五章　实战案例解析

股票按照不同的标准，可以分为不同的种类。按照标的分类，个股可以分为成长股、周期股、价值股、主题股等；按照持股周期分类，可以分为中长线股、短线股、波段股等；按照控盘程度分类，可以分为高控盘股、中低控盘股、散户股等，还有许多按照基本面特点进行分类的方法，我们就不一一介绍了。

我们在《裸K线操盘技法1》一书中提到了不同周期内的案例解析，在这里我们换一种思路，来解析控盘程度不同的个股操作手法。

现在的股市和以前有很大的不同，以前是庄家占有大量流通筹码，现在是机构博弈时代，就是指一只股票同时可能有几个机构控制着它，这些机构可能是基金、保险、境外机构等。当然，现在依然存在着主力持有大量筹码的股票，一般超过30%就能控制盘面的波动，这两种形式我们都称之为高控盘。

散户就是普通投资者，一般指没有大资金的散户，散户无法控盘，只有随波逐流才是正道，顺势而为方为活路。散户股就是无庄家控盘的股票，这类股票交易很少有大单出现。同时在走势上，散户股涨得慢跌得快，我们需要规避类似的股票。

介于高控盘股和散户股之间的就是中低控盘股，它容易受到大盘指数涨跌的影响。在操作中，有的会采取波段操作的模式，有的会采取对倒拉升的模式，这主要取决于主力的操盘习惯和性格特点。

一、高控盘庄股案例解析

有效捕捉高控盘庄股，其前提必须是能够提前识别主力的高控盘。那么，如何判断主力高控盘，主力高控盘又有哪些特征呢？

1. 个股走势的非同步性

由于主力高度控盘，导致在外浮筹有限，主力对股价操纵易如反掌。前期多以小阳小阴线缓慢上涨，很少出现大阳大阴线。即使由于大盘指数大跌导致大阴线出现，主力也能很快收复失地。

2. 成交量忽大忽小

在个股需要大阳大阴线出现时，个股会利用对敲或者对倒的方式转移筹码或吸引投资者注意。同时一旦主力减少主动性行为，其日常成交量会呈现立即萎缩的状况，从而在很大程度上降低了股票的流动性。

3. 交易行为表现异常

这是识别主力操盘股票的关键。在前日没有大幅波动的情况下，股价莫名其妙地高开或低开。在前日收大阳大阴线时，当日开盘没有与之相配合的高开或低开。尾盘的异常拉高或打压，主力行为迹象非常明显。同时，盘中走势急涨急跌，波动剧烈。

4. 股价对消息反应异乎寻常

在公正、公开、公开信息披露制度下，市场股价会有效反映消息面的情况，利好消息有利于股价上涨，反之亦然。然而，高控盘庄股则不然，由于对股价走势有绝对的话语权，主力会利用消息对于投资者产生的影响来达到自己的目的，利好时高开低走出货，利空时低开高走吸筹，其走势往往出乎意料。

5. 偏好小盘股

对于单个主力持有流通筹码比例较重的高控盘股，主要集中在小盘股，究其原因，不外乎以下几点：一是小盘股流通市值小，对资金要求不高。持股时间可长可短，风险相对可控；二是小盘股对大盘指数影响小，不易引起监管层的注意；三是大公司相对规范，小公司易配合支持；四是小公司才有机会发生突飞猛进的改观。

对于多个机构控制的个股，由于资金实力比较雄厚，对于是否是小盘股没有太多限制，其运作的关键还是在于其成长性。题材概念的流行、国家产业政策的配合、业绩的高速增长等等，这些才是最重要的。

6. 股东人数变化大

根据上市公司的年报或中报中披露的股东数量可以看出，高控盘庄股的股价完成了一个从低到高，再从高到低的过程，实际也是股东人数从多到少，再从少到多的过程。高控盘庄股在股东名单上通常表现为有多个机构或个人机构持有数量相近的社会公众股。因为，高控盘庄股要想达到控盘目的同时又避免出现一个机构或个人持有的流通股超过总股东5%的情况，就必须利用多个非关联账户同时买进，这种做法也为市场的有效监管增添了难度。

如图15-1所示，我们看K线图右侧的筹码分布图，此时股价正位于最高点。从筹码的构成结构来看，还是有相当多的筹码分布在涨幅仅为30%左右的区域。后期随着个股的高成长性及业绩的优良，被越来越多的机构投资者所注意，筹码的成本也在不断地提高。我们看到此时筹码的平均成本（筹码分布图中的白线）仅为涨幅的60%左右，而后期的涨幅高达180%。

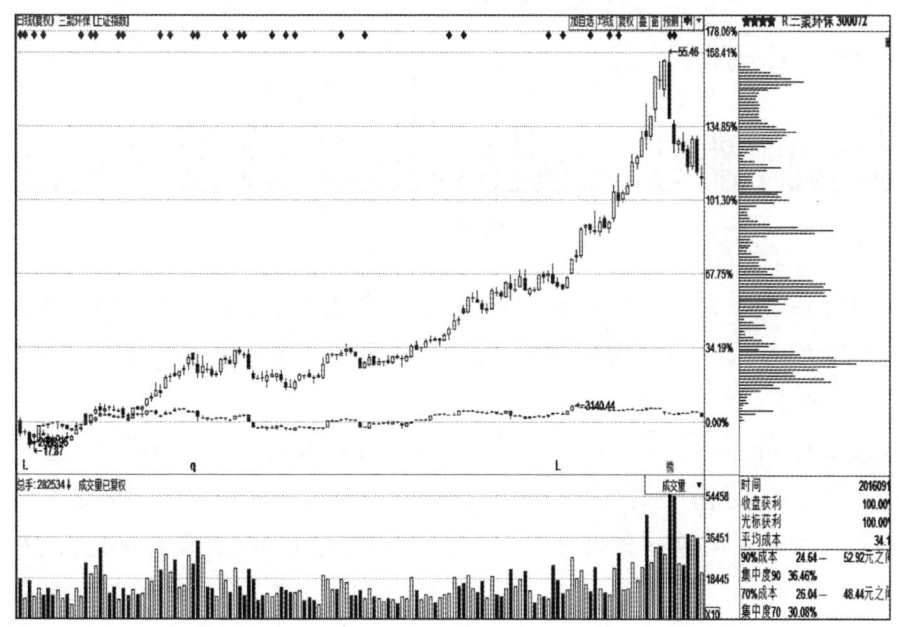

图 15-1

当然我们现在分析时，可能会有马后炮的感觉。那我们先看看它的买点和卖点在哪儿。

如图15-2所示，上方直线是个股的压力线，下方为大盘指数的压力线。对比一下个股走势图和大盘指数走势图可以发现，两者在同步突破压力线后，个股回调颈线位后强势拉升，这是该股的第一买点。同时从量能配合也可以看出，该股拉升放量，回调缩量。

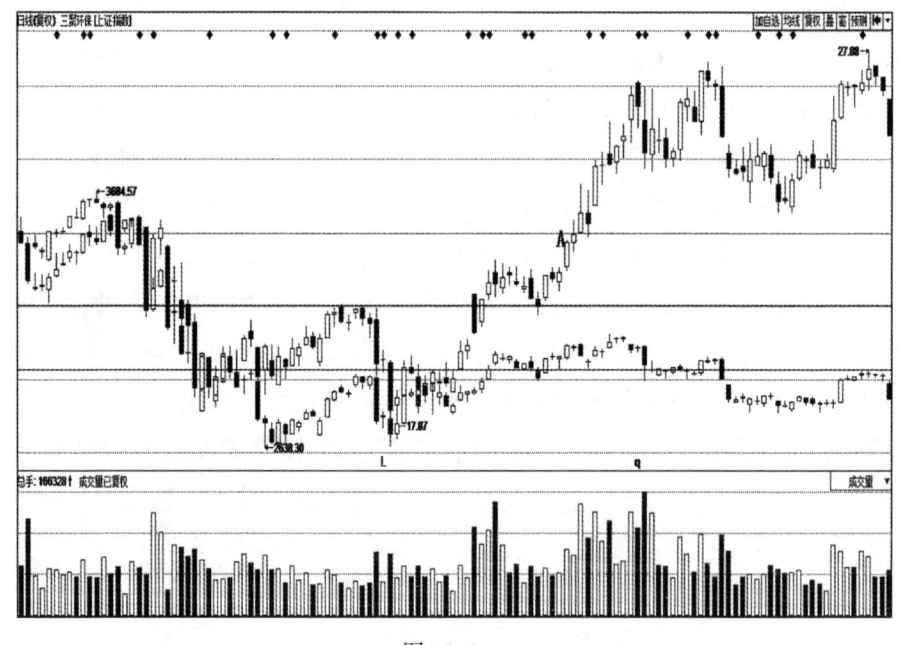

图15-2

如图15-3所示，图中两条直线由上而下分别为个股前高压力线和大盘指数前高压力线。在个股突破压力线的同时，大盘突破还遥不可及，突破点即为第二买点。

如图15-4所示，A—D点分别为个股下跌最低点、再次回撤点、反弹高点和回调低点，我们来看一下A—B点、A—C点、A—D点的相对强度分别为-4.13、6.02、4.34。我们再来算一下A—B点、B—C点和C—D点的相对强度，分别是-4.13、10.44、0.02。对比一下两组数字，无论从以最低最高点为起止点，还是以波段为起止点，其相对强度都是不断提高的。随着走势的延续，当相对强度由负数转为正数，也是一个相对安全的买点。

图 15-3

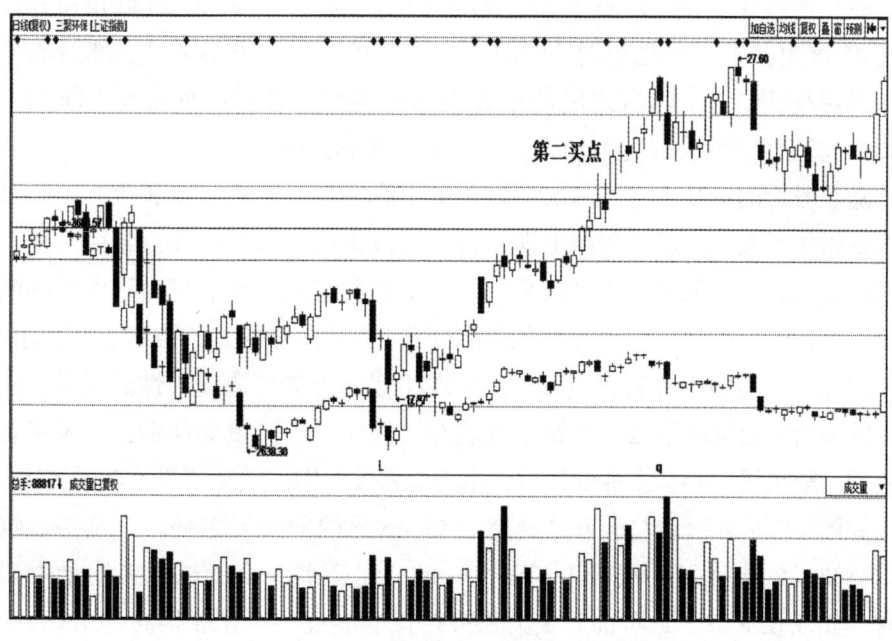

图 15-4

在个股创出新高 27.09 元后，先是箱体震荡后，然后以 30 度角拉升，最后以 45 度角拉升。与之相同的时间内，大盘指数先是震荡下跌，然后弱势反弹，最后盘跌走势。两者之间的乖离也越来越大，对于相对强度不断放大的个股，我们理应继续持有。那么，它的卖点在哪儿呢？

随着股价的不断上涨，多次出现长上影线阴线，下影线或长或短，收盘时的涨跌幅并不大，但量能却都出现了自上涨以来的最大量。在巨量阴线后，很快就收复阴线继续上涨。直到最后一个长上影阴线的出现，打破了所有的既定规律。当日的量能并没有放大，在之后的第二天便跌停的方式结束主升浪行情。

因此，在行情上涨时，主力多会出现相似的走势，造成人性的错觉，认为这样的事情还会延续下去，不知不觉放弃了警惕之心。就如此例，在投资者习惯了长上影阴线后必会上涨的惯性，主力以跌停的惨烈走势让投资者后悔莫及。

如图 15-5 所示，左上方是最高点 55.46 元的前一天走势，大盘指数收向下跳空缺口的十字星阴线。不同于大盘的放量下跌，个股该日以缩量中阳线收盘。如果在低位，这可能是主力强势控盘的表现。但在涨幅高达 180% 的高位，是非常危险的，再加上股价的拉升和量能集中在早盘和尾盘两个敏感的

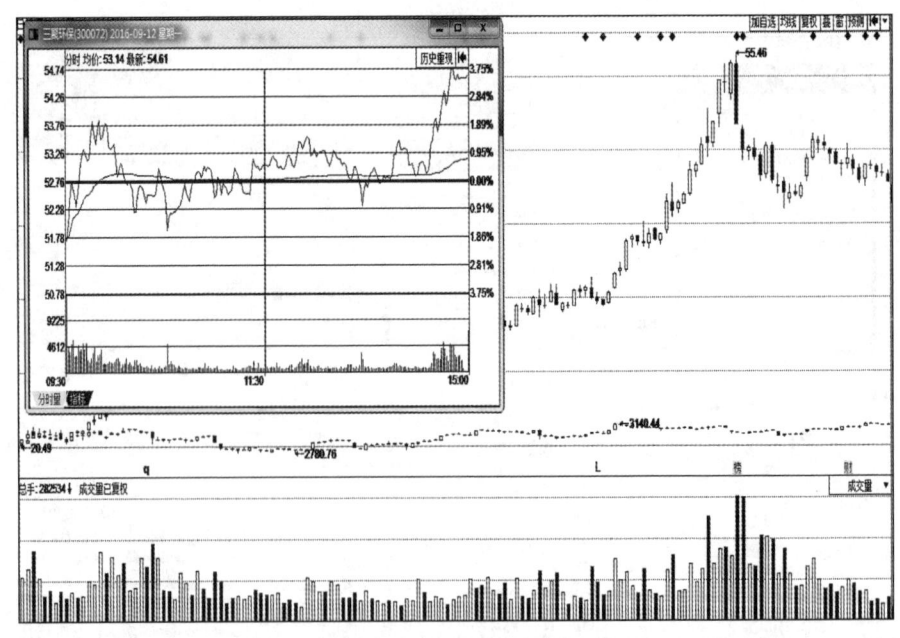

图 15-5

时间段内，盘中多次出现向下尖角波形，无一不证明此时的上涨投机气氛严重。结果，次日个股直接跌停。

在大盘指数走势相对一般的情况下，该股为什么能走出如此走势呢？对于该股基本面的详细情况我们不作细致研究，由于该股良好的质地获得众多机构投资者的认可，在其拉升的过程中，不断有不同的机构买入，场外的浮筹逐渐减少，形成了形式上的高控盘。也正是由于机构的分层买入，位于相对较低位置的机构自然不会允许股价跌到自己的成本价以下。同时，由于股价下跌也会造成其他机构的抢盘，因此无论大盘指数走势如何，个股都呈现直线拉升的走势。

如图15-6所示，我们先来看个股最后一个交易日的筹码分布图，在此时底部的筹码依然占有60%的比例。在前期超过50%的拉升幅度后，筹码转移到高位数量很少。而从13.55元的下跌中，量能急剧萎缩，说明并主力并没有将大量筹码兑现。作为许多人常常避之不及的ST股，主力控盘程度较高，不出意外的话，持股在回调后依然有拉升的可能。

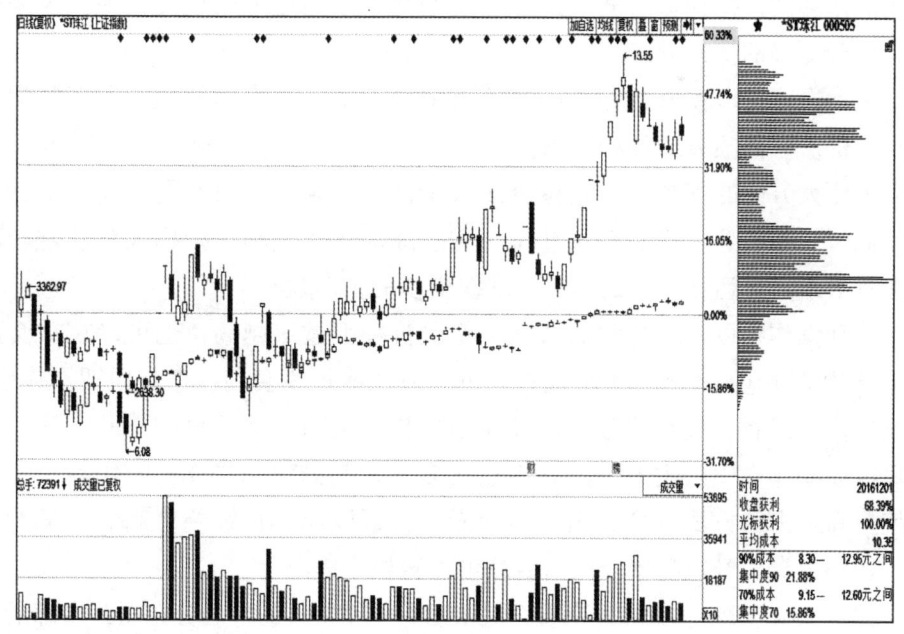

图15-6

我们再来看下方的成交量，除去由于复牌后价差所造成的放量，近一段时间内保持着阳线放量阴线缩量的走势，而且阳线量柱明显高于阴线量柱，因此每一次的缩量都是买入的时机。如果筹码集中到高位，同时高位放量，此时是出局的好时机。

对于高控盘庄股的走势，常出现的情况是，越是不敢买，越是往上涨，越是恐高，越是抓狂。不敢买的关键原因还是对其属性的错误判断或者无法有效判断。这种股票前期走势并不会引起太大的注意，很少出现大阳大阴线，多以小阳小阴式的慢牛走势。如果大盘指数大跌，它也不会硬抗，会顺势"挖坑"，但很快会收复，在此期间量能不会有太大的变化。到了上涨的末期，股价开始以更高的角度直线飙升，量能急剧放大，股价剧烈波动，涨跌停板时有出现。如果出现类似的情况，我们要及时获利出局。

二、滚动操作个股案例解析

对于控盘度相对较低的个股，主力多采取这几种方法，利用滚动操作、短线操作和波段操作等方式。当然以上都是基于历史上的统计归纳，未来可能会出现更多的操作方式。

滚动操作可以使资金和筹码在股市中得到最大程度的使用，发挥其最大的时间价值。像滚雪球那样使资金越滚越大。滚动操作实际上是一种操作方法大思路大方向的简称，将仓位分成若干部位，循环使用不同的仓位不断地高抛低吸，不断地转换资金和仓位结构。滚动操作有利于把握大盘涨跌，减少大盘下跌对其运作产生的影响，掌握更多的主动权。

滚动操作既可以在盈利的情况下将股价往上越滚越高，也可以在被套的情况下低位补仓滚动操作摊低成本，进行波段或短线套利。在长周期操作中，滚动操作可以看着大盘指数的波动灵活操作，从而带动股价的不断上涨。在中短线周期操作中，主力可以利用短线多日时间的滚动操作，拉高就出，跌低就拉高再出的方式。多日内的滚动操作，可以获得短线差价利润，又能吸引大量跟风盘，经数日反复操盘后就可以轻松完成出货。

如图15-7所示，我们先来看个股最后一个交易日的筹码分布图，底部的筹码所剩无几，中间的筹码还有部分，大部分的筹码已经转移到高位。从下方的成交量可以看出，量能一直相对活跃。主力采取滚动操作的方式使股价不断上涨，筹码不断地上移。如果大盘不出意外，个股可能会保持震荡走势甚至下跌。

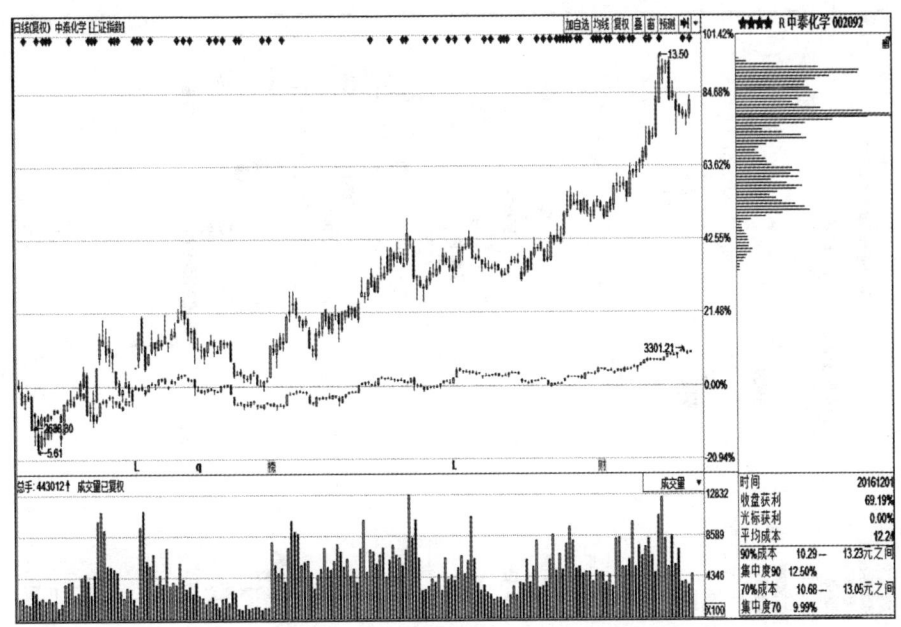

图 15-7

对于此类个股,在上涨趋势中,保持价升量增的走势。那么,买卖点应该怎么定义呢?我们看图中左侧有个量能最小的区域,此时无论是相对于历史走势,还是相对于大盘指数的缩量幅度,都可以称为地量,这就是该股的买点。对于卖点,当筹码都集中在高位,无论大盘指数走势如何,此时个股量能由先前的放量转为缩量震荡,此时要毫不犹豫地卖出股票,因为下面等着你的可能是放量急跌或者缩量阴跌。

如图 15-8 所示,该股创出低点 50.51 元之后,个股低位吸筹,然后三阳拉升。在短期高点出货后补仓,然后拉升出货,再依次循环。在 K 线图上形成三重顶的形态,最后以跳空缺口方式结束反弹。我们来看一下前面三根阳线和后期大阳线的走势:

如图 15-9、图 15-10 和图 15-11 所示,仔细观察我们发现,都是在盘中某个时间拉升后,便震荡下跌的走势。拉升的波长越来越长,量能配合越来越不理想,都可以看出主力的操盘节奏。主力对倒拉升后,放弃操作,使筹码保留流动状态,抬高跟风者的成本,同时主力也完成了高抛低吸的操作。

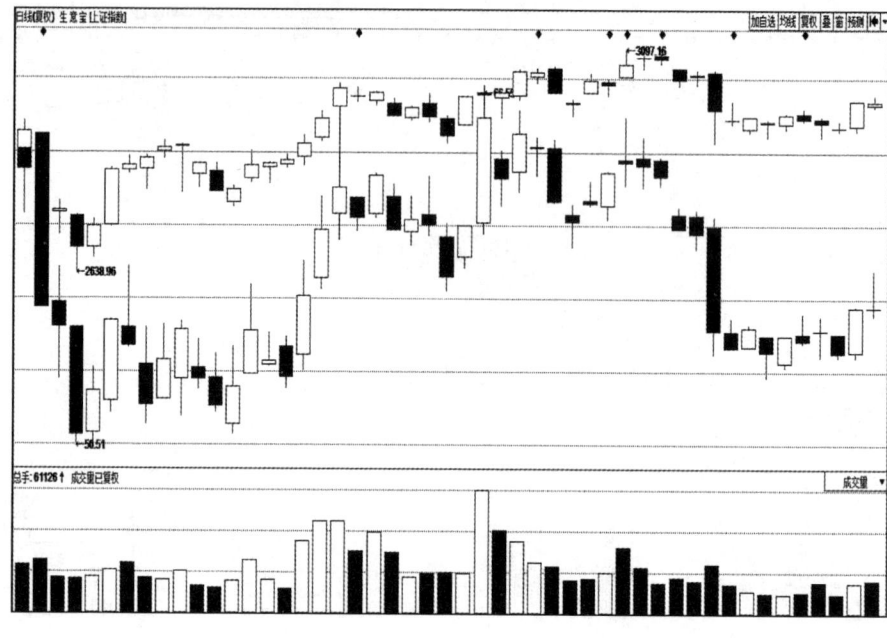

图 15-8

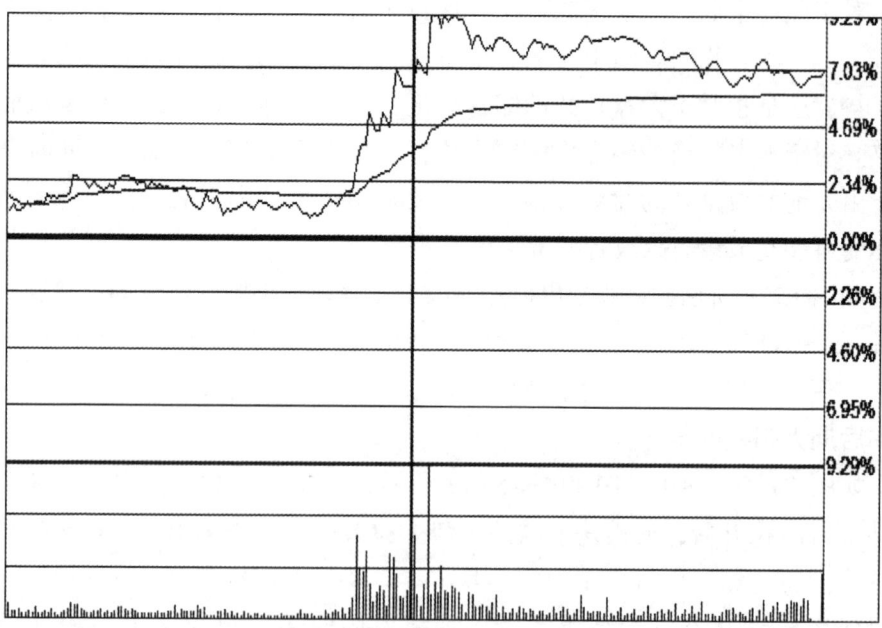

图 15-9

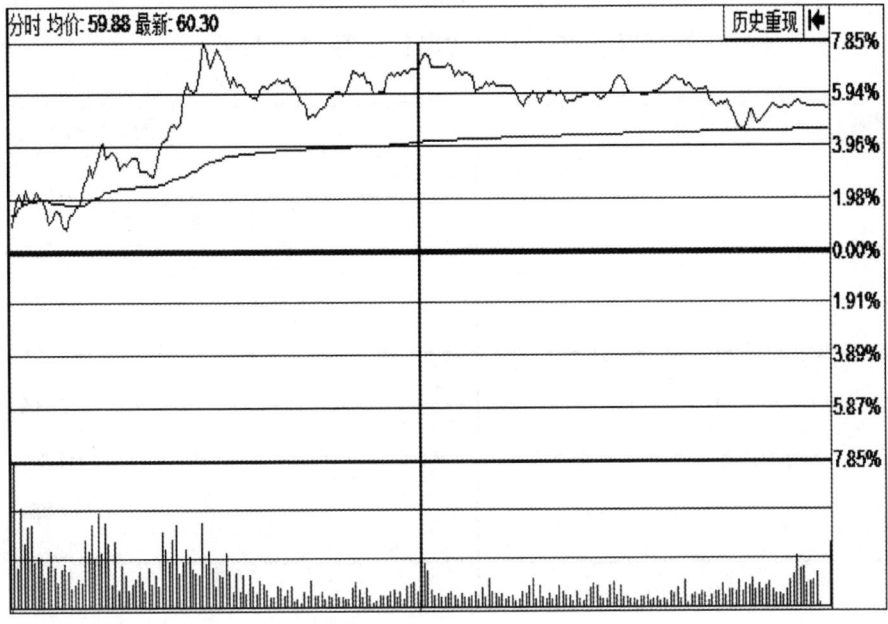

图 15-10

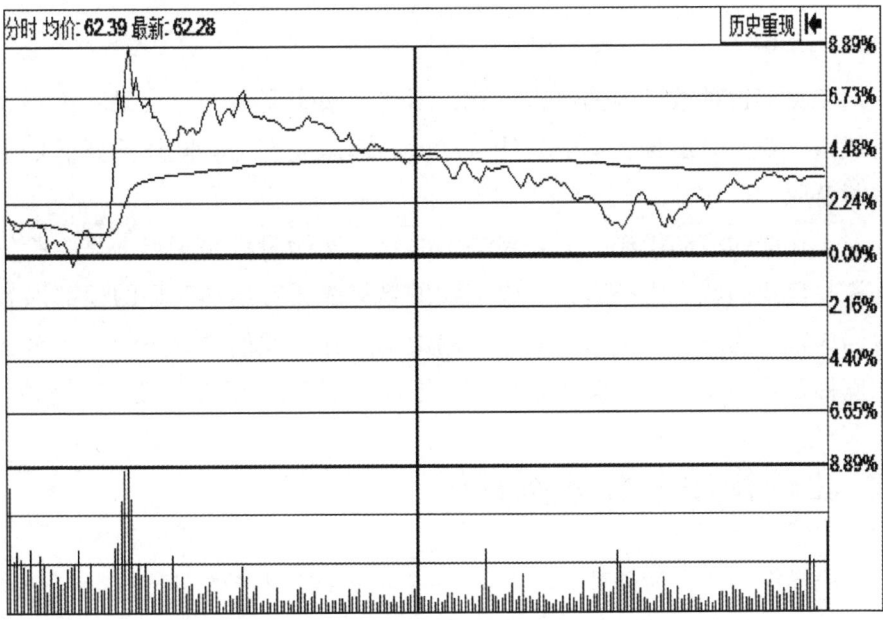

图 15-11

通过图 15-12 可以看出，主力缺口波拉升至涨停，采用涨停出货的方式。通过第三个顶的量能可以看出，主力的出货已经到了末期。

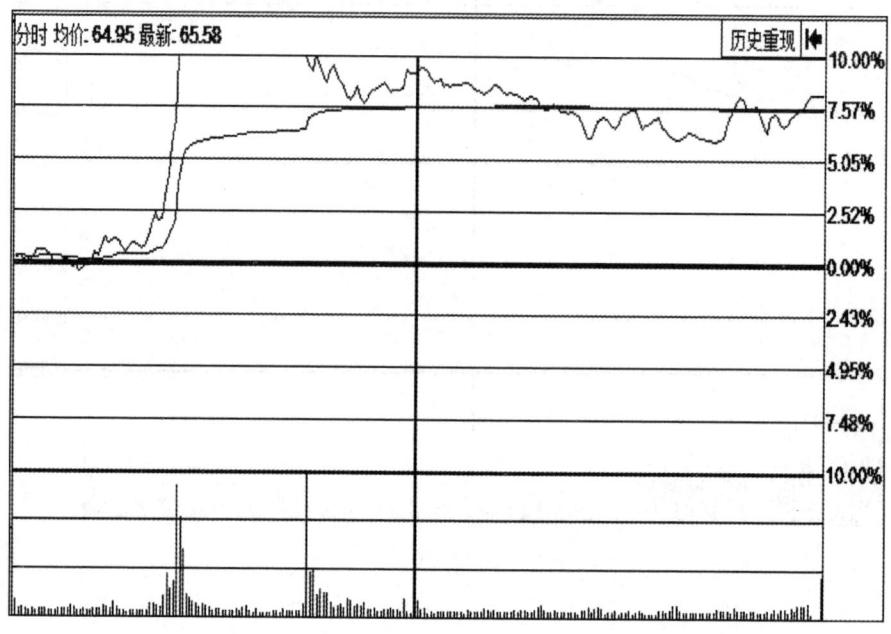

图 15-12

对于类似这种数日内的操作方式，不建议投资者参与。如果不小心介入这种股票，要及时出场，不要高估自己的心理承受能力，同样不要低估主力的出货意愿。

对于长线的滚动操作，上涨趋势中的每一次缩量都是买点。只要股价保持上涨趋势我们就一直持有，可以把跌破趋势线或者出现明显的顶部形态都可以当成自己的止盈点。对于数日内的滚动操作，我们要快进快出，对于股价的涨幅要求不要太高，稍有迹象马上出货，最好的方式是不要参与为妙。

三、波段操作个股案例解析

波段操作，也成为选时操作，我们在《裸 K 线操盘技法 1》一书中也提到，在这里侧重于从主力控盘的角度去研究。波段操作就是一种在波谷买入、在波峰卖出的操作模式，它适合于有一定的控盘度但尚不能达到绝对控盘的个股。对于在筑底阶段有明显的吸筹现象，有主力资金的积极介入，在主力判定此时的浮筹稳定且难以被继续吸纳的情况下，会采取波段操作的方式继续展开行情；或者当大盘指数形式转好，主力并没有准备好拉升行情时，会适当地做波段高抛低吸的操作，继续充实自己的弹药。

当然也不乏有一群专做波段操作的主力，他们根据市场情况或个股消息，在适当的时间内，在有限的空间内高抛低吸，这样的个股我们习惯称之为波段股。

如图 15-13 所示，该股习惯于利用小波段方式吸筹，对应的量能也呈现了浪形结构。从量能构成来看，个股呈现拉升放量、回调缩量的形式。从走势来看，个股呈现出三个大型的圆弧形结构，那么这三个大型的圆弧形在操盘步骤各自起着什么样的作用呢？

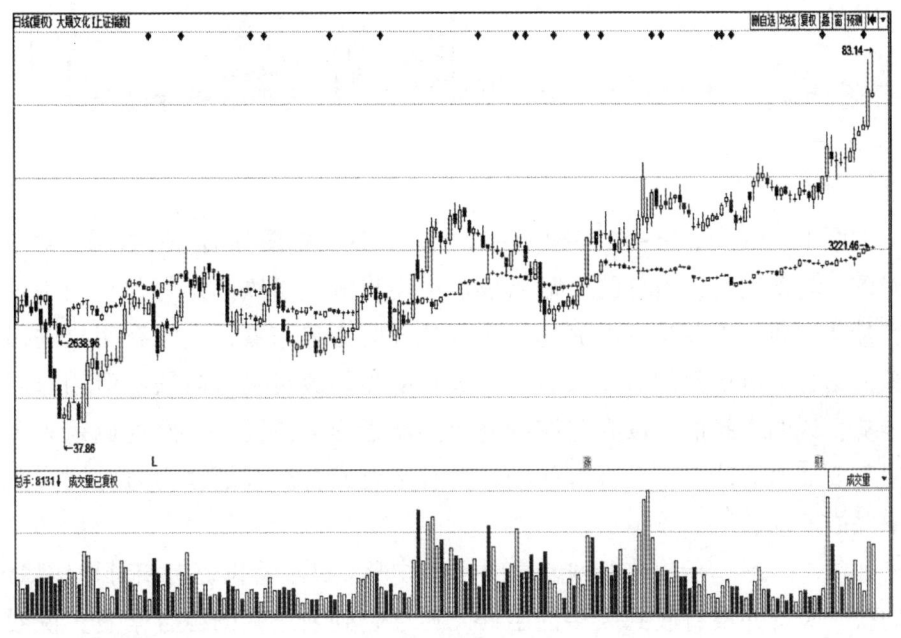

图 15-13

如图 15-14 所示，该股在前期波段的放量吸筹中，除去三根放量阴柱，量价配合合理，涨幅明显强于大盘指数和板块对比。那我们把研究的重点放在这三根量柱上：

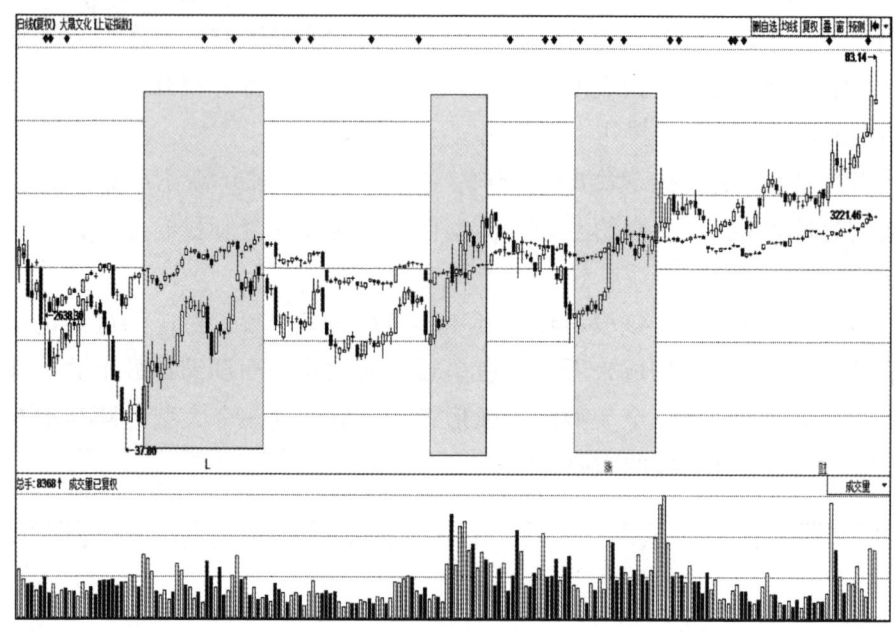

图 15-14

如图 15-15、图 15-16 和图 15-17 所示，这三幅图分别为三根阴柱对应的分时图。与此同时，当日的大盘指数也呈现出放量下跌的走势。从图中可看出，量能主要集中在当日的底部，而且从分时走势来看，也没有明显的出货迹象。结合大盘指数的对比来看，个股在明显的放量吸筹阶段，但相对同步的走势，说明个股依然没有足够的筹码控制盘面的波动。当然这也是大多数个股需要面对的情况，在吸筹初期，没有必要或者没有足够实力对抗大盘指数下跌的波动。

如图 15-18 所示，该股城墙式的走势波形，显示着投资者相对比较稳定，主力拉升吸筹并没有收到太多的阻碍。再结合到前三幅图综合来看，说明当时主力在拉升吸筹阶段，但是遇到了一定的阻碍，投资者抛筹的意愿并不强烈。这主要是前期大幅下跌后，投资者普遍深套其中，此时的反弹尚不能动摇其继续等待解套或者止损出局的意愿。

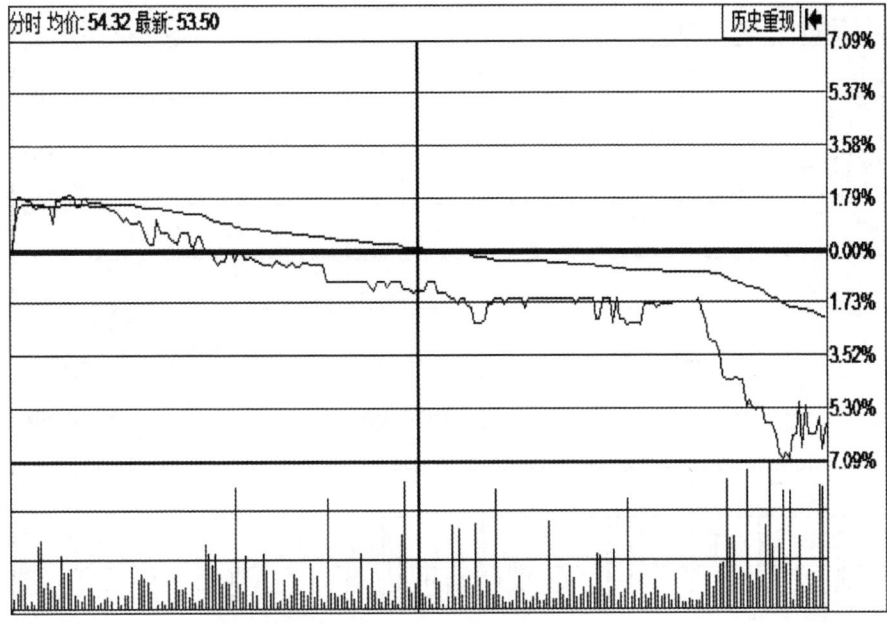

图 15-15

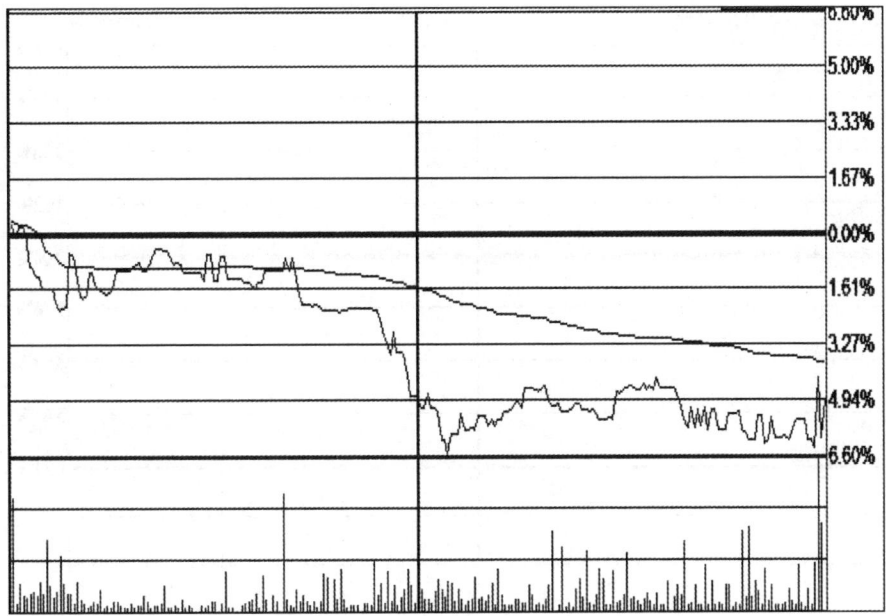

图 15-16

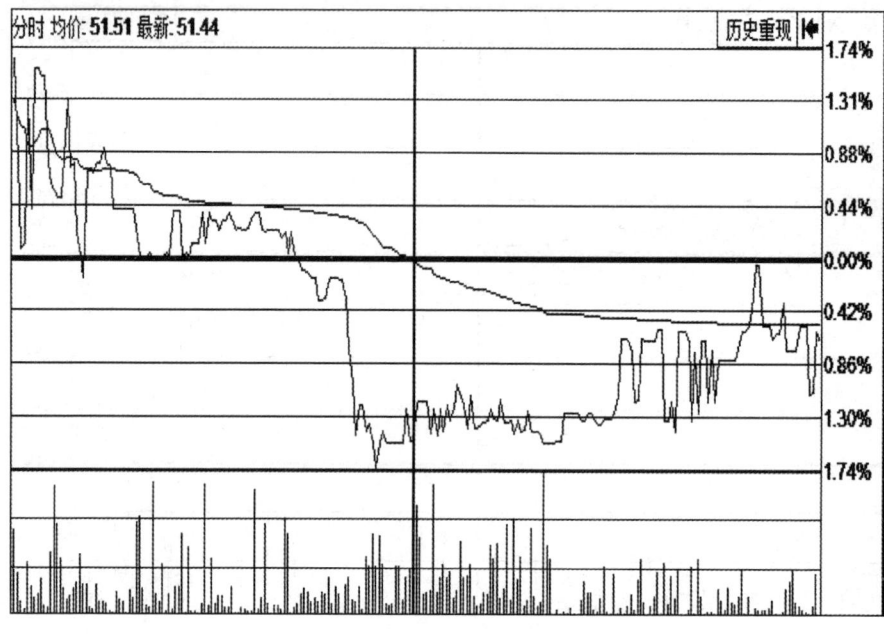

图 15-17

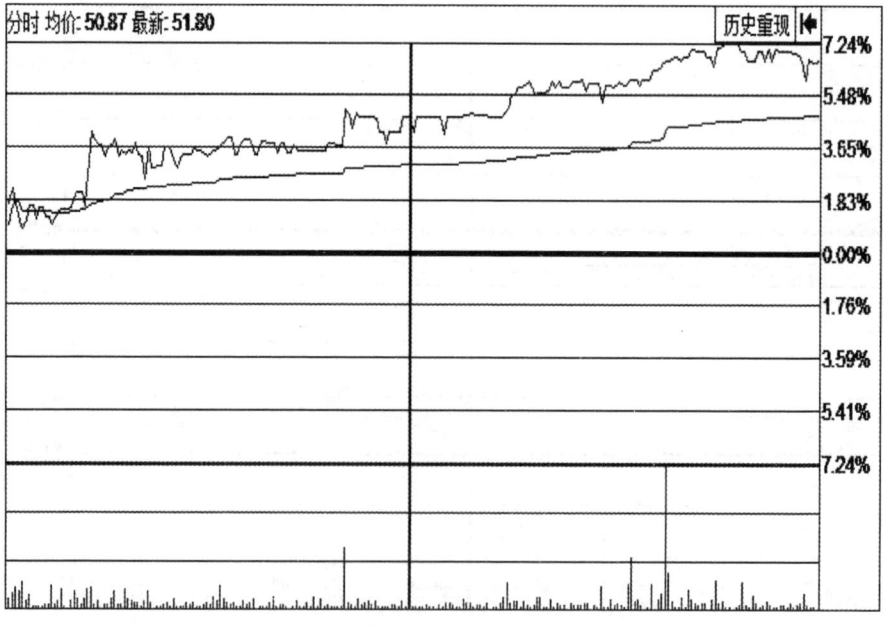

图 15-18

第十五章
实战案例解析

如图15-14所示，该股在中期波段的放量吸筹中，从下方的成交量柱可以看出，主力大有收获。此时大盘指数尚处于底部初步拉升阶段，个股已经放出一定时间段内的天量。即便个股由于大盘下跌的带动，出现带上影线的阴线，主力也能很快收复失地。即使由于日内大盘带动出现急跌行情，主力也能力挽狂澜。有兴趣的朋友可以对比一下这几天内的个股和大盘指数分时走势，相信你一定可以看出端倪。

如图15-14所示，该股在后期波段拉升中，正好碰上前期高点的压力，此时的走势很耐人寻味。多次出现上下影线的波动，量能也相对比较活跃，此时个股明显滞后于大盘指数的突破。此时明显的双头迹象，以及高位的放量不涨，盘中的剧烈波动，这实在是让技术派的投资者感到焦虑不安，等到你终于卖出股票感到心安理得的时候，股价便一飞冲天了，这就是"就差你那一股"这句股市名言的由来。

如图15-19所示，该股是波段比较活跃的个股。从下方的成交量我们可以看出，连续的拉升，在相对高位停滞2~3天后，然后急跌杀到起始点。在个股连续拉升创出高点8.20元的波段中，主要是由于高送转消息的影响。对于此种类型的个股，我们要放低对于涨幅的过高预期，在出现头部形态时及时获利为安。

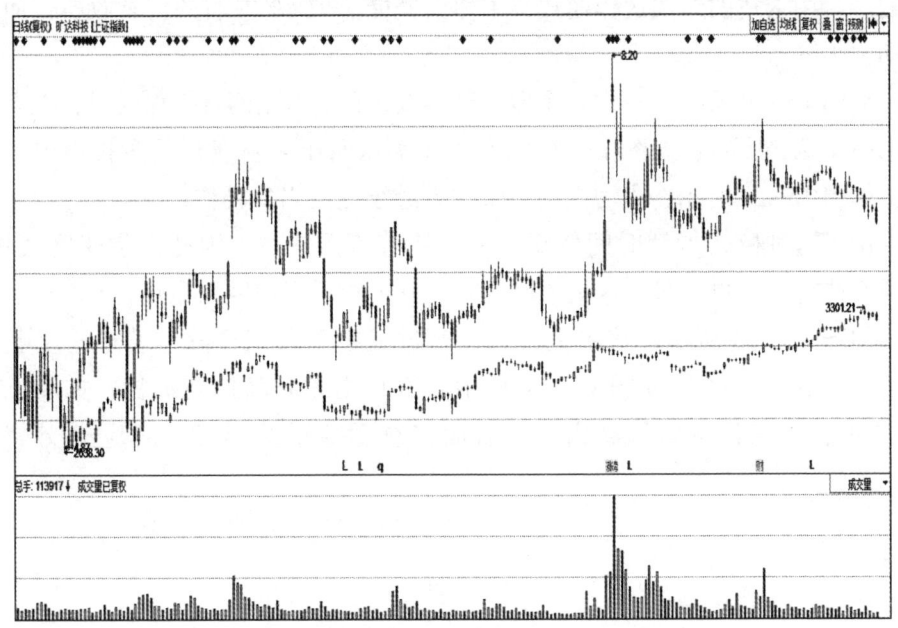

图15-19

四、数日操作个股案例解析

对于主力数日操作模式,也就是我们常说的超短线,在操作中,对于个股的流通盘筹码比例并没有太多的要求。这种操作模式类似于游资操盘模式,在选股的条件上多为流通股较小,股价较低,前十大流通股股东中没有基金券商等机构入驻(避免被机构狙击),前期估计经历了充分下跌调整。

更为激进的主力甚至采用两阳或三阳战法的方式。以三阳战法为例,其模式常常为第一根正常吸筹,第二根扫货,第三根拉高出货,后面紧跟的K线常出现经典的出货分时,对应成交量突然放大。二阳战法在目前也比较常见,主力不使用一天的时间吸筹,而是直接在拉升中吸筹,第二日震荡洗盘后尾盘拉高拉出出货空间,第三日主力开始大量出货。

数日操作模式,在拉升的幅度上一般控制在20%以内,每天的涨幅控制在7%以内,这样交易所公开数据就看不到此类的机构上榜。同时,一旦拉升幅度过大就容易产生较大的盈利盘和解套盘抛出,这对主力来说是不希望见到的。利用上述的短线运作模式,主力大概能争取5%左右的正常收益,而且成功率很高。

如图15-20所示,主力在个股底部震荡区间,运用两日操作模式,左上角为第一日拉升吸筹;如图15-21所示,主力次日上午洗盘后尾盘拉出出货空间;如图15-22所示,主力在第三日主力继续完成出货动作。

由于这种模式持续时间较短,主力持有筹码较少,因此出货速度很快,在顶部持续时间也不长,这只个股在第三日出货后很快跌回原点。

如图15-23所示,该股主力在拉升过程中采取三日操作模式,左上角为第一日拉升吸筹;如图15-24所示,次日主力震荡拉高扫货;如图15-25所示,第三日主力拉高出货,后面连续阴线继续出货,对应成交量继续出货。

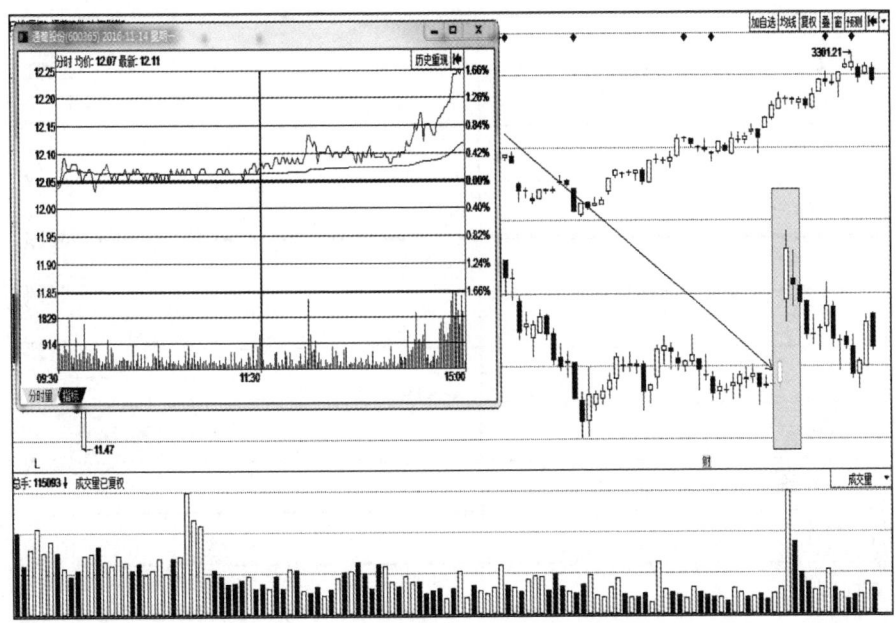

图 15-20

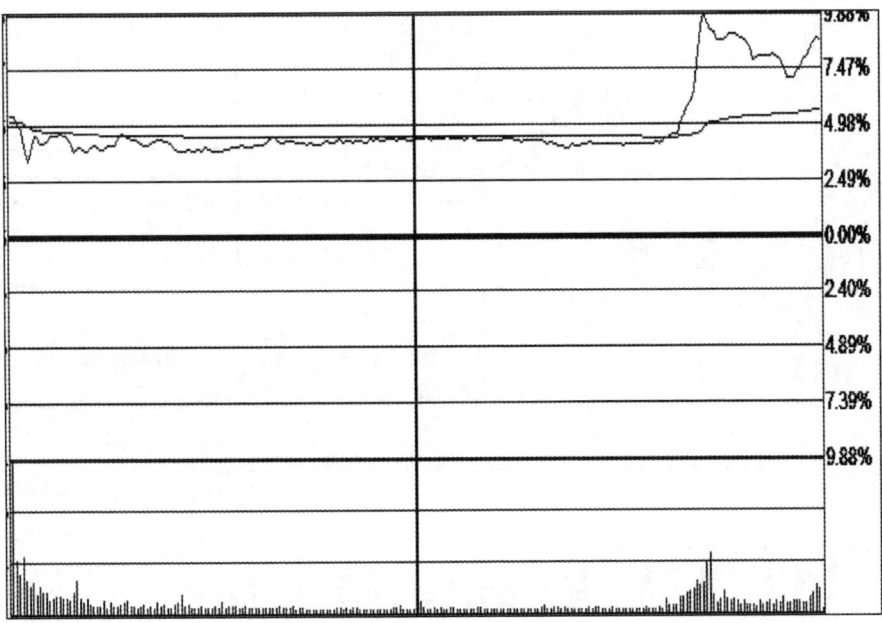

图 15-21

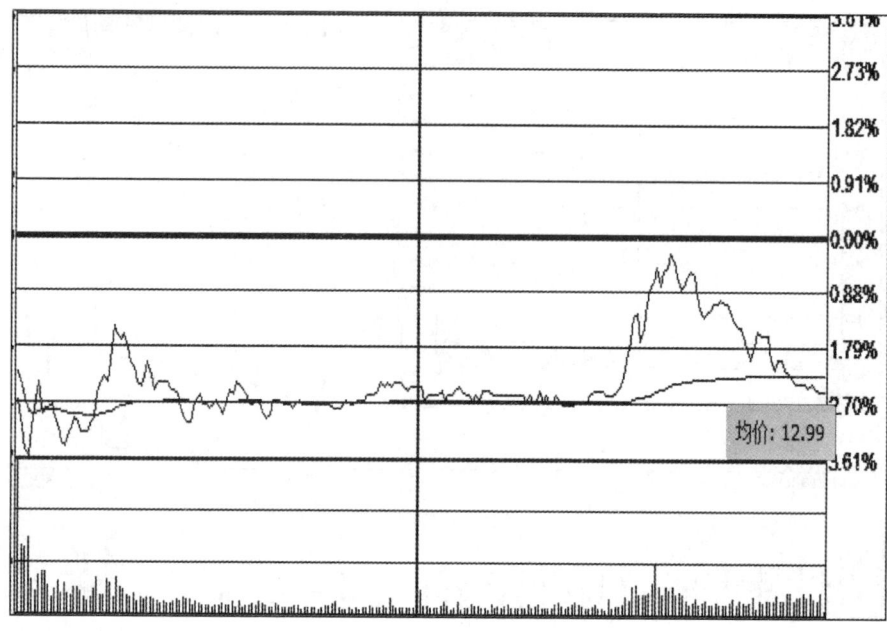

图 15-22

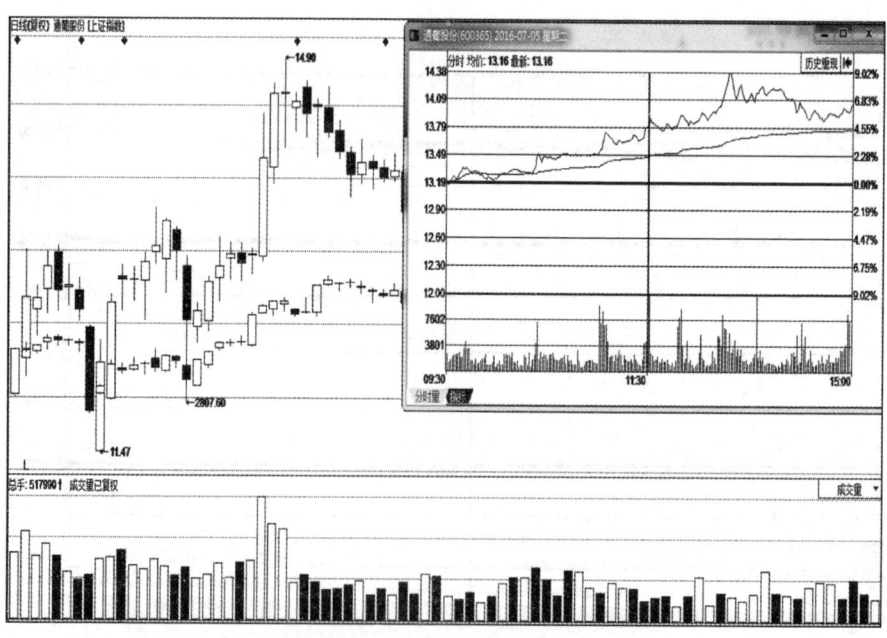

图 15-23

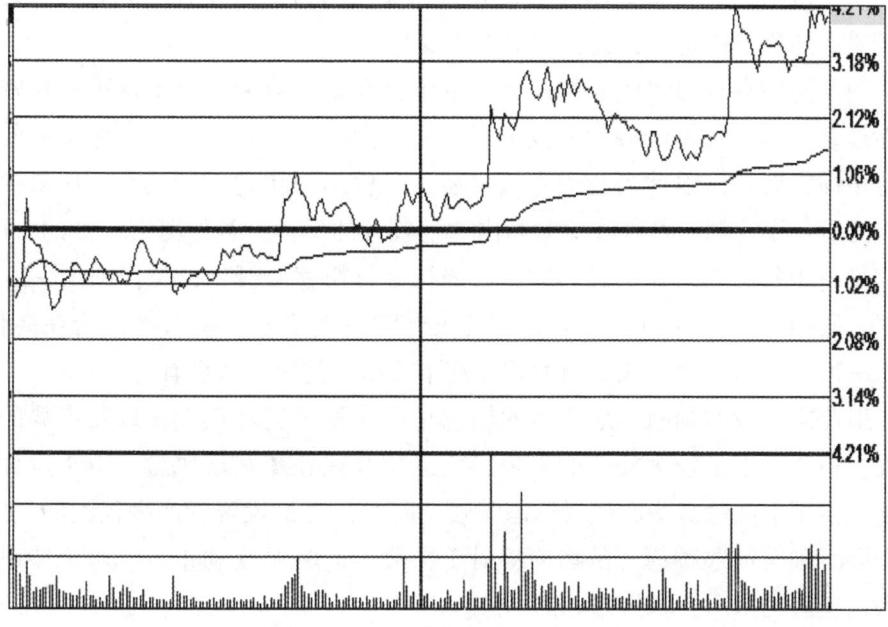

图 15-24

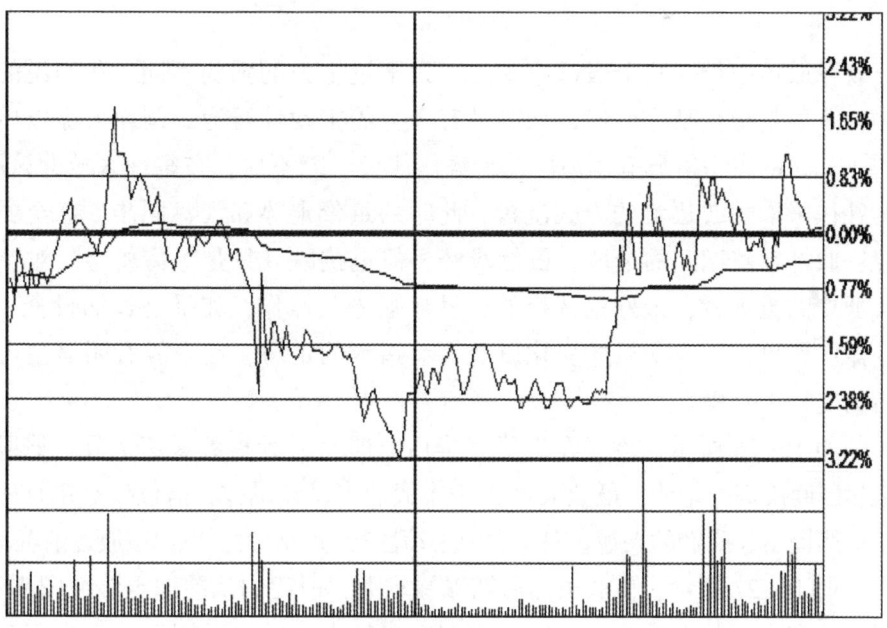

图 15-25

这个例子比上一个案例顶部持续时间长，因为主力拉升空间较大，筹码比较重，如果下跌过快，会影响主力的收益。

对于这种数日内短线操作模式，由于拉升幅度有限，对于持币的投资者可能注意不到；而对于持股的投资者，往往会产生一种错觉，好像个股的拉升行情即将展开，因此当我们介入以后，股价却很快地跌到起点。如果没有有效止盈甚至止损，往往在短时间内产生较大的亏损。类似图 15-20 的个股，我们第一印象可能认为是底部震荡后的拉升行情就要开始，类似图 15-23 的个股，我们可能会以为主力突破前高主升浪就要展开，结果都被套在高位，图 15-20 的个股甚至一买进就亏损，连平盘出局的机会都没有。

对此类个股的判断，最明显的标志是成交量的突然放大，以及走势的急促性。稳步推进是较为安全的走势，急速拉升往往蕴藏着风险。由于这种模式多产生于上涨趋势中，或者形态突破的阶段，会给投资者产生很大的误区，我们要时刻警惕这种模式的风险，对于持股者此时要获利止盈，对于持币者要看清走势的本质，抵抗内心的诱惑。

五、无主力个股案例解析

现在股市中每一只个股都有主力，只不过主力的强弱不同，我们说的无主力，意思是指在某个阶段，该股没有主力的主动性行为。例如大涨以后的股票，此时的主力筹码基本清空，走势往往会一蹶不振；在整理区域的该股，主力往往采取随波逐流的方式洗盘，此时的量价走势和大盘同步，甚至弱于大盘；底部盘整期间的个股，虽然难涨，但也抗跌，只是等待机会。对持有该类股票的投资者，最好是选择放弃另寻强势股操作，如果是长期投资，则须注意股票价格、成交量的变化以及大盘指数的走势，在个股有明显主力拉升行为后，加仓操作。

如图 15-26 所示，该股在出货完毕后，即使大盘指数震荡上升，该股走势依然区间震荡的走势，虽然 K 线图中个股偶有试盘动作，但仅仅是单日的操作，依然提不起我们的兴趣。对于主力主动性行为的缺失，也使该股逐渐沉沦。

如图 15-27 所示，该股虽然后期涨幅较大，但我们从前期走势截图来看，个股走势和大盘基本同步，量能也没有突出特点。虽然后期由于主力资金的连续拉升走势良好，这种个股除非前期有底仓，否则我们是很难发现的，这

第十五章 实战案例解析

图 15-26

图 15-27

·337·

种个股也不会成为我们的自选股。对于无主力操作的个股，我们还是最好放弃，即使后期有资金介入，此时我们再根据个股的走势和主力行为的判断介入也不迟。

对于实战案例解析，我们一直秉持推陈出新的原则，在《裸K线操盘技法1》一书中，我们按照持股周期的不同来讲解，在本章中，我们按照控盘度不同的原则来帮大家理清头绪。我们按照控盘度的从高到低，依次讲解了高控盘庄股、滚动操作个股、波段操作个股、数日操作个股以及无主力个股的操作。从走势的连续性上来看，是依次减弱的；从量能的规律性来看，越是控盘度高的个股，其规律性越差，越是控盘度低的个股，量能基本上是和大盘指数同步的。

如果一张K线图摆在我们的面前，我们首先要通过历史走势，来明确其个股的属性判断。这个判断，不是来源于均线，更不是指标的原因，而是其量价的规律性、延续性以及和指数的协同性。然后通过近一段时间的走势，来分析个股处于何种阶段，从而确定买卖的既定策略。如果你是风险厌恶型的投资者，可以考虑有独立自主走势而且趋势方向不容易改变的高控盘庄股；如果你是风险爱好型的投资者，不妨选取一些更加激进而且短期内获利丰厚的个股。股市有风险，投资需谨慎，对于操作方法的选择，永远需要把自己的性格癖好、时间及资金管理、风险控制能力结合起来，只有这样才能走入高效、稳定的盈利系统。